JN126838

犯罪の証明なき有罪判決

23件の暗黒裁判

吉弘光男・宗岡嗣郎 [編]

九州大学出版会

まえがき

〈1〉

　誤判事件ほど深刻な悲劇はあまりない。その深刻さは本書を一瞥すればわかる。国家が「無辜」を処罰することは，国家権力の絶対悪であり，国家犯罪そのものである。しかも，誤判は国家が主体だから，常に正義を装って人権を破滅的に侵害する。そして，多くの場合，その装いに隠された実態は権力に奉仕する独断論である。本書は，70数年に及ぶ現行憲法・刑事訴訟法（以下「刑訴法」とも記す）の下で，絶えることなく続く誤判事件の実態を最初期から概観し，誤判の決定的な原因を探った。その中で，権力的な職務を通じて，知らず識らずに，裁判官が独断論に取り込まれて誤判を犯し，人権の擁護者から侵害者になっていく姿を明らかにする。読者の視野には，「自由心証主義」を重視し，その反面，「犯罪の証明」を疎かにしてしまう普通の裁判官の姿が現れるだろう[1]。本書の「テーマ」は刑事裁判における「犯罪の証明」である。

〈2〉

　裁判官が有罪判決を書くとき，裁判官は主観的に「被告人は犯人である」という確信に至っている。法律家は，この確信を「心証」と呼び，有罪判決の場合，「有罪の心証を得た」などと表現する。刑事訴訟法では，「事実の認定は，証拠による」（刑訴法317条）と規定し，裁判官が直面する個々の「証拠の証明力は，裁判官の自由な判断に委ね」られると規定する（刑訴法318条）。だから，裁判官が，自らの「自由な判断」により，「被告人は犯人である」と確信したと

---

1)　これまでの誤判研究は捜査や立件に関連するものが主流であった。もちろん，これらの研究は現代でも重要性を減じていないが，本書では，主として裁判官の事実認定に考察の焦点を絞っている。

き，有罪の「心証」は形成されたと言える。これが自由心証主義に立脚した事実認定である。しかし，裁判官が「有罪の心証を得た」としても，法律上，それだけでは有罪の判決は書けないはずである。刑事訴訟法は，明文で，「犯罪の証明があった」ときにのみ，有罪判決において「刑の言渡し」ができると規定する (刑訴法 333 条)。その反対に，「犯罪の証明がないときは，判決で無罪の言渡しをしなければならない」(刑訴法 336 条)。刑訴法はそう規定している。

　つまり，現行刑訴法上，「犯罪の証明」が有罪判決の前提である (本書 3.5.4. 参照)。ところが，わが国の刑事裁判実務では，何故か「自由心証主義」の側面が異様に強調されてきた。そして，その反面，「犯罪の証明」というファクターは軽視されてきた。たとえば財田川事件の第 2 次再審請求審における高松地裁丸亀支部の棄却決定を見ればよい (本書 2.2.5. 参照)。この決定は，確定判決が有罪の根拠とした「二度突き」の自白を「秘密の暴露」ではないと指摘したことをはじめ，確定判決の事実認定に数多くの疑問があると指摘した。そして，この決定のいたるところで，確定判決の「犯罪の証明」は不十分だと暴露されている。しかし，それでも，確定判決の裁判官が到達した「有罪の心証」を「くつがえして」まで，再審を開始すべき事由は「ない」と判断した。実務では，確定審裁判官の「自由心証」が尊重され，それに対して，「犯罪の証明」は背後に退いていることがわかる。

　この事情は学説でも変わらない。たとえば，松川事件の原 2 審で有罪判決が出たとき (本書 1.4. 参照)，平野龍一は「判決の実体は，裁判官の心証である」と断言した[2]。平野によれば，裁判官は，判決理由の中で，自らの心証の合理性を説明するが，心証形成には「言葉につくしえない『天来の妙音』」が作用することもある[3]。そして，それは「言葉につくしえない」が故に，「判決理由からは洩れてしまう」。つまり，判決理由の説明をどれだけ読み込んでも，判決の実体である「裁判官の心証」を十分に把捉することはできない。そこから，心証形成に関しては，「説明がとくに不合理だと思われないかぎり，裁判官を信用する外はない」と帰結する。これは戦後刑事訴訟法学を一貫してリードした平野

---

[2]　平野「松川事件の教訓」ジュリ 50 号 2 頁以下。
[3]　ただし「天来の妙音」は平野の言葉ではない。

の若き日の所説だが，ここには，明らかに是認できない不当な飛躍がある。つまり，先に見た高松地裁丸亀支部の決定と同様，「自由心証」という主観的・情緒的なファクターが前面に出て，「犯罪の証明」という客観的・理性的なファクターが抜け落ちている。これは，事実認定の論理として，とても承認しうるものではない。

　何故か。刑事訴訟法は，裁判官の「自由心証」を是認すると共に，犯罪事実の「証明」を要求するからである。そして，「心証」とは異なり，「証明」は常に客観的・理性的な問題である。最高裁も，証明に，「通常人ならば誰でも疑を差挟まない程度に真実らしい」（最判昭和23・8・5刑集2・9・1123）ことの客観的な表示を要求する。「証明」は，主観的な判断ではなく，少なくとも「共同主観的」という意味で客観的であり論理的・理性的な作用である。たしかに，公判で形成される裁判官の主観的「心証」は，有罪であれ無罪であれ，判決の核心部分である。しかし，有罪判決を書く以上，「被告人は犯人である」という裁判官の主観的「心証」は，「通常人ならば誰でも疑を差挟まない程度」に「共同主観的」に，これが「事案の真相」（刑訴法1条）だと「証明」されたものでなければならない。つまり，「犯罪の証明」という判決の最終的な論点に関しては，「天来の妙音」の如き「言葉（ロゴス）」につくしえない主観的ファクターが関与する余地はない。有罪判決は「言葉（ロゴス＝理性）」によって「被告人が犯人である」ことを証明しなければならない。

〈3〉

　多くの誤判事件に関与した弁護士・後藤昌次郎は，松川事件の捜査を指揮した新井裕福島県警察隊長（現代の県警本部長）が後に警察庁長官になったこと，また，列車の顛覆謝礼金という虚偽の自白を捏造した辻辰三郎検事が後に検事総長になったことを挙げて，誤判事件を作出しながら，その責任を取った警察官・検察官は皆無だと指摘した。同じことは裁判官にも言える。そして，このようなことが可能になるのは，彼らが「今でも被告人が犯人だと信じている」と「ひらき直って」いるからだ。後藤はそう書いた[4]。誤判事件の公判において，多

_____
4)　後藤編『無実』（三一書房，1980年）1頁以下。

くの検察官や裁判官と対峙した経験から，後藤はそう感得したのだろう。

　たしかに，彼らが被告人を今でも「犯人だと信じている」という後藤の指摘には，「誤判」という理性的・論理的に「誤った」判決の「誤りが誤りでなくなるかのよう」な「見方の相違」といったニュアンスを含む。このニュアンスは，有罪・無罪の分水嶺が「心証」に求められ，しかも，その心証形成が裁判官の「自由」によると誤解することから生じる[5]。そして，この誤解は，検察官や裁判官のみならず学説までもが，主観的・情緒的な「心証」を有罪「判決の実体」（平野龍一）だと曲解してきたことに起因する。こうして，自由心証主義は，誤判を生み出した裁判官が「ひらき直って」いくための有力な根拠の1つに堕した。しかも，主観的・情緒的な「心証」が有罪「判決の実体」だと位置づけられてしまえば，公判は，ただ裁判官の言葉だけが意味を持つ「モノローグ（独語）」の世界になる。その世界では，どれほど不当な偏見や差別に満ちた誤判例でも，それに対し，被告人は共同主観的に批判できなくなる（本書3.3.参照）。ここに「暗黒裁判」が現出する。

　これに対して，「犯罪の証明」は，検察官が主張する犯罪的事実（公訴事実）の存否に対する「認識の真偽」を証明することだから，当然，実在的な「そこに・あった・事実」を認識の基盤に据える以外にない。たとえば，「ここに1本の万年筆があった」という認識（事実認定）があるとき，実在的な事実として，「そこに1本の万年筆があった」ことが確認されたときにのみ，その「認識」は「真である」と証明される（本書「プロローグ」注8参照）。これ以外に認識の「真偽」を証明する方法はない。認識と認識の対象が一致していたとき，その認識は「真であり」，一致していなければ，その認識は「偽である」。これが伝統的真理論の帰結である[6]。こうして，事実に関する認識である限り，その認識の「真偽」

---

5) 「自由」は「恣意」と同じではない。自由心証主義の「自由」とは，ただ「証拠の評価について法による直接的な形式的拘束を与えないというに止まる」だけであり，「経験則と論理則」に拘束された客観的な判断であるべきことは当然のことである（鴨良弼「訴訟における事実の認定について」思想402号23頁）。さもなければ，必然的に，裁判官は「論理法則をも超越した証拠の王様」となるだろう（佐伯千仞「裁判官に傲慢が宿った時」朝日ジャーナル9巻16号63頁以下）。

6) アリストテレス『形而上学（上）』（出隆訳，岩波文庫，1959年）148頁，224頁以下参照。そして，新カント主義的なカント像を離れて，『純粋理性批判』を素直に読めば，カン

は，その認識が認識対象たる実在的事実と一致するか否かによって，客観的に決まる。したがって，この実在的事実をめぐって，それは本当に「1 本であったのか」とか，それは本当に「万年筆であったのか」といった事実に即した反論が成り立ち，認識の真偽に関する共同主観的な反論が可能となる。その時，そこに「ダイアローグ（対話）」が成立し，その時，訴訟（公判）が成り立つ。

　しかし，誤判事件の考察が示すとおり，多くの裁判官はこの実在的な「そこに・あった・事実」を直視（直観）しない。わが国では，以下に考察するとおり，本当に多くの裁判官は「調書に・書かれた・事実」だけを見ている。しかし，「調書」という「法廷外で作られた伝聞書面」を裁判官室や自宅書斎でどれほど読みふけっても，この種のモノローグの世界から，「事案の真相」が浮かび上がることはない。むしろ調書を「密室の中で調べるところに暗黒裁判の温床がある」。これは「反逆の検事」と呼ばれた安倍治夫の言葉だが[7]，こういう調書裁判の中では，どうしても裁判官の視線は実在的な「そこに・あった・事実」から遊離する。そして，現実から遊離したところで，事実に関する認識の「真偽」が判定しえないことは既述のとおりである。しかし，不思議なことに，日本の裁判官は判定しえないことを平然と判定する。このような公判が誤判に帰結するのはむしろ当然である。

　本書はこのような裁判を「暗黒裁判」と呼ぶ（本書 3.5. 参照）。もっとも，「暗黒裁判」は，法律学の専門用語ではないから，そこに固有の意味があるわけではない。本書では，広義の誤判を生み出す裁判のうち，客観的・理性的な「犯罪の証明」なしに，主観的・情緒的な「自由心証主義」から誤った有罪判決を生み出す裁判のことを「暗黒裁判」と呼ぶ。そして，この「暗黒裁判」を克服する実定法上の根拠として，刑訴法 333 条の「犯罪の証明」について再考し，それを厳格に捉えることこそ，刑事裁判の第 1 原理であることを示そう[8]。

ともこの伝統的真理論に立脚していることが了解されよう。カント『純粋理性批判（上）』（篠田英雄訳，岩波文庫，1961 年）130 頁以下参照。
7) 安倍治夫「刑事訴訟に捧げる挽歌」朝日ジャーナル 28 巻 26 号 104 頁以下。
8) 最高裁は，犯罪の認定に対して「合理的な疑い」を容れる余地があっても，「健全な社会常識に照らして，その疑いに合理性がないと一般的に判断される場合には，有罪認定を可能にする」（最決平 19・10・16 刑集 61・7・677）と言うが，実在的な「そこに・あった・事実」の直視（直観）なくして，「犯罪」という「事実の証明」はありえない。このことを

　最後に，本書は以下の共同執筆者による文字どおりの共同の著作物であり，分担執筆ではない。ただ，当然だが，意思が一致しなかった部分もあり，そこは，編者が記述した。それ故，本書の内容上の責任は編者にあることを付言しておく。

2021 年 6 月　共同執筆者を代表して

宗 岡 嗣 郎

執筆者 (50 音順，＊は編者)

内山真由美	梅﨑進哉	大場史朗	大藪志保子
岡田行雄	櫻庭　総	平井佐和子	福永俊輔
宗岡嗣郎＊	森尾　亮	森川恭剛	吉弘光男＊

忘れて，裁判官が「調書に・書かれた・事実」の合理性を社会常識に即して判断すれば，その判断は必然的に誤判に帰着する。本書が考察した全事件はそのことを示している。

目　次

まえがき ……………………………………………………………… i

凡　例 ………………………………………………………………… xiii

プロローグ：松橋事件が教えるもの ……………………………… 1

1. 任意捜査の一典型　3

2. 自白内容と立件　5

3. 犯罪の証明なき有罪判決——(1) 凶器の形状と創傷の不一致　6

4. 犯罪の証明なき有罪判決——(2) 確定審の自白評価　9

5. M自白は「真」か「偽」か——真偽の基準　11

6. 自由心証主義の跳梁　12

1.0. 暗黒裁判の原点 …………………………………………… 15

1.1. 帝銀事件——別件逮捕と自白による処罰・死刑 …………… 16

1.1.1. 別件逮捕と自白　16

1.1.2. 自白内容は支離滅裂であった　17

1.1.3. 自白と「そこに・あった・事実」との不一致　20

1.1.4. 毒殺行為のトリック　22

1.1.5. 自白の「真偽」の証明基準　24

1.2. 練馬事件——裁判を受ける権利の否定 ………………… 27

1.2.1. 事件の概要と1審判決　27

1.2.2. 暗黒裁判を支えた最高裁判決　29

1.2.3. 他人の自白で罪になるか　30

1.2.4. 「裁判を受ける権利」とは国家に対する被告人の反論権である　32

1.2.5. 警察には「誰から」でも自白を取れるノウハウがある　34

1.3. 八海事件——映画「真昼の暗黒」のモデル ……………… 37

1.3.1. 映画「真昼の暗黒」のモデル　37

1.3.2. ４人が長斧で頭部を打ち下ろせばどうなるか　38

1.3.3. 裁判官の検察追随傾向　41

1.3.4. 検察官化する裁判官　43

1.3.5. 事実を直視（直観）しない「空虚な認識」　45

1.4. 松川事件──戦後最大のフレームアップ················48

1.4.1. 調書裁判への姿勢　48

1.4.2. ２つの可能性概念──論理的可能性と実在的可能性　50

1.4.3. 裁判官による認識の真実性　53

1.4.4. 真偽は「神のみが知る」のではない　56

1.5. 菅生事件──警察権力とは何か·······················58

1.5.1. 事件の概要　58

1.5.2. 「氏名不詳の者」とは誰か　59

1.5.3. 国家権力の赤裸々な実態──フレームアップ　60

1.5.4. 「裁判への抜きがたい不信」──中野好夫の指摘　63

1.5.5. 権力の侍従となった裁判官　64

2.0. 死刑再審事件の明暗····································67

2.1. 免田事件──物証が証明した被告人の無罪·············68

2.1.1. 事件の概観──別件逮捕と自白　69

2.1.2. 有罪判決は自白調書の「上書き」である　71

2.1.3. 再審開始決定──「そこに・あった・事実」の直視（直観）　73

2.1.4. 再審無罪判決の概観　75

2.1.5. 現実を直視（直観）した裁判官　78

2.2. 財田川事件──冤罪を作る検察官，それを隠す裁判官····79

2.2.1. 検面調書を「上書き」した判決　79

2.2.2. 検察は「秘密の暴露」を作り出した　81

2.2.3. 最高裁の「財田川決定」から再審開始決定へ　83

2.2.4. 本件は警察・検察によるフレームアップである　85

2.2.5. 主観的な「心証形成」と客観的な「証明」　86

2.3.　松山事件──警察は襟当に大量の血痕を付着させた······················ *89*

2.3.1.　見込み捜査で別件逮捕し，自白が取れれば立件する捜査　*90*

2.3.2.　警察「ストーリー」の不自然性　*91*

2.3.3.　古畑鑑定が決定的であった　*92*

2.3.4.　血痕をめぐる疑問点──警察による証拠の偽造　*94*

2.3.5.　裁判官は，何故，警察の犯罪的不法を指摘しないのか　*97*

2.4.　島田事件──「自由心証」の絶対視が誤判を生み出す····················· *99*

2.4.1.　そもそもAには嫌疑も何もなかった　*100*

2.4.2.　Aの自白内容と公判での否認　*101*

2.4.3.　なぜ1審は再鑑定を必要としたのか　*103*

2.4.4.　古畑鑑定の非科学性が暴露された　*105*

2.4.5.　嫌疑を作出する警察・検察とそれを庇う裁判所　*107*

2.5.　福岡事件──忘れられた死刑誤判事件······································ *110*

2.5.1.　逮捕から死刑判決まで　*111*

2.5.2.　強盗殺人の共謀と実行行為の認定　*112*

2.5.3.　共犯者の供述調書が「真である」ことは証明されていない　*115*

2.5.4.　何故「そこに・あった・事実」を見ないのか　*118*

2.5.5.　再審請求棄却と死刑執行　*120*

2.5.6.　忘れてはならない事件　*121*

2.6.　菊池事件──差別と誤判そして死刑執行·································· *123*

2.6.1.　ダイナマイト事件　*124*

2.6.2.　殺人事件　*126*

2.6.3.　FによるHの殺害行為は全く証明されていない　*127*

2.6.4.　確定1・2審は憲法の保障する「裁判」ではなかった　*131*

2.6.5.　菊池事件に対する現代の課題　*132*

3.0.　暗黒裁判を基礎づけた最高裁・田中コート······························· *135*

3.1.　三鷹事件・砂川事件──暗黒裁判を基礎づけた田中耕太郎··········· *136*

3.1.1.　調書裁判の確立　*137*

3.1.2.　三鷹事件──共産党を狙った「空中楼閣」　*138*

3.1.3. 刑事「裁判を受ける権利」とは「検察に反論する権利」である　*141*

3.1.4. 砂川事件——憲法の対極にいた最高裁長官　*143*

3.1.5. 田中の「判検一体」という反憲法的理念　*145*

3.2.　松川事件大法廷判決——暗黒裁判の事実認定論························ *147*

3.2.1. 松川事件大法廷判決について　*147*

3.2.2. 田中耕太郎の論理——「木を見て森を見失わないこと」　*149*

3.2.3. 「事案の真相」を無視するフレームアップの論理　*152*

3.2.4. 真理とは言明と事実の一致である　*154*

3.2.5. 現代まで継承される田中の論理　*155*

3.3.　差戻し後の八海事件——調書裁判の「暗闇」の中で···············*159*

3.3.1. 「真昼の暗黒」は序章にすぎなかった　*159*

3.3.2. 実在的な「そこに・あった・事実」を直視した事実認定　*161*

3.3.3. 下飯坂判決——理性なき「心証」の暴走　*163*

3.3.4. 「検察庁裁判部第1小法廷」判決　*166*

3.3.5. 偽証の立件——検察が常用する犯罪的な捜査手段　*167*

3.3.6. 犯人性が証明されていない有罪判決　*169*

3.4.　横浜事件と特高警察・思想検事——最高裁判所判事の資格··········· *172*

3.4.1. 思想検事が最高裁判事になった　*173*

3.4.2. 横浜事件——特高警察・思想検事によるフレームアップ　*174*

3.4.3. 思想検事は拷問と一体であった　*176*

3.4.4. 池田による松川事件の事実認定——調書への絶対的信頼　*178*

3.4.5. 裁判官の第1の仕事——それは検察の主張をチェックすることである　*179*

3.5.　松川事件に見る暗黒裁判の核心
**　　——真を偽とし，偽を真とする呪術**··· *183*

3.5.1. 伝統的真理論　*183*

3.5.2. 不可知論的な真理論　*186*

3.5.3. 不可知論の「擬制された真実」が誤判の根源である　*188*

3.5.4. 有罪の「心証」ではなく，有罪の「証明」が必要である　*190*

3.5.5. 裁判官の創作による死刑判決　*192*

3.5.6. 暗黒裁判の論理——論理的可能性　*193*

4.0. 暗黒裁判は収束していない──今も続いている調書裁判 ……… *195*

4.1. 布川事件──調書裁判と自由心証主義の暴走 ……………………… *196*
4.1.1. 自白があれば，起訴され，有罪となる　*197*
4.1.2. 確定判決における認定の杜撰さ　*200*
4.1.3. 供述調書の「変転・混乱・矛盾」を検証すべきである　*201*
4.1.4. 検察は証拠を隠していた　*203*
4.1.5. 検察官による供述内容の「暗示・誘導」　*204*
4.1.6. 警察・検察と共に冤罪を作り出す裁判官　*205*

4.2. 貝塚事件──「判検一体」となった犯罪的第 1 審公判 ……………… *208*
4.2.1. 検察の主張を無条件で肯定した 1 審判決　*209*
4.2.2. 自白「調書に・書かれた・事実」は実在的な事実と一致しない　*210*
4.2.3. 1 審裁判官は，一体，何を見ていたのだろうか　*212*
4.2.4. 本件捜査は明らかに「犯罪」である　*214*
4.2.5. 裁判官は捜査官の不法を「より軽く」「より緩やかに」捉える　*215*

4.3. 足利事件──論理的可能性への立脚は誤判の根源である …………… *218*
4.3.1. 見込み捜査と DNA 鑑定への過信　*218*
4.3.2. 裁判官はただ「調書に・書かれた・事実」だけを見ていた　*219*
4.3.3. 自白内容は「そこに・あった・事実」と一致しない　*221*
4.3.4. 「論理的可能性」を使えばいかなる事実認定も「可能」である　*224*
4.3.5. 高木コートの事実認定は「創作」である　*227*

4.4. 東電 OL 殺人事件──警察は決定的な無罪証拠を隠していた ……… *230*
4.4.1. 1 審判決は無罪であった　*230*
4.4.2. 高木コートは実在的事実を直視（直観）しない　*232*
4.4.3. 論理的可能性に立脚した「事実」認定はありえない　*234*
4.4.4. 実在的可能性に立脚した「事実」認定だけが許される　*236*
4.4.5. 証拠によらない事実認定　*238*
4.4.6. 検察は被告人に有利な決定的物証を隠匿していた　*240*

4.5. 飯塚事件──創作の中で死刑を認めた裁判官 ……………………… *242*
4.5.1. 見込み捜査，死刑判決，そして死刑執行　*242*

4.5.2.　認定された事実と 7 つの間接事実の「総合評価」　*244*

4.5.3.　一瞬の目撃だが，あまりにも詳細な目撃証言　*245*

4.5.4.　血液型鑑定に対する確定 1 審判決の決定的な欺瞞　*248*

4.5.5.　DNA 型鑑定に対する確定 1 審判決の決定的な欺瞞　*250*

4.5.6.　再審請求審の成果　*252*

4.6.　地裁所長襲撃事件——調書は自由自在に作出される························*255*

4.6.1.　事件の概要　*256*

4.6.2.　別件逮捕と警察によるストーリーの形成　*257*

4.6.3.　少年らの供述の検討　*258*

4.6.4.　警察・検察ストーリーが崩壊した瞬間　*260*

4.6.5.　少年審判をめぐる裁判官の「有り様」　*262*

4.7.　東近江患者死亡事件——裁判官は検事の主張を疑わない···············*264*

4.7.1.　捜査——根拠なき「見込み」と「供述調書」による補強　*266*

4.7.2.　公判——調書の形式論理的整合性の検証　*267*

4.7.3.　再審——誤判の可能性の指摘　*269*

4.7.4.　「犯罪の証明」——これだけが有罪判決の前提である　*271*

4.7.5.　刑訴法 1 条の「事案の真相」とは何か　*272*

4.7.6.　はたして N 自白は「真である」のか　*275*

エピローグ：恵庭殺人事件——再審無罪判決を求める························*277*

1.　本件ストーリーを支える情況証拠　*279*

2.　殺害方法と遺体の移動——M に実行行為は可能か　*280*

3.　遺体の焼損方法——10ℓ の灯油で可能なのか　*283*

4.　情況証拠の検証　*285*

5.　「アリバイ崩し」の欺瞞　*289*

6.　ガリレオ裁判に似た刑事裁判実務　*291*

7.　結　　語　*293*

あとがき··*295*

凡　　例

判例集の略記
○公的判例集
・刑集…最高裁判所刑事判例集：最高裁判所判例委員会が選んだ判例を掲載
・集刑…最高裁判所裁判集刑事
・高刑集…高等裁判所刑事判例集：高等裁判所判例委員会が選んだ判例を掲載 (54 巻 2 号まで)
・高検速報…高等裁判所刑事裁判速報
○民間の出版社が刊行する判例集
・判時…判例時報 (判例時報社) (月 3 回刊行)
・判タ…判例タイムズ (判例タイムズ社) (月 2 回刊行)

判決・決定の引用方法
　本書では，各事件で主として検討する判決や決定は，各事件の概要の後に①②③…で記している。たとえば，①福岡高決平成 29・11・29 判時 2368・87 との記載は，福岡高等裁判所平成 29 年 11 月 29 日決定であって，掲載判例集は『判例時報』2368 号 87 頁ということを意味する。そして，個別的な引用は「① 87」などと略記する。また，これらの判決や決定が複数の判例集に掲載されている場合，その引用は，最も普及している『判例時報』を利用する。
　上記の判例集に掲載されていない判決や決定が，電子版である『TKC 法律情報データベース』に掲載されている場合は，文献番号を記すことにする。たとえば，②熊本地判昭和 61・12・22 TKC 25561491 との記載は，熊本地方裁判所昭和 61 年 12 月 22 日判決であり，『TKC 法律情報データベース』の文献番号 25561491 を意味する。そして，個別的な引用は，「LEX/DB」と略記し，その後に，書誌に記載された頁数に合わせて印刷した場合の頁数を算用数字で記す。たとえば「② LEX/DB 12」という表記であれば，②熊本地裁昭和 61 年 12 月 22 日判決の全文 (A4 印刷：約 21 枚) の「12 頁」という意味である。

法律雑誌の略記
・ジュリ…ジュリスト (有斐閣)
・法時…法律時報 (日本評論社)
・法セ…法学セミナー (日本評論社)

年月日の表記
　本書では，和暦 (元号) と西暦を併用している。判決が和暦を使用しているので，判決から引用する各犯罪の事実にかかわる記述には和暦を使用し，直接そこに関連しない記述には，西暦を使用している。

プロローグ：
松橋事件が教えるもの

　松橋事件は，熊本県下益城郡松橋町（現在の宇城市）の町営住宅で男性A（当時59歳）が殺害され，昭和60年1月8日朝，死体が発見されたことに始まる（以下「本件」とも記す）。翌日，司法解剖され，死因は，刃物で頸部を刺されたことによる失血死であり，死後2–4日が経過し，胃内容物の消化状態から食後3–4時間経過後の死亡だと推定された（① LEX/DB 12）。

　捜査本部は，「室内に金品物色の跡がなく」，Aの「顔面，頸部に多数の刺創が集中」することから，強盗でなく，怨恨が動機だと考え，早い時点で，Aと確執があったM（当時52歳）を容疑者と「見立て」ていた（① LEX/DB 12）。警察は，1月5日，AとMを含む4人が飲食し，酩酊する中で，夜遅く，AとMが激しく口論したという情報を得ていたからである。そして，この「見立て」だけを根拠に，「任意捜査」という名の下で70時間を超える事情聴取をして，警察はMを自白へと追い込んだ[1]。そして，昭和60年1月20日にMが自白すると，ただちに逮捕・勾留手続へと進み，その中で，かなり具体的かつ詳細な自白調書が作られた。その後，起訴され，第1回公判では捜査段階の自白を維持したが，第5回公判から，Mは否認に転じた。これ以降，この時点で交代した新たな国選弁護人・三角修一と共に，Mは一貫して犯行を否認し続けた。しかし，1・2審を通じて，裁判所は具体的で詳細な自白調書に任意性と信用性を認めて，Mを有罪とし，最高裁も上告を棄却し，Mの有罪（懲役13年）は確定した。「精密司法」と呼ばれる調書裁判の典型的な形態であった。

　しかし，熊本の弁護士らが中心となって，再審請求への地道な努力が続けられ，平成23年以降は日弁連の援助もあって，平成28年6月30日，熊本地裁

---

1)　多くの誤判は，虚偽自白が原因となっている。松橋事件もそうだが，無辜が「『自白』へと転がり落ちた」のは何故かをテーマとした注目すべき業績として，内田博文・八尋光秀・鴨志田祐美編著『転落自白』（日本評論社，2012年）がある。参照されたい。

は再審開始決定を出した。報道によると、「再審決定の大きな決め手になったのは、公判段階で証拠として提出されることがなかった『布』だった」と書かれているが（2016・7・1朝日新聞）、この「布」とは、Mが自白した「凶器に巻きつけた布」であった。この部分を確認しておこう。

　凶器とされた「切出小刀」の柄に血が付いていないことを追及されたMは、昭和60年2月5日、凶器の柄に血が付かなくするため、ネル地の古いスポーツシャツを切り裂き、柄と刃の接合部に5、6回巻きつけ、被害者を殺害後、軍手と共に風呂場の焚口で焼却した旨の自白を補足している。警察は、この自白を受けて、翌日、赤・茶・白のチェックの1つの「布片」を押収した。そして、2月6日付の警察官「調書に・書かれた・事実」によると、これは、古いスポーツシャツを4片に切って作った「ウエス（引用者注：雑巾がわりに使う布片）」の1つであり（残り3片は1月21日にMの実妹により任意提出されていた）、このスポーツシャツの左袖部分の布を切り取って、それを凶器に巻きつけ、殺害後に焼却したことになっていた（④93以下、③100参照）。

　ところが、平成9年頃、弁護団が熊本地検に証拠閲覧を申請し、未提出の証拠物のすべてについて閲覧が許された。このとき、熊本地検の倉庫の中で、主任弁護人の三角恒（前記・三角修一弁護士の子息である）は前記スポーツシャツの布片を発見した。その布片を復元すると、スポーツシャツが完全な形で復元され、血痕も付着していなかった。三角は「そのときの衝撃は今でも記憶に新しい」と書き残すが[2]、この時、熊本地検によるMに対する犯罪的な職権乱用行為が明らかになった。1・2審で、Mは、自白が虚偽であり、本件切出小刀に布を巻きつけたり、燃やした事実はないと一貫して主張していた。ところが、検察官は、法廷でMの主張を聞きながら、その主張が「真である」こと、すなわち自白が「偽である」ことを「証明」しうる重要な物証を平然と隠蔽していたのであった。

　これは、検察において、Mが無辜だと意識していたことを示唆する。この検察の犯罪的行為が明らかになったことで、Mによる再審請求の正しさが明確に

　2）　三角恒「岐路に立つ裁判官(15)松橋事件再審開始決定に関する弁護人の考察」判時2368号138頁。

なり，再審決定から再審無罪への道筋が明らかになった。その意味では，ジャーナリズムが着目したとおり，凶器に巻きつけた「布」の発見は決定的であった（2016・7・1朝日新聞）。しかし，本件において，Mの主張が「真である」こと，つまりMの自白が「偽である」ことは，1審の段階から，弁護人によって明確にされていた。以下，このことを概観して，刑事訴訟における理性的「証明」の重要性を説く本書のプロローグとしたい。

〈引用判例〉①熊本地判昭和61・12・22 TKC 25561491，②福岡高判昭和63・6・21 TKC 25561489，③再審開始決定：熊本地決平成28・6・30判時2368・97，④即時抗告審：福岡高決平成29・11・29判時2368・87，⑤再審無罪判決：熊本地判平成31・3・28 TKC 25562527

1. 任意捜査の一典型

　本書は，主として裁判官の事実認定に即して誤判原因を考察するが，本件捜査は誤判事件に典型的な捜査形態であるため，捜査過程を一瞥しておこう。

　Mへの事情聴取は，1月8日，遺体発見当日の午後5時頃の警察署への任意同行に始まるが，その内容は「任意捜査」とは言いがたいものであった。自白までの状況から見よう。最初の日は，午後7時30分頃から午後11時56分頃まで，翌9日は午前9時頃から午後9時頃まで，10日は午前10時25分頃から午後8時20分頃まで，任意の取調べを受けている。11日には，取調べは行われなかったが，12日以降，任意の取調べが再開される。12日は午後0時10分頃から午後8時30分頃まで，13日は午前10時25分頃から午後8時20分頃まで，14日は午前9時頃から午後3時頃まで取調べが行われている（① LEX/DB 6）。この間，Mは，Aと口論になった後，すぐ帰宅し，Aを殺害した犯人に心当たりはないと供述し，一貫して犯行を否認した（④89）。15日から17日まで，取調べは行われていないが，警察はMに在宅を要請し，この間に1度，警察官がM宅を訪れている（③125）。警察がMを執拗にマークしていたことが窺える。

　そして，1月18日，Mの同意を得て，ポリグラフ検査が実施された。警察は，Mの容疑を認めるに足る証拠がなかったので，ポリグラフ検査の結果からMの自白を期待していたのであった[3]。しかしポリグラフは「嘘」を発見する

器械ではない。被験者の生理的反応を測定できるだけである。ただ，一般市民にポリグラフの正確な知識はなく，広く「嘘発見器」として認識されている。捜査官はこれを最大限に利用した。

実際，ポリグラフ検査に「陽性反応」が出たと伝えられた後，Mは「顔が青ざめ『よくわかりました。嘘はつけんということがよくわかりました』」と述べ（① LEX/DB 4），取調べは一気に警察のペースになる。すなわち，その後も，Mは否認し続けたが，「あした話します。今日は帰してください」などと述べ，この日の取調べは午後 11 時 15 分頃終了した（① LEX/DB 4）。翌 19 日の取調べでも，Mは生返事を繰り返し，A殺害について積極的に口を開こうとはしなかったが，夕食後にMは「突然声を上げて泣き出し，『ポリグラフ検査の後逮捕されるのは覚悟していた。今日は帰れんつもりでちゃんと風呂に入って逃げもせんで出てきた。自首しようと思ったが，自首して逮捕されると新聞などで確定的に犯人として報道され，妹達やその家族達がこの町には住めなくなる。自白しないまま逮捕されれば，警察が犯人と見ているだけで犯人かどうか確定的には受け取られない。だから逮捕された後，報道機関や世間が忘れたころに自白する』旨述べ」て，この日は午後 9 時 15 分頃に取調べを終了した。

翌 20 日は日曜日であり，午前 10 時に，捜査官 3 名がM方に赴くことに決まった。そして，捜査官がM方を訪れ，Mに自白するように求めたが，Mはためらっていた。しかし，午前 10 時 40 分頃，捜査官が「『Aさんを殺したという話じゃなかったか』と念を押すと暫くしてMは『はい』と答えて，それから本件犯行を一気に自白し始め」，その内容が調書に記載された（① LEX/DB 4）。ポリグラフを介して，一気に，Mは自白させられた。

---

3)　検事・本田正義は，ポリグラフ検査を渋ったり，拒否したような場合には，被疑者の主張や弁解の真実性に疑いを持つことができると述べ，「ポリグラフを受けた結果，黒と出た場合には，その旨を告げることにより，それ以上うそを言っても仕方がないという心理状態に追い込むことができる」とも述べている（本田「取調の技術」『捜査法体系 I——逮捕・取調』〈日本評論社，1972 年〉233 頁）。この指摘は，明らかに，ポリグラフ検査による心理的圧迫を介して，自白が取れるという主張である。実際，そのように使われており，布川事件（本書 4.1.）のSは，ポリグラフ検査の後，取調官が「残念だったな」と述べ，「本当のことを話しなさい」と追及され，「あきらめの気持ちもわいてきた」と回想している。（再審・えん罪事件全国連絡会編『えん罪入門』〈日本評論社，2001 年〉45 頁以下）。

2.　自白内容と立件

　再審開始決定の認定から，自白「調書に・書かれた・事実」を確認しておこ
う。それによれば，1月5日，「被害者方で飲酒するうち，自分の親族のことで
被害者と口論になり」，その場は「謝って被害者方から帰宅したが，以前将棋の
ことで侮辱されたこともあり，はらわたが煮えくり返るほど腹が立ち，殺され
る前に被害者を殺してやろうと思った」。自宅に帰り，「二階作業場に置いてい
た工作に使う長さ11 cmの切出小刀 (引用者注：以下『本件切出小刀』とも記す) を
持ち出して，自転車で被害者方に引き返すと，しばらくして被害者が帰宅する
Bを同人宅まで送り届けようとして，2人が被害者方を出たので，2人を尾行し
た。その後，被害者が帰宅したので，被害者方の裏口で様子をうかがい，頃合
いを見計らって，軍手をはめたまま部屋に入り，被害者の頭を押さえて，被害
者が声を出さないように首を狙い，右手に持った本件切出小刀で被害者の首左
側を十数回突き刺して殺した。帰ろうとして被害者方の玄関口に出る前，軒下
で被害者の自転車のハンドルが身体に当たったので，腹立ちまぎれにその自転
車を土手下に投げ捨てた。帰宅中，右手の軍手に血が付いているのに気付き，
軍手を脱いで大野川の橋左側の上流に投げ捨てた。本件切出小刀は，ジャンパー
のポケットに入れて自宅に持ち帰り，風呂場で被害者の血をきれいに水洗いし，
3か所刃こぼれしていたので，砥石で研いでそれを直した」という内容であっ
た (③89)。Mはこのように自白し，同日，自宅の2階作業場にあった本件切出
小刀をA殺害の凶器として捜査官に提出している。
　ただし，2月5日，Mは自白を修正する。すなわち，①軍手は大野川に捨て
たものではなく，自宅に持ち帰り，風呂場の焚口で燃やした。②本件切出小刀
を自宅2階作業場から持ち出すとき，柄に血が付かないようにするため，ネル
地の古いシャツを手で切って破り，柄と刃の接合部に5，6回巻きつけ，被害者
を殺害後，軍手と共に焼却した。③被害者方に飲酒に赴いたときは皮底靴を履
いていたが，本件切出小刀を持って自宅を出るときは，ゴム底靴に履き替えた，
という3点を変更し，これが最終的な自白となった。
　以上のような自白に基づき，検察官は，「被告人は，昭和60年1月5日午後
11時30分頃，熊本県下益城郡松橋町のA (当時59歳) 方において，A・Bらと

飲酒した際，前記 A の高慢な発言を被告人がしたものと誤解した前記 B から，押し倒されたり，あるいは殴りつけられるなどの暴行を受けたので，平素の前記 A に対する憤まんの念が一挙に爆発し，激高の末，同人を殺害しようと決意し，同町の被告人方から，刃体の長さ約 11 センチメートルの切出小刀 1 本を持ち出し，同月 6 日午前 1 時 30 分前後頃，前記 A 方において，前記切出小刀で同人の左頸部を目がけて 10 数回突き刺し，よって，そのころ，同所において，同人を左頸部動脈切損にもとづく出血により死亡させた」（⑤ LEX/DB 2）という公訴事実を起訴状に記載し，2 月 10 日，熊本地裁に起訴した。

3.　犯罪の証明なき有罪判決——(1) 凶器の形状と創傷の不一致

　1 審が始まり，M も交代した弁護人・三角修一も自白の任意性および信用 (真理) 性を争い，A の遺体に残された諸創傷の中に凶器とされた本件切出小刀では形成できない傷があり，本件切出小刀は凶器でないと指摘し，それ故，M の自白は「虚偽である」と論じた。また，M が事件当時着用していたとされる着衣に血痕反応がないことの不自然さを指摘して，M の無罪を主張した。弁護側は，2 審でも同様の主張をしたが，1・2 審とも明確な論拠を示すことなく退け，M 自白の任意性と信用性を肯定して有罪判決を言い渡した。ここに本件確定判決の最大の問題点がある。すなわち，弁護人は，M の犯人性が合理的に「証明」されていないことを示したのに対し，裁判所は，それに反論することなく，非理性的な自由心証主義から (本書「まえがき」〈2〉参照)，自白の証明力を肯定し，M を有罪としたのであった。

　ここでは，まず，本件切出小刀の形状と遺体の創傷が一致しない点を考えよう。A の遺体には 14 個の創傷があり (③ 105)，凶器とされた切出小刀は「刃体の長さが 11.1 センチメートルで，先端から 5.5 センチメートルのところまで刃が斜めに作られ，それより柄元の方には刃がなく，刃のない部分の幅が 2.2 ないし 2.3 センチメートル，刀背 (峯) 厚が約 0.3 ないし 0.38 センチメートル」(② LEX/DB 1 以下) という形状であった (図参照)。

　確定 1 審段階において，三角弁護人は，A の遺体の顔面鼻根部右外側にある第 1 創に注目した。第 1 創は深さ 13 cm で，創角 (創の端のところ) は 0.1 ないし 0.3 cm であった。つまり，明らかに，本件切出小刀と創傷の形状とは一致して

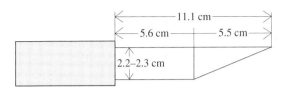

(注) 昭和60年1月9日付捜査報告書によると，顔面および頸部に14個の創傷があり，
　　そのうち，「創口の長さが本件切出小刀の刃のない部分の幅である約2.2センチメー
　　トルよりも短い」傷が5創ある（再審開始決定より）。それは下記のとおりである。
　　1.　深さ6cm，長さ（傷口の長さ）約1.1 cm（第2創）
　　2.　　　　5.5 cm，　　　　　　　　約1.1 cm（第4創）
　　3.　　　　約4 cm，　　　　　　　　約1.5 cm（第8創）
　　4.　　　　約5 cm，　　　　　　　　約1.5 cm（第10創）
　　5.　　　　約4.8 cm，　　　　　　　約1.5 cm（第14創）

本件「切出小刀」の形状

いない。本件切出小刀は，深さが13 cmに至るAの傷（第1創）に比べて刃体が
短く，刃の厚さが厚いので，この創傷を作出しえないと指摘した。これに対し
て，確定1審は，Aの解剖を執刀した熊大教授（法医学）Kによる，「深さ13セ
ンチメートルの創傷については切開した時に軟凝血があったので，そのあたり
まで入る可能性もあるということで13センチメートルにし」ており，「右数字
には3分の1ないし4分の1の誤差はあり，8センチメートルないし9センチ
メートルの成傷器でも右創傷は可能であり，右切出小刀に被告人の自白どおり
に布切れを巻いたとしても本件凶器になりうる」という計測値の説明に依拠し，
本件切出小刀で第1創を生じることは可能であるとして，弁護人の主張を退け
た（① LEX/DB 8）。しかし，上に引用したK鑑定の説明を読めばわかるが，本件
切出小刀がA殺害の凶器であると科学的に論証した部分はどこにもない。その
非科学性は誰の目にも明らかである。
　このKの杜撰な説明を見れば，確定2審で，福岡高裁が別の法医学者Sに新
たな鑑定を求めたことは当然であった。そして，2審は，S鑑定が示した「押
し下げ現象」を引用し，「刃器の人体への刺入時に見られる刃先による皮膚のお
し下げ現象により，実際に人体へ刺入された刃部の長さより創底がさらに深部
に見いだされることがあり，前記の第2，第4，第8，第10，第14創について

も，その各創口から創底までの深さと同じ長さ，すなわち刃のない部分まで本件切出小刀が刺入されたのではなくて，その刃先に近い部分，すなわち先端から斜めに刃が作られた部分の途中までしか刺入されていない可能性のあることが認められる」と判示し（上図参照），「各創傷の深さに比して，その各創口の長さが短いことを理由として，右各創傷が本件切出小刀によって形成されたものではないということはできない」と結論づけた（② LEX/DB 2）。

　この鑑定は，刃器が刺入されるとき，皮膚が「押し下げ」られるという一般的な可能性（これを「論理的可能性」と言う。論理的可能性については本書 1.4.2. 参照）があることを論じている[4]。しかし，法医学的に，そのような現象がありうることは否定しえないが，鑑定で問われている事項は，A の頸部にある傷のうち，どの傷が「押し下げ現象」によって生じたかを示すことである。しかし，S 鑑定の内容は，法医学的に認められた 1 つの可能性（論理的可能性）を指摘しただけで，現実に，A 左頸部の各傷に「押し下げ現象」が生じたのか否かを明確に判定していない。しかし，それにもかかわらず，2 審は，S 鑑定に依拠して弁護人の主張を斥け，控訴を棄却した。また，最高裁も上告を棄却したので，有罪判決は確定した。しかし，これでは，「犯罪の証明」がなされたとは言えないだろう。すなわち，S 鑑定のような現実を捨象した論理的可能性ではなく，A の頸部という現実の中で，刃器を刺入したとき，どれほど「押し下げ」る可能性があるかを示さなければならない（このように現実に規定された可能性を「実在的可能性」と言う。実在的可能性については本書 1.4.2. 以下参照）。1・2 審判決を読むと，「本件切出小刀によって形成されたものではないということはできない」という「二重否定」の文言が多用されているが，これは論理的可能性に立脚した可能的推論を示すだけであり，「この切出小刀で，この傷が生じただろう」という実在的可能性が示されていない。これでは，現実的な犯罪事象の生成について，何も証明していないに等しい[5]。

---

4)　「押し下げ現象」については詳述しない。これについては，再審段階の即時抗告審で，詳しく説明されているので（④ 92），参照されたい。

5)　事実認定において，可能的推論は不可欠だが，その場合，「論理的可能性」と「実在的可能性」が明確に区別されなければならない。しかも，カントが警告するように，「論理的可能性から実在的可能性を推論してはならない」（カント『純粋理性批判（中）』263 頁）。こ

4.　犯罪の証明なき有罪判決——(2) 確定審の自白評価

　弁護人は，次に，Ｍが事件当時着用していたとされる着衣に血痕反応が見られないこと，さらに，本件切出小刀にも血痕反応がなかったことを挙げ，この「切出小刀」は凶器ではないとして，Ｍの無罪を主張した。ここでは，自白の証拠評価との関連で，小刀に血痕がなかったことについてのみ考察しよう。

　弁護人は，この凶器とされた切出小刀に血痕が付着していない以上，本件切出小刀を凶器に使ったというＭ自白は「偽である」と主張した。これに対し，検察は新たな供述調書を準備していた[6]。それが前述した2月5日付の「切出小刀に布切れを巻きつけた」という供述である。すなわち，Ｍは，前記ネルのスポーツシャツの「左側袖の部分」を切り裂き (幅3cm長さ30cm)，これを切出小刀の刃と柄の接合部分に巻きつけて，殺害後に，刃を「こすり上げる」ように布を取り外せば，血痕は拭えたと供述していた。それのみならず，小刀を「たんねんに水洗いしたうえ砥石で研いだ」との供述もＭから得ており，この新たな「調書に・書かれた・事実」を追加して，検察は「小刀に血痕が付着していないのは決して不自然，不合理とはいえない」と主張した。そして，科学的根拠が示されることもなく，1審も検察官と同様の認定をした (① LEX/DB 12, 17)。

　たしかに，検察が主張したように，血痕を洗い流せば，血痕反応が出ない可能性 (論理的可能性) がある。しかし，このような論理的可能性を示して，本件でも，「小刀に血痕が付着していないのは決して不自然，不合理とはいえない」と帰結することはできない。Ｍの自白「調書に・書かれた・事実」では，Ｍは，「Ａの頭をおさえ」た上で，右手でＡの左頸部を10数回も突き刺して「左頸部動脈切損」を惹起し，失血死させている。そうすると，実在的事実として相当な出血量があったはずで，「刃と柄の接合部分」に布片を巻きつけていたから，

　　のカントの警告は刑事裁判官が常に意識すべき箴言である。これに関しては，本書全体の中で，何度も考察されるだろう。

6)　再審請求の抗告審の認定では，Ｍは確定審の公判において「本件切出小刀は，朴の木で作られた多孔質で，水とか血は良く吸い込みやすく，表面を削らないことには，血が付いたのがとれない」ものだから，「検察官からナイフの柄に血が付くはずであるが，どうか」と聞かれて，その場の「思い付きで，ぼろ布を巻いたと言った」と供述している (④ 94以下)。

多孔質の柄部への血痕付着が防がれたと認定することの空想性（非現実性）が指摘されるべきである。同様の空想性は，財田川事件（本書2.2.）や松山事件（本書2.3.）さらに菊池事件（本書2.6.）などの「血痕付着」の問題とも関連するが，少なくとも本件の如き頸動脈切断の状況を前提とすれば，「血痕が付着していないのは決して不自然，不合理とはいえない」どころか「不自然，不合理そのもの」である。

　しかも，Mの自白「調書に・書かれた・事実」には，実行行為と隣接した実在的事実が全く記載されていない。わずかに，確定1審は，血の付いた布片と共に焚口で焼却された皮底靴の金具がMの供述どおりの場所から発見されたことを「一種の秘密の暴露にあたる重要な事実」と位置づけている。しかし，何故，この事実（靴底金具の発見）が殺害行為の存在を合理的に推論させるのかの説明もないままで，「秘密の暴露」に相当するという認定は文字どおり裁判官の独断にすぎない。実際，確定1・2審判決には，自白が「真である」と立証しうる根拠となる事実は明記されていない。

　さらに，確定諸判決は，自白が「真である」ことの根拠として，M自白が具体的で詳細であり，基調において一貫していることを挙げている。これは，本書で考察する誤判事件の多くの判決書でも使用されている典型的な基準だが，自由心証主義の帰結とは言え，これほど非理性的な基準はない。本件の再審決定でも，「本件巻き付け布に関するMの自白供述は，具体的かつ詳細で迫真性に富むものであるところ，これがMの創作であったとすると，Mの自白の他の部分についても，供述が具体的であること，詳細であること，あるいは迫真性に富むことが，自白の信用性を担保する事情にならないことを示している」（③ 101）と説示するが[7]，きわめて当然の指摘である。

　7）　この点，すでに，横山晃一郎は，「過去の，自分が体験した事実について語るという人（自白者あるいは証言者）の言葉そのもの，彼が書いた文書だけから，それが真実彼の体験に根ざしたものかどうか，またその体験をどの程度忠実に再現したのか，誤りなく判断する方法はない」と指摘していた（横山『誤判の構造——日本型刑事裁判の光と影』〈日本評論社，1985年〉111頁）。この指摘は当然のことながら重要である。

5.　M 自白は「真」か「偽」か──真偽の基準

　弁護人の主張は，「事件の痕跡」としての実在的事実（物証）を直視（直観）し，事件現場の「そこに・あった・事実」に視線を当てている。M は，A と相対する姿勢で A の頭を押さえ，その左頸部を 10 数回も突刺したとされながら，M の着衣や凶器の切出小刀の柄の接合部に血痕がなかったこと，A の頸部に残された創傷に切出小刀の刃形より小さな刃形の創傷があったこと，このような実在的事実に着目した。この核心的な実在的事実と M 供述の内容が一致しない以上，M の供述「調書に・書かれた・事実」は「偽である」という主張であった。

　これに対し，検察官は，被疑者・被告人の供述内容と実在的事実の矛盾に気付くと，2 月 5 日付の調書のように，事実と一致するように取り繕った新たな供述調書を取る。新たな調書で，供述内容と事実が一致するように修正し，被告人の供述は「大筋において真」だと断言する。たとえば，柄と刃の接合部に布地を巻き，殺害後に小刀を洗って砥いだという調書があれば，その切出小刀に血痕がなくても，M 供述は事実と矛盾しない（だから「真である」と強弁する）。さらに，創傷と刃形が一致しなくても，刃先が皮膚を「押し下げ」たのであり，この「押し下げ現象」を考えれば，M 供述は死体の示す事実と矛盾しない（だから「真である」と強弁する）。実際，検察はこう主張したし，本件確定 1・2 審の裁判官たちも，この検察の主張に合意した。しかし，ここには，致命的な誤りがある。

　それは「真偽の基準」に関する誤解である。たとえば，「ここに 1 本の万年筆がある」という事実に関する言明（認識・主張・判断と言ってもよい）は「そこに 1 本の万年筆がある」ときにのみ「真」である。「そこに万年筆がない」とき，つまり言明と事実が一致しないとき，その言明は「偽」である[8]。つまり，言

---

[8]　周知のとおり，狭山事件では，被告人 I の自白により，I の実家の勝手口の鴨居から被害少女の万年筆が発見され（昭和 38 年 6 月 26 日），それが I 有罪の決め手の 1 つとなった（東京高判昭和 49・10・3 判時 756・3）。しかし，それ以前の 5 月 23 日と 6 月 18 日の 2 回，12 名と 14 名の警察官が家宅捜索に入り，勝手口の鴨居の上も捜索していることが実況見分調書に記されている。つまり，5 月 23 日にも 6 月 18 日にも，鴨居の上に万年筆はなかった。それが実在的事実（実況見分調書）である以上，東京高裁判決は「ない」ものを「ある」と判断したのであり，その認定は「偽」である。

明の「真偽」は，常に言明と言明に対応する実在的事実との一致の有無で決まる。これがヨーロッパの伝統的な認識論の帰結である。そして，本書はこれを「伝統的真理論」と呼ぶが（本書 3.2.4. と 3.5.1.），明らかに弁護人はこの立場に立脚している。

　これに対して，検察の主張や確定判決では，切出小刀に布地を巻いたから血痕は付かなかったと主張した。しかし，その布地は犯行に使用した軍手と共に自宅の風呂場の焚口で燃やしたとされ，布地を巻いた行為の実在性は証明されていない。「押し下げ現象」も同じである。S 鑑定は，有罪判決の 1 つの決め手だが，M が A を殺害したときに，現実に，実在的事実として A の左頸部の皮膚に「押し下げ現象」が発生した可能性（実在的可能性）を立証しているわけではない[9]。つまり，弁護人の主張は実在的事実に裏打ちされていたのに対し，検察官の主張は全く実在的事実に裏付けられていない非科学的な想定にすぎない。

　実際，再審段階になって，弁護団は，A の左頸部の刺切傷に関して，新たに日本医科大教授（法医学）O に鑑定を依頼し，O は，各創の創深・創長，創周辺の筋肉組織・皮下脂肪などを示しながら，実在的事実として，S の言う「押し下げ現象」が生起したとは考えられない創が 2 つあることを示し，この 2 つの傷は凶器とされる「本件切出小刀」によって成傷しえないことを実証した（③ 102 以下に詳細な検討がある）。O は，「押し下げ現象」に関する実験を重ね，「検察側が主張した『押し下げ現象』も生きた豚を使って検証し，首元ではこの現象は生じない」ことを証明した。

6. 自由心証主義の跳梁

　松橋事件は，再審にかける弁護団の努力が結実し，風呂場で燃やされたはずのスポーツシャツの「左側袖の部分」が発見されて，一気に再審開始決定から無罪判決に至ったが，この劇的な展開がなくとも，確定 1・2 審判決の再検討だけで，再審決定から無罪判決に帰着すべきケースであった。すなわち，確定 1・

9）　S 鑑定は，「押し下げ現象」が起こることによって，本件切出小刀で A の頸部に深い創傷を残すこともありうるという一般的可能性を指摘したにすぎず，本件切出小刀が成傷器だと確定されたわけではない。これは「論理的可能性」の問題であり，誤判の核心的な問題の 1 つとして，本書全体で考察すべきテーマである（本書 1.4.2. 参照）。

2審判決を見直せば，両判決ともに，Mの有罪性が「証明されていない」ことは自明である。確定1・2審判決は，捜査官によって作成された自白調書を読み，その「調書に・書かれた・事実」が詳細かつ具体的で迫真性に富むという理由で，裁判官が「有罪の心証」を形成し，この心証形成だけで有罪判決を書いている。

　このように，松橋事件では，自白「調書に・書かれた・事実」の真実性は，実在的な「そこに・あった・事実」との一致を基準とした「真偽」の検証ではなく，調書を読む裁判官の主観的・情緒的な印象によって決められた。そして，確定1審が指摘するように，これほど「詳細で具体的かつ詳細」な自白があり，最初の自白から，内容の「基調となるべき部分に一貫性があり変化がない」以上，それは，被告人の経験が記述されたに違いないという「有罪の心証」が形成される。こうなると，実在的事実との不一致を挙示して，検察の主張が「偽である」ことを合理的に実証したとしても，この理性的な検察官への批判は裁判官に届かず，被告・弁護人による現実的な反論の可能性は閉ざされてしまう。

　多くの刑事裁判は，このような状況の中で，理性的な検察批判が通用しえないところに被告・弁護人を追い込んでいる。この公判の形態が「暗黒裁判」にほかならない。したがって，暗黒裁判を克服しようとすれば，公訴官たる検察官に対し，裁判官が理性的な「犯罪の証明」を厳しく要請することから始めるべきだろう。「犯罪の証明があったときは……判決で刑の言渡しをしなければならない」(刑訴法333条) のであり，「犯罪の証明がないときは，判決で無罪の言渡しをしなければならない」(刑訴法336条)。犯罪の証明がないところに有罪判決はありえない。裁判官はこの簡潔で明快な刑訴法の条文を肝に銘じなければならない。

1.0. 暗黒裁判の原点

　本章では，帝銀事件 (1.1.)，練馬事件 (1.2.)，八海事件 (1.3.)，松川事件 (1.4.)，菅生事件 (1.5.) が考察される。これらの事件は，日本の敗戦直後に発生し，現行憲法や現行刑事訴訟法の施行直後に裁判が行われた。現行憲法や現行刑事訴訟法は，被疑者や被告人の基本的人権を保障しているが，これらの事件の捜査や事実認定のあり方は，この憲法や刑事訴訟法とは相容れないものであった。この点，捜査や裁判がこの法制度に慣れていない過渡期の事件だったのだと論じられることもある。本章は，戦前の刑事裁判実務に対する十分な反省がなされることなく，戦前の実務のあり方が現行刑事訴訟法に接ぎ木される過程を明らかにする。問題は，この接ぎ木された形態が刑事裁判実務に定着していくことにある。別件逮捕を用いた自白獲得を当然のものとみなし，共謀共同正犯という刑法理論を承認することがその例である。そこには，共犯者の自白に対する危機感はみじんもない。また，捜査段階で自白調書が作られてしまうと，裁判官は，自由心証主義を前面に押し出し，自白「調書に・書かれた・事実」の中から被告人を有罪とするための事実を自由に取捨選択し，「罪となるべき事実」を書く。本来その過程では，現実的な「そこに・あった・事実」が直視（直観）されるべきであったが，捜査段階で作成された「調書」が公判を支配し，事実認定を支配する。これが，「調書裁判」と呼ばれる日本の刑事裁判の特徴であり，「暗黒裁判」の原型を形作っている。

1.1. 帝銀事件
——別件逮捕と自白による処罰・死刑

　日本の刑事裁判には，基本的人権の保障と矛盾する，いくつかの致命的な症状がある。本書を読めばわかることだが，別件逮捕で自白を取る捜査の仕方，つまり「人を得て，証を求む」という戦前の天皇制絶対主義下の実務で確立された日本型の捜査形態が誤判の最大の原因になっている[1]。そのことを考えれば，すでに日本国憲法が施行されていたにもかかわらず，この日本型捜査方法を漫然と是認し，自白だけで被告人を死刑とした下級審判決を破棄することなく，全員一致で上告を棄却した帝銀事件の最高裁大法廷判決（田中耕太郎裁判長：③ 663）は，暗黒裁判の 1 典型として，本書の最初に考察すべき判例だろう。

〈引用判例〉① 東京地判昭和 25・7・24 刑集 9・4・718，② 東京高判昭和 26・9・29 刑集 9・4・729，③ 最大判昭和 30・4・6 刑集 9・4・663

1.1.1. 別件逮捕と自白

　帝銀事件は，三井銀行と第一銀行が合併して，昭和 18 年発足した帝国銀行の椎名町支店において，昭和 23 年 1 月 26 日に発生した強盗殺人事件（以下「本件」とも記す）である。この犯人は，東京都の防疫課技官（医師）を名乗って来店し，弁舌巧みに，近所に赤痢が発生したと述べて，行員の気持ちをつかみ，予防薬と称した「青酸化合物」を行員や雇人らに飲ませて，行内にいた 16 人中 12 人を殺害し，現金 16 万円と 1 万 7,000 円の小切手を強取した。その犯行の手口や犯人の「手際よさ」から，捜査当局は，当初，犯人を医学関係者もしくは旧関

---

1)　横山晃一郎は多くの著書でこの言葉を使う。たとえば横山『誤判の構造』71 頁以下などを参照。後藤昌次郎も言う。日本の警察は「証拠があるから逮捕するのではない。証拠がないから逮捕する」のである。つまり，「証拠をつくるために逮捕する」のだ，と（後藤『冤罪』〈岩波書店，1979 年〉218 頁参照，同『裁判を闘う』〈毎日新聞出版，1984 年〉6 頁以下参照）。また，最近の著作として，原田宏二『警察捜査の正体』（講談社，2016 年）112 頁以下参照。

東軍の防疫給水部 (旧陸軍「満 731 部隊」) の隊員ら軍関係者を中心に捜査を進め
ていた (たとえば第 17 次再審請求審・東京高決昭和 61・9・10 LEX/DB 6 以下などを
参照)。

　本件には，先行して，2 つの銀行を舞台にした類似の未遂事件があり (昭和
22・10・14 安田銀行荏原支店，昭和 23・1・19 三菱銀行中井支店)，安田銀行で使わ
れた名刺の捜査から，著名なテンペラ画家であった H (当時 57 歳) が容疑者とし
て浮上した。昭和 23 年 8 月 21 日，警察は H を小樽で別件逮捕し，同年 9 月 23
日から始まる自白に基づいて，検察は H を強盗殺人罪等で起訴した。ただし，
H は，11 月 18 日に自白を撤回し，以後，一貫して無実を主張した。しかし，1
審 (江里口清雄裁判長。後に最高裁判事) は被告人を有罪 (死刑) とし (① 718)，控訴
も棄却され (② 729)，最高裁大法廷 (田中コート) も全員一致で上告を棄却し (③
663)，死刑判決は確定した[2]。

　本件は，現行刑訴法の施行前の事件であり，被疑者の逮捕・起訴・公判・判
決は旧刑訴法に基づく手続きであった。ただし，すでに日本国憲法が施行され
ており，憲法 31 条以下の諸規定により，自白を重視した旧刑訴法の手続きがそ
のまま適用できないことは自明であった。したがって手続きは「日本国憲法の
施行に伴う刑事訴訟法の応急的措置に関する法律」によって行われた。しかし，
憲法の規定にかかわらず，本件の 1・2 審判決は実質的に「自白に基づく死刑判
決」であった。それは，戦前の天皇制絶対主義の時代に確立された刑事裁判実
務の伝統とも言うべき「自白の重視」が継承された判決であり，「物証の軽視」
が著しい判決であった。

1.1.2.　自白内容は支離滅裂であった

　本件の諸判決を見ても，犯行と被告人を直接関連づける物証は全然ない。H
の自白と目撃証言だけで死刑判決が導かれている[3]。しかも，自白にしろ目撃

---

2)　H は，57 歳で逮捕された後，長く宮城刑務所に収監されていたが，最後は，八王子医療
　刑務所において，95 歳 (1987 年) で獄死した。
3)　H の自白に関しては，竹澤哲夫・和多田進『帝銀事件の研究 I──検事聴取書全 62 回』
　(晩聲社，1998 年) が公刊されている (以下『検事聴取書』と略記引用する)。具体的な自
　白については，『検事聴取書』285 頁以下参照。さらに，目撃証人の証言に関しては，2 件

証言にしろ，死刑判決を十分に支えるほど明確なものでは全然なかった。むしろ，自白の内容は支離滅裂であり，自白「調書に・書かれた・事実」は事件を構成する実在的な「そこに・あった・事実」と明確に矛盾していた。自白を含めた供述証拠の「真偽」は，すでに示したとおり（本書「プロローグ」5.），供述内容と供述対象たる事実が一致しているか否かによって決まることを考えれば（本書3.2.4. および3.5.1. 等を参照），H自白は明らかに「偽」であった。また，4名の生存者の目撃証言も，最初の「面通し」では，全員がHを犯人とは思えない旨の否定的な供述をしている。

　事実に関する各供述の内容を確認しておこう。まず，Hの自白から見ると，Hは使用した毒物を「青酸カリ」だと供述しており，検察もそう主張したし，裁判所もそう認定した[4]。しかし，本当に青酸カリという即効的な毒物を使っ

の未遂事件の関係者および本件での4名の生存者らを含む48名の証言を心理学の観点から検証した労作として，浜田寿美男『もうひとつの「帝銀事件」二十回目の再審請求「鑑定書」』（講談社，2016年）93頁以下参照。このように帝銀事件の死刑判決を支えた供述調書の主要な部分が読めるようになり，たとえば植松正「帝銀事件の証拠批判」警察研究36巻6号3頁以下など，これまで帝銀事件判決の正当性を喧伝してきた諸論稿の内容的な「デタラメ」さが明らかになった。なお，浜田寿美男『自白は作られる』（ミネルヴァ書房，2017年）175頁以下も参照。

4)　たしかにHは「青酸カリ」を使ったと自白している。しかし，具体的に自白調書を見ると，かなり不自然な自白である。たとえば，Hが「青酸カリ」という言葉を出すのは，昭和23年9月23日の第34回聴取書だが，その直前に行われた聴取では，Hは「困ツタ事ハ腕章モ手ニ入ラス薬モ手ニハイラナイノデドウシテ人殺シカ出来タカソレテ辻褄カ合ハナイノデ困リマス」と述べたところで，一旦，聴取は中断されている（第33回聴取書）。そして，同日，その後に行われた聴取で「青酸カリ」という言葉が出る（第34回聴取書）。それは，きわめて唐突に，「青酸加里ナノテスカ私持ツテナイテスカラ」という否定的な返答の中に出てくる。「青酸カリなのですか」と問いかけるセリフは，明らかにHが検事に確認を求めるセリフであり，「（しかし）私は（それを）持ってませんから」というセリフは，Hが返答に窮したセリフである。これに対し，全く動じることなく，「マアイイ，其ノ薬ハ何処カラ持ツテ行ツタノカ」と検事は問い返している。「持ってないです」という返事に対して，「マアイイ」という検事の対応は不自然そのものだが，それ以上に，「どこから持って行ったのか」という質問は対話になっていない。しかし，対話になっていないにもかかわらず，Hは「家ノ塩酸ノ壜ニアツタノヲ持ツテ行ツタノデス」と答えている。そして，その後，「其ノ薬ヲ皆カ飲ミマシタ」「私モ飲ミマシタ」と答えている。このように，使用毒物「青酸カリ」だと自白した部分の調書を読めば，第33回聴取の後，明らかに検事から「青酸カリ」に関するアドヴァイスを受けたことが了解できる。だから検事は「マアイイ」と対応したのだろう。しかし，Hは「青酸カリ」のアドヴァイスを受けても，自分が

たのであれば，致死量の青酸カリ水溶液を飲みながら，8歳の少年（雇人の子供）を含めて，数分間，すべての行員や雇人が生きていた事実は説明しがたい[5]。もちろん，服用後，数分間，生きられる青酸カリの調合は可能だろう。しかし，理論的に可能であっても（論理的可能性），現実問題として（実在的可能性），Hに調合できたはずはない。確定判決が認定した青酸カリ水溶液の作成方法を見よう。自白によると，Hは，「梅干し2つ分位の青酸加里全部（引用者注：約16gと鑑定された）」を「割箸の片方で壜のなかをつついてこわし」つつ，それを「80 cc位」の「オキシフルの壜一杯の水にとかして」青酸カリ水溶液を作ったという（②789以下，792など）。しかし，このような杜撰な青酸カリ水溶液の作り方では，数分後に致死効果が発生する濃度に調合された青酸カリ水溶液は作れない。少なくとも，薬物の素人であるHには，まず不可能なことである[6]。

　このように，Hの自白と事件の実在的事実とは一致せず，その間に大きな齟齬がある。自白「調書に・書かれた・事実」のとおりの形態で青酸カリ水溶液を飲ませたという裁判所の事実認定は，生存者の証言を参考に，検察が観念的に想定した非現実的な「ストーリー」の「上書き」にすぎない。つまり，「調書に・書かれた・事実」が帝銀事件を構成する実在的な諸事実と一致するか否かを正確に検証しないままに，「調書に・書かれた・事実」をそのまま「罪となるべき事実」として判決書に「上書き」しただけである。帝銀事件の有罪判決は，事件を構成する実在的な「そこに・あった・事実」を直視（直観）せず，ただ

　「青酸カリを使用して毒殺した」という検事のストーリーが理解できずに，同日，その後に行われた第35回聴取書でも，「家カラ持ッテ来タ瓶ニ入ッタ濃塩酸」をコップに注ぎ，行員たちはそれを「全部自席テ薬ヲ飲ミマシタ」と答えている。その後の第36回聴取書でも，塩酸を使ったという供述を維持している。翌9月24日，第37回聴取書において，Hは昨日の供述の訂正を申し出て，「薬ハ青酸加里テス」と訂正したのであった。このような供述の流れを見れば，Hが検事からのアドヴァイスや誘導を受けて，自供内容を少しずつ微調整しているのが明らかである。

5)　このことは事件直後から意識されていた。『検事聴取書』の共編者である和多田進『ドキュメント帝銀事件』（新風舎，2004年）201頁以下を参照されたい。

6)　先行した2つの未遂事件も被告人の犯行とされているが，Hの自白調書の中に，最初の安田銀行荏原支店のケースにおいて，「耳掻き1杯程」の青酸カリで「2, 30人位は十分死ぬるものと考え」て実行したところ，効果なく，未遂に終わったとの供述がある（②755）。Hが薬物に関する知識を全く持っていなかったことは明らかである。

「調書に・書かれた・事実」だけを見ている。

1.1.3.　自白と「そこに・あった・事実」との不一致

　そこで，確定2審判決から，犯人が青酸カリによって12人の行員を殺害した状況を振り返って（②793以下），確定判決が実在的事実を完全に無視していることを確認しよう[7]。生存者 Y1（男性45歳・支店長代理）は控訴審で次のように証言した。事件は，銀行の閉店後（午後3時過ぎ）に，「朱肉色の東京都のマーク」を刷り込み「消毒班」と記された腕章を付けた犯人が現れ，「東京都技官とか厚生省技官とあって医学博士の肩書があり，名前は思い出せないが，名前の脇に東京都防疫課とあった」名刺を出され，赤痢菌を消毒する必要があるとの説明を受けた。そこで，Y1 が犯人を銀行内に入れ，大声で「集団赤痢が出て都の方から消毒に来た」と行員に告げた。

　ここから帝銀事件は始まる。犯人が「足早に，中に入って」くると，「進駐軍は伝染病にやかましく，自分の方に直接電話で連絡があったので，ホーネット中尉と現場に来た」が，集団赤痢の現場となった X 宅の「家人がこちらの銀行に来た形跡があるので，一足先に消毒に来た」と述べた。そして，「帳簿や現金を消毒しなければならないが，皆さんにも病菌がうつっているかも知れないから，予防薬を飲んでもらいたい」との説明があり，これから，まず「予防薬」を飲み，次に「セカンド」という中和剤を飲むと言った。Y1 は，席を外して，雇人に「茶碗を出して支度してくれ」と指示し，席に戻ると，自分の机の上に「薬の入った小さな壜」とニッケル製のケースがあり，犯人は「黒みがかったセカンドという大壜の薬を，右側の机の脚の処に置いたところ」であった。

　Y1 はこの前後の犯人の動作を詳しく証言している。犯人は，まず第1薬の瓶を出し，「右手にスポイトを持って左手に持った薬瓶の中にスポイトを入れて吸

　7）　再審の段階から帝銀事件に関与した弁護人・竹澤哲夫は，正当にも，「まず動かすことのできない帝銀椎名町支店における現場に残された事実，そこにおける客観的事実を押さえた上で，H 自白の決定的な虚偽を論証」すべきであったと指摘している（竹澤『戦後裁判史断章』〈光陽出版社，2006年〉157頁）。本書では，「調書に・書かれた・事実」と「そこに・あった・事実」という対語を多用するが，「そこに・あった・事実」とは，まさしく竹澤の言う「現場に残された事実」のことである。

上げ，スポイトの丸くふくらんだところまで液が上がると，それを盆の上にのっていた茶碗に順々に注」いだ。そして，薬の準備ができたところで，「私が飲んで見せましょう」と述べ，「その茶碗を普通に右手に持って」，「『歯の琺瑯質をいためるから，舌を出してまるめ歯をオーバーして奥の方に流し込むようにしてください。こうしてやるんです』と自分で舌を出し，いくらか反り気味になり，舌の真中辺に薬が落ちるようにして，一口に飲んで見せてから椅子に座った」ことになっている。

Y1 の観察は，かなり詳細であり，犯人が手にした客用茶碗にも「お茶ではない，私等のと同じ無色の液がはいっていた」と証言している。犯人もまた，余裕を持って的確に行動していた。犯人は第 1 薬を飲み終わった後，「1 分経ったらセカンドを飲む」のだと述べ，1 分後に，第 2 薬を「普通に飲んだ」。このような実演が行われたので，行員に警戒心が生じる隙もなく「誰となしに飲もうということになって，皆一斉に立っていた場所で飲んだ」。第 1 薬の「色は無色で臭いはなく，味はウイスキーの強いのを飲むように感じ，咽の方に入っていくと焼けつくよう」な感覚だったという。そして，しばらくして，犯人は中和剤の第 2 薬を茶碗に注いでまわった。行員らはそれを飲み，私は「2 度飲んだ」と Y1 は続け，「それから皆は苦しがった」。「私も苦しくて堪えられなかった」ので，廊下に出ると，複数の行員が倒れていたが，「それを見ても別に大事件が起きた」とは思わず，その後，意識を失ったと供述している。

Y2（男性 20 歳・出納係）の証言もほぼ同じである。そして，Y2 もまた，「その男の飲んで見せた薬と，皆の茶碗に注いであった薬は同様のもの」だと述べ，犯人が同じものを飲んだと証言している。Y3（女性 19 歳・預金係）および Y4（女性 22 歳・預金係）も同様の証言である。そして，各々の供述の最後に，犯人と被告人の容貌の類似性についての意見が表明された。Y1 は「H は顔のしみや，鼻付，全体の感じから，その時の男に，まづ間違いないと思う」（② 797）と述べ，Y2 は「男の頭髪は白毛混り胡麻塩程度で，刈上げて，分けていなかつた。鼻筋が通っていたのが印象に残っている。その男と H は大変よく似ていて，同一人と断定してよいように思う」（② 798）と供述した。そして，Y3 は「この男は柔和な紳士で，H は全体的に，非常にその男に似ているが，その男であるとは言えない」（② 799）とも述べ，Y4 は「薬を飲ませた男と H とは，身長，恰好，顔

の輪郭は似ていると思う」（② 800）と供述した。ただし，控訴審判決は Y3・Y4
の供述を以上のように記しているが，公判調書を見ると，Y3・Y4 の両者とも
「違うと思った」ことを明言している[8]。また，控訴審では，犯行後，犯人が椎
名町支店から逃走するときに路上で出会った目撃者（男性）が「H は，私が見た
その時の男と似ているように感ずるが，的確にその男に間違ないと言えない」
（② 801）と証言している[9]。生存者の証言は，H が犯人だと証言しているのでは
なく，「違う」とか「自信はない」という証言が少なくないことに注意すべきで
ある。この点，明らかに，控訴審判決の認定はミスリードである。

1.1.4. 毒殺行為のトリック

毒殺が実行された状況は，4 名の生存者の供述により，かなり正確に再現さ
れている。ただ，生存者の証言では，犯人が行員らと同様の茶碗で同様の液体
を飲んでいる。もちろん，実際に同じものを飲むはずはなく，何らかのトリッ
クにより，犯人は無害のものを飲んだのだろう。検察のストーリーもそうであっ

---

8)　浜田寿美男によると，たとえば Y3 の公判調書では「Y3 は H を指してはっきりと『この
人が犯人だとは言えませぬ』『非常に似ているが全体としては犯人と違うと思った』と述べ
ている」し，また Y4 の供述では，「『身長，恰好，顔の輪郭は似ていると思う』とまとめ
られているが，公判調書では『顔の輪郭は似ているように思ったが，違うと思った』と言
い，さらには『現在は似ているように思うか，それとも違うと思うか，どっちだ』と問わ
れて『違うと思います』と断言している」ことに注意しなければならない。浜田は，「判決
はその供述の要約において，証人たちが犯人と『違う』として否定的に答えた部分には触
れず，似ていると述べた部分のみを取り上げている」と批判している（浜田『もうひとつ
の「帝銀事件」』69 頁以下参照）。さらに，浜田は，H が逮捕された直後の面通しでは，
Y1・Y2 まで，共に「自信はない」と供述していたことを示している（浜田・前掲 101 頁）。
9)　帝銀事件では，H の有罪認定に対し，目撃者の供述が大きな役目を演じているが，警視
庁で行われた「面通し」は，被疑者と思われる人物以外に数人の人間を加えて，その中か
ら選ぶという方式ではなく，「1 対 1」で似ているか否かを問う方式であった。Y3 の手記
でも，「警視庁の調べ室の中」で H と「会ったというより見せられた」と記している（文藝
春秋 33 巻 16 号 204 頁。なお，Y3 はこの手記でも H と犯人は別人であると書いている）。
しかし，大法廷判決の直前に斎藤朔郎（後の最高裁判事）が指摘していたとおり（斎藤『裁
判官随想』〈有斐閣，1966 年〉164 頁以下），この単独対面方式はきわめて不正確なもので
あり，心理学者・浜田寿美男によれば，この方法の危険性は「法心理学の世界でいまやす
でに常識の部類に属すること」だとされている（浜田『取調室の心理学』〈平凡社，2004 年〉
118 頁以下参照）。

た。実際，自白を始めた当初，昭和 23 年 9 月 25 日付の検面調書（「検察官面前調書」の略。検察官の面前で供述した内容を記載した書面のことで，検察官調書とも言う）に，このトリックに関し，「水ヲ飲ンテ見セタ」という H の供述が残っている（『検事聴取書』334 頁以下，352 頁以下）。それに依拠して，判決は，「青酸加里の溶液の壜はテーブルの上にのせ，水の壜は下に置いた」と認定した。ここまでは，Y1 の証言と合致しているが，その後，「Y1 に『全員集まるように言ってくれ』」と告げて，Y1 が行員を集めている「隙に，下の壜の栓を取り，スポイトを入れできるだけ上まで水を吸込ませ，その水の壜は栓を抜いた儘テーブルの上に上げ」て，「青酸加里の壜を左手に持ち，左手の甲で薬のところまでスポイトの先が届いていないことを隠し，……(薬を)吸上げたような格好をして……中の水を自分の残しておいた茶碗に」注ぎ入れ，「そして他の人には青酸加里の液を，本当にスポイトで吸上げて順番に」注ぎ入れたと自白「調書に・書かれた・事実」をそのまま判決に上書きしている（② 787 以下）。

　しかし，犯人がこういう行動をしたことは，確定判決が引用する Y1・Y2 の目撃証言にはない（② 793 以下）。また事件現場の客観的な事実によっても実証されていない。むしろ反対に，事件直後の Y1 の証言では，犯人が第 1 薬の「小さな壜」を「余りきれいでない包みの中から取り出し」，スポイトで「壜の中から薬をとって茶碗に移し」たところまで，犯人の行動を細かく供述するが，犯人の行動は H の自白「調書に・書かれた・事実」と一致しない。また，事件翌日の Y4 の証言では，犯人が第 2 薬の「足元に置いてあった壜を持ちあげ」たのは，行員らが第 1 薬を飲んだ後だと述べている（② 799）。しかし，H の供述では，先に記したように，下の壜の栓を取ってスポイトに水を入れ，その「水ノ壜ハ栓ヲ抜イタ儘テーブルノ上ニ上ケ」たと述べている（『検事聴取書』352 頁）。そうすると，第 1 薬を各自の茶碗に注入する時点で，第 2 薬は「栓を抜いた儘テーブルの上に」あったはずだが，Y4 の証言では，その時点で，第 2 薬の壜は「足元に置いて」あったと明言している。

　このように，Y1 および Y4 の供述を見る限り，上のトリックに関する H の自白内容は疑わしい。ところが，検察の側から見れば，H が犯人だというストーリーを前提とするので，H は，行員と同じ薬を飲んだ「ふりをした」ことになっている。そのために，この自白調書は準備されたのである。だからこそ，検察

はトリックに関するＨの自白は正しいと主張し，裁判所は検察の主張を認めた。しかし，裁判所は，一体どのような根拠に基づいて，Y1・Y4の証言と矛盾するＨの自白が正しいと判定できたのだろうか。Y1・Y4の証言は犯行現場にいた人間の供述であるのに対し，何故，Ｈの自白の方を採用したのだろうか。そもそもＨが犯行現場にいたこと自体，客観的に証明されていないことを考えれば，明らかに論理が転倒している。つまり，Ｈの自白は，Ｈが現場にいたと実証されたときに初めて意味を持つが，裁判所は，Ｈの自白によって，Ｈが現場にいたことを証明するという背理に陥っている。刑訴法は自由心証主義を採用し，証拠価値を裁判官の自由な判断に委ねたが，自白であれ他の証言であれ，およそ供述証拠の「真偽」は，供述内容と現実的な事実との一致の有無により決まる。「プロローグ」（松橋事件）で示したとおり，「このナイフで刺した」という自白の「真偽」は，死体に残された傷が「そのナイフ」で創傷しえないものであれば，客観的に「偽である」。供述証拠の真偽は，検察官や裁判官が自由な「心証」により決めうることではない。

1.1.5. 自白の「真偽」の証明基準

　帝銀事件の大法廷判決では，昭和24年5月18日の大法廷判決に従い，「自白を補強すべき証拠」は「自白にかかる犯罪が現実に行われたことが裏書保証され，自白が架空のものでないことが確かめられれば足りる」（③672）と書く。しかし，上述のとおり，Y1およびY4が証言した犯人の行動は実行行為に関するＨの自白内容を「裏書保証」しない。むしろ「架空のもの」であることを暴露している。Ｈの自白「調書に・書かれた・事実」は，目撃証言と一致せず，「裏書保証」されていない。致死量の青酸カリを飲みながら，数分の間，体格の小さな8歳の少年を含めて，行員ら全員が生存していたという事件現場における実在的事実，さらに，第2薬を飲んだ後，「それから皆は苦しがった」という被害者が直接体験した事実を直視（直観）すれば，事件の現実はＨの自白「調書に・書かれた・事実」と一致しないこと，すなわち自白が「偽である」ことを暴露している。既述のとおり（本書1.1.2.），ある事実に関する供述は，その供述が現実と一致するとき「真」であり，現実と一致しないとき「偽」である。これは，「真理」の伝統的な解釈であり（本書3.5.1.参照），本書が立脚する「真偽」

の基準である。

Hの自白は事件現場の「そこに・あった・事実」と一致しない。たとえ，田中耕太郎を裁判長とする最高裁大法廷の裁判官がHに対する「有罪の心証」を得たとしても，その事実認定の核心部分が事件の実在的事実と一致していない以上，Hの犯人性が合理的疑いを超えて証明されたということはできない。むしろ，実在的事実を直視 (直観) する限り，明らかにHは本件の犯人とは言いがたいだろう。

Hの自白調書は，東京地検の刑事部長として，帝銀事件の指揮を執った出射義夫の下でまとめられた[10]。出射は，かつて戒能通孝との論争で，「法廷で立証される事実とは何であろうか」という問いを立て，被告人の供述を期待しないとすれば，法廷で「明らかにされる事実は，複雑な実体的真実の輪郭にすぎない」と言った[11]。要するに，部分的な一致があればよいという趣旨であり，自白なくして事案の真相はつかめないという捜査検事の現場の声を代弁した暴論である。しかし，以下，本書で多くの事件を検証し，その中で明らかになっていくが，「自白があっても犯人ではなかった」という事件がどれほど多いかを知るべきである。わが国では，明らかに単独犯のケースでありながら，複数の人間が各々全く異なった自白をすることがある (本書 2.4.1. 参照)。このような捜査実務の現実を知れば，出射の主張には，正当な根拠はないことがわかる。

つまり，出射は，自白によって詳細かつ一貫した検面調書が作成しうると述

---

10) 出射『検事の控室』(中央公論社，1986 年) 242 頁，同『犯罪捜査の基礎理論』(有斐閣，1952 年) も参照されたい。なお，出射『検事物語』(高文堂出版，1994 年) 226 頁以下に，事件発生直後の現場検証からHの取調べまで，捜査の状況について書き残しているが，その中で，「事実の認識とは結局不完全な人間のする想像にすぎない」という暴論を述べている。「自分も納得し，世人も納得するような想像の上での判断が裁判上の事実認定になる」(241 頁)，と。しかし，ここでは，事実の認識と想像とが同視されている。これは，旧制高等学校に学んだ戦前のインテリが広く共有していた観念論的な相対主義的不可知論の帰結であるが，エトムント・フッサールが指摘したとおり (『論理学研究』1 巻〈立松弘孝訳，みすず書房，1968 年〉131 頁以下参照)，この相対的不可知論はナンセンスだと言うべきである。

11) 出射「戒能法学への一批判」法時 23 巻 6 号 45 頁。なお，戒能通孝「市民から検察官に」『戒能通孝著作集 III』(日本評論社，1977 年) 211 頁，同『法廷技術』(岩波書店，1952 年) 238 頁以下参照。

べるだけである。たしかに，自白があれば，調書の完成度は上がるだろう。し
かし，そのことと，調書に記された言明が「真である」ことの「証明」とは別
の事柄である。本書のいたるところで検討されるが，調書や判決に記された「言
明」の「真偽」を判定する基準は，その「言明」と（言明に記された）実在的事
実との一致であり，この一致があるときにのみ，その言明（たとえば「罪となる
べき事実」）は「真である」と「証明」される。刑事裁判で問題になる「真偽」は
常に「言明の真偽」である。多くの論者が誤解しているが，刑事裁判では，「あ
りのままの真実」「絶対的な真実」もしくは「事実としての真実」が求められて
いるわけではない[12]。

　そもそも「事象X」は，それ自体，「真」でもなければ「偽」でもない。事実
は「真偽」の対象ではない。「真偽」の対象となるのは事実に対する人の認識で
あり，確定判決に示された「罪となるべき事実」に記された「言明」である。
そして，この言明が事件の実在的事実と一致していない以上，本件確定判決の
認識は「偽」である。すなわち，2審判決であれ田中コートの判決であれ，そ
こに記された裁判官の認識が「真である」ことは依然として「証明されていな
い」。むしろ，裁判官の認識が決定的に実在的事実と一致していない以上，本件
田中コート判決は誤判の疑いが強い判決である。何よりもHの犯人性はほとん
ど証明されていないからである。

　このように「真偽」の基準を明確に理解し，犯罪の「証明」とは何かという
ことを頭に入れながら，本書を読み進めれば，本書のテーマ「暗黒裁判」とい
う悲劇の内実が徐々に解明されていくだろう。そして，「真偽」の基準を曖昧化
し，裁判官の主観的な「心証」を絶対視し，犯罪の客観的な「証明」の意義を
明確にしないことこそ，暗黒裁判が現象する基盤だということが了解されるだ
ろう。このことは，本書が考察する事件の中で，繰り返し確認されるだろう。

---

12)　「真偽」の対象は，常に，人間の認識であって，事実それ自体でない。これが伝統的な哲
　　学的真理論の出発点である（本書3.5.1.）。このことは本書のいたるところで指摘されるだ
　　ろう。

1.2. 練馬事件
──裁判を受ける権利の否定

　この事件は，昭和 26 年 12 月 26 日午後 10 時 30 分頃，小柄な労働者風の男が練馬警察署旭町巡査駐在所を訪れ，「小田原製紙東京工場のそばに行倒れがある」と偽って I 巡査（当時 33 歳）を近辺の麦畑に誘い出し（1951・12・27 朝日新聞），数人で，掃除用モップの柄や鉄パイプ等で I の頭部，顔面，背部等を乱打し，頭蓋骨骨折等の創傷を負わせて，現場で I を死亡させ，拳銃を奪ったとされる強盗殺人事件である（以下「本件」とも記す）。本件は，「共謀共同正犯」と「共犯者の自白」について常に参照される有名な事件だが，事件の事実関係について公刊された資料は少なく，捜査の具体的な詳細も不明な部分が多い。しかし，当時，占領政策が初期の民主化路線から社会主義の弾圧に変わっており，また，本件の直前，同年 10 月 16 日，共産党の第 5 回全国協議会（「五全協」）において，武装闘争（パルチザン）路線が採択されたこともあり，捜査の対象は初めから共産党員に絞られていた。

〈引用判例〉 ① 東京地判昭和 28・4・14 刑集 12・8・1797，② 東京高判昭和 28・12・26 刑集 12・8・1809，③ 最大判昭和 33・5・28 刑集 12・8・1718

1.2.1. 事件の概要と 1 審判決

　本件は，朝鮮戦争の最中に生じ，駐留米軍の施設（グラント・ハイツやキャンプ・ドレイク）に近い練馬区旭町の小田原製紙東京工場で生じたストライキに関連していたことから，政府も米軍も共産党の動きに注目していた[1]。争議は，第 2 組合が結成されて第 1 組合と対抗し衝突する中，第 2 組合員に対する傷害事件が発生し，I 巡査が第 1 組合員 K（当時 17 歳）を検挙した。そのため，I 巡査が，会社や第 2 組合と結託し，第 1 組合の情報を収集していたなどと誹謗され

---

1)　捜査本部は，初期の段階で，「日本共産党と組合員の合作謀議」だと推定していた（鈴木貞孝「練馬事件の考察」捜査研究 62 号 41 頁）。

ており，「I に引導を渡せ」と書かれたビラがまかれていた[2]。捜査本部は，ス
トライキ中に東京工場次長宅に投石したとして，2 月 13 日，暴力行為等取締法
違反の容疑で，第 1 組合員 5 名を別件逮捕し取り調べた。

　この取調べの中で，H（当時 20 歳）が I 巡査の殺害を自供した。報道によれば，
「正当な組合争議に干渉して弾圧する警察に報復してやろうと思い，仲間 1 名
と，スト中に応援に来た学生風の男 2 名と謀議，I 巡査を連れ出してなぐり殺
した」（1952・2・19 朝日新聞朝刊）という自白であった。警察は，H の自白に基
づき，昭和 27 年 2 月 19 日早朝，さらに 5 名を殺人の容疑で逮捕した。その中
に，小田原製紙の争議をサポートしていた 2 名の共産党員が含まれ，さらに 1
名の党員と「共産党北部地区軍事委員会の責任者」とされた Y（当時 24 歳）を首
謀者と特定し[3]，指名手配した（1952・6・8 朝日新聞）。

　その後，「首謀者 Y」は，5 月 30 日の破防法反対集会がデモに移行して，板
橋署「岩の坂上交番」を襲撃した事件の容疑者として取調べを受けていた「高
村某」だと判明し，同時に，北部地区軍事指導委員会の最高責任者でもあるこ
とが判明した（1952・6・8 読売新聞）。そして，他に特定されていた「学生風の
男」らも逮捕され，起訴された。1 審は，I 巡査への暴行に関し，検察の主張の
とおり，共産党員の Y を首謀者とし，同じく共産党員の F らを含む 10 名が順

　2）　野村二郎「練馬事件」法セ 274 号 143 頁を参照。I 巡査は，練馬署長が「『駐在所員とし
　　ては不適当なほどだ』と洩らすほど融通性もなく情状酌量もせず同ストに当たったため，
　　労組員から非常な反感を買っていた」（1952・2・19 読売新聞夕刊）。
　3）　Y を首謀者にした根拠は共犯者とされた共産党員 F の自白だが，弁護人・青柳盛雄の論
　　稿によれば，その自白は「中島または桜井という名前の人（それが Y 君であると思う）が
　　共産党の北部地区の『軍事委員長』で，I 巡査をやっつけるように指示してきた」という
　　内容であった（青柳「『共犯容疑者』の自白だけで他人を罰してはならぬ――練馬事件大法
　　廷判決の違憲性について」労働法律旬報 317 号 7 頁）。したがって，Y が軍事委員長でな
　　かったことが明らかになれば，その段階で Y は共謀者とは言えなくなるはずである。とこ
　　ろが，裁判所は，本件共謀が Y から指示されたという認定を変えなかった。2 審は，「被告
　　人 Y が北部軍事委員長であるとの点又は本件謀議がいわゆる権力闘争として企てられたも
　　のであるとの点が，右 F の供述のみではこれを確認しうる状況がない」ことを認めながら
　　（②1815），「被告人 Y が軍事委員長でなかつたとしても，被告人 F，Y 間の本件暴行の競
　　合が認定される」と判示している（②1845）。しかし，この判決の一体どこに，「Y が犯人
　　である」という結論の正しさが「証明」されているのだろうか。そのような部分はどこに
　　もない。

次共謀し，内 7 名と他数名で I を殴打したとして傷害致死罪の共謀共同正犯を
認定し，1 名は無罪とした。ただし，拳銃の強取に関しては，そこまで「共同
の故意」に含まれていたことを示す証拠がなく，被告人 S の単独犯行とし，S
は傷害致死罪と窃盗罪の併合罪とされた（① 1802）。

1.2.2.　暗黒裁判を支えた最高裁判決

　以上が練馬事件のアウトラインだが，ここには，3 つの決定的に重要な問題
点がある。第 1 に，戦前の大審院判例によって形成された共謀共同正犯につい
て，改めて最高裁大法廷（田中コート）がそれを継承したことである。第 2 に，共
犯者の自白が，憲法 38 条 3 項の「本人の自白」に該当せず，他の共犯者に対し
ては，第三者の証言と同じだとして，憲法 38 条 3 項の意義を消滅させたことで
ある。第 3 に，「共謀」は「罪となるべき事実」だから「厳格な証明」が必要だ
としながら，謀議の日時・場所・内容の詳細な判示を不要としたことである。
そして，この 3 つの論点が，以後の刑事裁判に「杜撰な事実認定」という致命
的な悪影響を与えたことを考えると，本件大法廷判決（③ 1718）はわが国の刑事
裁判を暗黒裁判化させた重要な根源の 1 つであった。

　まず共謀共同正犯から考えよう。これは，複数人が特定の犯罪の実行を「共
謀」した事実が認められれば，その「実行」を分担していない者にも，「共同正
犯」の成立を認める考え方である。しかし，刑法 60 条は「2 人以上共同して犯
罪を実行した者は，すべて正犯とする」と規定し，実行行為に加担すること（つ
まり「実行した」という事実）が要請されている。したがって，この法文から見て，
「共謀」があれば「正犯」として処罰できるということには到底なりえない。と
ころが，大審院以来，わが国の判例は共謀共同正犯を認める。そして，共同正
犯に「共同実行」が不要だとすれば，検察はただ「共謀」という無形の事実だ
けを立証すれば足りるので，被告人の立場は致命的に不利になる。実際，本件
でも，首謀者とされた Y と F らの「共謀」の内容はほとんど証明されていない。
Y の有罪判決は，一方的に，「共犯者」F の捜査段階での自白「調書に・書かれ
た・事実」に依拠して書かれている。

　この F の自白こそ，「共犯者の自白」の危険性を余すところなく示す。本件
の首謀者とされた Y の「共謀」がどう認定されたかを見れば，本件大法廷判決

の問題点は誰の目にも明らかになる。Ｉ巡査への暴行に関し，１審は，主として
Ｆの自白「調書に・書かれた・事実」に依拠して，謀議の実態を認定した。そ
れによると，昭和26年12月24日頃，Ｆは，共産党員の「東こと高美」という
男からＩ巡査の殴打を指示され，翌25日頃，Ｆ宅で，高美とＹから，実行行為
は「Ｔら第１組合員その他の者に担当」させるよう指示されたと認定した。こ
こには，露骨に，共産党員による指導と第１組合員の実行という検察ストーリー
が組み込まれている。そして，犯行のあった26日夜，Ｔ宅にＦほか６名が集合
し，Ｆが６名に対して，Ｉ巡査への殴打計画を打ち合わせ謀議を遂げた（①
1800–03）。ただこれだけのことであり，Ｆの「自白調書の記載」の切り貼りが立
証の「すべて」である。後は，不特定多数者に順次共謀があったとされ，その
結果，10名について共謀共同正犯が認められた。本当に，あきれるほど簡単に，
犯罪者が作り出された。その極端なケースが後で取り上げる福岡事件である（本
書2.5. 参照）。

1.2.3. 他人の自白で罪になるか

　しかしＹが謀議に参加したことを示す証拠はＦの自白しかない。ここに本件
の最大の問題がある。共犯者の自白に関しては，従来の最高裁判決でも，一定
していなかった。しかし，田中耕太郎が最高裁判官に就任する直前，昭和24年
5月18日の大法廷判決は，ＹとＦのような「共同審理を受けた共同被告人の供
述は，それぞれ被告人の供述たる性質を有し」，憲法38条3項により「それだ
けでは完全な独立の証拠能力を有しない」と認め，「他の補強証拠を待って」，
補強証拠が認められるときに「完全な独立の証拠能力を具有する」ことを確認
した（刑集3・6・737）。憲法の規定を真摯に捉えれば，この発想（ハーフ・プルー
フ）の方がより自然な解釈だろう。

　当然，この旧判決によれば，Ｆの自白だけでは，Ｙが謀議に参加したことは
認定しえない。しかし，この大法廷判決を敢えて無視して，本件2審（谷中董裁
判長）は，共同被告人たるＦの自白を「憲法38条3項にいわゆる本人の自白に
は該当しない」とした。Ｆの供述は「他の被告人に対する関係においては第三
者の供述としてそれ自体独自性と非代替性を有するものであって，他の被告人
とこれに対する反対尋問の機会が与えられている限り，これによって被告人の

犯罪事実を認めることも敢えて違法とすべきではない」(②1814) として，Yの共謀共同正犯を認めた[4]。

この2審判決は昭和24年5月18日の大法廷判決と矛盾する。当然，弁護人はこれを上告理由の1つとしたが，田中コートは，反対尋問の有無という問題にも触れることなく原審判断を是認し，上記大法廷判決を「変更」した。こうして，Fの自白だけで，Yは有罪となった[5]。しかし，Yは一貫して容疑を否認したし，捜査段階で自白したFも，公判では，Yとの謀議を否認した。Fの上告趣意によれば，Fは警察から拷問を受けて自白したという[6]。また，Fの公判供述によれば，自白をした後，警察の態度は一変した[7]。このFの証言が「真」であるか否かは別論として，わが国の警察は誰からでも「自白を取る」ノウハウを持っている (本書1.2.5.参照)。これがわが国の警察捜査の現実である。同様のことは，本書の中で，何例も見ることになるだろう。この警察捜査の現実を前提に，本件大法廷判決の意味を考えると，共犯者から「謀議」の自白調書を検面調書の形で採取すれば，非自白者の「共同正犯」はほぼ成立する。そう極論することも可能である。実際，Fの自白だけで，Yは正犯だと認定されたの

---

4) この2審の裁判長・谷中董は，三鷹事件 (本書3.1.2.以下参照) の2審を担当し，1審の有罪判決 (無期懲役) に対し，公判を開くことなく破棄自判し死刑判決を書いた。谷中は，本当に，憲法の規定を意に介さない裁判官であった。

5) 実際，この大法廷判決では，共犯者の自白があれば，裁判官の自由心証によって，非自白者の罪責の有無が決まることになる。極端な場合，戒能通孝が指摘するように，共犯の自白によって非自白者全員が有罪になり，自白者は無罪となる可能性も生じる (世界153号214頁以下の座談会「他人の自白で罪になるか」における戒能の発言参照)。

6) Fは，「朝早くから夜中まで取り調べ，一晩中独房の前に監視つきで眠らせず，意識がもうろうとした時にしゃべらせたものが拷問でないとするならいかなるものが拷問であろうか」と述べ，いわゆる「自白」は，「人間を意識的に心神虚脱のような状態にしておいて，私自身なにを聞かされているのか，何をしゃべっているのかわからなくなっている」時に「云はなければ死刑にしてやる」と脅迫され，「苦しさにたえかねて云った」ことで，自由意思による任意の供述ではないと書いている (③1754)。なお，本件捜査に関し，南坊義道「練馬事件の真相」現代の眼7巻1号179頁以下参照。

7) すなわち，私が「本を読みたいと言えば手錠もかけずに高田馬場まで本を買いに連れていく，自白させられてからというものは，もう下にもおかない風で，丼飯を取ってくれたり」したと供述している (練馬事件刊行委員会『獄庭に咲くカンナ』〈光陽出版社，2004年〉97頁以下参照)。これは十分にあることで，ほぼ同時期の松川事件の捜査でも，最初に自白したA少年の背中を，警察署長が風呂場で流している。

である[8]。

　こう考えれば，本件大法廷判決がどれほど危険なものかは了解されよう。そ
れ故，真野毅ら6名の裁判官は，田中耕太郎らの多数意見に反論し，「Yの共謀
の事実は共同被告人Fの自供のみを唯一の証拠として認定せられ，他に補強証
拠と認めるに足るものは存在しない」以上，Yの罪責を認めた原判決は破棄さ
れるべきだと主張した。多数意見のように，共犯者は「被告人本人との関係に
おいては被告人以外の者」であり，それ故，形式論理的に「割切って」，憲法
38条3項の「本人の自白」ではないとすれば，「共同被告人の人権の保障」は
「著しい後退を示すものであって是認することを得ない」（③1731），と。基本的
人権の実質的な保障を考えれば，この少数意見は，きわめて正当な意見だが，
人権感覚を欠く田中らの論理に押し切られてしまった[9]。

1.2.4.　「裁判を受ける権利」とは国家に対する被告人の反論権である

　この大法廷判決は，共犯者Fへの反対尋問もなしに，Fの自白に依拠してY
の有罪を認定した。これは，Yの基本的人権を踏みにじる判決であり，明白な
違憲判決である[10]。実際，この判決の論理に対し，Yや弁護人がどのように反
論しうるかを考えればよい。大法廷が，反対尋問にすら触れることなく，共犯
者Fの自白調書を証拠としてYを処罰しうるとすれば，実質的にYは反論で
きない状態に置かれている。しかし，公訴を提起する国家に対し，被告人が反
論しえないならば，これほどの暗黒裁判は考えられない。明らかに「裁判を受
ける権利」（憲法32条）が踏みにじられている[11]。しかし，これが最高裁大法廷

---

　8)　本件でも，Yのアリバイを認める証言は複数あったが，まさに裁判官の自由心証が前面
　　　に出て，近親者や親近者の証言だから措信しえないとして，結局，Fの自白調書だけで有
　　　罪が認定されている。
　9)　明らかに，この時，田中らは最高裁に係属していた松川事件を考えていた。実際，松川
　　　事件こそ，「共犯者の自白」にかかわる危険性が前面に現れたケースであった。
　10)　青柳・前掲6頁以下参照。
　11)　憲法32条は「裁判の名にふさわしい手続的保障（デュープロセスの保障）と内容（正し
　　　い事実認定と正しい法の解釈・適用）の裁判によって正当な権利・利益の侵害に対する救
　　　済を受けるということを意味している」（小田中聰樹「公正な裁判を受ける権利についての
　　　覚書」『現代司法の課題──松井康浩弁護士還暦記念』〈勁草書房，1982年〉119頁，127頁
　　　等を参照）。そうであれば，「裁判を受ける権利」とは，実質的に，被告人の反論権を保障

の判決である以上，判例批判の主体は，主として学界が受け持つ以外にないだ
ろう。そして，実際，学界はこの判例を批判した。決して，この判決を肯定し
是認することはなかったが，しかし，残念ながら，学界の反論はきわめて微温
的であった[12]。

　これに対し，正当にも，法律家以外の知識人は，敏感に反応し，この判決を
とても危険なものだと捉えた。作家・広津和郎は「この判例が出た時には戦慄
した」と言う。そして，大法廷判決に対し，最高裁判事・真野毅が筆を執った
反対意見につき，「国民の誰もが当然と考える」ものだと評した。周知のとお
り，広津は松川事件 (本書 1.4. および 3.2. など参照) に深くかかわり，記録を正確
に読み込んでいた。広津によれば，松川事件の捜査官たちは，実行行為に関す
る自白である A 自白と共同謀議に関する O 自白の中に，他の自白をしていない
被疑者の名前と行動を適当に「織り込んで」おけば，他の容疑者を取り調べる
までもなく，彼らを罪に問えるというスタンスだった。その上で，広津は帰結
する，「他人の自白で逮捕され，他人の自白で起訴され，公判廷に立たされてか
ら，驚いて自分等は検察側の云っている事はやっていないといくら訴えても裁
判官の耳を素通りするだけで，結局他人の自白で死刑だ，無期だと判決された
ら，この人達は自己防御のしようがない」[13] だろう，と。

　広津の指摘は，法律学的に見ても優れたものだが，残念ながら，法律のプロ
である裁判官は Y を有罪にした。有罪の「心証」が形成されたからだろう。し

────────────
　　するものだと言うべきであろう。
12)　たとえば，平野龍一も，「反対尋問の機会を与えなくともすませるほど，わが国の裁判官
　　は神様に近くはない」とする点，本判決を批判しているが，共同被告人の自白は「本人の
　　自白」ではなく純然たる証人と本質を異にしないとした点を評価している (平野「共犯者
　　の自白」ジュリ 200 号 186 頁)。また，この判決を機に，平野は共謀共同正犯の承認へと
　　大きく一歩を踏み出しており，刑事被告人への権利保障という点では，田中らの多数意見
　　と変わらない意識の低さを示している。なお，平野が反対尋問の強調を担保した上で，こ
　　の大法廷判決の論理を肯定するのに対し，横山晃一郎は，共犯者に対し，本当に反対尋問
　　が可能なのかと批判する (横山「共犯者の自白」『刑事訴訟法判例百選』〈有斐閣，1965 年〉
　　129 頁)。この批判は妥当だろう。
13)　広津和郎「多数意見と少数意見」『広津和郎全集』11 巻 (中央公論社，1989 年) (以下
　　「全集 11 巻」などと略記引用する) 406 頁以下。前掲世界 153 号 220 頁の座談会における
　　広津の発言なども参照されたい。明らかに，広津は，松川事件の捜査や松川 1・2 審の結果
　　を念頭に，本件大法廷判決の危険性を批判している。

かし，刑訴法の規定によれば，ただ「犯罪の証明があったとき」(刑訴法333条)
にのみ，裁判官は有罪判決を書くことができる (本書「まえがき」⟨2⟩参照)。そ
して，当然のことだが，犯罪の証明は裁判官の主観的な「心証」とは無関係で
ある。犯罪は「事実」であり，法益侵害結果または危険の惹起という「事実」
とそれを惹起した被告人の行為を明示することによって，犯罪は証明されうる。
この「事実」が明示されなければ，それは「犯罪の証明がないとき」(刑訴法336
条) に該当し，無罪とする以外にない。田中らは，本件 Y の「犯罪の証明がな
い」のに，裁判官が有罪だと「思う (心証)」だけで，有罪判決を言い渡した。
これは帝銀事件 (本書1.1.) と同じである。しかし，もちろん，証明なくして人
を処罰する権利を刑訴法は裁判官に与えていない。

1.2.5.　警察には「誰から」でも自白を取れるノウハウがある

本件大法廷判決は，共謀共同正犯を認め，しかも共犯者の自白を憲法38条3
項の「本人の自白」に該当しないとした。その結果，帝銀事件の大法廷判決と
相まって[14]，自白を追及する日本型の捜査形態がより強く固定化された。明ら
かに，これは，自白の制約を志向した現行憲法の立場から，自白を重視した旧
憲法下の捜査形態への反動的な回帰である。最高裁は，帝銀事件と練馬事件の
判決によって，このことを是認したのである。

残念ながら，日本国憲法の施行後も，「人を得て，証を求む」という日本型の
捜査形態は温存された。この潮流は戦前から現代まで一貫しており，今も，自
白は重要な証拠の地位を占めている。警察官や検察官は，被疑者に対し常に強
く自白を求め，長い時間をかけて詳細な自白調書を作成する。この捜査実務は，
時に「精密司法」と呼ばれて，肯定的なニュアンスを与えられるが，捜査が精
密になればなるほど，被疑者の長期勾留が前提になるので (いわゆる「人質司法」)，

---

14)　帝銀事件は，検察官が「甲事件を理由として勾留された被告人を」「乙事件の被疑者とし
　て約39日間連続約50回にわたり取調べた」としても，「直ちに不利益な供述を強要した
　もの」とは言えないと判示した (最判昭和30・4・6刑集9・4・664)。最高裁は憲法38条
　1項の要請を無視している。さらに，警察組織の中央集権化をめざした第5次吉田政権に
　よる警察法の全面改正前後の政治的な状況を見れば，どれほど強く，吉田政権が終戦直後
　の警察民主化プログラムの完全な粉砕と共に，警察の中央集権化と政治警察の展開を望ん
　でいたのかがわかる。戒能通孝編『警察権』(岩波書店，1957年) などを参照。

その実態は明らかに反憲法的である。

　もちろん，刑事訴訟法では，逮捕から起訴までの身柄拘束は最大で 23 日に限定されている。しかし，帝銀事件のように別事件だとされれば，勾留を繰り返すことができる。こうして，より長期の身柄拘束が可能となり，警察署の中で，長期間，被疑者は通常の社会関係から完全に切り離された状態に置かれる。このストレスはきわめて高く，これだけでも，収容された被疑者の精神を激しく蝕み，その正当な判断力を失わせる。こうなると，多くの場合，被疑者は，取調官のコントロール下に組み込まれ，取調官の意のままに調書が作られるようになる[15]。

　この「人質司法」と呼ばれるシステムを前提として，警察は「誰から」でも自白を取れるノウハウを形成した。そのノウハウの実態は明らかにされていない。しかし，これまでの多数の誤判事件が実証するとおり，警察が自白採取のノウハウを持っていることは明らかである。たとえば，昭和46年の警視総監公舎爆破未遂事件において，爆発物取締罰則違反で立件された G は，虚偽自白が生まれる過程を次のように記している。それは，取調べにおける捜査官の「あきれるほどワンパターンのくりかえし」だと言う。「権力者ならではの無神経さに貫かれたワンパターンの反復，これがとらえられた被疑者をおとす訊問方法としても，1 番威力を発揮します」[16]と。捜査に関する同様の所感は，本書の考

---

15)　ほとんどの誤判事件は自白の強要から始まる。ここでは，比較的最近の例として，コンピューター・ウイルスに感染させたコンピューターを遠隔操作して，幼稚園や小学校などに犯罪予告を送信した事件を見よう（東京地判平成 27・2・4 TKC 25505940 1 以下）。この事件では，警視庁・神奈川県警・大阪府警・三重県警が4人を誤認逮捕しているが，そのうち，警視庁と神奈川県警に逮捕された 2 人は無実の罪を「自白」している。朝日新聞はこの自白を「大きななぞ」だと報道しているが（2012・12・15 朝日新聞朝刊），いかなる脅迫や誘導もないところで，犯罪と無関係な市民が犯罪の実行を「自白」することはありえない。実際，犯行を知らないのだから，自白の仕様はない（帝銀事件の H が青酸カリを使用したと供述した自白の不自然さを想起してほしい。本書 1.1.2. 参照）。しかも，この事件で，真犯人は「鬼殺銃蔵」というハンドルネームを予告メールに使っていたが，神奈川県警に誤認逮捕された大学生は，そのことを知るはずもないのに，「鬼殺銃蔵」という漢字を知っていた。それは，一体，何故か。警察が教える以外にありえないことである。警察は，脅迫や誘導のみならず，人質司法のシステムの中で，誰からでも，事件の本質にかかわる自白を取るのであり，そのためのノウハウを持っている。このことはすでに「経験則」になっていると言ってよいだろう。

16)　後藤昌次郎編『無実』243 頁。なお，G は，他の被告人と共に，無罪が確定している（東京地判昭和 58・3・9 TKC 27915498 参照）。

察の中でも，少なからず見られる。松橋事件 (本書「プロローグ」参照) の捜査が
「任意捜査」であったことを想起されたい。熊本県警は，任意捜査でも，無実の
被疑者を殺人の虚偽自白へと追い込んでいる。この捜査実務の異常さを真剣に
考えるべきである。

1.3. 八海事件
——映画「真昼の暗黒」のモデル

　この事件は，昭和 26 年 1 月 24 日，午後 10 時 50 分頃，山口県熊毛郡麻郷村
八海（現在の田布施町八海）で，瓦製造業を営む資産家の老夫婦 H1 と H2（共に当
時 64 歳）が殺害されて，現金 1 万 6,100 円が強奪された強盗殺人事件（以下「本
件」とも記す）である[1]。警察医による死体鑑定書によれば，夫 H1 の死因は，頭
蓋骨骨折，大脳挫滅等による失血死であり，凶器は「そうとう重量ある斧様の
物」だと推定している。警察は，後に，凶器を薪割り用の長斧であったと特定
した。なお，妻 H2 は，扼殺された後，鴨居から首を吊ったかのように偽装工
作された状態で発見された。

〈引用判例〉① 山口地裁岩国支部判昭和 27・6・2 判時 127・53，② 原 2 審：広島高裁昭和 28・
　　　　　9・18 判時 127・56，③ 第 1 次上告審（垂水判決）：最判昭和 32・10・15 判時 127・
　　　　　3，④ 第 2 次 2 審（村木判決）：広島高判昭和 34・9・23 判時 201・10

1.3.1. 映画「真昼の暗黒」のモデル

　警察は，大規模な捜査体制を組み，当日深夜に，金に困っていたはずの Y が，
前金で運賃を支払って，自動車を雇い柳井まで行ったという情報を得て，1 月
26 日，窃盗の前科を持つ Y（当時 22 歳）を石原遊郭の特殊飲食店で逮捕した。押
収された Y のジャンパー裏側やズボンには，H1 と同じ B 型の血液が付着して
いた（Y の血液型は O 型）。また，犯行現場に撒かれていた灰の上に，Y の足跡が
残されており，H 宅の北裏口の外に焼酎の臭いのするサイダー壜が発見され，
そこから Y の指紋が確認された。

　Y は，当初，自分 1 人で夫婦を殺害して金を奪い，さらに犯行を夫婦喧嘩に
見せかけ，妻の H2 が夫 H1 を殺した後，自殺したように現場を偽装したと自白

---

1)　公訴事実による。なお，公訴事実を記載した起訴状は，正木ひろし「八海裁判」『正木ひ
　ろし著作集Ⅱ』（三省堂，2008 年）（以下「著作集Ⅱ」などと略記引用する）280 頁以下に引
　用されている。

した。しかし，捜査本部は，現場検証の時点で，自殺の偽装工作が単独では実
行しえないという「見立て」を持ち，数人の共同正犯という「ストーリー」を
想定した。そして，共犯者に関する供述を引き出すため，Y を厳しく追及した。
Y の方も，取調べの中で，警察のストーリーを了解し，架空の首謀者を作り出
して自己の量刑を軽くしようと考え，共犯者として「同じ仕事場で人夫をして
いた」A ら 4 名が共犯だと自白した。Y の自白に基づき，1 月 28 日に人夫の B
(当時 23 歳)，C (当時 21 歳)，D (当時 22 歳) が，29 日に人夫の A (当時 24 歳) が主
犯として逮捕され，いずれも拷問を受け犯行を自供した。

　全員が強盗殺人罪で起訴され，1 審判決は，A が死刑，Y・B・C・D が無期
懲役の判決であった (求刑では全員が死刑であった)。全員が控訴した。2 審は 1 審
を継承したが，A と Y の控訴を棄却，その他につき，原判決を破棄したうえ自
判し，B を懲役 15 年，C と D を懲役 12 年に減刑した。2 審判決に対しても，
全員が上告したが，Y が上告を取り下げたので，Y の無期懲役は確定した。

1.3.2.　4 人が長斧で頭部を打ち下ろせばどうなるか

　1 審判決 (① 53) によれば，A ら 5 名は，1 月 15 日，橋柳旅館に集まり酒を飲
んだ際，「物とりに入ること」を相談し，「老夫婦だけで小金持ち」の被害者宅
に押し入ることを決めた。同月 22 日，乗合バスの停留所で，A はそのことを Y
に伝えて「実行を強くうながし」た。さらに，翌 23 日夜，5 名は，「24 日夜，
八海橋に集まり，被害者方に押し入ることを申しあわせた」。そして，24 日午
後 10 時 40 分頃，5 名は八海橋に集合し，そこで，A が細かく「各人の分担を
指図」した。

　判決が認定した分担の内容を見ておこう。まず，H 宅の内部を知っている「Y
は先に侵入して戸を開け」，そこに「A と B が侵入して，長斧を探」す。そし
て，「C が見張りをし，D はロープを探す」ことにし，「場合によっては老人夫
婦を殺害することを相互に了解」して，金品を強取しようと共謀した。さらに
「終わったのちの始末や，発覚したときの対策など」も話し合っている。そし
て，被害者宅に侵入後，午後 10 時 50 分頃，A が長斧で H1 の頭部を強打し，Y
が H2 に「とびかかり，手で同女の口をふさぎ，首をしめ」，次に，B・Y・C が
「かわるがわる」に「右長斧で H1 の頭部および顔面などをなぐりつけ」て，さ

らにA・BもH2の首を絞めて夫婦を殺害し，夫婦の寝室になっていた6畳間の納戸の箪笥から現金1万6,100円を強取した。

　これが，Yの自白およびAらの捜査段階での自白「調書に・書かれた・事実」から，1審が認定した犯罪事実であり，基本的に2審も変わらない。しかし，上告審から弁護人となった正木ひろしの指摘によれば[2]，この凶器とされた長斧の刃の部分に，血痕は付着していなかった。そして，何よりも，この長斧と被害者(死体)の各々の写真を引用して，正木は，死体の写真に残されたH1頭部の傷が長斧によって付けられた傷でないと指摘した。上野正吉(法医学・東大教授)も，写真鑑定で，「オノではこんな傷はできない」と述べている[3]。実際，写真に残されたような長斧で倒れている人間の頭部を一撃すれば，「頭蓋骨が粉砕してしまうことはだれでもわかる」[4]。

　しかし，1審の裁判長であった藤崎晙は，Yの供述どおり，Aが「Y→A→B→C→D」という順で「1回ずつなぐろう」と指示したと考えた[5]。そして，先に引用したとおり，1審は「この長斧」を使って「A→B→Y→C」

2)　正木「検察官」著作集II 171頁以下，174頁以下参照。

3)　原田香留夫『八海裁判記——真実』(大同書院，1956年) 113頁。正木「八海裁判」著作集II 375頁以下参照。この斧の長さは81.8 cm，重さは2 kgである。この斧とH1の顔面部の写真は正木「検察官」著作集II 171–75頁にある。顔面の傷は明らかに斧でできた傷ではない。そのことは一目でわかる。

4)　正木「検察官」著作集II 173頁。正木はこの斧を昭和31年5月18日に最高裁屋上で撮影している。その刃部には光沢があるが，昭和33年3月に広島高裁で撮影された写真には光沢がない。そして，その表面に錆があり，「血液が薄くつけられていると上野鑑定書に記載されている」(正木「八海事件差戻裁判弁論要旨」著作集II 482頁に2枚の斧の写真がある)。そもそも，昭和33年3月，差戻し2審が上野正吉に血液反応の鑑定を命じるまで，確定審の段階で，凶器とされる斧が専門家の鑑定に付されていなかった。これは異常なことであろう(最初の警察医の鑑定のみであった)。なお，上野鑑定は，血液反応が出た以上(上野はこう述べて，傷の写真鑑定をしたときの意見を修正して，次のように述べた)，「血痕検査の結果からいえば，この長斧を兇器と認めるべき」だとしつつ，この血痕を「何らかの目的であとで故意に付着させたものと強いて仮定すれば，真の成傷器は別に存在するという可能性もでてくる」と述べ，検察官による犯罪的な作為だと示唆する異例の内容であった。正木は，自分が同僚の弁護士や新聞記者と斧を撮影した後，検察が裁判所から4回この斧を借り出しており，その時に作為(血痕の付着)があったと示唆している(正木「八海裁判」著作集II 396頁以下)。

5)　藤崎晙『八海事件——裁判官の弁明』(一粒社，1956年) 31頁。これに関して，常識的に考えれば当然のことだが，第1次上告審(垂水判決)は「真実であろうか」と疑問を呈示し

の順でH1 を「なぐりつけ」たことを実行行為として認定した。この「心証」は
いつ形成されたのだろうか。それは誰にもわからないが，この認定が「長斧で
なぐった」と供述しているYやA・B・C・Dの調書に依拠したことは間違い
ない。しかし，公判において，自分の前で，Aら4名が犯行を否認している。
この時，おそらく，裁判官は，手元にある供述調書が「はたして真なのか」と
自問しただろう。そして，凶器の長斧と被害者頭部の傷痕の写真を直視（直観）
しながら，裁判官が「調書に・書かれた・事実」を検証すれば，1審のような
認定にはならなかったはずである[6]。実際，倒れているH1 の頭に，この長斧を
4回も打ち下ろせば，頭部は無残に破砕されるだろう。ところが，現実（たとえ
ばH1 の頭部写真）を直視（直観）すれば，そうはなっていない。頭部はきちんと
残っていた。つまり，この長斧が凶器でなかったことは明白である。しかし，
1・2審の裁判官は，そのことがわからなかった。

　つまり，1審の裁判官は，Yの自白「調書に・書かれた・事実」およびAら
4名の捜査段階での自白「調書に・書かれた・事実」だけを見て，犯罪現場に
残された事件の現実，すなわち死体に残された傷や長斧の長さや重さといった
「そこに・あった・事実」を直視（直観）していない。裁判官は，警察官や検察
官が作成した「架空の物語」の中に入り込み，調書の文字を「切り貼り」して
判決に「上書き」しただけで，本件に残された実在的な「そこに・あった・事
実」に視線を向けていない。初めから検察官の「架空の物語」すなわち「ストー
リー」に同化している。そうであればこそ，裁判官は，この長斧を持って

　　ている。なお，藤崎によれば，主として正木による1・2審批判を論駁するために，この著
　　書が書かれた。しかし，1審判決は，事実認定の多くをYの供述調書に依拠しているが，
　　Yの自白「調書に・書かれた・事実」には，各調書の相互間で一貫性がなく，同一調書の
　　中でさえ，矛盾があり，その供述が客観的な事実に全く支えられていないことを無視して
　　いる。藤崎は，八海裁判に対する外部からの批判の多くは「事件の真相に触れていない」
　　と批判しているのだが（藤崎・前掲5頁），事実に支えられない供述に真理はありえないの
　　で，矛盾だらけのY供述に依拠した1審判決こそ「事件の真相に触れていない」と言えよ
　　う。後の第2次2審判決（村木判決）は，この部分の原判決認定に対して，それを基礎づけ
　　る何の資料もないと批判している（④34）。
　6)　さらに，正木が言うように，強盗に入った者が被害者を殺害することはあるが，怨恨で
　　はなく，「金を盗む」ことが目的の強盗で，事前に「1回ずつなぐろう」と決めた上で強盗
　　に着手することなど，現実的にはありえないのではないか。

「A→B→Y→C」の順で H1 の頭部を殴打したという「見てきたかのような」
認定をなしえた。1 審は「Y の供述にはすべて裏付があって真実である」と書
くが，この言葉に，本件 1・2 審の事実認定の決定的な欺瞞性（現実を見ない「事
実」認定）が集約されている。

1.3.3. 裁判官の検察追随傾向

　本件では，Y に関する多くの物証があり，Y が本件に関与したことに疑問は
ない。しかし，A ら 4 名に関しては，犯行に関与したことを示す物証は 1 つと
してない。しかも，A には，アリバイを示す 2 名の第三者の供述もあり，その
供述は事実に裏付けられていた[7]。これに対して，1 審の A ら 4 名に関する事
実認定は，すべて供述「調書に・書かれた・事実」を適当に取捨選択して「切
り貼り」したものであり，そこに実在的な「そこに・あった・事実」の裏付け
は皆無である。

　もっとも，判決書を見れば，1 審の裁判官が供述の裏付けを取ろうとしてい
ることは了解できる。たとえば，Y の単独犯を否定する根拠として，1 審は「夫
婦けんかのすえ，妻 H2 が夫 H1 を殺して自殺したように偽装するため，H2 の
死体を鴨居に吊り下げ，H1 の血を H2 につけるなど，手の込んだ犯行が認めら
れる」し，それは「Y 1 人では，とうてい遂行できない」ものだと認定してい
る（① 55）。本件を複数人による共犯形態で捉えることは，もともと死体を鑑定
した警察医の意見であった。それが，警察「ストーリー」の基礎となり，後に
科学警察研究所の「首吊工作には 3 人以上が必要」という鑑定を得て，一見す
れば，科学的な裏付けが与えられた。しかし，この科学警察研究所の鑑定は，
科学性もなければ，客観性もない「八百長」であった[8]。後述するとおり，第 3
次 2 審において，広島高裁は科学警察研究所の実験装置を使って検証実験をし
た。そして，科学警察研究所の職員 1 名が試みて，計画どおり失敗してみせた
けれども，飛び入りで志願した若い弁護士が 1 人で砂人形を宙づりにし，偽装

7)　青木英五郎「八海事件の悲劇」『青木英五郎著作集 II』（田畑書店，1986 年）（以下「著作
　　集 II」などと略記引用する）143 頁以下。なお，A のアリバイは，後に示すように（本書
　　3.3.2.），第 2 次 2 審（村木判決）で認められた。
8)　青木「八海事件の無罪判決は問いかける」著作集 II 167 頁。

工作は1人で簡単にできることが実証された[9]。実際，Yは土工であり，死後まもない軟体であったとしても，体重45kgのH2を鴨居に吊り下げることは困難でなかった[10]。

　もちろん，1審が共犯（共同正犯）の根拠とするのは，この偽装工作だけではない。たとえば，「侵入口と認められる場所が2箇所ある」こと，「炊事場と台所との間の戸板に刃物の刺した跡がある」こと，被害者H1とH2の「殺害が同時であると思われるのに，殺害の方法は各々異なる」といった客観的事実を挙げている。検察ストーリーに追随しつつも，それを補足しているのだろう。しかし，戸板に穴が開いていたことは，それ自体として，共犯の根拠ではないし，2つの侵入口はYの自白（第6回供述調書）を前提にした捜査官のストーリーでしかない[11]。また，被害者の死因が異なるのも，Yの第1回供述書に記されたように，H1の頭部を強打して倒した後，目覚めて「強盗じゃ」と叫ぶH2の「声を立てさすまいと思って」口をふさぎつつ首を扼すという一連の犯行は十分にありうるのであり，共犯の決定的な根拠とはならないだろう[12]。

　ところが，YやAらの捜査過程で作成された自白「調書に・書かれた・事実」を絶対視し，さらに科学警察研究所の鑑定に裏付けられて，1・2審の裁判官は，本件がAを主犯とした5人の犯行だと疑わなかった。しかし，第1次上告審（③3）は，この1・2審の事実認定に疑問を提示し，2審判決を破棄し差し戻した。

---

9)　正木「八海裁判」著作集Ⅱ411頁以下。なお，この頃，セメントの1袋の重さは50kg（現在は40kg）であった。土工は誰でもセメント袋を肩に担いで作業をしていた時代である。

10)　なお，第3次上告審の無罪判決は，この弁護人の飛び入り実験結果を示して，「本件犯行は単独犯にても可能であることが認められる」とした。これほど簡単なことでさえ，一旦，裁判所が「1人では，とうてい遂行できない」と認定すれば，それを覆すのに，17年の時間がかかったのである。日本の裁判官がどれほど強く検察官の主張や確定判決の心証に引きずられているかを知らなければならない。

11)　実際の侵入口は「中連窓」のガラス戸であり，それをバールでこじ開けた痕跡が残っている。床下口に関しては，内から外へ匍匐前進した形跡はあったが（退出路であった），逆に，外から内に匍匐前進した進入路の形跡はなかった。つまり，床下口から侵入した事実はない。しかし，それにもかかわらず，侵入口は「2箇所ある」と認定している。このように，事実でないこと（床下からの侵入）を事実と認定するのだから，1審判決の誤判性は明白であった。

12)　Yの第1回供述書は，正木「裁判官」著作集Ⅱ47頁以下に引用されている。

この最高裁判決では，供述の任意性は認めたものの，八海橋での集合時間，そこでの謀議内容について，被告人ら相互間で，各供述は「多くの点においてまちまちであり，いずれが真実であるか容易に理解できない」とし，「調書に・書かれた・事実」には，明らかに無視しえぬ変遷があると指摘されている[13]。また，強取後に分配した金額など，同一被告人であっても，「数回にわたる供述相互間のくいちがいは甚しく，同一調書中でも前後くいちがっているものがあり，さらに，他の被告人の供述と対比すれば，くいちがいは全く甚しい」ことなどを挙げ，事実認定の基礎となった各供述の信用性に疑問を提示している（③6以下）。これら「くいちがい」の詳細は上告趣意に例示されている（③14以下）。

1.3.4. 検察官化する裁判官

　この1つ1つの「くいちがい」は，本来，自白の任意性を疑わせる事実である。実際，八海事件は，第1に，多数者による「共犯」だという見込み捜査に始まり，警察官が想定した「ストーリー」に適合した供述を得ようとして，刑事が「からだにきいてやる」と言って始めた拷問の激しさにより，被疑者が我慢できずに自白したという古典的な拷問捜査の典型例であった[14]。そして，第2に，「調書に・書かれた・事実」と実在的な「そこに・あった・事件」との間に決定的な不一致があるにもかかわらず，自白があれば，裁判官は信じられないほど容易に自白内容を「真」だと信用する典型例であった。

　主犯とされたAは，三田尻駅前で2名の刑事に確保され，午後6時頃，平生署の「タタミ敷きの刑事部屋に連れ込まれ」た。そして，「私の前手錠をはずすと，一方の手を脇の下から，一方を肩から回してつなぐ『鉄砲手錠』にかけかえ」[15]，正座をさせられて，「上半身の自由は全く奪われ，両手はちぎれるほ

---

13)　青木英五郎は，この最高裁判決が指摘した核心部分を一覧表にまとめている。青木『事実認定の実証的研究——自白を中心として』（武蔵書房，1962年）140頁以下参照。

14)　上田誠吉・後藤昌次郎『誤った裁判』（岩波書店，1960年）148頁以下参照。しかし，確定諸判決では，刑事裁判実務の通例どおり，拷問・脅迫・強要は認められないと明示している。冤罪問題を考えるとき，裁判官が常に警察の不法を見逃しているという現実を繰り返し問題にしなければならない。それは現代の裁判実務にも妥当する（本書4.0.以下の事件を参照）。

15)　「鉄砲手錠」の図は，Yが残した35冊の「吉岡ノート」にも図示されており（前坂俊之

どに痛い」状態のまま，ゲンコや警棒で，「頭や顔や首筋，膝などをなぐりつ
け」られた。さらに「土足のクツで私を踏みつけたり，蹴ったり」して，老夫
婦殺しの強盗殺人事件の自白を求められた。拷問は夜が明けるまで続き，「空腹
と寒さと拷問の苦痛」で，「やったな」という刑事の声に「ハイ，やりましたッ」
と答えた[16]。1・2審で死刑の判決を受けた後，Aが正木ひろしに弁護人就任を
依頼した手紙によれば，「自白調書が，拷問によるものか否かをただすために，
取調べにあたった警察官十数名が法廷に呼び出されましたが，弁護人，裁判官
の尋問にたいしだれ一人として暴力行為をしましたと答える者はございません。
しかし，警察官の答えには，不審な点や矛盾する点も出ましたので，暴力を加
えたことも推察できるはずでありましたが，裁判官はなんら，これにふれるこ
となくして判決に達したのです」と書かれている[17]。

　このような逮捕・拷問・自白で始まった八海事件は，「警察・検察・裁判に内
在する恥部を白日の下にさらけだし」て[18]，昭和43年の第3次上告審の無罪判
決で決着した。この無罪判決（奥野健一裁判長）は言う。「本件は3回目の上告審
であり，既に事件発生の日から17年有余を経過し，公判回数も，判決宣告期日
を含め，1審12回，1次控訴審8回，1次上告審3回，2次控訴審76回，2次
上告審4回，3次控訴審42回，合計145回にのぼり，取り調べた証人数は延
193名に達し，本記録96冊，参考記録31冊，合計127冊に及ぶのである。本

　「全告白『八海事件これが真相だ（上）』」1977・9・4サンデー毎日58頁以下），Y自身が
　当時の拷問について語っている。すなわち，「刑事が私の手を前で両手錠にして，殴る，け
　る。そして，私を正座させ，足の下に警棒を4本くらい置き，その上に上がり，ドスンド
　スンと力を入れる」「刑事が聞くままに『ハイ，ハイそうです』と答えた。A達に罪をき
　せ，死刑から逃れようとはこの時は考えもしなかった。ただ拷問の苦しさから逃れたい一
　心で，刑事の言うままに調子をあわせた」のだが，「そのうち，ウソを言っておれば甘い汁
　が吸えるという悪いことを覚え始めた。うまい飯もたべられるし，タバコも吸わしてくれ
　る。自分の無理も聞いてくれる。私の人間的な弱点をうまく利用された」。また，「ただ刑
　事の言うようになっていれば，死刑から逃れられるかもしれない。Aらがかわいそうだと
　思ったら自分は助からない。真実を守ったら死刑だ。ウソがばれてももともとだ。おれに
　は警察がついている」（前坂・前掲（中）1977・9・11サンデー毎日52頁以下）と語って
　いる。
16)　阿藤周平『八海事件獄中日記』（朝日新聞社，1968年）21頁以下。
17)　正木「裁判官」著作集Ⅱ9頁。
18)　青木「八海事件の無罪判決は問いかける」著作集Ⅱ169頁。

件が何故にこのように難件となり，17年有余を経過する現在もなお未確定の状態にあるのか，そのよつて来る所以は一にかかつて本件犯行直後における初期捜査が不備疎漏であつたことに存するのである」（最判昭和 43・10・25 刑集 22・11・965 以下），と。

　これは完全に正しい指摘である。しかし，警察・検察の捜査が「不備疎漏」と批判されることは当然だとして（現実は警察・検察の「犯罪行為」と言うべきだが），裁判所に「不備疎漏」はなかったのか。こう問い返せば，この無罪判決でさえ，「八海裁判」の本質を正確に捉えていないと断言できる。八海裁判が示した国家犯罪の大部分ではないとしても，そのかなりの部分が，警察・検察の責任であると共に，明らかに最高裁判所を含む裁判所の責任である。八海事件は，資料を読み返しても，それほどの難事件ではない。どちらかと言えば，単純な事件であった。これが難事件となったのは，確定 1・2 審裁判官が死体や長斧等の写真といった「そこに・あった・事実」を直視（直観）せず，共犯形態だという警察官の「ストーリー」を共有したことにある。そして，もう 1 点挙げるとすれば，裁判官の「検察官化」であり，行政官の主張を弾劾するという日本国憲法が予定する裁判官像とは正反対の裁判官たちの存在であった。その典型と言うべき形態は「検察側の証拠のすべてをうのみにし」た第 2 次上告審の「下飯坂判決」に名を連ねた裁判官たちであろう[19]。

1.3.5. 事実を直視（直観）しない「空虚な認識」

　ここでは，裁判官の多くが事件を見るとき，事件を直視（直観）していないことについて触れておきたい。カントが指摘するように，事実を直視（直観）しない認識は「空虚」である[20]。したがって，事実を直視（直観）しない裁判官はいないと言えればよいのだが，本件 1・2 審の裁判官のように，少なからぬ裁判官は事件を直視（直観）していない。それでは，一体，彼らは何を見ているのか。

---

19)　青木「八海事件の無罪判決は問いかける」著作集 II 166 頁。

20)　カント『純粋理性批判（上）』123 頁以下参照。ここにカントを引用したのは決して「唐突」ではない。カントは 18 世紀のドイツ哲学界にはびこった独断論的な認識論を厳しく批判したが，カントが批判した独断論は，本書が批判しようとする裁判官の独断論（誤判）につながっている。

おそらく「調書に・書かれた・事実」から組み立てられた「概念化された事件」を見ている。もう少し詳しく表現すると，捜査官が頭の中で観念的に組み立てた架空の像（イメージ）すなわち「ストーリー」を見ている。

　正木は，上告趣意で，架空の物語の中にいる裁判官たちを一喝した。それは裁判官たちに「事実」そのものを見よと迫る内容であった。ここで，再度，1審の事実認定（本書 1.3.2.）を振り返ればよい。1審判決は，午後10時40分頃，被告人らが八海橋に集合し，そこでAが犯行における「各人の動きを指図」し，後始末や発覚後の対策までも打ち合わせて，被害者宅へと出発し，午後10時50分頃，AがH1の頭部を斧で強打したと書いている。正木は，上告趣意書の中で[21]，この認定を「明白なる非理」だと批判した。

　正木によれば，この事実認定が「事実でない」ことは「一見して」わかる。何故か。正木は，Aらが，八海橋に集合してから（午後10時40分頃），H1の頭部を強打（午後10時50分頃）するまでの時間が「10分間」しかないことを強調する。その上で，判決書に記されている被告人らの行動と証拠の標目に挙げられた事実に関する行動を1つ1つ挙示し，各々の行為に要する常識的な時間を積算すれば[22]，1審の認定事実が本件の「具体的事実を一切無視し」ていることは自明だと指摘する。

　これに対して，最高検は，その答弁書の中で，正木のように各人の行動を正確に「何時何分」，「何十分」と計算することは事件の「社会的な実相に合致しない皮相な形式論」だと反論した。しかし有罪判決に記すべき「罪となるべき事実」は刑事裁判で認定された現実の犯罪行為だろう。そして，現実の犯罪行為とは，現実の時空間に規定された行為だから，正木の指摘は，「皮相な形式

---

21)　本節では，正木の上告趣意書に関しては，著作集 II 427 頁に収録された「裁判資料」から引用する。

22)　正木「上告趣意書」著作集 II 428–38 頁を参照。正木は，1審判決が認定している被告人らの行動と各行動に要する常識的な時間を書き出している。すなわち，①八海橋集合，協議後，H邸へ到着まで（15分），②侵入着手から完了まで（20分），③焼酎壜の入れ替えや，戸を開放する時間（10分），④板戸の突傷に関連して（15分），⑤長斧と包丁の発見から手渡しまで（10分），⑥ジャンパーの着直しとその前後（5分）などであり，合計75分くらいは必要だと主張している。ところが，本文に示したとおり，1審判決はこれを「10分間」で行ったと記す。裁判官は事実を見ていないとしか言えないだろう。

論」ではない。正木は，反対に，1・2審の認定（これは検察官の主張でもある）が
現実に成り立ちえない非現実的なストーリーであることを冷徹に暴露している。
正木は，1・2審の認定に対し，それは現実にありえぬ「架空ノ物語デアル」と
率直に意見を述べただけであった。

　正木は，最高裁の裁判官たちに，「現実を見よ」と迫った。「現実」こそが事
実認定の対象である。実在的な「そこに・あった・事実」こそが事実認定の対
象である。この率直な指摘が上告趣意の核心に据えられたが故に，被告人 A・
B・C・D の行為に関して，第 1 次上告審・垂水判決は，原判決には重大な事実
誤認の疑いがあるとして，原判決を破棄し，広島高裁に差し戻した。差戻し後
の第 2 次 2 審判決 (村木判決) は，現場検証をも含め，67 回の審理を重ねて，事
件が示す現実の事実関係を全面的に再精査し，ほぼ完璧な形で，本件犯行は Y
の単独犯であると認定し，被告人 4 名全員を無罪とした (④ 10)。

　ただし，本当の意味で八海裁判が「暗黒裁判」と称される所以は，実は，こ
の後の展開にある。後に詳述するが，第 2 次 2 審の緻密な判決に対し，検察官
が再上告するという暴挙があり，それに続き，裁判所がそれを容れて，第 2 次
2 審の無罪判決への反撃を行った。この過程の中で，警察と検察そして裁判所
が団結することで作り出される，わが国の「暗黒裁判」の本質が明らかになる。
その象徴が下飯坂潤夫という最高裁判事だが，この判事の暴挙については，後
に詳述する (本書 3.3. 参照)。

1.4. 松川事件
——戦後最大のフレームアップ

　この事件は，昭和 24 年 8 月 17 日，東北本線の金谷川駅と松川駅間のカーブのレールを外し，そこで列車を転覆させ，3 名の乗務員を死亡させた汽車転覆致死事件（以下「本件」とも記す）である。事件の翌日，まだ具体的な捜査が始まる前に，当時の官房長官・増田甲子七は本件を国鉄労働者の大量解雇反対闘争の一環だと決めつける発言をした。そして，それに呼応するかのように，捜査の対象は国鉄労働組合福島支部と東芝松川工場の組合員に絞られていた。露骨な見込み捜査であった。実際，本件で起訴された者は，全員が労組員であった。しかも，20 名の被告のうち，10 名に死刑が求刑された。

　この 10 名の死刑求刑という点だけを取り上げても，本件はわが国の刑事裁判史に残る大事件である。それ故，5 名の死刑を含み全員有罪とした原 1 審判決（① 1749），次に，3 名が無罪とされたが，他の 17 名に対しては，4 名の死刑を含み全員有罪とした原 2 審判決（② 2111），この原 2 審判決を破棄し仙台高裁に差し戻した最高裁大法廷判決（③ 10），そして，差し戻された後，全員を無罪とした第 2 次 2 審判決（④ 7）は，各々がとても重要であり，その中でも，基本的に警察・検察の「ストーリー」を「真」だとした原 2 審判決（以下「鈴木判決」とも記す）と警察・検察の「ストーリー」を「偽」として斥け全員を無罪とした第 2 次 2 審判決（以下「門田判決」とも記す）の比較検証は特に重要である。

〈引用判例〉① 原 1 審：福島地判昭和 26・1・12 刑集 13・9・1749，② 原 2 審（鈴木判決）：仙台高判昭和 29・2・23 刑集 13・9・2111，③ 最大判昭和 34・8・10 判時 194・10，④ 第 2 次 2 審（門田判決）：仙台高判昭和 36・8・8 判時 275・7

1.4.1. 調書裁判への姿勢

　何故，鈴木判決と門田判決において，これほど極端に結論が分かれたのだろうか。その原因を分析しなければならない。鈴木判決を基礎づける証拠評価はいかなるものであり，門田判決を基礎づける証拠評価はいかなるものなのか。

本件は，わが国でも最大規模のフレームアップ（でっち上げ）事件であり，警察・検察の捜査に関しても，裁判所の事実認定に関しても，問題とすべき点は無数にある。当然，焦点を絞らなければならないが，ここでは，鈴木判決と門田判決の事実認定において，両者を決定的に分かつ事実認定における裁判官の視線に絞って考察したい。

　それは，これ以後，わが国の刑事裁判の主流となる「調書裁判」に親近感を示すか否かの1点である。調書裁判は，有罪を証明するために，検察官が精密に吟味して準備した様々な書証から[1]，その「調書に・書かれた・事実」を解釈することに裁判官の圧倒的なウエイトが置かれる。しかし，その反面，事件を形成する実在的な「そこに・あった・事実」は，どちらかと言えば裁判官の思考の背後に隠れて，事実認定の前面に現れることは少ない。この点，明らかに，鈴木判決は調書裁判の典型的な判決であり，門田判決はその対極にある判決であった。

　門田判決には，多くの肯定的な評価があるが，批判も少なくない[2]。そして，門田判決を批判する典型的な論者は，司法省の時代，検察官に任官した後，裁判官を経て，最後に研究者となった青柳文雄であった。青柳は，門田判決を批判する論文の冒頭で，まず「門田裁判長は平素迅速に裁判されることで有名な方」だと述べ，松川事件のような「難事件を2年足らずで判決された迅速さには感心するほかないが，残念ながら周到な審理とはいえなかった」と皮肉を書いている[3]。

---

1)　だから，検面調書はそう簡単に作成されないし，調書化すべきテーマはかなり限定されている。調書は取調べごとに作成されるわけではなく，ある程度の取調べが行われた後に，それらの内容をまとめる形で調書が作成されるという実態がある。しかし，そのこと自体に，真理の発見に対する大きな阻害原因があると指摘すべきである。

2)　本書では，門田判決に肯定的な評価をする代表的な当時の論稿として，鴨良弼「自白の評価と新証拠」ジュリ239号6頁以下，批判的な評価をする代表的な当時の論稿として，青柳文雄「『門田判決』の検討——門田判決は真実を衝いているか」ジュリ239号36頁以下を参照した。なお，青柳は，龍岡資久と共に，最高裁調査官として松川事件の調査官報告書を書いており，この報告書は，松川裁判の主任弁護人の1人であった大塚一男および松川事件判決（原1・2審）において死刑判決を受けた本田昇の批判的考察を付して出版されているので，是非，参照されたい。大塚一男・本田昇編著『松川事件調査官報告書——全文と批判』（日本評論社，1988年）147頁以下参照。

3)　青柳・前掲36頁。

たしかに本件は「大事件」であった。しかし，もともと，本件は「難事件」で
はなかっただろう。

　主任弁護人の1人であった岡林辰雄が最終弁論で力説したように，客観的に
見れば，公訴事実は「重要な点において矛盾を含み，『空中の楼閣』をすらなし
ていないまぼろしのごときうわごと」であった[4]。また，作家でありながら，松
川裁判に関心を寄せ，そこに大きな足跡を残した広津和郎もまた，「この裁判
は，第1審，第2審の裁判官が『黒』と判定したから，はじめて複雑・怪奇の
相貌を呈するに至ったので，若し第1審，第2審の裁判官が法廷に現れた証拠
を正しく見，法律を正しく解釈して，『白』と判定すれば，寧ろ刑事裁判として
は単純明瞭なものではなかったのか」と述べている[5]。この広津の指摘は完全
に正しい。松川事件は，単純なフレームアップであるが，多くの裁判官がそれ
を隠蔽しようとしたので，「複雑・怪奇の相貌」を現したのである。

1.4.2.　2つの可能性概念——論理的可能性と実在的可能性

　松川事件は，複雑怪奇な事件なのか，単純明瞭な事件なのか。それは事件を
「どう見るか」にかかっている。鈴木判決と門田判決に即して，各々の事実認定
の基本的な性格が端的に表れている部分を取り出して，具体的に考えよう。た
とえば，事件を「予言した」として，最初に警察が目を付けた少年A（当時19
歳・元国鉄線路工手）を「1年も前の喧嘩」の件で別件逮捕し，Aから警察・検察
の「ストーリー」に沿った供述を得て，調書を作成していくのだが[6]，Aの自

---

4)　岡林辰雄『われも黄金の釘一つ打つ』（大月書店，1980年）160頁。なお，「空中楼閣」
　　とは，松川事件の1ヵ月前，国鉄三鷹車庫で発生した列車転覆事件の第1審判決において，
　　検察がフレームアップした被告人10名の共同謀議を「真実に反する虚構」であり，「全く
　　実体のない空中楼閣であった」と断定して，共謀共同正犯の公訴事実を否定し，ただ1人
　　だけ自白を維持した被告人Tの単独犯とした東京地裁判決からの引用である（東京地判昭
　　和25・8・11刑集9・8・1567）。三鷹事件については，後述する（本書3.1.2.）。
5)　広津「松川事件と裁判」全集11巻18頁。松川事件をめぐる広津の評論はとても優れた
　　ものが多く，是非とも参照されたい。
6)　もちろん，松川事件の当時，「ストーリー」という言葉は使われていない。弁護側は「捜
　　査当局の机上プラン」という言葉を使っていた。どちらも同じ意味で，要するに，実在的
　　事実と懸け離れた「思考上の物語」「作文」「作り話」「空想」「想像」等々という意味で
　　ある。

白では，事件現場への往路，国鉄側の共犯者 2 名と共に永井川信号所の南にある踏切を通過したことになっている。

　しかし，その夜，虚空蔵尊の宵祭があり，参詣人の安全を確保するため，国鉄は，踏切の傍らにテントを張り，少し前まで A の同僚であった線路班の 4 名の番人を配置していたが，彼らの供述調書によれば，誰も A らの踏切通過に気付いていない。このような場合，踏切の番人たちは，A らの踏切通過を見落としたという可能性があるが，現実に番人たちが目撃していないのだから，A らの踏切通過という事実はなかったという可能性もある。この意味での可能性は哲学的には「論理的可能性」と呼ばれる概念であり，形式論理学的な矛盾さえなければ，思考上，「それは可能だ」とされる。したがって，論理的可能性の観点では，「番人達は踏切通過を見落とした」という可能的推論も成り立つし，「A らの踏切通過はなかった」という真逆の可能的推論も成り立つ。

　形式的に考察すれば，どちらの可能的推論も成り立つ[7]。たとえば，鈴木判決では，「番人達は踏切通過を見落とした」と捉えた。鈴木判決は，深夜 12 時 6 分頃，「右テント内にいた工手達が，A 被告等の通行に気付かないというのは十分にあり得る」（② 2611）と認定した。この認定は，「踏切の警戒に当った人たちはテントの中に入っていた」ので，A らの通過に気付かなかったという A の供述（昭和 24 年 10 月 19 日付検面調書）に依拠している。原 1・2 審は「調書に・書かれた・事実」をそのまま「罪となるべき事実」の中に上書きしていることがわかる。鈴木判決の論理は単純で，「テントの中」にいたのだから，「テント

---

7)　本書では，ここでも，カントの参照を求めたい。カントが主著『純粋理性批判』で説明したように，可能性には，論理的（形式的・抽象的）可能性と実在的可能性という 2 種の概念がある。カントによれば，論理的可能性は，ただ論理的な無矛盾性を指し，実在的事実とは無関係に成り立つ思考上の可能性のことである。これに対して，実在的可能性は，論理的無矛盾性に加えて，実在的事実の存在可能性を問題にするので，形式論理的な論理則のみならず，経験則に支えられていなければならない（カント『純粋理性批判（上）』41 頁以下，265 頁以下，311 頁以下参照）。そして，カントは，ドイツの形而上学が「独断論」に堕落しないように，特に「論理的可能性から実在的可能性を推論してはならない」と警告したのであった（カント・前掲（中）263 頁）。このカントの警告は，日本の刑事裁判実務（学説もそうである）が論理的可能性と実在的可能性を区別せず，平然と，前者から後者を演繹する独断論に対する的を射た批判としても妥当するものであり，わが国の刑事裁判官が常に意識すべき箴言である。

の外」のことに気付かないことは十分に「あり得る」という推論である。ただし，この推論には，それが事件当夜の踏切周辺の実在的事実と一致しているか否かを検証した部分はない[8]。これが「論理的可能性」の特色であり，この「可能性」は，あくまでも概念的な思考上の可能性だから，形式論理に違反しない限り，あらゆる可能性が成立する。

　しかし，Aは，最初の自白（昭和24年9月19日付員面調書〈「司法警察員面前調書」の略〉）から全供述調書を通じて，一貫して，この踏切を通過したと述べながら，そこにテントがあったという事実を供述していなかった。Aは，最後の供述調書（昭和24年10月19日付検面調書）の中で，「とってつけたように」テントについて供述した。門田判決はこのことに注目した（④45以下）。最後の検面調書に付け加えられた供述は，当夜，周辺が暗く，テントに気付かずに踏切に近づき，テントが張ってあるのを見て「ハッと思った」が，番人が「テントの中に入っていた」ので，気付かれずに通過できたという内容であった。原1審や原2審（鈴木判決）はこの「調書に・書かれた・事実」を文字どおり「そのまま」採用し，論理的可能性の観点から，「テントの中に」いた番人たちはAらの踏切通過を「見落とした」という認定が合理的に推論しうると考えたのだろう。

　ところが，門田判決は，この供述の変遷に着目し，当夜の実在的な状況を正確に再現して深夜検証まで実施した[9]。そして，「そこに・あった・事実」を体験（直観）した上で，そこから「調書に・書かれた・事実」を見つめ直した。門

---

8)　この検面調書にある「テントの中」という表現について補足しておく。このテントは，踏切に面して「三方が開いた」テントであり，「テントの中」といっても，テントの中と外の区切りはなく，テントの中から，踏切全体がよく見渡せたことに注意しなければならない。そして，事件当夜のテントの現実的な形態は，弁護人が公判で強調していたことであった（後藤昌次郎『原点松川事件』〈日本評論社，2010年〉117頁以下参照）。ところが，鈴木判決は，「テントの中」だから踏切は見えなかったという検察の「ストーリー」が「十分にあり得る」と認定し，この「認定事実」をそのまま有罪判決の根拠としている。「事実認定」と言いながら，「そこに・あった・事実」（本件では，当日，踏切の傍らに張られていた現実のテントの形態）を直視（直観）していないことが明らかである。

9)　門田によれば，この時の検証は，事件当時の明暗度を知るために，事件当夜の月齢に合わせて実施された。門田『松川事件の思い出』（朝日新聞社，1972年）143頁以下参照。なお，本書は，その題名の印象とは異なり，松川事件に関して報道された新聞記事や雑誌記事の集成であり，史料価値が高い。

田は，退職後，次のように回想している。すなわち，現場への往路の状況を当時のまま再現した上で，その道を「私どもが通ってみました。そうするとＡが自白しているのは，自分がかつて経験した窪地へテントを張っていた時の状態であって，本件の時のテントの張り方は，窪地ではなくて道路に面して張ってある。ですからテントに入っていたから見えないどころではなく，テントの中にいても一間（引用者注：約1.8ｍ）くらい前のところを通ることになります。Ａは昨日までそこに勤めていた男ですから，だれでもわかるわけです。そういうふうに自白はさせたけれども，変な自白で，これが崩れる元になります。あれでだれかを死刑にするというのはちょっと無理です」[10]，と。こうして，門田判決は，鈴木判決の推論が事実上ありえないことを実証し，Ａらの「踏切通過はなかった」と認定したのである。

1.4.3.　裁判官による認識の真実性

　この部分の事実認定を正確に比較してほしい。鈴木判決（有罪）と門田判決（無罪）は，事実認定の手法として，明らかに対照的である。その対照性が２つの相反する結論を支えるのだが，両者の決定的な相違点は，各々の可能的推論が現実の実在的な事実に支えられた推論であるか否かという形で表れる。鈴木判決を見ると，供述の任意性が否定されない以上，Ａ自白を基本的に「真実」の供述だと擬制して，自白「調書に・書かれた・事実」が実在的な「そこに・あった・事実」と一致しているか否かという「真実性」を検証していない[11]。つまり，鈴木判決では，論理的可能性の概念に立脚して，膨大な調書の中から，「調書に・書かれた・事実」が取り出され，それらを矛盾なく「切り貼り」して作出された捜査官の観念的なイメージ（つまり検察「ストーリー」）が「罪となるべき事実」として「上書き」されている。

---

10)　野村二郎「門田実氏に聞く（下）」法セ348号80頁。原２審判決は，「テントの中」とか「テントの外」という言葉に引きずられているが，現実（「そこに・あった・事実」）を直視（直観）すれば，三方が開放されており，すべてが見えるのである。なお，民間レヴェルでも，実地調査は行われており，多くの知見が集められた。たとえば熊谷達雄「事件の真相をたずねて」中央公論860号141頁以下など参照。

11)　実在的事実を直視（直観）しないことは，２審の弁護人であった海野晋吉も指摘する鈴木判決の特色の１つである。海野「第二審判決理由要旨をよんで」世界99号159頁以下。

　これに対し，門田判決を見ると，自白の内容が事件当夜の実在的事実と一致していないことを示して，その自白は「真ではない」と帰結した。刑事裁判では，最終的に「犯罪」という実在的事実の存在が証明されなければならないのだから，刑事裁判で使用される可能的推論は，単に形式論理に合致した推論ではなく，形式論理に合致しつつ，実在的事実に支えられた推論でなければならない。つまり，事実認定に不可欠な推論は，論理的な無矛盾性という意味での論理的可能性ではなく，経験則から実在的事実の存在可能性を推論する実在的可能性に立脚しなければならない。こうして，初めて，裁判官の推論的認識の真理性が証明できるのである。

　ところで，門田判決の論理は，実は原1・2審の審判の中で，弁護人が一貫して主張していた論理であった。つまり，鈴木コートの裁判官も門田コートの裁判官も，弁護人から「同じ主張」を聞いていた。弁護側は，テントの中に2つの合図灯が設置され，テントの外にも60ワットの外燈を設置して，踏切の周囲が照らされていた事件当夜の実在的な諸事実を指摘して，「その晩暗かったものですから，遠くからはそのテントが見えなかった」というAの供述が踏切周辺の実在的事実と一致しないことを示して，A自白は「偽である」と主張していた[12]。第2次2審の深夜検証でも，踏切手前160mで60ワットの外燈が確認でき，130mの地点でテント内の燈火が見え，風に揺られるテントが認められたと確認している。こうして，門田判決は，弁護人の主張を認めて，事件を構成する実在的な「そこに・あった・事実」へと視線を向け，それを直視（直観）した。これに対して，鈴木判決も青柳の論稿も，実在的事実がどうであったかを検討することなく，膨大な供述調書の中から任意に取り出された「調書に・書かれた・事実」を寄せ集めて，それらを矛盾なく「切り貼り」して「罪となるべき事実」としてまとめる調書裁判の手法から事件を見ていた[13]。

---

12)　この踏切を通過する際のA自白の内容や原2審における踏切番らの公判供述の内容については，広津「松川裁判」全集10巻54–67頁に引用されているので参照されたい。なお，鴨・前掲8頁以下参照。

13)　青柳は言う。「永井川南部踏切のテントの件についても，それが後に附加されたのは検察官が当初その点を尋ねなかったという以上の理由でないかもしれない。原2審はそのように認定している。門田判決はこのような認定は良識がないかのように非難されるが，どうもこのような自分以外の裁判官は非常識であるかのような非難の仕方は私のとらないとこ

　鈴木判決のような「調書裁判」の根底にあるのは，実在的事実とは無関係に，調書から合理的に推論される「観念的なイメージ」を真実と「見做す」観念論的な「不可知論」に立脚した「真理」の擬制説である[14]。たとえば，青柳は，「歴史的事実の認定は客観的真実の探求とはちがう」ことを強調して，「歴史的事実の認定は，客観的には常に蓋然性である」から，検察官の公訴事実も，鈴木判決や門田判決の認定事実も，「神の眼から見ればすべてが浅い人間の知慧に出る作り話でさえあろう」と述べて，その「何れが正しいか絶対的に断定はできない」と帰結する[15]。しかし，これは，「正しさ」や「真実」が「絶対的に断定はできない」ことを強調する観念論であり，青柳らの戦前のインテリが共有した相対主義に固有の自殺的論理である[16]。ところが，もしこのような相対主義の前提に立って，検察官が有罪を主張し，裁判官が有罪を宣告できるのであれば，法的な正義が成り立つ基盤はなくなる。検察官の判断であれ，裁判官の判断であれ，法的な判断の「正当性」や「真実性」の基準は，常に，万人に了

────────────

ろである」（青柳・前掲45頁），と。しかし，青柳の指摘は，裁判官の良識論の問題に脱線させて，鈴木判決と門田判決の核心的な相違が真理論・真実論にあることを完全に見逃している。すなわち，自白（「調書に・書かれた・事実」）の信用性（真実性）が問題となるとき，その供述内容と実在的な事実（「そこに・あった・事実」）が一致するのか否かという点が決定的なポイントになるのだから，事件当夜の踏切周辺が「明るかった」という事実をAが供述していないことは，自白の真実性の基準とされる「秘密の暴露」の対極にある「無知の暴露」の典型であろう。ところが，鈴木判決や青柳論文によれば，「検察官が当初その点を尋ねなかった」からだろうという勝手な推測（論理的可能性による推論）に依拠して（大塚・本田編著・前掲503頁参照），これほど重要な論点（無知の暴露）を無視している。これは完全な独断論であり，実在的事実への配慮はないに等しい。なお，実際には，平野龍一と同様，青柳は，Aが南部踏切ではなく「他の道を行った」と考えていたようである（広津「裁判の公正は守られた」全集11巻453頁以下）。

14)　原2審の鈴木裁判長は，「供述調書を平面的に羅列して見ると，千態万様だ。丹念に調べてみると，千態万様の供述のなかに清冽な一条の水が流れていることが自然に分かってくる」と述べたようだが（大塚一男『私記・松川事件弁護団史』〈日本評論社，1989年〉163頁より引用），裁判官の仕事は宗教的な体験ではないのだから，このような不思議な現象はありえない。実際，捜査官が暗示誘導して「作文」された調書の中に，「清冽な一条の水」が発見されるはずはないだろう。それは単なる鈴木の「妄想」である。

15)　青柳・前掲48頁。

16)　この立場は，戦前では新カント派の哲学が，戦後では論理実証主義の立場などが代表である。いずれの立場も，一言で「観念論」と総称しうるが，この観念論が戦前・戦後の刑法学・刑事訴訟法学に決定的な影響を与えた。

解可能な客観的なものでなければならないはずである。そのレヴェルで「犯罪の証明」は行われるべきである。

1.4.4. 真偽は「神のみが知る」のではない

実際，死刑を求刑する検察官，そして，死刑を宣告する裁判官という職務を経験した者の発言として考えれば，青柳の発言はかなり無責任であり，かつ不当な言葉である。しかし，程度の差こそあれ，実は，少なくない裁判官が同様の不可知論的な認識を持っている。本件でも，原 2 審判決（有罪）を言い渡す直前，裁判長鈴木禎二郎は「やっているかやっていないかは神様にしかわかりません」という不可知論的な信念を述べた[17]。松川事件の原 2 審判決は，裁判長がこう述べた後，4 人の被告に死刑を宣告するのだが，この死刑判決の正当性は一体どこに基礎づけられるのだろうか。鈴木判決は，本当のことは「わかりません」が，とりあえず「死刑を宣告します」と述べたことになる。鈴木コートの 3 名の裁判官は，これを「裁判」と考えたのだから，本当に唖然とするほかない。まさに「暗黒裁判」であった。

事件が控訴審に係属するとき，仙台高裁長官として原 2 審公判を鈴木コートに担当させた石坂修一（石坂は，判決時には広島高裁長官であり，後に事件が大法廷に係ったときの最高裁判事である）にいたっては，判決後，鈴木に手紙を出し，4 名の死刑宣告を含む鈴木判決を称賛した。そして，その中で，「判決が客観的事実に符するや否やに心を煩わす勿れ，それを真に判定することは天のみ之をよくするのであって人の事ではない」と書いた[18]。驚くべきレヴェルの低さだが，鈴木のことも石坂のことも，これは「本当にあった」歴史的事実である。鈴木

---

17) 松川運動史編纂委員会編『松川運動全史──大衆的裁判闘争の 15 年』（労働旬報社，1965 年）300 頁。この観念論的な不可知論的な真理論は，戦前のインテリの圧倒的多数が抱いた信念であった。たとえば，松川事件が最高裁に係ったとき，すでに最高裁判事を退いていた小林俊三も，大法廷判決後，「真実は神のみが知る」と述べている（1959・8・11 朝日新聞）。

18) 広津「石坂長官の書簡」全集 11 巻 302 頁以下に全文が引用されている。この書簡は，原 2 審判決の直後に，松川事件の支援者が仙台高裁で保管していた「雑書綴」に綴じられていたのを発見した。日向康『松川事件──謎の累積』（社会思想社，1992 年）425 頁以下参照。なお，この石坂書簡について，石坂自身が語っている記事が，雑誌『法曹』に載っている。法曹 189 号 40 頁以下参照。

や石坂の論理については後述する (本書3.5.)。そして，最高裁長官田中耕太郎も
また同様であり，鈴木判決を破棄し仙台高裁に差し戻した大法廷判決に反対意
見を付し，その冒頭で，「多数意見は，法技術にとらわれ，事案の全貌と真相を
見失っている」(③ 10) と書いた。

　しかし，4 名の死刑判決を含む鈴木判決を破棄した大法廷の多数意見は，「法
技術にとらわれた」のでも，「真相を見失っている」のでもない。多数意見は，
まさに実在的事実 (特に検察が秘匿していた「諏訪メモ」の指し示す事実) を「原判
決の事実認定の当否を判断する資料」に据えて「事案の真相」を暴露する方向
へと一歩を踏み出したのである (③ 10 以下)。弁護人であった岡林辰雄が正当に
も指摘するように，真理や真実は「事実とことばの一致」において認められ
る[19]。これは，アリストテレスからカントに至る伝統的な「真理の定義」その
ものだが (本書3.5.1.)，この岡林の正当な指摘と比較すれば，法哲学の大家をき
どりながら，実在的事実を直視 (直観) することもなく，「真相を見失っている」
と多数意見を批判した田中の反対意見こそ，真理論の哲学史的な意味を理解し
ない不可知論者の観念論的妄言であった (本書3.5.1.)。

　田中は，この反対意見で，明確に調書裁判に依拠した鈴木判決の立場を擁護
したのだが，この田中の論理こそ，現代にまで続く「暗黒裁判」の最大の基盤
になっている。このことは後に (本書3.2.) 詳述しよう[20]。

---

19)　岡林辰雄「第二審判決の不正と矛盾」法時 26 巻 7 号 15 頁以下。すなわち，松川事件で
　　は，罪体と被告人の「結びつき」が共犯者の自白しかないと指摘し，「ことばだけが，どん
　　なに相互に補強し合ったところで，それが真実を証明するものだとはいえない」と述べ，
　　「ことばとことば」ではなく，「ことばと事実」の一致を示すことが「事案の真相を明らか
　　にする」ことだと強調している。まことに「そのとおり」であり，これが伝統的真理論の
　　核心である。
20)　実は，本件の大法廷判決が出る約 1 年前，いわゆる練馬事件の大法廷判決があり (本書
　　1.2.)，その中で，共謀共同正犯の問題と共犯者の自白の問題につき，明らかに違憲と言う
　　べき論理を合憲だと判示しており，これらも「暗黒裁判」の基盤となっている。後述する
　　が (本書3.1. 以下)，田中耕太郎こそ，暗黒裁判を基礎づけ，それを推進発展させた裁判官
　　であった。余談だが，文芸評論家の平野謙が青柳文雄を評して，「練馬事件の最高裁判決を
　　ひとつの判例として鵜呑みにして，容疑者の基本的人権などという問題を痛感したことが
　　ない」人間であったと捉えていたことを付言しておこう (平野「解説」『広津和郎全集』11
　　巻 580 頁より)。

1.5. 菅生事件
――警察権力とは何か

　この事件は，昭和27年6月2日午前0時頃，共産党員であったGとSが共謀の上，治安を妨げる目的で，砂や小石等を入れたガラス瓶にダイナマイト，雷管，導火線を装置した爆発物を携えて，当時の大分県直入郡菅生村（現在の竹田市）にあった「菅生村巡査駐在所」前に至り，所携のマッチで爆発物の導火線に点火し，それを，同駐在所の外部から窓ガラスを破壊通過させて室内で爆発させ（爆発物使用），よって同建物の一部や屋内の建具・器具等を損壊したとして立件された爆発物取締罰則違反事件である（以下「本件」とも記す）。ただし，本件は，G・S以外にも3名が共犯とされているが，本書での考察はG・Sによる上記の爆発物使用罪の成否に限定する。

〈引用判例〉① 大分地判昭和30・7・2刑集14・14・2082，② 福岡高判昭和33・6・13刑集14・14・2097，③ 最判昭和35・12・16刑集14・14・1947

1.5.1. 事件の概要

　本件は，事前に，警察が事件の発生を予知し，雨の中を，100名以上の警察官が山村の小さな巡査駐在所周辺の木陰に張り込む中で発生した。それだけではなく，ここで重大事件が発生すると見込んだ毎日新聞の記者3名とカメラマンまでが，固唾を飲んで状況を見守っていた。事前に，官庁用の機関紙に「菅生村にも山村工作隊ができた」という情報があったとしても[1]，当時の菅生村の治安状況を客観的に見れば，これは「異常」とも言うべき大規模な張り込みであった。そして，そこに，GとSが現れた。

　当時，この中にいた毎日新聞記者Wは，どこから来たかわからないが「1人の男があらわれて，駐在所の正門を入っていった。続いて，駐在所の軒燈が消

---

1)　この点は，正木ひろし「菅生事件」著作集III 220頁が書き残しているが，メディアの名前は不明である。しかし，菅生村には，G・S以外に共産党員はいないし，そもそもSは菅生村の住人ではない。したがって山村工作隊の実質は何もなかった。

えた。間もなくドカンという爆発音がした」と1・2審公判で証言している。ま
た，Gを逮捕した竹田警察署のP1は，2名の男が現れ，1名が「電燈に手を
やって明かりを消した」後，もう1名が「燐寸をすって，シュウと言うものに
点火し，それを駐在所の方に投げ込んだ」。同時に，「ガチャンと言うような大
音響がして」，男が逃げ出してきたので，その男を追いかけ，逮捕したのがG
であったと証言している。

　P1の供述から，必然的に，「明かりを消した」のはSになるが，竹田警察署
のP2は，Sを逮捕したとき，Sの「ポケットから駐在所軒燈の電球，雷管，導
火線が，また風呂敷包の中からはダイナマイト，小石等が発見」されたので押
収したと証言している。そして，これら以外の物証として，駐在所玄関わきに
あった雷管，前庭にあったダイナマイト入ビール瓶などが遺留されていたので
押収された（② 2102以下）。このような状況で，GとSが現行犯逮捕され，爆発
物取締罰則違反等につき立件された。

1.5.2. 「氏名不詳の者」とは誰か

　1審判決（① 2082）は，ほぼ検察官の主張どおり容疑を認め，Gを懲役10年，
Sを懲役8年とした。ただし1審の事実認定は全面的にG・Sを逮捕した数人
の警察官の証言に依拠していた。また，本件には，「駐在所軒燈の電球」とか
「雷管」「導火線」といった物証があり，また鑑識課員まで派遣されておりなが
ら，それらの物証から，指紋等が検出されたわけではない。ただ，Sの逮捕時
に，Sが所持していたと警察官が証言しているだけである。風呂敷に包まれて
いたとされる「ダイナマイト」や「小石」等の証拠も同じである。そして，G
もSも，本件への関与を全面的に否認していた。

　この1審判決には，当初から，いくつかの疑問点があった。まず，1審判決
は，事件に使用されたダイナマイト・雷管・導火線等の一部を「氏名不詳の者
を通じ譲与を受けた」ものと認定した（① 2084）。ところが，弁護人が指摘して
いた「市木春秋」と名乗る人物につき，1審は，検察の主張を認めて，事件と
無関係だとして，本件爆破事件をGとSの共同正犯とした。1審の裁判官には，
検察の主張をチェックしようとする気概は全然なかった。

　次に，毎日新聞は，翌日の報道が示すように，菅生村での「山村工作隊」の

大規模な検挙を事前にキャッチして，多くの記者を現場に派遣しただけではな
く，爆発の直後に駐在所巡査の妻から得たインタビュー記事を載せている。そ
れは，「派出所が襲われることを主人から聞いた時はただぼう然となりました。
しかし逃げたり騒いだりすると犯人に察知され，折角皆さんが一生懸命になっ
ているのに申訳ないと思い，主人と一緒に死ぬ気でがん張っていました」とい
う記事であった[2]。つまり，警察は，この日，この時間に，この駐在所が「日
共山村工作隊員」によって襲撃されるはずだと事前に察知し，「選りぬきの警察
官で決死隊を組織」し，「菅生村を極秘裏に包囲」していたのである。

　しかし，本件の実態を見れば，警察が山村工作隊の拠点を急襲したと言える
ような内容はどこにもなく，国家地方警察大分県本部が事前に察知するような
大規模な準備も何もなかった。しかし，そうであれば，一体どのようなルート
で，警察や新聞記者は本件の発生を知りえたのだろうか。そのことが疑問とな
るだろう[3]。

1.5.3.　国家権力の赤裸々な実態——フレームアップ

　弁護人は，「爆発物を投げたのは決して自分達ではない」という被告人の主張
によりながら，端的に，本件は警備警察の謀略であり，フレームアップだった
と主張した。警察は，何らかのルートで事件を知ったのではなく，事件を作出
したのだ，と。すなわち，1審判決の「氏名不詳の者」とは，当時「市木春秋」
と名乗り，共産党のシンパを装ってGらに接近していた男であった。事件の夜，
市木春秋から「洋紙とポスターカラーを渡す」から「午前零時駐在所斜西前の
菅生中学校の便所の横に来てくれ」との伝言を受けて，GとSは，午前0時に，
新品のポスターカラーを受け取った。その後，「4，50メートルくらい行った時
後方の駐在所付近で"ドカン"という爆発音を聞き」，それと同時に，道の両側
から出てきた警察官に逮捕された。だから，誰かが爆発物を投げたとすれば，
それは「市木かその他の警官である」[4]，と。

---

2)　坂上遼『消えた警官——ドキュメント菅生事件』（講談社，2009年）47頁以下参照。
3)　清源敏孝『消えた警察官』（現代社，1957年）12頁。なお清源はG・Sの弁護人で
　　あった。
4)　清源・前掲16頁。

　しかし，1審は，市木に関する証拠申請をすべて却下し，「市木は本件と関係ない」という検察の主張を認めた。2審でも，「市木関係の証人申請に対し却下」が続き[5]，裁判所と検察との一体化が目立っていた。ところが，2審の終盤近くになり，6名の共同通信記者によって，「氏名不詳の者」すなわち市木春秋が国家地方警察大分県本部の戸高公徳巡査部長だと暴露され，本件は，警察の「囮捜査」であった可能性が強まった[6]。

　また，正木ひろし弁護人が「爆発は内部仕掛け」だという推定を発表し，福岡高裁が東大工学部に依頼した「爆発現場の総合鑑定」でも，「爆発物は同室内にあらかじめ装置されていた爆発物件の爆発したものであると推定する」（1958・3・24朝日新聞夕刊）との結論が出た。すなわち，破壊の激しさから，爆発の個所は駐在所内部にあった椅子の上だと特定された[7]。しかも，その個所は，破壊された窓ガラスの位置から見て，外部からダイナマイト入りの壜を投げ込むという方法では，壜が到達しえない場所であった[8]。

　すでに述べたとおり，1審判決の事実認定は数名の警察官の公判証言に依拠していた。しかし，2審では，「内部仕掛け」が暴露され，ようやく警察官の各証言が疑問視されるようになった（② 2101 以下）。まず，警察官 P1 は被告人らの実行行為の瞬間を証言するが，2審判決は，小雨の中，2時間も張り込みながら，「怪しげな2人の人影が駐在所前に立ち止まり，内1名が駐在所の正門構内に立入り，軒燈を消し」たときにも，不審尋問等を行うこともなく，その後，「燐寸をすって，シュウと云うものに点火し，これを駐在所に投げ込むまで何等の措置もとらず傍観していた」という証言は，警察官の態度として不自然だと指摘した。また，W 記者は，P1 が証言するような「燐寸の火による光芒」や「シュウ」という「導火線から吹き出す火花」を見ていないと証言した。さら

　5）　正木・前掲 215 頁。

　6）　共同通信社菅生事件特捜班「菅生事件を追って」臼井吉見編『マスコミの世界』現代教養全集5巻（筑摩書房，1959年）13 頁以下に，戸高を確保した共同通信と戸高を奪取しようとする警察との緊迫した取引状況が語られている。

　7）　この椅子の写真は正木・前掲 215 頁にある。

　8）　正木・前掲 219 頁に，壜が投げ込まれたとされる窓枠の破損個所の写真があり，それを見れば，壜が破損個所に当たりながら，その後も，そのままの高さを維持して，背後の椅子のところまで飛び，椅子の上で爆発したという想定は明らかに無理だとわかる。

に，P1 は「ガチャンと云う大音響」と共に県道上に飛び出した男を追跡したと証言したが，もしそうであれば，大音響と同時に飛び出した W ほか 2 名の毎日新聞記者は，彼らのいた位置から見て，被追跡者もしくは追跡者と「すれちがう」はずだが，そうなっていない。このような諸点を挙げて，2 審は P1 証言を「多く信用はできない」とした（② 2103 以下）。

さらに，警察官 P2 は，S を逮捕し，S のポケットから「駐在所軒燈の電球，雷管，導火線」を押収し，S が所持していた風呂敷の中から「ダイナマイト，小石」なども押収しているのであるが，2 審は，「当時既に鑑識課員が現地に派遣されていた」のに，警察が電球や雷管から指紋を顕出していないのは何故かという疑問を示している（② 2104 以下）。そして，これも正木の指摘だが，「第 2 審の現場検証によって，S にやらしてみたら，S がいくら背伸びしてみても電球に手が届かなかった」ことが判明し[9]，徐々に，警察官の証言が「そこに・あった・事実」と一致しないことが明白になった。S の手が届かなかった電球を，S が持っていたのは，何故なのか。警察が S に持たせたと考える以外にないだろう。

ここに，「東大鑑定」が現れて，2 審の方向は決まった。東大鑑定は，「爆発当時事務室内から集めた瓶の破片，小石，砂，小木片の混合したもの等を爆発現場に運び，床板，椅子等を爆発当時の位置に復し」て，爆発の力や破裂した破片等の軌跡を詳細に調査した結果，本件爆発は「ダイナマイト入りビール瓶様のもの 1 個の爆発による」もので，この爆発物は事務室東北隅にあった木製椅子の腰掛板上に「瓶底を東北，瓶口を西南にし，腰掛板上に横臥の姿勢」で爆発したことが判明した。2 審は「この点が本鑑定の眼目をなしている」と書いている（② 2105）。実際，鑑定によって爆発場所が正確に特定されたので，1 審が判示したような投擲形態は「稀有の偶然を除外しては，ほとんど考えられない」として，1 審判決を破棄した（② 2105 以下）。歴史学者・家永三郎は，「国家権力の赤裸々な実態」がまぎれもなく全国民の前に公開されたと述べた[10]。

---

9) 正木・前掲 223 頁。

10) 家永三郎『歴史家のみた憲法・教育問題』（日本評論社，1965 年）74 頁。

1.5.4. 「裁判への抜きがたい不信」——中野好夫の指摘

　交番の爆発は交番内部での爆発であった。つまり警察官が爆発させた。そういうことになる。そうすると，一体，菅生事件とは何であったのか。中野好夫は，当時，東大を退職したばかりの英文学者であり，法律の専門家ではなく，共産党との関係もない1人の教養人であったが，たまたま来福しており，「市木春秋」こと元公安警察官戸高公徳が最初に出廷した福岡高裁の公判を傍聴し，その感想を残している[11]。中野によれば，戸高出廷のシーンが菅生事件を象徴している。この時，戸高は，もはや警察官でもないのに，福岡県警の4人の巡査部長と共に出廷した。廷吏でもない者の出現に，弁護人は彼らの姓名・身分を確認するよう裁判長に求めたが，裁判長は「そんな必要はない」と答え，中野は「耳を疑った」と書いている。最終的に，彼らは退廷したが，「一介の市民」である戸高証人に対し，警察が示した手厚い利便と保護を見れば，これまで「市木春秋」など「存在しない」としてきた検察や警察の主張は完全な虚偽であり，「誰が戸高を隠していたかは推測するまでもなかろう」と記した[12]。

　実際，これまでの審理で，戸高が犯行に関与したことは明白でありながら，警察は戸高を隠蔽し保護し続けた。このことは菅生事件の「すべてが警察の仕組んだ芝居」であったことを明示する。そして，1審判決を引きながら，中野は，「もし裁判があらゆる権力から独立して，真実と公正の裁きを目的にするものならば，なぜもっと市木の正体究明に努めなかったのか」と述べ，1審裁判は「裁判への抜き難い不信」を国民に与えたと断定している。また，中野は，菅生事件について「ことと次第によっては，市民生活にとって，あるいは三鷹，

---

11) 中野『平和と良識』(実業之日本社，1957年) 141頁以下。中野はシェークスピアの研究者として有名だが，戦後，評論活動もしており，とりわけ人権問題に関しては独特の評論が残されている。最近，復刻された著作として，中野『私の憲法勉強』(筑摩書房，2019年) 参照。ともあれ，中野の正当な裁判批判と比べれば，新進気鋭の刑訴法学者でありながら，「警察官の護衛をそれほど重視することは茶番劇だ」と論じた井上正治 (九大教授) の発言 (1957・4・25西日本新聞) は，この事件が示す権力の本質から目を逸らすものであり，きわめて不当な論評である。
12) 中野『平和と良識』150頁以下。なお戸高に関しては，後藤秀生『謀略と秘密警察』(労働法律旬報社，1960年) 98頁以下に詳しい。

松川事件以上に重大な根本問題」を示すと指摘した[13]。完全に正しい指摘である。

　正木ひろしは，本件を「国家権力みずからの手によって仕組んだ大芝居」であり，検察と警察が共同して，「罪なき共産党員をワナにかけて召し取り，ニセの証拠を作って犯罪の形を作り，裁判官をダマして有罪にし，世間をアザムコウとした大陰謀事件」だと断定した[14]。そして，弁護人・清源敏孝の著書『消えた警察官』に序文を寄せ，「戸高公徳ならびに，その背景をなす官憲は，本件の検察官と結託して，偽証をつづけ，裁判所と世間とをダマそうとするだろう。おそるべき国情である」と記した。

1.5.5. 権力の侍従となった裁判官

　このように，駐在所爆破に関し，2審判決はGとSを無罪とした。しかし，それでは「真犯人は誰か」が問題となり，弁護団は，2審判決直後に，「戸高を爆発物使用の真犯人として追訴する上申書を出す手続きをとった」(1958・6・9朝日新聞夕刊)。ただ，大分地裁 (大分地判昭和33・8・4判時157・546) は，戸高の行為が爆発物取締罰則1条に該当せず，「1条に記載した犯罪者の為め，その情を知って，爆発物若しくは其の使用に供すべき器具を寄蔵し，且つこれを譲与した」と規定する同罰則5条に該当するとした。その上で，警察官としての「正当行為」(刑法35条) とは言えず，構成要件該当事実の認識があるので故意も認められるが，当時の緊迫した情勢下において，情報収集の特命を与えられた警察官として，適法行為を期待することが不可能であったとして，「期待可能性の理論」を使って，戸高を無罪とした[15]。

　期待可能性の理論は，具体的な犯罪行為の時点で，その行為者に対し，適法な行為に出ることを「期待」できないのであれば，行為者の責任 (非難可能性) が減少すること，場合によっては，責任が問えないことを認める考え方である。

---

13)　中野『平和と良識』168頁以下。
14)　正木・前掲214頁，同「あばかれた菅生事件の陰謀」著作集III 227頁。
15)　しかし，当時，菅生村は「緊迫した情勢」ではなかった。したがって収集すべき公安情報はなかった。つまり，戸高の任務は「情報収集」ではなく，爆破事件を「でっちあげて」，「緊迫した情勢」を作り出すことにあった。

しかし，本件の場合，戸高は，公安警察の上司の命令に服していたとはいえ，爆発物取締罰則上の犯罪を主体的に実行していたのであるから，期待可能性の法理が戸高に適用される余地はない。したがって，この大分地裁の判決は，おそらく，検察官ですら想定していなかった結論であっただろう。それ故，最高検が「1審判決は法理論上から承服できない」として福岡高検に控訴するよう通達を出し（1958・8・19朝日新聞），福岡高検を通じて，大分地検が控訴し，福岡高裁（福岡高判昭和34・9・12判時200・4）は1審判決を破棄した。

　しかし，高裁は，おそらく最高裁を忖度して，戸高がGにダイナマイトを手渡した行為について，特命を与えた上司に報告しており，この「報告」が爆発物取締罰則上の「自首」にあたるとして，「被告人に対する刑を免除」（同罰則11条）した。しかし，戸高が上司に報告していたことが自首だとすれば，公安警察官が潜航中に爆発物取締罰則1条の予備陰謀に関与したとしても，それを上司に報告しておけば「刑を免除」されることになる。福岡高裁判決は，大分地裁判決と同様，法理論として，異様であり不当である[16]。明らかに裁判官は警察官や検察官の不法を隠そうとした。

　戸高事件の経緯を直視（直観）すれば，本件の本質は，行政機関（警察・検察）によるフレームアップであることは自明であり，裁判所が，この国家的犯罪に対し，どう対応し，どう処理したかを見れば，本件が暗黒裁判の1つの典型であることが了解できるだろう。日本国憲法は，裁判官に，公訴官（行政）の主張をチェックし弾劾する役目を与えたが，現実を見ると，「判検一体」どころか，行政権力の「侍従」もしくは「僕」に成り下がっていることもある。なお，「刑を免除」された戸高は，この後，警察に復職し，警視長まで昇進した[17]。これは「ノンキャリア」警察官の最高位である。この点，ほぼ同時代の事件（二俣事件）において，警察の拷問捜査を告発した現職警察官・山崎兵八に対する，警察の憎悪に満ちた仕打と比較すべきだろう[18]。警察はただ警察に忠誠を示す者

16)　諌山博『消えた巡査部長』（昭和出版，1990年）214頁以下参照。
17)　諌山・前掲241頁。
18)　二俣事件は，昭和25年1月6日，現在の浜松市天竜区二俣町で，就寝中の父親，母親，長女，次女の4人が殺害された事件である。捜査は拷問を多用した紅林麻雄の指揮の下にあった。警察は近辺の素行不良者を取り調べ，昭和25年2月23日，その中から，本件の

だけをまもるのである。

犯人と見立てたS（当時19歳）を窃盗容疑で別件逮捕した。Sは，翌24日に勾留され，二俣署横の土蔵の中で連続的な取調べを受け，2月27日，4人を殺害し，約1,300円の金を奪って逃走したと自白し，検察官の取調べにも自白を維持し続けたため起訴された。ただし，公判の直前に否認に転じ，以後，一貫して容疑を否認した。しかし，1審（静岡地裁浜松支部判昭和25・12・27刑集7・11・2330）・2審（東京高判昭和26・9・29刑集7・11・2340）は，検察の主張に従って，自白を証拠採用して有罪（死刑）としたので，Sは上告した。そして，上告趣意（判時14・7以下）の大部分を使って，Sの自白が紅林ら警察官の拷問によるもので，その自白調書を証拠排除すべきだと主張した。これに対し，最高裁は，この拷問の主張から自白の任意性を問題にするのではなく，自白の信用性を否定して地裁に差し戻した。その後，差戻し1審では，拷問の問題を正面から取り上げ，自白の任意性を否定し，強盗殺人につきSを無罪とした（判時91・3）。

　山崎兵八（当時42歳）は，戦前，巡査を拝命し，昭和23年春頃より二俣町警察署に勤務し，本件でも，刑事として捜査に従事していた。そして，山崎は，昭和25年11月頃，読売新聞に，本件取調べには拷問があり，また被告人Sは真犯人ではないと投書し，12月25日，原1審公判で，現職警官のまま被告側の証言に立った（高杉晋吾「蛇の檻の刑事たち」新評25巻11号122頁以下）。なお，山崎は，原1審判決の翌日，偽証罪で逮捕された。その後，警察は，山崎が高度の心神耗弱者であるとの精神鑑定書（「妄想性痴呆症」との診断であった）を取り，山崎を懲戒免職とし，検察は不起訴とした。山崎は，運転免許証を持っていたので，警察を辞めても，トラックの運転手で生計を支えようとしたが，心神耗弱を理由に免許証を剥奪された（菅野良司『冤罪の戦後史』〈岩波書店，2015年〉84頁以下等参照）。なお，山崎に関しては，双川喜文『拷問』（日本評論社，1957年）130頁以下，上田誠吉・後藤昌次郎『誤った裁判』128頁以下等をも参照されたい。

2.0. 死刑再審事件の明暗

　「死刑台からの生還」という言葉がある。死刑が確定しても，再審無罪判決により，死刑囚が無実の人間として社会に戻ってくることを表している。誤った判断に基づく死刑がギリギリのところで回避されたという意味では異常事態である。「死刑台からの生還」を果たした事件として，現在，免田事件 (2.1.)，財田川事件 (2.2.)，松山事件 (2.3.)，島田事件 (2.4.) の 4 件がある。いずれも雪冤までにおよそ 30 年の時間が必要であった。しかし，本章で示すとおり，これらの事件も，「そこに・あった・事実」を直視 (直観) し，自白「調書に・書かれた・事実」を批判的に検討することで，自白の真偽を丁寧に判断していれば，もっと早い段階で無罪判決が出されたはずであった。裁判官が，客観的な犯罪の証明を軽視し，主観的な自由心証を絶対視した結果の悲劇というほかない。より一層の悲劇は，「犯罪の証明」もないまま，裁判官の「自由心証」によって死刑判決を受け，そのまま死刑が執行され「生還」できなかった福岡事件 (2.5.) と菊池事件 (2.6.) である。本章では，この 2 つの事件をも検討したが，いかなる観点から見直しても，判決を理性的に正当化する余地はなかった。これこそ許しがたい国家的犯罪と呼ぶべき事件であろう。

2.1. 免田事件
——物証が証明した被告人の無罪

　この事件は，熊本県球磨郡免田町 (現在のあさぎり町) で農業に従事していた M (当時 23 歳) が，昭和 23 年 12 月 29 日，人吉市内の祈禱師 S 夫妻を殺害し，娘 2 人に重傷を負わせた住居侵入・強盗殺人事件の犯人として，死刑の確定判決を受けた事件である (以下「本件」とも記す)。しかし，この死刑判決を支えるに足る物証はなく，M と犯行を結びつける証拠は自白だけであった。

　M は，捜査段階で自白したが，公判段階では，第 1 審第 1 回公判期日での自白を唯一の例外として[1]，以後，一貫して無実を主張した。しかし，最高裁で死刑判決は確定し，直後から再審請求を行ったが，裁判所は M の請求を認めなかった。このことは，戦前と変わらず，裁判所が自白を「証拠の王」と見ていたことを示す。

　しかし，以下に詳述するとおり，M の自白「調書に・書かれた・事実」は犯罪現場に残された実在的な「そこに・あった・事実」と一致せず，常識的な判断力さえあれば，M の無罪は自明の結論であった。ところが，第 6 次再審請求における即時抗告審の福岡高裁で，昭和 54 年 9 月 27 日，「本件について熊本地方裁判所八代支部の再審を開始」するとの決定が出るまで，13 個の裁判体を要した。そして，昭和 58 年 7 月 15 日，同支部で無罪判決を得て，わが国では，最初の死刑再審無罪事件となった。M は，逮捕され，人吉市警で「殴るける，眠らせないの暴行を受け」て自白して以来，34 年を経て釈放された。裁判所は「命も欲しいが真実はもっとほしい」という M の叫びにやっとこたえた (1983・7・15 朝日新聞)。

---

1)　免田事件の最終的な決着となった再審無罪判決 (後述の「河上判決」) によれば，この原 1 審第 1 回公判の「自白」は，「到底真実を述べたとみることができない」ものだが，もし「否認すればまた警察での厳しい取調べがある」という誤解から自白したのであり，結局，「捜査段階での取調べの影響を第 1 回公判まで承継した」からであろうと判示した (③ 95, 96)。

〈引用判例〉① 熊本地裁八代支部判昭和 25・3・23 TKC 25561029，② 再審開始決定（山本決
　　　　定）：福岡高決昭和 54・9・27 刑集 34・7・642，③ 再審無罪判決（河上判決）：熊本
　　　　地裁八代支部判昭和 58・7・15 判時 1090・21

2.1.1. 事件の概観——別件逮捕と自白

　まず，本件で，争いなく承認されている事実関係を確認しよう。M は，免田
町の中流農家であった実家に妻を迎え，農業に従事していたが，次第に農業を
厭うようになり親子間の融和を欠くようになった。やがて，夫婦の仲も次第に
円満を欠くようになり，結局，妻に「捨てられた」ような形で離婚を請求され
た。こうして，M は，自暴自棄になって山林伐採の人夫になろうとし，実父の
馬の売却代金 4,000 円を無断で取り立て，そのうち 1,600 円をズック靴や飲食
費等に費消し，残金 2,400 円と若干の衣類を携えて，昭和 23 年 12 月 29 日，鉄
道で一勝地村に向かって家を出た。しかし，一勝地への最終列車が出た後だっ
たので，やむなく人吉駅で下車した。この時，免田駅で出会った旅館孔雀荘の
旧知の女中から飲食掛代金 1,400 円の催促を受けたので，人吉駅前の平川食堂
に作業服と米 2 升の入った荷物（黒い「ふろしき」包み）を預けた後，孔雀荘に行
き，その内金 1,000 円を支払った。そして，午後 10 時頃，孔雀荘を出た。ここ
までは争いのない事実である。
　その後，原 1 審判決（① LEX/DB 1–3）では，孔雀荘を出たとき，持ち金が僅少
となったというだけの理由で「辻強盗を思い立」ち，鉈を携え，午後 10 時頃か
ら市内各所を歩きながら，通行人を物色し始めたと認定している[2]。これは，後
に再審無罪判決が指摘するとおり，普通でない，きわめて唐突な行動であろう。
しかし，原 1 審は自白「調書に・書かれた・事実」のままに事実認定している。
この後の展開を見れば，さらに，より唐突かつ不自然な行動が続くが，裁判官

---

2)　ところが，免田駅で出会い，人吉まで同じ列車に乗っていた孔雀荘の女中は，「列車内と
　孔雀荘で M に出会ったが，……M は黒色の布で包んだ角ばった物を所有していた」旨の
　供述をしているだけである（昭和 24 年 1 月 16 日付員面調書，同年 1 月 24 日付検面調書）。
　平川食堂の家人も同様，「黒の風呂敷包み」を預かったが，鉈を持っていたように思われな
　いと供述し（昭和 24 年 6 月 21 日付員面調書），鉈を持っていることは全然気付かなかった
　と供述している（昭和 24 年 1 月 24 日付検面調書）。また，原 1 審第 3 回公判で，M 自身も
　鉈を持ち歩いていないと供述している。

は平然と自白「調書に・書かれた・事実」を判決書に「上書き」する。すなわち，通行人を物色したが，「適当な人に行き会わなかった」，と。そして，たまたま近隣に住むS（当時76歳）が「祈禱師として流行っている」のを思い出して，「S方から金員を窃取しようと決意」した。そして，同日午後11時30分頃，同家の雨戸を鉈で「こじ開け」て侵入し，金品を物色しているとき，Sの妻が物音に目覚め「泥棒」と大声を出した。それによって，Sが「起き上がろう」としたので，逮捕を免れるため「咄嗟に家人全部を殺害しようと決意し所携の鉈」でSの「頭部を滅多切り」にし，続いてSの妻（当時52歳）とS家の長女（当時14歳）・次女（当時12歳）に鉈で攻撃を加え，最後に「その場に有り合わせの刺身庖丁」で「Sの咽喉部に止めを刺し」，よってSを「失血のためその場に即死させ」，妻を翌午前8時頃に死亡させ，姉妹にも重傷を負わせた。どうして家族が寝ているところに「刺身庖丁」が「有り合わせ」たのか。1審の裁判官は何も考えずに判決を書いているとしか思えない。

　犯行後の行動も不自然きわまるものだが，それを見ておこう。Mは，S方の「裏口の戸」を押し開いて外に出て，免田町方向に逃走し，「旧人吉航空隊高原飛行場跡地」に至り，その付近で鉈を埋めた。さらに，免田駅近くの深田村付近の「六江川」で，30日午前5時頃，ハッピやズボンに付いていた血痕を洗い落とした。Mは，そこから反転し，湯前線の線路沿いに，再び人吉の方向へと戻り，30日午前9時30分頃，人吉城址に着いた。午前10時か11時頃，平川食堂に立ち寄り，前日に預けた荷物を受け取っている。そして，自白調書では，Mは，この日の夜，特殊飲食店「丸駒」に登楼し接客婦のAと過ごし，翌31日に「丸駒」を出たことになっている[3]。

　一方，捜査に視線を移せば，現場には指紋や遺留品がなく，捜査の難航が予想された。しかし，翌年1月4日頃，八代郡宮地村に1人の男が現れて，「人吉で殺人事件があり犯人が宮地村に贓品（引用者注：盗品）を売りに来たと聞知したので捜査に来た。人吉の丸駒に働くAの家を訪ねに行く」などと近所の者に

---

3)　殺害後の逃走経路については，原1審は全く触れていない。本文に示した逃走経路や逮捕までの経緯については，再審開始決定（②656以下）や再審無罪判決（③71以下）の認定を参照した。また，熊本日日新聞社編『検証免田事件』（熊本日日新聞社，1984年）71頁以下などを参照した。

話したという警察内部の情報があり，宮地村方面の聞き込み捜査を始めている。その中で，その男はAの母親方を訪れ「自分は刑事だが」などと告げたこともわかり，さらなる聞き込みから，その男はMだと判明した。そして，Mが12月29日に人吉にいたことが確認されると，Mへの嫌疑が深まった[4]。

　人吉署では，本件前後のMの動向などを捜査し，最終的に，Mが本件の犯人だとの疑いを深め，1月13日夕刻，人吉署の警察官4名が拳銃や手錠を携帯して自動車で俣口まで行き，そこからは徒歩で一勝地村に到着した。午後9時過ぎ頃にMと面談し，「昭和23年12月末ころ人吉を訪ねたことはないかと尋ねたところ，Mは曖昧な返答をし，人吉には行かなかった旨答え」たので，Mへの嫌疑が一層深まった。警察官は，人吉署への同行を求め，約2時間かけて山道を下り，その後は自動車で，1月14日午前2時，人吉署に到着した。到着後，ただちに聴取が始まり，昨年末の動向などを訊問していたとき，Mが玄米や糠の窃盗事件を自白したので，窃盗容疑でMを別件逮捕した（③84以下）。その後，1月15日，Mは本件犯行の一部を認めた。そこで，警察は，窃盗事件の送検を終えていたので，1月16日，一旦Mを釈放した上で，本件の嫌疑でMを緊急逮捕した。そして，同日夕刻からの取調べにおいて，Mは，本件犯行を全面的に認め，凶器は鉈であること，犯行状況，逃走経路などを自白した。

2.1.2. 有罪判決は自白調書の「上書き」である

　原1審は死刑判決であったが，その事実認定は，きわめて簡潔であり，基本的にMの自白調書を「上書き」しただけであった[5]。自白以外の物証としては，国家地方警察熊本県本部警察隊長による人吉市警察署長宛の血液に関する鑑定結果回答書のみであった。この鑑定項目は2点あった。1つは，Mの絆天，上衣，チョッキ，マフラー，ズボン，手袋，地下足袋に対する血液反応であり，

---

4)　原1審第2回公判で，Mは，昭和24年1月1日から1月4日まで，宮地村に滞在し，Aの母親にも会っていると裁判長に答えている（③28）。

5)　原1審の裁判長は，再審無罪判決の後，判決の「当時は，無罪との心証を固めるだけの証拠がなく，有罪と認定せざるを得なかった」と述べた（1983・7・15朝日新聞夕刊）。これは，「無罪の心証」がなければ有罪だという趣旨だが，現行憲法における刑事裁判の意義を全く理解していない暴言だろう。

他の１つは，Ｍの血液型とＭ所携の鉈の柄部に付着した血痕の血液型であっ
た。回答書によれば，Ｍの衣服に血液反応はなく，Ｍの血液型はＡ型であり，
鉈に付着した血液型はＯ型であった（Ｓと妻の血液型はＯ型であった）。しかし，Ｓ
夫婦の殺害現場が一面の「血の海」であったことを考えれば，犯人とされたＭ
の衣服のどこにも血液反応がなかったことは決定的に不自然であり，むしろ，
自白内容を疑うべきであった。また，凶器とされた鉈に付着した血液も「米粒」
ほどの大きさであり，惨劇の凶器として不自然きわまるものであった。はたし
て，この「米粒」ほどの血液が付着した鉈で，Ｓ夫妻は殺害されたのだろうか。
そこが疑われるべきであった。犯行現場の惨状を考えれば，この鑑定結果は，
有罪ではなく，むしろ無罪の証拠と言うべきものであった[6]。

　原１審の公判は，新刑訴法の下で，それ故，物証の重要性が何度も確認され
ていた時期に行われている。しかし，本件の事実認定は，物証ではなく，全面
的にＭの「自白」に依拠していた。原１審の裁判官の意識として，依然とし
て，自白は「証拠の王」であったのだろう。現代でも，自白が重視されている
ことを考えれば，原１審の裁判官たちに特別な問題があったとは言えない。現
に，この事件が再審段階に入り，再審請求審だけで13回の審理があり，40名
を超える裁判官が関与しながら，第３次請求審の西辻決定（熊本地裁八代支部決定
昭和31・8・10：西辻孝吉裁判長）を除けば，自白に立脚した原１審判決をラジカ
ルに否定した決定は１つもなかった。

　西辻決定は，抗告審で取り消されたものの，死刑判決に対する初めての再審
開始決定であった。そこでは，原裁判に提出されなかった調書なども取り寄せ，
緻密な事実認定により事件当夜のＭのアリバイを認定し，それが確定判決の基
礎となった事実認定を左右するものだと結論づけた。続いて自白の評価につい
ても言及し，犯行態様についての鑑定を確認するなど積極的な証拠調べを行う
ことによって[7]，自白中の①犯行時刻，②逃走口，③犯行時の服装に血痕付着

---

6)　Ｍの自白では，この鉈は実家から持ち出されたものであるが，実家では，Ｍの義母がこ
　　の鉈を使用しており，義母の血液型はＳと同じＯ型であった。
7)　Ｍの自白による犯行態様は「鉈による襲撃 → 包丁で止めを刺す」であり，原１審に提
　　出された第１次Ｓ鑑定（昭和24年１月27日）も「鉈 → 包丁」の順番であった。しかし，
　　西辻裁判長によるＳへの尋問をきっかけに再提出された第２次Ｓ鑑定（昭和31年8月7日）

証明がなかったこと，④犯行態様（攻撃の順序）等が，その他の証拠や客観的状況と一致していないことを指摘し，「右自白は，その信用性に疑いがある」と結論づけている。さらに，確定判決の有罪認定の柱となった O 型血痕の付着した鉈についても，自白の信用性を疑うに足る理由が存在する以上，自白を除外して右鉈の存在のみによって犯行を証明することはできないと断じた。このように，西辻決定は，自白に依存せず，丹念な証拠の検討によって，後の再審無罪判決を支える事実認定とほぼ同じ事実を認定している。本来，この時点で，本件は救済されて然るべきであった。

　しかし，その後も再審は認められず，第 6 次の再審請求が，請求審において棄却された後，その即時抗告審で，福岡高裁（山本茂裁判長，以下「山本決定」とも記す）は，原 1 審が M を有罪とした 2 つの根拠，すなわち，鉈の柄に付いた微量な血痕の血液型を O 型とした鑑定結果と M の自白調書の信用性の両方に疑問を提示した。そして，「原 1 審の有罪認定には多大の合理的な疑い」があると指摘し，死刑執行を停止し，再審請求を排斥した原決定を取り消して再審開始決定を出した。ここから免田事件は急展開する。この再審開始決定および西辻決定は，原 1 審のみならず，その後の上訴・再審において，原 1 審の杜撰な認定を漫然と是認してきた 40 名以上の裁判官たちの職務遂行の現実的な「あり方」を見るとき，高く評価されるべきだろう。

2.1.3. 再審開始決定——「そこに・あった・事実」の直視（直観）

　まず，山本決定は，原 1 審の依拠した血液型鑑定が約 6 時間で終了したという事実に注目し，これでは，O 型の判定は不可能だと指摘した。この当時，国家地方警察熊本県本部は「凝集素吸収法」によって血液型を判定していた。そして，当時の検査法によると，検体が抗 A 抗体にも抗 B 抗体にも吸収されなかったとき，初めて検体の血液型を O 型と判定できた。つまり，O 型の場合，A 型や B 型の判定時間と比べて，2 倍の時間がかかる。吸収時間が短い場合，あるいは血痕量が少ない場合も，凝集素が十分吸収されず，O 型と誤って判定

では，被害者らの掌に存在していた防御創を理由として，犯行態様は「包丁 → 鉈」へ変更された。これは自白とは決定的に矛盾する内容であり，後の昭和 54 年の福岡高裁の再審開始決定を支える根拠の 1 つとなった。

されることになる。さらに，本件のように検体量が少ない場合，型判定には「最低26〜7時間，できれば48時間位必要」であり，吸収時間が「一夜間以下」であれば，その検査結果は「信用できない」という2名の法医学者の証言を踏まえて，原1審判決が依拠した鑑定結果回答書の信用性に疑問を提示する。また，法医学者の証言では，鑑定に必要な血痕量は「最低2ないし3ミリグラム」だが，捜査にあたっていた警察官の証言を見る限り，鉈の柄に付着した血痕の大きさは最大で「米粒大」であると指摘し，それは「せいぜい0.8ないし1ミリグラムしかない」ので，正確な判定は不可能だとした。こうして，山本決定は，鑑定に要した時間からも，鑑定の検体とした「血痕」の量からも，有罪判決の根拠となった鑑定結果回答書の信用性を否定した（②649–56）。

　次に，山本決定はMの自白調書の信用性を検証しているので，それを概観しておこう。第1に，犯行後の足取りだが，これについては，原審で行われた逃走経路の実証実験で作成された検証調書を詳細に分析している。この検証は，裁判所職員Cを「仮装犯人」として，Mが自白した逃走経路どおりに実施された。昭和48年12月26日の午前0時頃，犯行現場の近くを出発し，終着点に到着したのが午前8時40分であった。Cは，全道程を走破したが，それでも，暗闇の中で，しばしば懐中電灯を使用し，数回にわたって休憩した。その際，自動車内で一時の暖をとり，飲食もした。この点，単独で逃走したMと比べれば，はるかに好条件の走行であったが，それでも，走破したとき，疲労困憊して，Cは「これ以上歩けない状態であった」。山本決定は，この検証調書を引きながら，Mが自白「調書に・書かれた・事実」どおりに逃走したとすれば，12月30日に人吉城址に戻ったとき，「極度の疲労により半病人の状態となり，肉体的精神的な憔悴，衣服の汚れ，言動の鈍麻など通常とは異なる顕著な様子が現れる筈」だが，30日午前10時頃，Mが立ち寄った平川食堂の家人は，前日と「何ら変ったところはなかった」と証言しており，「このことは右道程を踏破したことと矛盾する」と指摘した（②657以下）。

　第2に，Mの自白「調書に・書かれた・事実」では「六江川でハッピについていた血を洗い落とした」ことになっており，その時間は「朝方5時ころ」であった。ところが，上の検証調書によれば，この時期，「周囲が明るくなったのは午前6時45分ころ」である。山本決定はこの点に注目した。Mが衣服の血

痕を洗い落としたのは人吉に反転する直前だから，それが明るくなった午前 6 時 45 分頃だとすれば，M は，ここまでに 6 時間 45 分を要しながら，ここから人吉城址までの帰路を 2 時間 45 分で走破したことになる。これは，C が 4 時間かかったという現実と比較すれば，「きわめて不自然」だと指摘した（② 659）。

　第 3 に，犯行の態様についても，山本決定は M の自白を疑問視する。名大教授（法医学）Y は，前審に提出した鑑定書および証人尋問調書で，S の手に刺身包丁を握った防御創があることを考えると，頸部の刺創は，M が言うような「止め」ではないと述べ，刺創が最初の傷であったと主張した。S の致命傷は頭部割創であり，また，頭部の傷の多くは脳の意識中枢に 1 次障害を惹起させるほど強いものである以上，その打撃を頭部に受けた後，S が刺身包丁の攻撃を防御しようとする意識的な行動を取ることは不可能だという趣旨である。この点，山本決定は，頸部刺創が最初であったか否かは不明としつつも，頸部刺創が「止め」ではないとする限度で Y 鑑定の妥当性を認め，「止めとして頸部を刺した」という「調書に・書かれた・事実」は死体に残された実在的な「そこに・あった・事実」と一致しないと指摘した（② 660 以下）。

　以上，山本決定が指摘した主要な論点についてのみ紹介したが，これ以外でも，数多くの疑問点がある。たとえば，犯行現場に残された刺身包丁や S 宅の簞笥や雨戸から指紋が全く検出されていないこと，M の衣服に血液反応がなかったこと，M の自白では「裏口の戸を押し開いて外に出た」のだが，そもそも S 方家屋には裏の出入口がなかったこと，等々。このような疑問点を挙げて，福岡高裁は M の自白「調書に・書かれた・事実」を「偽」とし，措信しえないと帰結した（② 656–67）。

2.1.4. 再審無罪判決の概観

　福岡高裁の再審開始決定は，以上のとおり，M の自白「調書に・書かれた・事実」が実在的な「そこに・あった・事実」と一致しないことを詳細に検証した。ただし，原 1 審の第 3 回公判以来，M が主張していたアリバイについては，その成立可能性を示唆しながらも，決定的な証拠がなく「そのいずれとも確定することは困難」だと判示した。ところが，再審開始決定を受けて始まった熊本地裁八代支部の審理では，より綿密な事実認定がなされ，M のアリバイが成

立することを認め[8]，M は完全に無罪だとされた (③26)。この判決 (河上元康裁判長，以下「河上判決」とも記す) によれば，昭和 23 年 12 月 29 日，M が「丸駒」に登楼し宿泊したことは「動かしがたい事実」であった。判決に即して，この点を確認しよう。

　昭和 23 年 12 月 29 日，M が免田から人吉市に出てきたことは孔雀荘や平川食堂の関係者の証人調書や供述調書から明らかである。また，同月 31 日，M が D 方に宿泊したことは D の証人調書から明らかである。そして，同月 29 日か 30 日のどちらかの日に，M が丸駒に登楼したことも明らかである。そうすると，「焦点は，(イ) 同月 29 日夜犯行，同月 30 日丸駒泊であるか (アリバイ不成立)，(ロ) 同月 29 日丸駒泊，同月 30 日 E 方泊であるか (アリバイ成立)」のどちらかである。M は一貫して同月 29 日に丸駒の接客婦 A と宿泊したと主張するが (アリバイ成立)，A は，捜査段階から原 1 審第 2 回公判まで，M が丸駒に登楼したのは同月 30 日だと供述しており (アリバイ不成立)，第 5 回公判で，供述を翻し，同月 29 日に M が宿泊したと証言した。つまり，A 供述の変遷が問題を複雑にしているのだが，河上判決は，「当時 16 歳の少女で知能程度もどちらかというと低く，記憶力も劣り，かつ年齢を偽って特飲店で働いていたという負い目」を持った A 供述の信用性を検討するには，その供述が「客観的証拠による裏付けの有無や客観的証拠に矛盾していないかどうか」を検証することの重要性を強調する (③46)。

　そこで，河上判決は，丸駒の経営者 F が帳簿としていた「職員手帳」の記載を検討している。この手帳には，F が A から，玉代として，12 月 29 日に 800 円，30 日に 700 円を受け取ったことが記されている。M は一貫して A に 1,100 円を渡したと述べており，A もまた，供述の細部に一貫しない部分があるけれども，M から 1,100 円を受け取り，そのうち 300 円を自分へのチップとして受け取り，残り 800 円を帳場に渡したと述べ，両者の供述は一致している。したがって，この限度で，M が 29 日に丸駒に泊まったという主張には，単に A の供述証拠のみならず，F の手帳への記載という実在的な事実 (証拠) に裏付けら

8)　判決後，M が最初に述べた言葉は「判決で一番うれしかったのはアリバイを認めてくれたこと」だという。熊本日日新聞社編・前掲 13 頁。

れており，かなりの信用性が認められる[9]。

　もっとも，河上判決は，そこから一気に 12 月 29 日の丸駒泊を認定するのではなく，30 日の宿泊先に注目する。つまり，12 月 29 日か 30 日のどちらかに，M が丸駒に泊まっているのだから，M が 12 月 30 日に E 方に泊まっておれば，必然的に，29 日は丸駒泊になり，M のアリバイが成立する。したがって，E の供述は「M のアリバイに関する直接証拠」だが，E の供述は一貫せず，M が E 方に泊まった具体的な日付は特定できなかった。しかし，反面，E の「供述調書を通じ一貫して」いる部分もある。それは，どの供述調書にも，初めて M と会ったのは「米の配給を取りに行った日」だと明言していることである。そこで，裁判所に領置されている配給の台帳や通帳を見ると，昭和 23 年 12 月の配給日は 12 月 23 日と 30 日である。この点，検察は，E が M と会ったのは 12 月 23 日だと主張するが，河上判決は，免田町が 12 月 28 日に発行した免田町から一勝地への移動証明書を M が取得している点を指摘して，12 月 28 日より前に，M は E 方に行っていないと認定した。そうすると，E が M と会ったのは 12 月 30 日だということになる（③ 34 以下）。また，当時，E 方に同居していた G は，M が E 方に来た翌日に雇用主に賃金を貰いに行ったと証言している。そして，その際，G が押印して雇用主方に渡した領収書が残されており，そこには，昭和 23 年 12 月 31 日と書かれていた。

　以上の事実を踏まえて，河上判決は「本件記録に残された古色蒼然たる貴重な数点の右物的証拠，すなわち配給通帳，台帳，移動証明書，G の領収書の各存在は，すべて M が 12 月 30 日に E 方を訪れた事実と一致するものであり，同事実を述べる M の前記第 1 審第 3 回公判におけるアリバイ主張」は「信用できるものである」と判示した（③ 40）。

---

9)　ただし，検察は，30 日に記載された 700 円が M の支払った玉代だと主張した（そうすれば M のアリバイは崩れる）。しかし，河上判決は，F の手帳に記された数字を確認して，800 円が通常の玉代であり，700 円は玉代を安くする特別の場合と解するのが合理的だとした上で，一見客である M の場合，玉代が 700 円になる特別の事情は考えられないと判示している。

2.1.5. 現実を直視（直観）した裁判官

　こうして，河上判決は，Mのアリバイが成立することを証明し，Mを完全無罪としたわけだが，山本決定がかなり踏み込んで示唆した自白の信用性に対する疑念に関しても，詳細に検討している。まず，侵入後の物色に始まり，鉈を右手に持って2回か3回切りつけたという犯行の内容，犯行後の逃走経路に関し，Mの自白「調書に・書かれた・事実」は，当時の客観的な状況や犯行現場に残された「そこに・あった・事実」と一致せず，矛盾する点が「余りにも多い」と指摘して自白の信用性を否定した（③61–85）。さらに，血液鑑定の問題に関しても，山本決定の指摘をさらに掘り下げて検証し，鑑定結果の信用性を否定していることにも注意すべきである。

　山本決定や河上判決の事実認定から，確定諸判決や再審請求を棄却し続けた諸決定を見るとき，どちらも「事実認定」という言葉を使いながら，両者の見ている「事実」が異なることに気付くだろう。山本決定・河上判決は現実の中で犯罪事実を直視（直観）している。ところが，確定諸判決・再審棄却諸決定は，警察官や検察官が作成した調書を通して犯罪事実を考察している。より正確に表現すると，実在的な「そこに・あった・事実」を直視（直観）することなく，捜査官が作成した「調書に・書かれた・事実」がありうるか否かの「論理的可能性」を考えている。「考える」ことは大事だが，「考える」前に「見る」ことが必要である。カントが「直観なき概念は空虚である」と指摘したように，「見る」前に「考える」から間違えるのであり，それが「誤判」を生み出すのである[10]。

---

10)　松川事件の鈴木判決が「調書に・書かれた・事実」を判決に「上書き」したのに対し，門田判決では，現場を現実に歩いてみて，「調書に・書かれた・事実」が「ありえない」ことだと暴露したことを想起しよう（本書 1.4.2. 参照）。現実に即して考えなければ誤判に帰着するのは当然のことである。免田事件の再審無罪判決では，河上裁判長は徹夜の現場検証で「約30キロを歩き通した」とされるが（1983・7・16 朝日新聞），これは門田判決と共通する逸話だろう。

2.2. 財田川事件
──冤罪を作る検察官，それを隠す裁判官

　この事件は，昭和 25 年 2 月 28 日，香川県三豊郡財田村（現在の財田町）の闇米ブローカー K（当時 63 歳）が自宅で寝巻き姿のまま惨殺され，胴巻きの中から現金約 1 万 3,000 円が強奪された強盗殺人事件（以下「本件」とも記す）である。K の死因は急性失血による死亡であり，頭・喉・胸など全身に約 30 ヵ所の刺切創があり，現場となった寝室は血の海であった。死体頭部の側にあった襖や左側の襖に飛沫状の血痕が付着し，木戸や柱にも，犯人が触れたような血痕があった。

　初期捜査の詳細は不明だが，主として闇米ブローカーらをターゲットにしていたようである。だが，同年 4 月 4 日，隣村で強盗（事後強盗）傷人事件が発生し，T と I が逮捕された。両者は，地元で有名な不良青年であり，強盗傷人の犯行を自白した。警察は，本件容疑でも取り調べたが，I にアリバイがあり，本件捜査の対象を T に絞った。

〈引用判例〉① 高松地裁丸亀支部判昭和 27・1・25 TKC 25561034，② 高松高判昭和 31・6・8 TKC 25561035，③ 最判昭和 32・1・22 TKC 25561036，④ 第 2 次再審棄却決定：高松地裁丸亀支部決昭和 47・9・30 刑集 30・9・1793，⑤ いわゆる「財田川決定」：最決昭和 51・10・12 刑集 30・9・1673，⑥ 再審開始決定：高松地決昭和 54・6・6 判時 929・37，⑦ 再審無罪判決：高松地判昭和 59・3・12 判時 1107・13

2.2.1. 検面調書を「上書き」した判決

　強盗傷人については，昭和 25 年 4 月 19 日に起訴され，6 月 15 日に有罪判決（懲役 3 年 6 月）があり，同月 30 日に確定した。しかし，身柄は，刑務所ではなく，高瀬警部補派出所に移された。同派出所内には，T（当時 19 歳）だけが留置されており，そこで，本件に絞って拷問を含む取調べが継続され，同年 7 月 26 日，T が犯行を自白したので[1]，8 月 1 日，T を逮捕した。同月 4 日から勾留と

---

1) 第 2 次再審請求審（④ 1793）において，T はこの時期の取調べについて次のように述べ

なり，その後 11 通の調書を取り，特に 8 月 21 日に，地検は，「総字数 1 万 3 千余字，44 項目にわたる極めて膨大な」第 4 回検面調書を取って[2]，同月 23 日，本件で T を起訴した。T は，第 1 回公判以降，公訴事実を全面否定したのだが，1 審（① LEX/DB 1–2）は，強盗殺人罪を認め，T を死刑とした。

原 1 審の判決書はきわめて簡潔な短文であり，その事実認定は全面的に第 4 回検面調書に依拠している。たとえば殺害の瞬間につき，凶器の刺身包丁を心臓周辺に刺したとき，その「庖丁を全部抜かずに刃先の方向を変えて更に突き刺し」たという「二度突き」があったことを自白どおりに認定した（① LEX/DB 2）。なお，T と犯行を結びつける物証として，「国防色中古ズボン（証第 20 号）」とそこに付着していた飛沫血痕のような人血痕に関する「古畑種基作成の鑑定書 2 通」が挙げられている[3]。

T は控訴したが，原 1 審と同様，原 2 審の事実認定もこの検面調書に依拠し，控訴を棄却した。ただ，原 1 審と比べれば，原 2 審は多少とも詳しく理由を記している。たとえば，唯一の物証である「証 20 号国防色ズボン」について，そ

ている。すなわち，警察は，2 度の別件逮捕と勾留をはさみ，K 殺害の自白を求めて T を徹底的に追及し，拷問の 1 例として，「手に手錠を二つかけて綱をかけて持っており，足にはロープをぐるぐる巻きにして正座させ，何時間もたつと血が通わない，めしも減食され，睡眠は不足で警察官のいうとおりになつた」と述べている。この時の T の具体的な姿態は不明だが，要するに「両手両足を緊縛されて尋問を受けている」ことがわかる。そして，自白をした 7 月 26 日も，「拷問をおそれていたし，自暴自棄になり，どうなつてもよいという気持」になって，T は K 殺害を認めたと言う（④ 1835）。なお，当時の香川県警の部内誌『警声』によると，捜査の最高責任者であった署長は「T が事件と関連があるように思われたのは，手口が一致するのと，また一方，何となく『カン』があったからであります」と述べている（1984・3・12 朝日新聞夕刊）。しかし，本件と隣村の事件とは，手口を含めて異質である。そうすると，結局，「カン」だけで T を取り調べたことになる。ここに，本件の警察捜査の無能さと，その恐るべき貧困さを見抜くべきである。ほとんど捜査と言える実質はなかった。

2)　矢野伊吉『財田川暗黒裁判』（立風書房，1979 年）50 頁。同書 23–50 頁に，この第 4 回検面調書の全文が記載されている。なお，後述のとおり，矢野は裁判官として本件にかかわり，T の無罪を確信して T の弁護人となり，再審無罪判決の 1 年前に死去した。

3)　古畑種基は，当時の日本を代表する法医学者であった。東大の退官後，科学警察研究所の所長に就任している。古畑の鑑定は，財田川事件以外にも，松山事件（本書 2.3.3. 参照）や島田事件（本書 2.4.3. 以下参照）において確定有罪判決の根拠となった。それ以外の再審無罪事件との関連では，弘前大学教授夫人殺し事件でも，確定有罪判決を支えた鑑定を行っている。

の「右脚部表には人血痕があり，飛沫血痕のように見え，その血液型はO型」
であり，被害者の血液型と同じだと述べて，「証第20号」の物証性を強調して
いる（②LEX/DB 1–2）。しかし，そもそも，これが事件当日にTがはいていたズ
ボンだという証明はない[4]。さらに，そこに付着した血痕も，岡山大学法医学
教室が「検査不能」としたほど微量であり（⑥44以下），古畑の血液型鑑定の如
何にかかわらず，客観的に，それが被害者の血痕であると断定しうる証拠はな
い。むしろ，免田事件の鉈に付着した血痕もそうであったが（本書2.1.3.），「血
の海」であった両事件の犯行現場を考えれば，これほど微量な血痕しか付着し
ていないことは不自然きわまる。現場に残された実在的な「そこに・あった・
事実」と比較すれば，何故，これほど微量な血痕の付着にとどまったのかとい
う点について説得的な論証がない限り，「証第20号」の血痕はTの有罪性を示
す事実ではなかった。むしろ「無罪」を示す証拠であった（本書2.1.2. 参照）。

2.2.2. 検察は「秘密の暴露」を作り出した

　確定判決は，端的に言えば，第4回検面「調書に・書かれた・事実」の「上
書き」であった。そこで，犯罪の核心である実行行為に関し，第4回検面「調
書に・書かれた・事実」を確認しておこう。まず，凶器だが，それは5年前に
村の青年学校から盗み出した刺身包丁だった。Tは，その間，この包丁を自宅
風呂場の焚口付近に隠していた（11項）。包丁が錆びていたので，それを研い
でK宅に向かった。K宅には，炊事場の出入口の戸の部分に「ゴットリ」とい
う戸締りの「仕掛があり」，それを外して戸を開け（13項），Kの自宅に侵入し
（14項），熟睡するKの顔面を刺身包丁で一突きした。しかし，「Kが直ぐにか
け布とんを両手ではねのけて上半身を起こし，敷布とんの上に座り，何か大き
な声を上げ」たので，「中腰で矢つぎ早にKの顔面あたりを2，3回突」き刺し，
さらに「背後から同人の腰の当りから一突き」した。そして，向き合った形の

　4）　矢野によれば，このズボンは「Tの兄が警察官として支給を受け，後に弟がはいていた
　　ものであり，事件発生後，警察官がT宅に来た時は弟がはいていて，それを脱がして持ち
　　帰ったものだった。このことについては，Tの父母も異口同音に証言していた」（矢野・前
　　掲61頁）。そして，検察官はこのことに全く反論せずに，結審し，判決に至っている。な
　　お，本件の再審無罪判決では，事件当日，Tがこの「ズボンを着用していた事実はこれを
　　確証することはできない」（⑦32）と指摘している。

まま，「Kの首の辺りを3，4回位突き」刺すと，ようやくKは「斜めに仰向け
になって倒れ」た (15項)。

　その後，Tは，「止め刺し」をしたのだが，それは，心臓付近を「大体5寸位
突きさし」た上，そこから包丁を「2，3寸抜き (引用者注：1寸は約3 cmである)」，
もう一度「同じ深さ程度突き」刺して「二度突き」をしたという供述であった
(17項)。原1審の検察官は，論告の中で，この「止め刺し」の自白が「秘密の
暴露」にあたると主張した。その論拠として，検察官は，Tがこのことを8月
21日付の第4回検面調書で供述しているのに対し，遺体の傷が「二度突き」で
あったことを証明する鑑定書の日付が「昭和25年8月26日付」であったこと
を挙げている。つまり，Tの自白によって，捜査官の知らない「二度突き」の
事実が暴露されたのだ，と。

　この検察の主張を受けて，原1審は「二度突き」に触れているし，原2審は
「ゴットリ」を外して侵入したことと，「二度突き」が供述書の「供述記載と符
合」する点を示して，第4回検面調書の自白の「真実性に疑いありとは認めら
れない」と判示した。これは，原2審公判廷で，捜査を担当した3名の警察官
が「左胸部を二度突きしたと自供し，最後までその供述を変えないので，不思
議に思っていたが，自白の1ヵ月後の8月下旬，鑑定書が来て初めて謎が解け
た」と述べた証言をそのまま採用したことを示す。しかし，法廷における捜査
官の供述ほど，白々しく信用できないものはない。たとえば，拷問を多用した
ことで知られる警察官・紅林麻雄ですら (本書1.5.5.注18参照)，法廷に立てば，
法規を遵守していたと証言する。本件訴訟でも，裁判官は検察官の捜査を信頼
していたし，警察官の証言にも信を措き，原1・2審は「二度突き」を「秘密の
暴露」と捉えた。

　しかし，原1・2審の事実認定に対し，裁判官として本件再審に関与し，退官
後，Tの弁護人となった矢野伊吉は厳しく批判する[5]。死体の鑑定は，事件の翌

---

5)　矢野は，高松地裁丸亀支部の支部長判事として，第2次再審請求事件を担当し，原記録
　を読み続けていくうちに，確定判決への疑いが広がり，Tは無罪だと確信した。そこで，2
　名の陪席裁判官と合議しつつ，再審開始決定を認める「決定書」の原案を書いた。ところ
　が，矢野によれば，それを「タイプ印刷に回した時，どうしたことか，2人の陪席裁判官
　はこの決定に異議を唱え，決定は流産」したのであった (矢野・前掲246頁以下参照)。そ
　の後，矢野は，裁判官を退官してTの弁護人となり，再審請求審でTの無罪を，それ故，

日 (3月1日)，午後4時40分から8時15分まで，鑑識課長を含む複数の捜査官が立ち会って，被害者宅で行われており，その時点で，傷の形態 (「二度突き」) は解明されていた。つまり，第4回検面調書が作成された8月21日の段階で，Kの致命傷が「二度突き」であったことは全捜査官に知られた事実であり，それは「秘密の暴露」ではない[6]，と。さらに，この自白「調書に・書かれた・事実」が本当であったとすれば，Tは相当な返り血を浴びたはずで，微量の血痕がズボンに付着しているという「そこに・あった・事実」とは一致しない。矢野は，再審請求審において，確定判決が行った事実認定の「真偽」の問題点を厳しく追及した。

2.2.3. 最高裁の「財田川決定」から再審開始決定へ

第2次再審請求審において，地裁も高裁も請求を棄却したので，Tには最高裁しか残されていなかった。ところが，この特別抗告審で，本件は劇的な展開をする。従来，再審の特別抗告において，最高裁が細かな事実関係まで検証することはほとんどなく，再審という「狭い門」の中でも，特別抗告は「針の穴をくぐるようなもの」と言われてきた[7]。しかし，最高裁第1小法廷は，昭和50年5月20日の「白鳥決定」の中で，「疑わしきは被告人の利益に」という刑事裁判の鉄則が再審にも適用されると宣言していた。そして，本件の特別抗告審において，第1小法廷は，現場写真等を含めた本件記録を詳細に検証し，自

再審開始決定を訴えたが，矢野の後任裁判長は再審請求を棄却した。矢野は「検事の走狗になり果てた」(矢野・前掲249頁) と断じている。なお，この高松地裁・高裁決定を取り消し，高松地裁に差し戻した最高裁決定 (いわゆる「財田川決定」) では，矢野の著書に対し，「論述の中には，確実な根拠なくしていたずらに裁判に対する誤解と不信の念を人に抱かせる」部分があると述べ，矢野に対して，「職業倫理として慎むべき」だと厳しく批判している (⑤ 1685)。しかし，矢野の著書は，昭和47年3月に脳卒中で右半身を不随にした矢野が「左手で書き刻んだ執念の玉稿」(白取清三郎「熱血老弁護士・矢野伊吉との邂逅と思い出」法セ353号70頁) であり，それがまぎれもない「名著」であることは一読すれば了解しうる。さらに，「職業倫理」を問うのであれば，在野の弁護士を批判する前に，最高裁事として，易々と検察ストーリーに同調し，「調書に・書かれた・事実」を「切り貼り」して「罪となるべき事実」を平然と起案した下級審の裁判官にこそ，その言葉は向けられるべきであろう。

6) 矢野・前掲133頁。
7) 竹澤哲夫『戦後裁判史断章』125頁以下参照。

白「調書に・書かれた・事実」が本件の実在的な「そこに・あった・事実」と一致しないことを示し，一致しない部分が解明されない限り，「自白の信用性について疑いを抱かざるをえない」として，審理を高松地裁に差し戻した（⑤1673）。これが「財田川決定」である。

　この財田川決定を受けて，高松地裁は再審開始決定（⑥37）を出した。ここでは，まずTが逮捕時に所持していたとされる百円札80枚の処理の問題，次に「秘密の暴露」にかかわる「二度突き」の問題，そして，ズボンに付いた血痕様のものに関する問題について，高松地裁における再審開始決定の考察を概観しておこう。

　自白「調書に・書かれた・事実」によれば，Tは本件で1万3,000円余を強取し，強盗傷人で逮捕された時点で，百円札80枚の現金を「黒色オーバーの襟の内側の小さなポケットに丸めて差し込んで隠し」持っていた。そして，連行されるとき，「警察官がオーバーを着て行くように」指示したので，オーバーを着て警察車両に乗り，警察署に着くまでの間，「警護員に気付かれぬ様，オーバーの内ポケットの紙幣を抜き出し，斜め左向きになって，ほろの窓よりつばを吐くような風をして，ほろと車体の間に指を差し入れ，金を落とした」（第4回検面調書27項）と供述している。これに対して，再審開始決定は，「同乗していた7，8名の警護員の目を盗み，手錠をかけられたまま約80枚の札を投げ捨てること」が可能であるかは疑わしいと述べ，そもそも，本件で強奪された金員の「明確な費消の裏付け」がないことを示し，「自白の信用性に疑いを抱かざるを得ない」とした（⑥42以下）。

　次に，「二度突き」だが，矢野は，警察が死因の鑑定結果を確認することなく無闇に捜査することはないと指摘していた。実際，被害者の死体解剖が終了した後，捜査会議が開かれていた。そして，当時の捜査資料の精査から，その会議の時点で「捜査係官らに二度突きによって生じたとみられる創傷の状態が周知されていた」ことが証明され，Tの取調べにあたっていた捜査官が「二度突き」を知らなかったと証言したことはありえないとして，「二度突き」を「秘密の暴露」とすることに疑問を示した（⑥53以下）。

　最後に，血痕に関する古畑鑑定だが，ここにも疑念が示される。この鑑定は「証20号」に付着した血痕様のものを「人血」だとし，その血液型をO型と判

定して，確定判決における有罪認定の根拠となった。しかし，鑑定書によれば，付着した血痕は「ケシの実大の斑痕 3 個」と「半米粒大の斑痕 1 個」であり，「それらを集めて血液型の検査を行った」と書かれている。そこで，再審開始決定では，その血痕量は全体で「0.435 ミリグラム」だと推定し，この微量な血痕から血液型を正確に判定することが可能であるかを考察している。その結果，弁護側の援用する F 鑑定と検察の援用する M 鑑定[8]を参照し，どちらの鑑定でも，「0.4 ミリグラム程度」の量では，正確な判定を得るために十分な量とは到底言えないと述べていることに依拠し，古畑鑑定の信用性を否定した（⑥ 52）。免田事件の血液型判定と同じ根本的な問題が存在していたのであった（本書 2.1.3.）。

2.2.4. 本件は警察・検察によるフレームアップである

最高裁の財田川決定に続く再審開始決定を受けて，高松地裁（⑦ 13）は再審無罪判決を出し，高松地検も控訴せず，ただちに T を釈放した。T は，19 歳で，別件逮捕されて自由を奪われて以来，34 年ぶりに「鉄格子から解き放たれた」（1984・3・12 朝日新聞）。問題はこの無罪判決の内容だが，その大部分は最高裁の財田川決定や再審開始決定に沿うものであった。しかし，この判決には，いくつもの致命的な疑問点がある。1 点だけ挙げると，有罪の核心的な根拠であった第 4 回検面調書に関し，それは，警察と検察が合作した「ストーリー」とも言うべき捏造された証拠であることは明白であった[9]。しかし，この無罪判決は，本件が明々白々な「フレームアップ」事件でありながら，そのことを明示

8)　検察側鑑定人 M は「古畑先生と申されますれば，文化勲章をもらい，それから学士院会員であるという最高の方」だと述べたとのことであるが（佐久間哲夫『おそるべき証人』〈悠飛社，1991 年〉15 頁），本当に恐るべき鑑定人であった。

9)　実際，どうすれば，犯人でない T に，「二度突き」の供述が可能であろうか。不可能である。この部分は警察官が言わせたのだろう。そして，この供述があれば，それが「秘密の暴露」と位置づけられて，T が有罪になる可能性はきわめて高くなる。しかも強盗殺人だから死刑の可能性もあるだろう。T を訊問した 2 名の警察官は，こういった事実を認識しながら，「二度突き」の供述調書を作成している。これは明白な犯罪行為である。もちろん，国家訴追主義によって，公訴提起は検察の権限だが，立件の有無とは別に，司法の側で，裁判官は，この 2 名の警察官の行為が犯罪になりうることを明示すべきであった。さもなければ，この種の「犯罪行為」がなくなることはない。しかし，わが国の裁判官は，多くの場合，この種の行政権力による「犯罪行為」を隠蔽する側に立つのである。

しなかった。

　この第4回検面調書は，矢野が指摘したように，「犯行当時とその前後の行動が，その時間的経過，場所の移動に応じ」て，「まるでビデオテープで記録した」ように記載されている。また，ジャーナリスト鎌田慧によれば，この調書が本当に検事の問いに答えたＴの応答だとすれば，この「検事の尋問能力，犯行時の被疑者の冷静沈着さと抜群の記憶力と表現力，そして，それを筆記する書記官の神業的な筆記力」がなければ絶対に成立しえない。つまり，文筆家の率直な感想として，この「調書」は，時間をかけて，十分に練られた「創作」であるとの意見を残している。実際，弁護団は当時の「捜査記録雑書類綴」の中に第4回検面調書の内容と一致する「草稿」を発見した。そして，最終弁論において，この検面調書が警察官によって事前に作られていたことを明らかにした[10]。これこそ，警察と検察が共同してフレームアップをした決定的な証拠だが，無罪判決によれば，この「草稿」は，逆に，検面調書を警察官が転写したことになっている。そして，弁護人の指摘を「揣摩臆測」だと決めつけたが，裁判官は「揣摩臆測」であることを全く証明していない。

　この再審無罪判決は，警察と検察の犯罪的な不法，さらには，彼らの不法に目をつぶり続けた確定審の裁判官の責任について，全く触れようともしなかった。まさに，わが司法制度には，冤罪を作る検察官とそれを隠す裁判官という「判検一体」の反憲法的現象が充満している。

2.2.5. 主観的な「心証形成」と客観的な「証明」

　最後に，第2次再審請求審である高松地裁丸亀支部の棄却決定（④1793）について，若干の補足をしておく。

　この決定は再審請求を棄却した。しかし，弁護人による確定判決への疑問点を丁寧に検証して，後に最高裁「財田川決定」が指摘した確定判決の問題点を先行的に取り扱っている。そして，確定判決がＴの自白に基づいて有罪を認定しているのに対し，本決定は，Ｔ自白の信用性や任意性について，相当な疑問があると指摘している。たとえば，調書の「真実性に疑問がないのは，捜査官

---

10)　鎌田慧「破綻した強盗殺人説」法セ349号12頁以下，同351号12頁以下。引用は351号12頁以下。

側に判明していた事実」だけであり，「その他の自白は果たして事実であるのか
どうか確認できていないというも過言でない」(④ 1809) と断言する。そして，
原1審が強調した「二度突き」に関し，それは「秘密の暴露」でなく，事件翌
日の解剖時に判明していたことだとも指摘している (④ 1829)。また，強取した
金員の使途が不明なことや，逮捕時に所持していた80枚の百円札を警察車両か
ら投棄したという供述の不自然性などを指摘し (④ 1833)，T供述は容易に措信
しえないことを詳述している。

　その上で，本決定では，捜査に関しても，別件逮捕や勾留による「相当長期
にわたる拘禁中に自白をしている」という事実があり，「当裁判所としては，別
件逮捕の違法性を含め，捜査の経過，自白追及の過程が，客観的に公正なもの
であったかどうかは一応疑問がある」として，任意性への疑問まで表明し，警
察は「見込みをつけた被告人からまず自白を得ることに全力をそそいだ」とま
で指摘する (④ 1802)。しかし，驚くべきことだが，ここまで指摘しながら，論
調が一転し，「法廷において証言を求められたすべての捜査官が，強制，誘導等
はない」(④ 1810) と供述している以上，一概に任意性を否定することもできな
いと述べ，結局，本決定は再審開始請求を棄却したのであった[11]。

　ただし，再審開始の理由がないと明言するのではなく，自白の任意性にも信
用性にも，相当な疑問を示している。本決定に見られる逡巡は，本決定が次の
ように述べたことからも了解できる。「当裁判所は3年余を費やし，できるだけ
広く事実の取調を実施し，推理，洞察に最善の努力を傾倒したつもりではある
が，捜査官の証言も全面的には信用できず，20年以上も経過した今日において
は，すでに珠玉の証拠は失われ，死亡者もあり，生存者といえども記憶はうす
らぎ，事実の再現は甚だ困難にして，むなしく歴史を探求するに似た無力感か
ら財田川よ，こころあれば事実を教えてほしいと頼みたいような衝動をさえ覚

---

11)　多くの裁判官は「自白の任意性」を肯定する。しかし，後に貝塚事件で考察するが (本
　書4.2.2.)，調書化された各々の供述につき，被疑者が「どういう経緯で自白に至ったのか
　という自白の具体的な状況」について，裁判官が丹念に警察官を尋問するならば，警察官
　の強制や誘導の事実が浮かび上がってくる。しかし，そのような尋問をすることなく，「強
　制や誘導はない」という捜査官の公判証言を措信するところに，現代の裁判官の検察官化
　という「判検一体」の現象が現れるのである。しかし，日本国憲法では，明らかに公訴官
　の主張を弾劾するのが裁判官の第1の役割である。

える」（④ 1811），と。

　最高裁「白鳥決定」（最高裁決定昭和 50・5・20 刑集 29・5・177）が出る前の再審
に対する刑事裁判官の逡巡がよく表れている。「白鳥決定」以前は，法的安定性
という見地から，有罪判決が確定すれば，どのような有罪判決であれ，その内
容は「真」だと擬制されていた。この「真」なる有罪判決を覆し，再審を開始
することは，法的安定性が譲歩するほどの非常例外的な事態であり，そのため
には請求人が「無実」であることの決定的な証明が要求されていた。確定有罪
判決を書いた裁判官の「心証形成」の結論こそが不動の前提になり，確定判決
が被告人の犯人性を客観的に「証明」していたか否かという視点は背後に退い
ていた。これが当時の，そして残念ながら，現在の再審実務であった。実際，
「白鳥決定」後も，このような自由心証主義を絶対視する態度が再審実務におい
て連綿と受け継がれている（本書 4.5. など参照）。

　したがって，再審開始に関する当時の実務基準が前提となれば，本決定のよ
うな結論になるのかもしれない。ただ，本決定の検証を見る限り，裁判官は，
Ｔの犯人性が「証明されていない」ことを指摘している。それにもかかわらず，
本決定が再審開始を認めなかった 1 つの理由は，「こころあれば事実を教えてほ
しい」という言葉が示すように，本件に関する「歴史的事実」（すなわち「事象
Ｘ」）の具体的な内容が解明されなかったからであろう。しかし，裁判官の職務
は，犯罪という歴史的な「事象 Ｘ」の解明ではない。裁判官は，被告人の犯人
性が証明されているか否かを判定するだけであり，被告人の犯人性が証明され
ていなければ，刑訴法の規定上，裁判官の結論は「無罪」に決まっている（刑訴
法 336 条）。刑事裁判官の最大の仕事は，検察官が被告人の犯人性を「証明して
いるか否か」の検証である。つまり，「こころあれば事実を教えてほしい」と言
う以上，被告人の犯人性が証明されていないことを認めていたのであるから，
裁判官は再審開始を決定すべきであっただろう。

2.3. 松山事件
——警察は襟当に大量の血痕を付着させた

　この事件は，昭和 30 年 10 月 18 日，午前 3 時 50 分頃，宮城県志田郡松山町(し だ ぐんまつやままち)(現在の大崎市)の農業 C 方から出火炎上し，全焼した跡から，C (当時 53 歳)，C の妻 (当時 42 歳)，C 夫婦の四女 (当時 9 歳) と長男 (当時 6 歳) の焼死体が発見されたことに始まる。遺体解剖の結果，各死体から，いずれも頭部を「鉈あるいは薪割様の凶器」で切りつけられたと思われる割創が認められ，強盗殺人・非現住建造物放火事件 (以下「本件」とも記す) として[1]，県警本部長の総指揮の下，65 名の特別捜査本部を編成し，捜査が開始された。しかし，事件発生後，1 ヵ月で捜査は暗礁に乗り上げた。

　そこで，捜査本部では，犯行当日以降に地元を去った者にまで範囲を広げて調査したところ，東京の板橋区に勤務していた S (当時 24 歳) が浮上した。ただ，この犯行の残虐さから，捜査本部の大勢は C の妻にかかわる「痴情もしくは怨恨」による犯行と見ていた。しかも，この時点で，本件と S を結びつける証拠は何もなかった。ところが，これまで考察してきた諸事件の捜査が教えるように，わが国の警察は，証拠を揃えて被疑者の身柄を確保するのではない。**警察は，反対に，身柄を確保してから「証拠を作る」。日本の警察は，誰からでも，自白を取る「ノウハウ」を持っているので** (本書 1.2.5. 参照)，**アリバイさえなければ，誰もが犯人とされる可能性がある**[2]。残念ながら，本件もまた，「人を得て，証を求む」という日本型捜査の典型例であった。

〈引用判例〉①仙台地裁古川支部判昭和 32・10・29 TKC 25561039，②仙台高判昭和 34・5・26 TKC 25561040，③最判昭和 35・11・1 TKC 25561041，④仙台地決昭和 54・12・6 判時 949・40，⑤仙台高決昭和 58・1・31 判時 1067・3，⑥仙台地判昭和 59・7・11 判時 1127・63

---

1)　居住者全員が殺害され，その後に放火された場合，非現住建造物放火罪となる。
2)　本件でも，本当はアリバイがあったのだが，親族の証言は採用されなかった。八海事件 (本書 1.3.，3.3.)・松川事件 (本書 1.4.，3.2.)・菊池事件 (本書 2.6.) なども同じである。

2.3.1. 見込み捜査で別件逮捕し，自白が取れれば立件する捜査

　警察は，具体的な証拠なしにＳの身柄拘束を決定し，すでに示談が成立して
いた喧嘩につき傷害事件として逮捕状を請求し，昭和30年12月2日午後8時
頃，Ｓを板橋署内で別件逮捕した[3]。その後，ただちに宮城県古川警察署に連行
し，12月6日から，本件につき追及した。Ｓは，12月8日，「私がやりました」
と自白したので[4]，警察は，Ｓを本件容疑に切り替えて再逮捕した（1955・12・9
朝日新聞宮城版）。しかし，Ｓは，その後，自白を取り消し，否認のまま12月30
日に起訴され，仙台地裁古川支部に係属した。

　警察は，Ｓが自白した後，自白に合わせて目撃者の供述調書を整えただけで，
自白の裏付けとなる新たな物証の捜索などを怠っていた。つまり，地道な捜査
の基本原則を忘れて，自白の裏付けを取ることもなく，自己の「見立て」た「ス
トーリー」に合わせて，あたかも「創作」か「作文」のように各調書を作成し，
事件が解明されたと発表しただけであった。その杜撰さは，逮捕後の報道から
も，法廷に提出された証拠からも容易に想定しうる。つまり，本件捜査は，後
の再審無罪判決が指摘したとおり，「初動捜査において，嫌疑十分とはいえない
被告人を捜査員が物盗り犯人との見込みをつけて別件逮捕したことにはじまり，
見込みにそう自白を獲得した」（⑤44）だけであった。

　しかも，その自白を支える物証が整えられていないため，「金銭目的」の犯行
だとしながら，現場に金銭を物色した痕跡もなく，家族4名を殺害するという

　3）　この時，捜査本部の大勢を押し切り，Ｓの逮捕に踏み切ったのは捜査1課長の判断であっ
　　た。彼は，「第1次再審請求直後の37年に，ラジオのインタビューに答え，『私の責任でＳ
　　を逮捕することで，1対9であったが押し切った』と証言している」（1984・7・4読売
　　新聞）。

　4）　本件の再審開始決定（④40）は，Ｓの逮捕が別件逮捕である以上，Ｓは逮捕された当日か
　　ら「本件」について取調べを受けた疑いが強いと指摘している。なお，Ｓは，同房者のＯ
　　から，警察では「やらないことでもやった」と言って，「裁判になったら，私はやってませ
　　んと本当のこと」を言えばよいというアドヴァイスを受けており，それに従って自白した
　　旨を供述している。そして，後に，これはＯを使った警察のトリックであったことがわ
　　かった（佐藤一『松山事件──血痕は証明する』〈大和書房，1978年〉89頁参照）。本件の
　　再審無罪判決は，警察がＯを「いわゆる諜報者として捜査に利用」したと認定し，「許容
　　しがたい」捜査だと指摘している（⑥63）。

不自然きわまりない「ストーリー」を想定した。この点，まぎれもなく，本件捜査は不法捜査の典型である。しかし，本当の問題は，この「ストーリー」が説得力を欠くものであったにもかかわらず，ほとんど検察が主張するままに[5]，原1審が「調書に・書かれた・事実」を取捨選択し，そこから「罪となるべき事実」に「上書き」して，Sに有罪（死刑）を認定し，原2審でも最高裁でも，1審判決がそのまま支持され，確定したことにある。

2.3.2.　警察「ストーリー」の不自然性

　原1審は，わが国の多くの刑事裁判例と同様，「判検一体」的に検察の主張を認め，捜査段階におけるSの自白「調書に・書かれた・事実」を認めた。Sは，一家4名を「殺したうえ金員を盗み取ろうと決意」し，C方の浴場の壁に立てかけてあった「薪割り」（供述調書では「鉞：まさかり」と表記されている）を持って同家に侵入し，電燈が点いたまま「まくらを列べて熟睡中」の4名に対し，逡巡もなく一気に襲いかかり，各人の「頭部を順次右薪割りで数回切りつけ」て「その場で殺害」した。その後，「タンスを開いて金員を物色した」けれども，現金を見つけることができず[6]，犯跡を隠蔽するため，「同家木小屋から枯杉葉一束を持ち出し」て死体の頭部あたりに置き，所携のマッチで枯杉葉に点火して発火」させ，被害者宅を全焼させた（① LEX/DB 1–2）。

　この判決を読むとき，「必要以上に残虐で，しかも2児まで殺したうえ放火し」たという犯罪結果の重大性に比し，認定された動機がいかにも希薄だと気付くだろう。検察の主張では，Sの動機は，ただ「2, 3万円の金が欲しかった」という1点に絞られている。しかも，その具体的な内容を見れば，小遣い銭に窮し，酒代の借財が約7,000円あったという事実だけであった。もっとも，こ

---

5)　公訴事実については，藤原聡・宮野健男『死刑捏造——松山事件・尊厳かけた戦いの末に』（筑摩書房，2017年）79頁に記載されている。

6)　しかし，犯行現場には，千円札5枚が「半焼」で残っていた。その場所は再審無罪判決に図示されているが（⑥ 81），犯行当時に電気が点いていた以上，それは必ず犯人の目に付く場所である。実際，再審無罪判決によれば，その場所は，Sが物色したと自白した箪笥の前にあるのだから，「狭い殺害現場に被告人が物盗り目的で入ったとすれば，その目にこれが触れなかったのは不自然のように思われる」と記している。明らかに本件犯人は金銭を目的にしていない。

れでは動機が薄弱すぎると考えたのだろうが，検察官は，Sが一方的に恋愛感情を持っていた料理店の女中Wの「前借金」を清算するために金がほしかったという理由を付け加えている。ただし，Wのことは，起訴直前の検面調書（12月28日付）でSが初めて供述したことであり，まさしく検察が「取って付けた」動機と言うべき供述であった[7]。

　しかし，検察官がWの問題を付け加えて，Sにとって金銭への欲求が切実であり，それが動機となりえたことをどれほど強調しても，犯行の実態を見るとき，説得力は皆無だと言える。犯人は，C方に侵入後，金員を物色した跡もなく，「薪割り」で頭部を打撃して夫婦を殺害したのみならず，2名の子供の頭部をも打撃して殺害し，死体のすぐ傍らにあった5枚の千円札を残したまま，犯跡を隠蔽するため家屋に放火し全焼させている。この犯行の全容を考えれば，Sの「2，3万円の金が欲しかった」という動機は，あまりにも均衡を欠く。そもそも，Sの実家は，農業と共に材木店を経営する豊かな農家であり，S自身も，父親の下で製材工として働き給与も得ており，金銭のため，親子4名を惨殺するほど困窮していた事実は見あたらない。他方，報道によれば，Cは「村落きっての貧乏」であり（1955・11・1朝日新聞宮城版），Sもそのことを知っていた。したがって，Sの金銭への欲求が強ければ強いほど，わずかな金員しか期待しえないことを承知で，このような強盗殺人と放火を実行したという検察の説明に説得力は全然ない。

2.3.3.　古畑鑑定が決定的であった

　原2審もまた，基本的に原1審認定を支持し，Sの控訴を棄却した（②LEX/DB 1以下）。ただ，原2審は，明らかに動機の弱さを意識していた。だから，小さな「事情から大罪を犯すに至ることはままあり得る」ことだと説示して検察の主張を補足するけれども，それが成功していないことは誰の目にも明らかだろう。原2審は，さらに，S自白の信用性についても補足的な検討を加え，「経

---

7)　当時，本件捜査にかかわった検事が，後に，論文を書いている。それによれば，このSの供述を得て「薄弱だった動機の点についても証拠の蒐集が完了した」と記しており，この検察官は，都合よく，かつ安易に，この部分（Wに関する部分）を公訴事実に付け加えたことがよくわかる。大津丞「ある事件捜査の教訓」研修1957年9月号53頁参照。

験者でなければよく述べえないこと」が供述されており，しかも，それが「事
実に合致している」と判示し，いくつかの部分を例示している（② LEX/DB 4 以
下）。しかし，その部分の供述内容を見ても，C 宅に施錠がなかったとか，被害
者 4 名が寝ていた位置とか，犯行後，帰路で「両手がズボンに触ってヌラヌラ
としたので，血が一杯ついていると感じた」とか，ジャンパーやズボンを洗う
とき「土を混ぜて洗った」といった供述であり，いわゆる「秘密の暴露」に相
当する供述は 1 つもない。また，原 2 審の判示にもかかわらず，その中に，殺
害行為の具体的な内容の供述はなく，自白の核心部分が本件を構成する「そこ
に・あった・事実」に一致しているとも言いがたい点，S 自白の真実性は依然
として証明されていない。たしかに，原 2 審が引用する部分は，調書が比較的
リアルに「記されて」いる部分だが，それは調書を作成した捜査官の作文テク
ニックの問題であり，供述の真実性（それは「供述と実在的事実の一致」である）と
は無関係である[8]。

　このように，原 2 審が補強している部分を見ても，「S が犯人である」と証明
されているわけではない。結局，原 2 審が依拠した犯罪証明の根拠は，判決理
由の最後に判示するとおり，「被告人の自白は掛布団の襟当てに付着していた血
液により科学的に殆んど決定的に裏づけられ」ているという 1 点にある。つま
り，原 2 審は，原 1 審と同様，S の布団の襟当に被害者の血痕が付着していた
という鑑定を「動かぬ証拠」と見て，S の犯行を認め，原 1 審判決を是認した
のだろう。この鑑定が古畑種基の血液鑑定であった。

　鑑定の対象は，S が使用していたとされる掛布団であり，昭和 30 年 12 月 8
日に S 宅で押収された。そして，その「襟当て」および「襟当て裏面」のとこ
ろに，計 85 ヵ所の人血による斑痕が付着し，それらは，A 型もしくは O 型の
血液痕であり，S の血液型（B 型）ではなく，被害者の血液型（1 名は O 型，他 3 名
は A 型）と同じであった。しかも，S は，犯行後に「大沢堤の溜池で顔にも血が

---

[8]　本件の再審開始決定に対する即時抗告審で再審開始を認めた仙台高裁は，この「『ヌラヌ
　　ラ』とした」という部分を取り上げ，実際は捜査官の誘導に応じて創作しているだけだと
　　指摘する（⑤ 32）。この種の供述は「一見経験した者でなければ供述しえないような面を示
　　しながら，その実体は極端に具体性に欠けあいまい模糊としており，経験した者でなけれ
　　ば述べえない供述といえるかにつき多大の疑問を抱かせる」（⑤ 34），と。

ついたかも知れないと思い顔を洗ったが頭髪は洗わなかった」（昭和 30 年 12 月
9 日付員面調書）と自白しており，後述するように，古畑鑑定には，特に血痕付
着の機序として「頭髪」を介した付着がありうると記載されていた。原 1・2 審
は，古畑鑑定が指摘した機序に依拠して，頭髪に付着した血液が掛布団に付い
たと判断し，S を犯人だと断定したのだろう[9]。

　事件は上告審に係属し，ここで初めて，弁護人・守屋和郎をはじめとした弁
護団が形成された。上告理由として，血液の乾燥速度という視点から，犯行後，
3 時間ほども経過した時点において，古畑鑑定が示した機序で，被害者の血液
が当該布団に付着することはありえないと主張したが[10]，その主張が検証され
ることもなく，上告は棄却され，死刑が確定したのであった（③ LEX/DB 1 以下）。

2.3.4. 血痕をめぐる疑問点──警察による証拠の偽造

　しかし，第 2 次再審請求審の中で，この血液鑑定には，大きな問題が明らか
になった。まず，S と犯行を結びつける証拠として押収された掛布団について[11]，
鑑定物件が適切に保管されていなかった。この掛布団は，鑑定先の東北大学法
医学教室に移され，助教授 M が鑑定したが（以下「M 鑑定」とも記す），その後，
何故か東北大学から宮城県警鑑識課に戻されている。そして，そこから再び，
東北大学へと移動している。

　弁護人は，1 審から一貫して，この移動を「意味不明の動き」だと述べ，特
に襟当に付いた血痕の数について，「疑問をもたざるをえない」と指摘してい
た。これに対し，この掛布団の正確な所在について，検察は合理的な説明をし

---

9)　後述するように，宮城県警は「ジャンパー及びズボンに血液斑を発見しなかった」とし
　　て陰性の鑑定書を出しているにもかかわらず，原 2 審の裁判官は，それを洗濯しているか
　　ら血液反応がなくても「異とするに足りない」と記している（② LEX/DB 6）。驚くべき非
　　科学的な認定である。
10)　藤原・宮野・前掲 129 頁以下参照。
11)　この布団だが，何よりも，それが S の布団だと証明されていない。実際，布団が押収さ
　　れた昭和 30 年 12 月 8 日，S の弟（4 男）は，自分の布団がないことに気付き，その旨を警
　　察に申し出ていたし，その事実を公判で証言もしていた（第 20 回公判）。弟は S よりも長
　　身であったから，自分の布団が押収されたことに気付いたのだが，1 審裁判官は，明確な
　　根拠を示さないまま，弟の証言は「虚言」だとして斥けた。藤原・宮野・前掲 100 頁以下
　　に，この証言や経緯が記載されているので，参照されたい。

ていない。有罪の根拠となった M 鑑定を見れば，掛布団の血痕は 80 数個の血痕様の斑痕の付着とされ，表面だけでも，目視可能な血痕が過半数を占めるほど多数であった（⑥ 82 以下。そこに一覧表があり，図示された付着個所も添付されている）。ところが，その掛布団の押収に立ち会った 2 名（S の兄と母）は，当該布団に多数の血痕などなかったと証言している。さらに，より端的な証拠として，掛布団の捜索差押調書に添付された写真がある。それを見ても，目視できる斑痕は矢印で示された「1 個」だけであり，その下にある説明図でも，矢印で示された①から⑥までの「6 個」しかない（⑥ 95）。そこには，80 数個の血痕様の痕跡は写っていないが，M は「80 数群の血痕が付着し」ていたと結論づけていた（1979・1・21 読売新聞）。この決定的な矛盾が解明されていない。これでは「犯罪の証明があった」（刑訴法 333 条）とは言えないだろう。本件確定諸判決は，まさに本書が考察してきた帝銀事件（本書 1.1.）以来の諸ケースと同様，「犯罪の証明」なき有罪宣告として，S を有罪（死刑）としたのである。

　当然のことだが，第 1 次再審請求の即時抗告審では，弁護団は襟当にかかる「証拠物の取扱経過を明らかにする資料と写真のネガの提出」を要求している。しかし，検察は「ネガは紛失した」と主張し，疑念が解消されないまま「逃げ切られ」た[12]。ところが，第 2 次再審請求審になり，裁判所が地検に不提出記録の提出を要請し，秘匿されていた鑑定書が明らかになった。すなわち，12 月 8 日に押収された掛布団は，9 日に東北大法医学教室に持ち込まれたはずであったが，12 月 22 日から 23 日にかけて県警鑑識課の H 技師がこの掛布団の鑑定をしていた。そして，H 鑑定書によれば，襟当に付着した 80 数個の血痕について，何も記載されていない。さらに，H 技師自身が 80 数個の血痕はなかったと述べており，H 鑑定書に添付された写真にも血痕はない[13]。こうして 80 数個の血痕は押収した掛布団の襟当に付着していなかった事実が明らかになった。

　この点，再審無罪判決では，掛布団が S 宅から警察に運び込まれた日時，捜

---

12)　これは主任弁護人であった青木正芳の感想である。青木「検察官の正義とは何か」法と民主主義 454 号 26 頁。この点，再審無罪判決では，本件が県警本部長下の重大事案であったこと，これ以外のネガはすべて保存されていることから，「ネガの『紛失』が作為的になされたか又は重大な懈怠に基づいたとの疑惑を抱かせる」と指摘している（⑥ 52）。

13)　この H 技師の鑑定については，藤原・宮野・前掲 239 頁以下参照。

索差押調書の写真が撮られた日時，その後，鑑定のため，掛布団が県警から東北大に移った日時，さらに一時，県警に戻り，再び県警から東北大に戻した正確な日時が明確にされていないと指摘する。その上で，「これらの点が不明瞭，不明確であるのは，これらの点について証拠保全をし，釈明義務のあるはずの捜査員側がその義務を懈怠し」たからであり，写真の撮影時点では，襟当には「多数の血痕群は付着していなかった，との推論は，これを容れる余地があ」るとし，検察の反論は疑念を解消するに足りないと判示した（⑥57以下）。実際，すでに述べたように，捜索押収調書に添付された写真には，矢印の個所に1点，小さなシミ様のものが視認しうるだけである[14]。

　このように，Sが有罪となった決定的な証拠である掛布団に付着した血痕に関し，再審無罪判決では，警察による証拠の偽造，検察による偽造の隠蔽が強く疑われている。むしろ警察の犯罪行為が「明白になった」と言ってよい。しかし，このように捜査の現実を批判的に見ている再審無罪判決でさえ，疑念を表示するだけで，より明確に事実を特定して捜査官の不法を明記しない。本件における警察の不法は，さらに，自白を得る過程でもあった。よく知られたことだが，警察がOをスパイに使ってSの精神状態を攪乱させようとし，実際，Sの精神が攪乱したにもかかわらず[15]，S自白の任意性を認めている（⑥60以下）。それは再審開始決定においても同じである（④39以下，51）。わが国の裁判官は，警察・検察の不法が無辜の処罰を生み出す最大の原因だということを意

---

14)　佐藤・前掲64頁，67頁にも写真が示されている。再審無罪判決でも，「写真には，一個の斑点が丸印で血痕と朱書され」ていると説明している（⑥51）。

15)　Sは，12月15日に犯行を否認する手記を捜査官に提出しているが，そこには次のように書かれている。「心身ともにつかれはてた私を待っているのはうす寒い留置所だけです。あったかい所に行きたい，甘いものが食べたい，外へも行ってみたいと思いました。そんなことを考えていましたら，Oさんに未決に行けば何でも食べられるし，外へ散歩もできる，室に布団もある，と聞かされた時に，係長さん，一日も早くそういう所へ行きたい気持ちになりました」。そして，日々の取調べを終えて留置所に帰ると，「Oさんが未決の良いことや裁判で本当のことを言えと聞かせられ，私は考えました。こんなことを毎日やられたんでは頭が狂ってしまうんじゃないかと，それより自分がやったことにしようかと思いました」（青地晨『魔の時間』〈筑摩書房，1976年〉92頁より引用），と。警察は，Sの内面的な弱さを的確に見抜き，スパイOを同房に送り込み，Sの内面に揺さぶりをかけていたことがわかる。

識しているはずだが，しかし，その不法を積極的に指摘する裁判官はほとんどいない[16]。特に，検察に対する裁判所の姿勢こそ，戦前，共に司法省官吏であった裁判官の仲間意識に支えられたものであり（本書 3.4.5. 参照），それこそ，わが国の刑事裁判が暗黒裁判化する大きな原因である。

2.3.5.　裁判官は，何故，警察の犯罪的不法を指摘しないのか

　先に見たとおり，本件の原 2 審判決は，自白調書と古畑鑑定によって有罪判決を書いたのだろう。しかし，本件では，S の着衣に血液反応はなかった。S 自白によれば，ジャンパーやズボンに血が「ヌラヌラ」と付着していたはずだが，そこから血液反応は出なかった。この事実に着眼すれば，S 自白の信用性を疑問視できたかもしれないが，原 2 審は「土を混ぜてゴツゴツ洗った」ことや，その他にも 1 回ずつ洗濯していることを示して，血液反応がなくても不自然ではないと認定していた。しかし，繊維に付着した血液を洗濯しても，通常，血液反応が陰性になることはない。しかし，わが国の刑事裁判実務では，たとえば免田事件（本書 2.1.1.）や菊池事件（本書 2.6.3.）において，付着した血液が洗い流されたとして，被告人を有罪にすることも少なくない。本件原 2 審の裁判長は松川事件（本書 1.4.）の第 2 次 2 審の無罪判決を書いた門田実であったが，おそらく門田であれば[17]，その程度の法医学上の常識はあったはずである。

　ジャンパーやズボンに「返り血」は付着していなかった。そして，経験則上，ジャンパーやズボンに血が付かずに，頭髪にだけ血が付くことはない。古畑の指摘は，こう考えれば，非科学的な「思いつき」にすぎない。しかし，残念ながら，門田コートはその非科学性に視線を当てなかった。おそらく古畑鑑定の「権威」を過大に評価したのだろう（本書 2.2.3. 参照）。古畑は，S が使っていた掛

---

16)　島田正雄「再審担当弁護人からみた検察官，裁判官——松山事件を中心に」自由と正義 28 巻 4 号 68 頁以下参照。

17)　本件原 2 審の裁判長・門田実は，すでに考察したとおり，松川事件の第 2 次 2 審で，きわめて綿密な事実認定を実践し，被告人全員を無罪とした裁判官である（本書 1.4.3.）。なお，捜査段階での県警の鑑定では，ルミノール反応とベンチジン法で陰性の結果を得ていたが，再審無罪判決では，後に開発されたフィブリンプレート法による複数の鑑定結果から，S のジャンパーやズボンには，当初から血痕が付着していなかった蓋然性が高いことを明記している（⑥ 45 以下）。

布団の襟当に付着していた多くの血痕を鑑定し，それが被害者の血痕だとして矛盾はないと述べた。すなわち，古畑鑑定によれば，襟当に付着した血液型は，それが 1 名に由来するときは A 型，2 名以上に由来するときは A 型または A 型と O 型の混在だとした。古畑の直弟子であった M の鑑定も同じであった（④ 29）。それを受けて，検察官は，本件犯行によって頭髪まで返り血を浴びた S が，頭髪を洗わないまま布団に入って就寝したため，被害者の血液が襟当に付着したと主張した。これは，上告趣意で弁護人が指摘したとおり，かなり不自然な主張であるが，古畑の鑑定書に，「例えば（引用者補：血液が）人の頭髪などにつき，それが二次的に触れたためできたとも考えられる」と記されていたので，門田コートも最高裁も古畑鑑定に従ったのだろう。

　ところが，再審段階になってから，血痕に関する詳細な検証から，少なくない疑問が明らかになった。たとえば，仮に古畑鑑定のような機序で血液が襟当に付着したとすれば，襟当の裏側面（つまり頭髪が最も付きやすい場所）に，多くの血痕が付着するはずだろう。しかし，実際は，襟当の表側面に，最も多くの血痕が付着し，しかも明瞭に付いている。古畑鑑定では，この事実が説明できない。また，古畑鑑定の機序では，襟当と同様，枕や敷布にも血痕が付着するはずだが，M 鑑定によれば，敷布に血痕はなかったし，枕はそもそも鑑定に付されていない（⑥ 50 以下）。さらに，かなり大きく濃い血痕でも，何故か，襟当だけの付着にとどまり，掛布団本体にまで血液が届いていない。それどころか，血痕が「裏側面の布地にあべこべに付着していた」という通常では考えられない付着状況をしている場所もあった。これは，「掛布団から取り外された襟当に血液が付着したという想定でもとらない限り，容易に解消されない」疑問である（⑥ 51）。要するに，警察が襟当を布団から取り外し，そこに血痕を付着させた可能性を示しているのである。

　確定審は襟当に付着した血痕を「動かぬ証拠」とした。しかし，再審が始まり，襟当が「取外され」て，裏側から襟当に血痕が付着されたという想定まで指摘されるようでは，当然，「本物証は，これをもって有罪証明に価値のある証拠とすることはできない」ことになった（⑥ 59）。こうして，警察が実行し，検察が隠蔽した犯罪の痕跡が示唆されて，やっと再審無罪が確定したのである。

2.4. 島田事件
──「自由心証」の絶対視が誤判を生み出す

　この事件は，昭和 29 年 3 月 10 日，静岡県島田市の快林寺境内にある幼稚園の「お遊戯会」において，晴れ着を着て，会場の入口付近の石段で遊んでいた女児 H（当時 6 歳）が「若い男」に誘い出されて行方不明となり，同月 13 日，同市坂本の松林の中で死体となって発見された強姦致傷・殺人事件（以下「本件」とも記す）である。誘い出された後，H と男が一緒に歩いているところを，住民や通行人，大井川に架かる蓬莱橋の橋番（この橋番が最後の目撃者である）など 9 名に目撃されている。ただし目撃者の証言内容は一致していない。たとえば，「色が白く身ぎれい」だという証言があったが，反対に「黒かった」という証言もあった。「背広を着た」とか「勤め人」風という証言もあれば，「土工と思った」という証言もある。しかし「一見して浮浪者」だったという証言はなかった。

　これはきわめて重要な点である。後に犯人とされた A（当時 24 歳）は，同年 5 月 24 日，岐阜県で身柄を確保された。その時，A は，「破れた黒の学生服，裾の切れたカーキ色のズボンというボロボロの風体」で，対応した警察官は「一見して浮浪者風だった」と証言した[1]。原 1 審の認定によれば，A は，3 月 3 日に自宅を出てから，「物貰いをしながら，放浪生活を続け」ていたのだから，事件があった 3 月 10 日の A は「浮浪者」の風体であっただろう。現に，事件 2 日後の 3 月 12 日，A は浮浪者 O と共に神奈川県大磯で警察に身柄を確保されていたが，対応した大磯署の警察官は A の風体を「完全な浮浪者スタイル」であったと証言している。

　したがって，事件当日，もし A が H と一緒に歩いたとすれば，晴れ着を着た女児と浮浪者が歩いていたことになる。そうであれば，当然，より多くの人目を惹き，警戒されただろう。しかし，A が逮捕される前の証言を見る限り，H

---

　1)　佐藤一『不在証明──島田幼女殺害事件』（時事通信社，1979 年）38 頁，173 頁など参照。

と歩いていた若者が「浮浪者スタイルであった」という証言はなく，特に警戒
された気配もない。つまり，事件当時の目撃証言によれば，浮浪者風のAが犯
人だとは思えないが，帝銀事件 (本書 1.1.) の証言と同様，不思議なことにAが
逮捕された後，徐々に，自分が目撃した「若い男」はAだったと断定する供述
が現れた[2]。

〈引用判例〉 ① 静岡地判昭和 33・5・23 判タ 81・94， ② 東京高判昭和 35・2・17 TKC 25561037，
③ 最判昭和 35・12・25 TKC 25561038， ④ 東京高決昭和 58・5・23 判時 1079・
11， ⑤ 静岡地決昭和 61・5・29 判時 1193・31， ⑥ 静岡地判平成 1・1・31 判時
1316・21

2.4.1. そもそも A には嫌疑も何もなかった

さて，5月24日，容疑者の1人として手配されていたAが岐阜県内を放浪
していたときに職務質問され，氏名や出身地などを正直に答えたので，身元が
判明し，島田警察に任意同行された。その後，警察から「職を紹介してやる」
と騙されて，山城多三郎が設立した島田市金谷の「民生寮」に送られた。そし
て，5月28日，賽銭を盗んだとする窃盗の容疑で逮捕された。ただし，取調べ
は3月10日前後の「足取り」に関する聴取だけであり，明らかに島田事件に絞
られた別件逮捕であった。Aの公判供述によれば，警察はかなり激しく自白を
強制している[3]。当初，Aはアリバイを主張していたが，5月30日，Hを強姦
し殺害したとの自白があり，再逮捕された。

---

2) これは心理学において「誤情報効果」と呼ばれる現象で，「ある出来事を目撃した被験者
に，その出来事に関する誤った誘導情報を与える」と，後に，「その誤情報を取り込んだ形
で出来事を報告することになる」。その心理的メカニズムが解明されているわけではない
が，誤情報が「オリジナルの記憶を変化させる」という学説も有力だと言う。渡部保夫監
修『目撃証言の研究──法と心理学の架け橋をもとめて』(北大路書房，2001 年) 183 頁以
下参照。

3) 実際の取調べは，島田市警察に到着後，ずっと行われている。ただし，再審無罪判決で
も，多くの判決と同様，捜査員の強制・誘導はなかったという捜査官の証言を採用し，ま
た，逮捕されてから短時間で自白していることを挙げ，「肉体的心理的強制はもとより，そ
れに準ずるような行動がなかった」と判示し，当時の捜査状況におけるAの供述について，
任意性を認めている (⑥ 32 以下)。わが国の刑事判決は，本当に，警察や検察に対して好
意的であり，行政の行動をチェックしようとしない。

　ただ，この時点で，Aに対し，警察が本件の具体的な容疑を持っていたわけではない。警察がAを手配した理由は，事件後の3月20日頃（Aの上申書でも，20日には，島田に戻っている），「島田市内の須田神社で小学校の女子に手招きしたことが目撃された」という情報から，女児に興味を持つ者としてピックアップされた。ただそれだけのことである。つまり，本件に関する具体的な嫌疑がAにあったわけではなく，本来であれば，所在が確認された以上，実兄宅に戻されるはずであった。ところが，Aは，浮浪者の福祉施設に隔離されたまま別件逮捕され，その後，取調室という密室で，自白調書が作られた。これはこれまでの事件に共通して見られる日本型捜査の典型的形態だが，後の再審無罪判決は，「容疑者は200ないし300名にのぼり，取り調べを受けた者のうち何名かが逮捕され，犯行を認める供述をする者もいた」（⑥30）と指摘して，容疑もなしに犯人を絞り込む捜査実務の危険な実態を浮き上がらせている。

　島田事件は明らかに単独犯だが，警察の捜査にかかると，複数の人間が犯行を自白することになる。この事実から，わが国の警察では，自白の獲得を捜査の重要な目的にしていることがわかる。また，何度も指摘したことだが，警察は，無辜の者でも「自白」させる「ノウハウ」を持つことも了解されよう（本書1.2.5.参照）。特に，Aは「軽度の精神薄弱者」（⑥33）であったから，警察にとって，Aから自白を取るのは簡単なことであった。この点を押さえた上で，捜査段階におけるAの自白内容を見ておこう[4]。

2.4.2. Aの自白内容と公判での否認

　Aの自白「調書に・書かれた・事実」は次のとおりである。すなわち，昭和29年3月6日，島田の実兄宅を出発して，藤枝，焼津，用宗まで行き，その日は用宗駅西の「お宮」に泊まった。7日は清水を出て袖師駅の山の上の農小屋に泊まり，8日は，由比町で「ゴム半長靴」を盗み，その日はミカン畑で野宿した。9日は，興津から島田に向かい，大長村伊太の「お宮」に泊まった。10

---

[4]　自白内容に関しても，再審無罪判決から引用するが，適宜，第4次再審請求において，静岡地裁（請求審）の棄却決定を取り消し，再審開始への途を開いた東京高裁（即時抗告審）決定（④11）などからも引用する。

日は，島田に入り，供物をもらうため快林寺の墓地のところに来ると，幼稚園
があり，そこを覗くと女児が遊戯をしていた。「女の子の遊びを見ていて，関係
したい」と思い，石段にいた「緑色の服の女の子を誘い，紅白の飴玉を買い与
え，快林寺から連れ出した」。その後，「女の子を背負い」ながら，街中を抜け
て大井川の旧堤防を横切り，新堤防上を下流に歩き，蓬莱橋を渡った。蓬莱橋
の橋番と言葉を交わし，橋を渡って，右の坂道を登った。

　さらに，姦淫して扼殺する実行行為について，Ａは次のように自白している。
坂道を登りながら，Ｈが泣き出したので，なだめながら松林の中を5町 (約500 m)
ほど進むと平らな場所があり，Ｈと並んで腰を下ろした。そこで，「もうどうに
も我慢が出来なくなり」，両手でＨを押し倒し，「下から手を入れて」ズロース
を引き下げ，泣き叫ぶＨの口を左手で押さえながら，陰茎を陰部に押し入れた。
Ｈがもがき泣くので，癪に障り，半分ほど挿入した陰茎を抜いて，「足の処に
あった握り拳1つ半位の岩石」を「右手に握り，その尖ったところで女の子の
胸を数回力一杯殴り付けた」ところ，Ｈは大きな息をしながら唸り出したので，
「いっそのこと殺そうと思い両手で首を力一杯押しつけた」。Ｈは「ぐったりし
て死んでしまったよう」であった。そして，Ｈの死体をそのままにして，来た
道を引き返した。夜になって島田市内に入り，10日は静岡大学分校付近の農小
屋に泊まり，翌11日は日坂の八幡神社に泊まった。以上が自白「調書に・書か
れた・事実」の概要であった。

　ところが，原1審公判において，Ａは，それまでの自白を否定し，次のよう
に主張した。すなわち，昭和29年3月3日，島田市の実兄宅を出た後，3日の
夜は東田子の浦の「お宮」泊，4日は沼津郊外の神社泊，5日は鴨ノ宮海岸の小
屋で宿泊し，6日には，鴨ノ宮から平塚まで歩き，「湘南電車」(旧国鉄東海道線)
で東京駅に出て，そこから「省線」(現代の「山の手線」)に乗り，夕刻，上野に
到着した。その時，上野に，雪が降っていた。翌7日から9日まで，上野駅裏
で焚火をしたり，駅の地下道で寝た。3月7日は，「濡髪の権八」という映画の
看板を見たり，映画館の隣地でビルの新築工事があったことを見ている。3月
9日は常磐公園の公衆便所で寝て，10日は横浜から戸塚に向かう国道の左側2
つ目の「お宮 (外川神社)」で寝た。11日は横浜から藤沢方面に歩き，12日は浮
浪者Ｏと知り合いになり，平塚付近の稲荷で焚火をしたため，警察に連行され，

その夜は大磯警察署に泊まった，と。

2.4.3. なぜ1審は再鑑定を必要としたのか

　公判での主張によれば，本件犯行の当時，Aは，「物貰い」をしながら，東京から横浜方向へと歩いている途中で，犯行場所である島田市近郊にはいなかった。つまりアリバイが成立する。しかし，原1審は，Aが「3月7日ないし9日には東京にいた」と主張するが，他方，MやKらが島田近郊でAと会って言葉を交わした旨の証言をしており[5]，MやKの証言と対比し，Aの供述は，「被告人がいつの日かに直接体験した事実」であるとしても，その「記憶の拠りどころとなる事実があいまいであって，にわかに信用し難い」とした。明らかに，Aの知的能力を不当に低く評価し，Aの主張を斥けたのであった（①96以下）。Aは控訴したが棄却され（②LEX/DB 1以下），上告も棄却されて（③LEX/DB 1），原1審の死刑判決が確定した。

　こうして，原1審は，犯行に至る経緯につき捜査段階での自白と目撃証言に依拠した公訴事実をそのまま承認し，特に実行行為につき，「姦淫した上，もがいて泣き叫ぶ幼女に腹を立てその胸部を石で強打し，更に両手で以て扼殺し」たという自白「調書に・書かれた・事実」どおりに実行行為を認定している（①94以下）。「調書に・書かれた・事実」が「罪となるべき事実」へと「上書き」されただけである。しかし，これでは，死体解剖を担当した警察医Sの鑑定と矛盾する。

　S鑑定は，陰部の「高度な裂創」につき[6]，「細長い鈍器を無理に挿入して生じた」傷だと推定しつつ，外陰部周囲の「生活反応がほとんどない」と記して

---

5)　ただし，実際には，Kは幼稚園児であり，その証言は明確ではないし（本書2.4.4.），Mの証言には虚偽がある。Mは，3月7日，「朝起きた時には百姓ができないくらい雨が降っていた。お昼近く，小降りになった。菓子屋の借金を払うため，傘をさして自転車にまたがり，家を出ると間もなくA君に会った」と証言していた。しかし，Aの弁護人であった市川勝は，Mの住む地区にある茶業試験場で「気象表」を作成していることを知り確認したところ，「3月7日午前9時の天気は曇」であり，M証言は「偽」であることを示した。市川「島田事件と人権の大切さを問う」進歩と改革448号47頁参照。

6)　陰部の創傷は肛門部に届くほど高度の裂傷であり，また，小陰唇は形をとどめず，大陰唇の表皮がなくなり，皮下組織が露出する状態であった。これは，A自白のように，陰茎を半分くらい挿入しただけで生じる創傷ではない。

いた。さらに，Ｓ鑑定は，胸部損傷の周辺にも生活反応が認められないので，胸部の損傷は「死後のもの」だと明記している[7]。つまり，Ｓ鑑定では，姦淫や細長い鈍器により陰部に受傷した後，扼殺され，扼殺後に，胸部損傷ができたことになるだろう。そうすると明白にＡ自白と一致しなくなる。そこで，原1審は，弁論の終結後であったにもかかわらず，胸部創傷について，職権で古畑種基に鑑定を命じた。

古畑鑑定は，幼児の場合，血管の発達が十分でなく，血圧が低いので，生前の傷でも皮下出血がないこともあるとする。だから，皮下出血がないことから，ただちに生活反応なしとすることはできず，Ｓ鑑定は「正しくない」と書かれていた（⑤44）。また，古畑鑑定では，陰部の創傷と同様，胸部の創傷も「生前の受傷である」との鑑定意見であった。こうして古畑鑑定はＡの自白に法医学的な根拠を与えたので，原1審は，Ａ自白の信用性を認めて，Ａを有罪とし死刑を言い渡した。そして，原1審は，胸部の損傷につき，凶器は足元にあった「石」だと認定し，Ａの自白によって発見されたとされる凶器の石を「秘密の暴露」と位置づけた（①99以下）。

しかし，刑事裁判の原則から見れば，原1審の再鑑定への経緯は不自然である。まず，本件死体の現実を客観的に分析し記載したＳ鑑定は，事実認定の基準であり，鑑定と矛盾する自白があれば，たとえば虚偽鑑定のような特別の事情が想定されない限り，自白の信用性こそを疑うべきだろう。本件の場合，特に，警察が軽度の知的障害者であるＡに甘言を弄して「民生寮」という福祉施設に隔離した後，Ａを別件逮捕したという特異な経緯があった。ここには，自白獲得に向けられた警察の意図が明白であり，Ａの自白が鑑定と矛盾するのであれば，自白の真実性を否定すべきであった[8]。ところが，原1審は，そうせずに，鑑定の方に疑問を向けて，再鑑定を試みたのであった。これは，裁判官

---

7) Ｓ鑑定は，外陰部周辺にも生活反応がほとんどないとしながら，「本創が生じた際に被害者の抵抗はほとんどなかった」と記しており，死戦期（死の直前）の受傷と位置づけている。

8) 本件の再審決定が出た翌日，原1審の裁判長矢部孝は，「自供とは犯行順序が違うというので，古畑（種基）先生に鑑定を依頼した」と述べている（1986・5・31朝日新聞静岡版）。明らかに「自供」の方を重視している。

の行動としては，かなり不自然である。「A 自白は正しい」とか「A は犯人である」といった裁判官の「心証」が根拠もなく絶対的な基準となっている。

2.4.4. 古畑鑑定の非科学性が暴露された

その後，有罪判決が確定し，再審請求審に移り，昭和 44 年 5 月 9 日に提起された第 4 次再審請求では，鑑定にかかわる 3 点が問題になった。すなわち，A 自白のように，①陰部の傷は陰茎の半分くらいの挿入で生じるのか否か，②証拠の石の段打で，胸部の損傷はできるのか否か，③強姦を実行し，次いで胸部を段打した後，扼殺したという犯行の順序は正しいのか否かが主要な論点となった。地裁は再審請求を棄却したが (静岡地決昭和 52・3・11 判タ 348・125)，請求人が即時抗告し，即時抗告審は (④ 11)，上記 3 点に関して自白に疑義があることを認め，原棄却決定を取り消し静岡地裁に差し戻した。

東京高裁 (鬼塚賢太郎裁判長) が問題にしたのは，原 1 審が有罪の根拠とした古畑鑑定であった[9]。高裁は，新証拠として提示された 3 名の法医学者の鑑定書 (O・U・H 鑑定) を精査し，古畑鑑定を再検証した (④ 18 以下)。そのうち 2 名 (O・U 鑑定) は，6 歳児の毛細血管は成人と同程度に発達しており，血圧も成人と大差がないことを示し，古畑鑑定の前提に疑問を示した (④ 19)。その上で，3 名の鑑定人は，事件直後に死体を解剖した S 鑑定と同様，外陰部の創傷に生活反応が少ないことに注目し，外陰部の損傷が絞扼より前に生じたとは考えられないと帰結する。そして，胸部損傷に関しても，胸部の皮膚，筋肉の生活反応が完全にない以上，胸部の傷も絞扼以後の傷とする点で一致した (O・U・H 鑑定)。つまり，新証拠である 3 名の鑑定は，本件加害の順序として，陰部や胸部の創傷を扼殺後の傷だとする (④ 19 以下)。

東京高裁は，次に，各創傷の成傷用器につき検証し，陰部の傷は「陰茎を半分くらい挿入したというだけにしてはあまりにも損傷度がひどく」，むしろ，手指または棒のようなものが考えられるとした。特に，O 鑑定は，6 歳の女児の場合，「陰部に医師が小指を挿入することさえ困難」であり，成人男性の陰茎を

---

9)　古畑鑑定と第 4 次再審請求審に「新証拠」として提出された諸鑑定に関しては，この即時抗告審決定に簡潔に要約されている (④ 17–21)。

挿入すること自体，きわめて困難だと指摘する (④ 22)。また，胸部創傷に関しても，古畑鑑定に疑義が示される (④ 20 以下)。古畑は，左肺下葉部分にあった出血を胸部への外力の影響に対する生活反応の 1 つと捉えて，胸部創傷を生前の受傷とする。しかし，左胸部全体に「生活反応がまったく欠如して」いるにもかかわらず，体内の左肺下葉にだけ生活反応が出ることは法医学的に理解できない (O 鑑定)。また，左肺下葉の出血部分は内部的な血液吸引として説明可能であり，外力に対する生活反応の根拠となしえないし，さらに，本件石の形状では，本件胸部のような傷ができる可能性はほとんど皆無である (U 鑑定)。いずれも古畑鑑定を否定するものであった。

　東京高裁は，新証拠としての 3 つの鑑定と死体解剖から得られた S 鑑定とを総合的に評価して，古畑鑑定には合理的な疑問が生じたとし，陰部の傷に関しても，胸部の傷に関しても，自白内容と現実の不一致が明示されたと判断した。また，原 1 審が「秘密の暴露」とした本件石について，「A の自供により初めて石の存在が浮かび上がった」のであれば，「A を犯行現場に連れて行き A に指示させて押収す」べきであったが，特段の理由もなく，その措置が取られていない。東京高裁はこのように述べて，A による「石の自供」について，それは「秘密の暴露」にあたらないとした (④ 24)。さらに，目撃証言に関しても，明確に A であると証言していた 2 名の証言について，1 名 (K) は幼稚園児であり，当時の細かな記憶は失われており，他 1 名 (M) の証言内容は，捜査段階での供述調書と微妙に相違していること等を示し，再審請求を棄却した原決定を破棄し，静岡地裁に差し戻した。

　こうして，東京高裁の差戻しを受け，静岡地裁は再審開始決定を出した (⑤ 31)。ここでは，検察官が新たに提出した証拠の検討を含め，かなり詳細に各証拠が検討されており，その上で，陰部損傷も胸部損傷も，絞扼後の傷だとする合理的な疑いがあると認定され (⑤ 42–53)，各々の成傷用器についても，陰部創傷は自白のような陰茎挿入という方法では不可能だし (⑤ 53 以下)，また胸部創傷は，自白のような石ではなく，もっと打撃力の弱いものが使われた可能性があると認定した (⑤ 55–60)[10]。それ故，本件石は「秘密の暴露」ではないとし

---

10)　本件被害者の肋骨には骨折やひびといった損傷が一切なく，その骨膜にも異常がなかっ

（⑤62以下），アリバイの証明は「肯認することはできない」としても（⑤73），「確定判決の挙示する証拠だけで請求人を犯人と断定することは早計」だとして，再審開始を認めた。

2.4.5. 嫌疑を作出する警察・検察とそれを庇う裁判所

　本件は再審開始決定から再審無罪判決へと帰着したが，再審無罪判決（⑥21）には少なからぬ疑問がある。この判決は，当時の警察の捜査実態をほとんど批判することなく，自白の任意性を認め，ただ実行行為に関する核心的な部分の自白「調書に・書かれた・事実」が鑑定で確認された客観的・実在的な「そこに・あった・事実」と一致しないので，その信用性を否定して，結論的に無罪にした。しかし，詳しく見ると，信用性判断の多くも，「論理的可能性」の論理に立脚して「信用できる」としている点，疑問を指摘せざるをえない（本書1.4.2. 注7）。

　さらに，再審無罪判決は，再審開始決定と同様，Aのアリバイを認めない[11]。しかし，常識的に，本件では，アリバイこそが決定的であった。Aは，3月12日夜に，浮浪者Oと大磯の稲荷神社で小火を出して，翌13日朝まで，大磯地区警察署内にいた。これは不動の事実である。そして，その時，完全な浮浪者スタイルであった。岐阜県での身柄確保の時も，完全な浮浪者スタイルである。この点は非常に重要な事実である。ところが，事件当日（3月10日）の目撃証言を見れば，既述のとおり内容的な一致こそないが，Aが逮捕される前に，Hと一緒に歩いていた若者が「浮浪者スタイル」であったと誰も証言していない。このことは重要な事実だろう。実際，浮浪者スタイルであれば，「お遊戯会」のため，「晴れ着」を着たHとの同行は見咎められ注目を惹いただろう。犯行の日に「晴れ着」の女児と一緒に歩いて怪しまれなかった「犯人」が2日後に「浮

　　た。他方，胸壁内部の大胸筋が挫滅し，肋間筋が消失していた（⑤14）。Aが自白するように約420gある本件「石を右手にもって被害者の胸部を数回強打」するという打撃で，このような損傷状態が生じることについて合理的な疑問が示されたのである。

11)　再審無罪判決は，「Aのアリバイ供述は多くの点でこれを裏付ける事実があ」ると認定し，3月12日に神奈川県大磯町にいた事実は動かないということも認めた（⑥47）。それでも，犯行日頃に島田市内にいなかったというAの主張については疑問が残るとしてアリバイを認めなかった。

浪者」のようになることは不可能である。大磯署の署員は「ホコリがたかって
ボサボサ，櫛などいれたことのない状態で無精ヒゲとホコリと日焼けで真っ黒，
風呂に入ったことのないアカだらけの状態だった」と公判で証言している[12]。

　さらに，原1審の認定の中で，Aが「濡髪の権八」という映画の看板を見た
と述べたことにつき，それは，Aが「いつの日かに直接体験した事実」だと認
定していることに触れておこう。前提として確認すべき事実は，第1に，これ
が「上野宝塚映画劇場」の看板であり，その看板は，3月3日から同月15日ま
での間だけ，置かれていたという事実である。第2に，3月7日付の新聞に，
「前夜から関東地方一帯に降り続いた雪も山沿いを除いては積もらずに消えた」
と書かれている事実である（⑥46）。そして，Aが上野に着いたとき，雪が降っ
ていたと供述したことを想起してほしい（本書2.4.2.）。

　このA供述は当日の上野付近の天候とほぼ一致している[13]。つまり，常識的
に見て，A供述が「真」である可能性は相当に高い。そうすると，原1審が「い
つの日か直接体験した事実」だと認定した「濡髪の権八」という映画の看板を
見たという経験は，上野に着いた6日の夜か翌7日のことになるだろう。しか
し，原1審の認定事実では，「3月7日の午前10時過」に，島田市の南隣にあ
る榛原郡初倉村（現在は島田市内）で，MがAと出会ったことになっている
（①95）。

　そして，実際，原1審は，Mの供述を採用し，Aの供述を否定した。そして，
その理由を見れば，「被告人のような智能の程度の人間」が「天候という通常あ
りふれた事象についての記憶をしだいに明確にしたということは，ただちに首
肯しえない」という。つまり「被告人の記憶に基くもの」ではないと判示する

---

12)　永村実子「赤堀政夫さん再審無罪」ヒューマンライツ1989年12月号83頁。青地晨「予
　　断と権力」展望183号92頁以下によると，この証言の後，「そばによるとくさい感じなの
　　で，すこし離れてストーブにあたりながら取り調べた」と続く。ところが，現実にAと応
　　対した警察官の証言を無視するかのように，2審は，犯行後，「草むらにうつ伏せになって
　　いた上，2日間逃走浮浪していた」からだと述べる。青地は，このような裁判官の事実認
　　定を「言葉の魔術」と呼び，これが「事実を事実として認識する判断の目を曇らせる」と
　　指摘する。そのとおりである。

13)　島田事件を1審から34年間担当した弁護人・大蔵敏彦がAの無罪を確信したのは，「図
　　書館で新聞をめくると，事件の4日前，東京で淡雪が降った」という記事を見たときのこ
　　とであったとのことである（1987・2・1朝日新聞）。

（①97）。しかし，繰り返しになるが，この看板が置かれていた時期は 3 月 3 日から 15 日までの 13 日間に限定されている。この事実は動かせない。その上で，6 日でも 7 日でもないとすると，一体，原 1 審が「いつの日かに直接体験した」と認定した A の体験は「何月何日」だと言うのだろうか。事件が 10 日に起こっており，また 12 日に大磯署に確保されている以上，9 日でもなく，11 日でもありえない。このことを考えると，A の知的レヴェルを云々する前に，原 1 審は，「いつの日か」ではなく，看板を見た日を特定して明記すべきであったろう。そうすれば，その日は，事実上，6 日か 7 日以外にありえない[14]。そうだとすると，A には，アリバイがあったのである。

---

14)　この島田事件の無罪判決が出た後，死刑判決から生還した再審無罪事件につき，最高裁判事であった谷口正孝は指摘している。これらの事件は「普通の社会人の理解からすれば，当然無罪になるべき事件」なのに，「数次に及ぶ再審請求棄却決定を含め」て，「どの裁判所もが有罪の判決を繰り返してきたことに，むしろ驚きすら感ずる」（谷口『裁判について考える』〈勁草書房，1989 年〉96 頁以下），と。本当にそのとおりであり，わが国の再審事件を見る限り，誤判の責任の大半は裁判官にある。

2.5. 福岡事件
――忘れられた死刑誤判事件

　ここまで本章で概観した免田，財田川，松山，島田の4事件は死刑確定後の再審無罪事件である。つまり，一度は最高裁まで争って死刑が確定したが，被告人らの塗炭の苦しみを対価に，最終的に無罪判決が下された。しかし，この4つの事件は例外中の例外であり，死刑が確定し，死刑が執行されたケースもある。そこには，「犯罪の証明」がないにもかかわらず，処刑された事件も含まれる。以下に考察する2つの事件は，明らかに「犯罪の証明」がなく，ただ裁判官の「自由心証」だけで死刑とされ，その後，死刑が執行された事件である。本節で概観する福岡事件（以下「本件」とも記す）はその嚆矢である。

　本件は，昭和22年5月21日午前7時頃，福岡市博多区堅粕にある倉庫横の空き地で2人の射殺死体が発見されたことから始まる（1947・5・22朝日新聞）。被害者は前日に行われた軍服のヤミ取引に関与していた華僑の重鎮Aと日本人商人Bであったため，当初マスコミでは，「福岡ヤミ商人殺し事件」などと呼ばれた[1]。

　福岡警察署に置かれた捜査本部は，そのヤミ取引の最中にNという人物が消息を絶ったとの情報を得たため，死体発見から約4時間後に，被疑者をN，罪名を強盗殺人として検察庁に事件報告している。事件の紹介を兼ねて，地元紙の報道（1947・5・21フクニチ新聞夕刊）を引用しよう。本件はNを主犯とする強盗殺人事件という警察の「見込み」が報道されている。

---

1) 福岡事件については，フクニチ新聞社『福岡の犯罪50年史・戦後編』（フクニチ新聞社，1976年）10頁以下，田中輝和「福岡（N・I）事件」東北学院大学法学政治学研究所紀要26号73頁以下，八尋光秀「福岡事件」九州再審弁護団連絡会議出版委員会編『緊急提言！ 刑事再審法改正と国会の責任』（日本評論社，2017年）54頁以下，古川龍樹『『叫びたし寒満月の割れるほど』――西武雄さんの遺言』指宿信ほか編『刑事司法への問い』シリーズ刑事司法を考える0巻（岩波書店，2017年）179頁以下，古川泰龍『白と黒のあいだ――福岡誤殺事件』（河出書房新社，1964年），内田博文編著『冤罪・福岡事件』（現代人文社，2011年）などを参照。

　被害者は，A（40歳）と B（34歳）で，B はピストルで首筋を射たれ，A は背中を匕首で刺され，犯行現場には弾丸のケース 3 個がちらばっていた。この殺人事件には，洋服千着分 70 万円をめぐる内情がひそんでいるものとみられる。

　すなわち，さる 18 日，B が洋服千着所有の書類をもって知人である H 洋服店にゆき，これを買う人はいないかと話をもちこんだ。H 氏の洋服会社では 70 万円で買いましょうと話がきまり，20 日午後 6 時ころ市内堅粕東光町浜利飲食店で 7 名が会合，70 万円のうち 10 万円だけ手づけ金としておさめることとし，A・B と時折出入りしていた N という 35 歳ぐらいの男が食堂を出ていったまま帰らなかったのである。問題の N という男は行方不明で捜査中であるが，犯人は N と推定される[2]。

〈引用判例〉① 福岡地判昭和 23・2・27（未公刊だが，田中「福岡（N・I）事件」91 頁以下に要約引用がある），② 福岡高判昭和 26・4・30（未公刊だが，田中・前掲 95 頁以下に要約引用があり，古川『白と黒のあいだ』72 頁以下にも引用されている），③ 最判昭和 31・4・17 TKC 25346945，④ 第 1 次再審請求棄却決定：福岡高決昭和 31・12・3（未公刊），⑤ 第 2 次再審請求棄却決定：福岡高決定昭和 32・10・7（未公刊），⑥ 第 3 次再審請求棄却決定：福岡高決昭和 39・11・28（未公刊），⑦ 第 4 次再審請求棄却決定：福岡高決昭和 40・7・5（未公刊），⑧ 第 5 次再審請求棄却決定：最決昭和 41・4・19（未公刊），⑨ 第 6 次再審請求棄却決定：福岡高決平成 21・3・31（未公刊）

2.5.1.　逮捕から死刑判決まで

　事件発生から 7 日後の 5 月 27 日，主犯とされた N（当時 32 歳）が逮捕され，共犯者として I（当時 30 歳）ら 6 名も 5 月 26 日から 6 月 6 日にかけて逮捕された（② 49）。取調べにおいて，本件は，N 首謀の強盗殺人事件だという共犯者の自白調書が多数作成されたが，物証はなかった。さらに，取調べの実態は，脅迫・強要のみならず，激しい拷問を伴う不法なものであった[3]。また，共犯者らは，逮捕までに上記の新聞報道等に触れており，警察が本件を強盗殺人事件として

---

2)　なお，2 審判決によれば（② 76），B の年齢は実際は 41 歳である。
3)　本件の第 6 次再審請求にかかわった弁護人・八尋光秀によれば，N・I への拷問は相当厳しいものであった。八尋・前掲 58 頁，60 頁以下参照。

捜査していることを知っていた。さらに，捜査官から，N首謀の計画を認めなければ，お前が首謀者として死刑になると言われたので，捜査官の誘導のままに自白してしまったと後の公判や再審請求審で主張している。このような捜査を経て，6月8日，Nを主犯とする7名は強盗殺人の罪で起訴された。

公判が始まり，第1回公判から，強盗目的およびNとの共謀について，被告人全員が否認した[4]。Nは強盗殺人の容疑を全面的に否認し，Iは被害者2名を拳銃で撃ったことを認めたが，それは，共犯者のKらによって事前に教えられていた「やくざ同士の喧嘩の相手」と勘違いして射殺したのであり，Nらと強盗の共謀はないと述べた。同様に，K・Lも，Iに撃たれて倒れたA・Bに対して匕首等で「止めを刺した」ことは認めた。このように，Iが2名を拳銃で射殺し，K・Lの2名が匕首等で倒れた被害者に止めを刺した事実につき，I・K・Lは一貫して認めていた。

問題は，I・K・LとNの間に，強盗殺人計画という謀議の事実があったか否かであった。この点，1審は，共謀を認め，強盗殺人罪で全員を有罪とした。N・IおよびK・Lは強盗殺人の共謀共同正犯とされ（共謀共同正犯については本書1.2.2.参照），他の共犯者3名は強盗殺人の幇助とされた（②71以下）。2審でも，強盗目的およびNとの共謀について，被告人全員が否認した。しかし，判決は，1名を減刑，1名を無罪としたが，他を1審と同様に有罪とし，N・Iの死刑判決も維持された（②74以下）。N・Iらの上告も棄却され，死刑が確定した（③LEX/DB1）。

2.5.2. 強盗殺人の共謀と実行行為の認定

本件の最大の争点はNとの共謀による強盗殺人罪の成否である。そこで，確

---

4) 1審の当時，日本国憲法は施行（昭和22年5月3日）されていたが，現行刑事訴訟法はいまだ施行されていなかった。したがって，旧刑事訴訟法および刑事訴訟法応急措置法（日本国憲法の施行に伴う刑事訴訟法の応急的措置に関する法律）に基づき，旧態依然とした糺問主義的な審理が行われた。さらに弁護過誤の疑いもある。被告人Nは無実を主張していたにもかかわらず，弁護人は有罪を前提として酌量減軽のみを求める最終弁論を行っている。田中・前掲91頁は，これでは，「『弁護人に依頼する権利』（憲法37条3項，刑訴応急措置法4条）が実質的に保障されていたとはいえないだけでなく，弁護人の義務にも違反している」と指摘する。

定 2 審判決から，強盗殺人の共謀共同正犯が認定された核心部分について確認
しておこう[5]。

(ア) N と K の共謀：まず，2 審は，N が強盗殺人の計画を立て，それを以前
　　経営していた劇団の部下であった K と共謀した事実を認定する。すなわち，
　　「N は，昭和 22 年 4 月末頃以来，軍服等架空の品物の取引に藉口して金員
　　を入手すべく，もしこれに成功しない場合には，取引の相手方を殺害して
　　金員を強奪しようと計画し」た。そして，5 月上旬頃，その見本とすべき
　　軍服を入手して，これを知人のヤミ商人 B に交付し，B らを介して同じく
　　ヤミ商人の A ら中国人 5 名との交渉を押し進める傍ら，K に右計画を逐次
　　打ち明け，K もこれに同意し，「ここに右被告人両名は，前記計画の実行方
　　を共謀し」た (② 76)。

(イ) 拳銃の入手：次に，2 審は，その実行に必要な拳銃の入手経緯を，次の
　　ように認定した。すなわち，N は，「その実行に必要な拳銃入手の方便とし
　　て」，やくざ同士の「喧嘩が行われる旨架空の事実」を作出し，5 月 19 日，
　　前記劇団を経営していた頃の部下であった共犯者 F に対し，その喧嘩の応
　　援のため拳銃が必要であると告げて，「拳銃の入手幹旋方を依頼」した。F
　　は，別の共犯者ら複数の紹介を通じ，拳銃を所持していた I にたどり着い
　　た。そして，翌 20 日午後 4 時頃，N が宿泊していた福岡旅館に I ら共犯者
　　が集まり，「N の求めに応じ，所携の拳銃 1 挺に実砲 4 発を添え」，さらに
　　別の共犯者が持参した「十四年式拳銃 1 挺を合せて代金 5 万円で，N に譲
　　渡することを承諾し，かくして N は，拳銃の入手に成功」(② 76) した (た
　　だし十四年式拳銃は使用不能であった)。

(ウ) N・I の共謀と I の殺人：拳銃取引が成立した後も，そのまま N と I ら
　　の共謀が続いた。N は，「B と連絡し，軍服取引の関係者を浜利飲食店に連
　　行すべきことを打合わせておき」，その間 I らに対し，軍服取引に藉口した
　　金員強取計画を「打明け，事の成り行によっては，まず K が取引の相手方
　　2 名を誘い出し，次いで，N が残りの者を連れ出し，逐次相手を殺害して，

5)　詳しくは櫻庭総「福岡高裁の認定事項と供述調書から浮かぶ事件の真相」内田編著・前
　　掲 20 頁以下，田中・前掲 97 頁以下を参照。

その所持の金員を奪取すべく，計画の実行に関する大略の構想を表明」し
たところ，Ｉはこれに同意し，「前記拳銃をみずから使用して，その実行の
一部を分担すべきことを引受け」た (②76 以下)。

このように，2 審判決によると，当初，Ｎは，Ｋのみと共謀していたが，Ｉと
の拳銃取引が成立するや，大胆にも初対面のＩらに強盗殺人計画を打ち明けて
いる。Ｉも初対面のＮから「大略の構想」を聞いただけで，即座に実行行為の
分担を引き受け，そのまま犯行に至っている。しかも，拳銃の取引について，
代金 5 万円と具体的な取引価格が認定されながら，強盗殺人計画について，Ｉへ
の報酬の有無などは一切触れられず，謀議の内容も認定されていない。ただ共
謀が成立したと書くのみであり，そう認定した論拠も示されていない。きわめ
て不自然な経緯であった。

(エ) 実行行為：2 審判決によれば，Ｎ・Ｉらは，午後 7 時頃，福岡旅館を出
発した。Ｎは，Ｉらの共犯者と一旦行動を別にして，Ｂと共に浜利飲食店に
赴き，Ａら中国人と会合した。Ａらは軍服代金 70 万円を用意していた。Ｎ
は，内金 10 万円を証拠金として受け取り，近所の知人Ｓ方に一時保管し
た。しかし，残金 60 万円については，現物と引換えだと言われたため，「Ｎ
は，ここにいよいよかねての計画どおり，取引の相手方を順次誘い出し，
これを殺害して右残金を強奪する外はないと考え」た (②77)。そこで，現
品積み込み現場に案内すると嘘をつき，共犯者ＫにＡとＢを案内させた。Ｋ
は両名を犯行現場の倉庫近くに誘導し，倉庫を開く準備をすると称して，
付近に潜んでいたＩらを呼び出した。この時，Ｉは，列車が通過する音に紛
らわして拳銃でいきなりＡの胸元に発砲し，次いでＢが事の意外に驚いて
Ａに近づくや，さらにＢの胸元へも第 2 弾を発射し，倒れた両名にＫが匕
首でＬが日本刀で切りつけ，これがＡ・Ｂの致命傷になった。その後，Ｋ
は浜利飲食店に引き返し，Ｎおよび中国人取引相手らに対して，現品のト
ラック積込みが終わったと嘘の報告をした。Ｎは，その場にいた 4 人の中
国人に再び残金 60 万円の交付を求めたが，あくまで現品引換えだと言われ
た。ところが，その時，Ｎは，4 人の中国人から残金を強取することなく，
ましてや彼らを殺害することもなかった。Ｎは，何もせずにＳ方に預けた
手付金 10 万円を受け取り，内 2 万円をＳに支払い，8 万円を持って逃走し

た（② 78）。

以上が確定 2 審の認定した本件の共謀から実行までの経緯であった。

2.5.3. 共犯者の供述調書が「真である」ことは証明されていない

2 審の認定を見たが，問題は，この事実認定が「真」であると客観的に証明されているか否かの 1 点である。2 審判決では，以上の事実認定の証拠として，被害者の死体解剖鑑定書や裁判官の検証調書，拳銃 2 丁に関する領置目録の他，共犯者および第三者の大量の「供述調書」が挙げられている。しかし，それらの供述を支える物証は何もなく，本件の争点である強盗殺人の「共謀」の証明に関しても，その大部分が共犯者の自白「調書に・書かれた・事実」の「上書き」であり，これが実在的な「そこに・あった・事実」と一致するか否かは全く検証されていない。

N が 4 月末に強盗殺人計画を立て，5 月上旬，これを K と共謀した事実（上記ア）については，K の捜査段階の自白調書および 1 審の公判調書が証拠として挙げられている。捜査段階の自白調書が冤罪の温床となってきたことは，本書のこれまでの事件が示すとおりだが，ここでは，それに加えて 1 審の公判調書も挙げられている。しかし，本件 1 審は旧刑事訴訟法および応急措置法に基づくものであり，糺問主義的な審理であり，とても任意に供述したものとは言えない内容であった。具体例を引用しよう[6]。

(1 審裁判官)「被告人は種種弁解するが，初めから向こうで欺して誘い出した上，殺して金を巻き上げる計画を N としたのではないか」

(K)「左様な事はありません」

(1 審裁判官)「併し，被告人は警察では斯様に述べているがどうか」(此時裁判長は被告人に対する司法警察官の聴取書中記録 209 丁表 4 行目乃至 218 丁裏 1 行目を読聞せたり)

(K)「今まで嘘を申して申訳ありません」

(1 審裁判官)「それから被告人は 5 月 18 日および 19 日の事については，警

---

6)   八尋・前掲 61 頁以下。

察で斯様に言ってるがどうか」（此時裁判長は被告人に対する司法警察官の聴
取書中記録218丁裏2行目乃至222丁表1行目を読聞せたり）

　（K）「その通り間違いありませんが…」

　これは1例だが，1審裁判官は，被告人Kの公判供述から「そこに・あった・
事実」を読み取ろうとするのではなく，捜査官が作成した「調書に・書かれた・
事実」を形式的に確認するだけである。1審裁判官はただ「調書に・書かれた・
事実」だけを見ている。ここに最大の問題がある。

　実際，この1審の公判供述について，2審で，Kは次のように述べた（②90以
下，182以下）。すなわち，警察では，「Nが何でもお前がやった様に述べている，
もしお前がNから命令された様に言わなければNの代わりにお前が死刑になる
ぞと言われました」，と。また，警察の取調べで「私に非常に待遇をよくしてく
れ，時にはお菓子まで食べさせてくれ親切にして貰いましたし，取調官も『お
前の悪い様にはせんから』と言われました」とか，「『俺の言う通りにしたら間
違いない，違うことがあれば裁判所で言え』と言われたので，その通りにして
1審の時に申し上げたのです。ところがその時に警察でどうして嘘を申し立て
たかと（引用者補：1審の裁判長から）叱られましたので弁解も出来ずそのままに
なってしまいました」と述べている。そして，このK供述の真偽を確かめるた
めに，弁護人はKを取り調べた警察官の証人尋問を求めたのだが，2審はそれ
を却下した[7]。結局，1・2審の裁判官は，ただ「調書に・書かれた・事実」だ
けを見て，その「真偽」を検証しない。この裁判官たちは，事実に関する供述
の「真偽」は，供述内容が「そこに・あった・事実」と一致するとき，その時
にのみ「真」だという真理論を理解していない（本書1.1.5. や3.5.1. 参照）。

　犯行当日の福岡旅館での共謀（上記イ・ウ）についても，IやFの自白「調書
に・書かれた・事実」が適当に「切り貼り」するように認定されている。Iら
は，これらの自白「調書に・書かれた・事実」が捜査官により作出された虚偽
の内容だとして，後に何度も再審を請求したが，いずれも棄却されている。そ
の中で，少し踏み込んだ第6次再審請求では，取調官の拷問や脅迫による自白

---

7)　田中・前掲110頁は，証人尋問が行われなかったことについて，審理不尽と言わざるを
　　えないと指摘する。

獲得があったとするＩらの新供述が「無罪を言い渡すべき明らかな新証拠」の
１つとして提出された。しかし，再審請求審では，Ｉらの新供述は信用できない
とされた。ところが，その理由を見ると，当時の１・２審で，Ｉらは拷問を受け
たと供述していなかったこと，そして，以前の再審請求審 (④) でも，拷問によ
る虚偽自白の強要を受けたといった供述とは異なる供述をしていたことを理由
としている。そして，裁判官は，以前の再審請求で提出された次のＦ証言を引
き合いに出している (⑨)。少し長いが，引用する。

　「取調官は私とＯ (引用者注：共犯者) を同時に呼び出し２人の言う事を交互
　に合わせて (引用者補：調書を) 作成されました。例えば私の知っている事は
　Ｏが知らなくとも知った如く，Ｏが知って私の知らない事も同様知った如
　く，さも２人ともすべてを知って居た如く出来上がった次第です。さらに
　取調官はＮは何も知らんと言うので無罪になり，なにも知らぬお前達が大
　変な事になるから知ってると思ったことは全部言え，言ってしまえばお前
　達はなんら罪にはならぬと申されますのでつい想像を含めた事を色々と申
　しました」
　「お前は拳銃を持って現場付近でＮを待っていたのか，『ハイ』。そんなら
　殺人の見張りじゃないかと申されますので，『私は何も知らず付近にいても
　見張りになるのですか』と訊ねますと『現に人が死んで居るではないか。
　当然見張りだよ。見張りになるよ。』と言って，私がＩから実際には何も頼
　まれもせぬのに，Ｉに頼まれたので見張りをしたと調書に書かれましたの
　で，私はこの人に反対すると，……裁判では他の者も色々何とか言ってる
　だろうからその時全部がはっきりするから事務官に対してはどうともなれ
　という風な気持ちになりまして，言われるまま唯『ハイハイ』と返事した
　ことが事務官は勝手に文句を作ってどんどん返事だけで作成されました。」

　このＦ証言は「調書に・書かれた・事実」が「作り話である」ことを明言す
るものであるが，裁判官にかかると，このような証言があるから，拷問による
虚偽自白の強要はなかったのであり，それ故に確定判決の事実認定に合理的な
疑いは生じないという帰結になる。しかし，この裁判官の思考過程に，論理性
は皆無である[8]。

　N は強盗殺人の共謀共同正犯として死刑とされたが，その根拠となった「共謀」を立証する証拠は，以上のような「調書に・書かれた・事実」だけであり，この供述を支える実在的事実は全く明示されていない。これで犯罪事実の認定が「真である」と客観的に「証明された」と言えるだろうか。言えるはずはない。裁判官による事実認識が「真である」か否かは，その認識内容が「そこに・あった・事実」と一致するか否かで決まるからである（本書 1.1.5. や 3.5.1. などを参照）。本件確定判決は犯罪の証明なき有罪判決の典型である。

2.5.4.　何故「そこに・あった・事実」を見ないのか

　本件では，共謀の事実を証明するものは共犯者の自白しかなく，謀議の内容を記したメモや，犯行現場での役割分担を記した見取り図といった謀議の存在を補強する証拠もない。これに対して，犯行現場の「そこに・あった・事実」を見れば，むしろ共謀の存在を疑うべき客観的な状況が残されている。たとえば，B の上着のポケットに現金合計 5,420 円 84 銭が手つかずで残されていた。このような大金（当時の国会議員の月給は 3,500 円）が残されていたことは，計画的な強盗殺人という裁判官の認定と一致しない。また，N と I が相互に「相手を殺害して，その所持の金員を奪取」する計画であったと認定するのであれば（上記ウ），浜利飲食店に戻ったとき，何故，N が中国人を殺して残金 60 万円を強取しなかったのか。N の現実の行動は「逐次相手を殺害して，その所持の金員を奪取」する計画だったという認定と一致していない。

　さらに，現場の遺留物として，殺害に使用された領置拳銃（ザウエル）とは別にコルトの弾丸が 2 個発見されていた。この点，弁護人として第 6 次再審請求を担当した八尋光秀によれば，共犯者の 1 人が現場から拳銃を拾って，それを川に捨てたと一貫して供述していることから，被害者がコルトを持っていたと推認しうる。つまり，現場で採取されたコルトの弾丸は，I の供述すなわち「相

---

8)　大場史朗「死刑執行後の再審請求と学生の会・当事者の会」内田編著・前掲 53 頁は，「これらは確かに拷問による供述の強制ではない」が，「適正ではない不当な取調べがあったことを端的に語っている供述には違い」なく，「裁判所は，適正でない取調べがあったという供述があるから，拷問を受けたという I らの供述は信用できないというので」あり，「まったく不可解」だと指摘する。

手が拳銃を引き抜いて撃ってきたので，（引用者補：事前に聞いていた）やくざの抗争に巻き込まれたと思って撃ったのであり，強盗目的もNとの事前共謀もない誤殺だった」という供述を裏付けている[9]。しかし，このような犯罪現場の「そこに・あった・事実」は，その後の捜査でも，公判でも顧慮されることは全然なかった。

　以上のとおり，2審の事実認定は，検察によるN首謀の強盗殺人事件という「ストーリー」に合致した共犯者の自白「調書に・書かれた・事実」を基本的に「上書き」したのであるが，田中輝和は，検察の主張する「公訴事実」の疑問点として，次の2点を指摘する。まず，「Nらは，買い手側ではないBをなぜ殺したのか」という点であり，次に，なぜ残金60万円を持っていないAを誘い出して殺しながら，残金を持って店に残っていた中国人らに対して，「Nは，『その金を渡すか現場に行くか頻りに催促した』だけで，応じないとみるや（引用者補：彼らを殺害せずに）その場を離れたのか」という点である[10]。教誨師としてNおよびIと出会い，彼らの再審請求活動に尽力した古川泰龍も同様の疑問を述べている[11]。古川は宗教者であり，「法律のことは勿論，法曹界のことについてもズブの素人」だと自称するが[12]，法的知識の多寡とはかかわらず，これはもっともな疑問である[13]。

　共犯者の自白により無実の者が巻き込まれた事件としては，八海事件（本書1.3. 参照）が有名だが，裁判所が，犯行現場に残された「そこに・あった・事実」

---

9)　八尋・前掲59頁以下。
10)　田中・前掲85頁以下。
11)　古川泰龍・前掲97頁は，「もしNに強盗殺人の企みがあるなら，Iと打合せてその金（引用者注：残金60万円）を強奪する方法を講ずるはずである。しかし事実は，そのような形跡はさらさらなく，N宅に向かったのである。金を盗る目的ならば，N宅の10万円より，食堂の60万円を巧妙に強奪した方がはるかに有利であるし，そのため2人まで殺したというのなら，なんらかの方法で，この60余万円強奪の手段を講じなければならないはずである」とする。
12)　古川泰龍・前掲577頁。
13)　田中・前掲66頁は，「これらの疑問は，上記の（引用者補：強盗殺人目的も共謀事実もないという）N，Iらの主張からは氷解する。NにBを殺す理由がないし，『残金60万円』を持たないAを殺したのが，『皆殺し』の一環なのであれば，それだけで退散したのもおかしい」とする。そのとおりである。Nらの主張する事実については，古川泰龍・前掲および櫻庭・前掲20-25頁を参照。

を軽視し，捜査官の「ストーリー」を共有し，捜査官が作成した供述「調書に・書かれた・事実」を絶対視するという構造は，本件にも共通している。しかも，本件は共謀共同正犯の事件であり，首謀者とされた N の有罪を根拠づける事実は「共謀」のみであり，その「共謀」を証明するものは共犯者の自白のみである。この危険性についても，練馬事件（本書1.2. 参照。ただし本件は練馬事件より前の事件である）についてすでに述べたとおりである。

2.5.5. 再審請求棄却と死刑執行

本件は，昭和 31 年から 40 年にかけて，員面調書の内容が虚偽であること等を理由として，第 5 次の再審請求が行われた（④ないし⑧）。しかし，これらはいわゆる「白鳥決定」（最高裁決定昭和 50・5・20 刑集 29・5・177）や「財田川決定」（本書2.2.3. 参照）以前であり，いずれも門前払い同様に棄却された。

その後，米軍占領下で発生し起訴された死刑確定事件について再審の特例を規定する再審特例法案が昭和 43 年に国会に提出された[14]。当時の刑事裁判は，手続きの公正や人権擁護の点で疑問があり，実際，真偽の疑わしい事件が多数あり，未執行死刑囚の多くは無実を主張していたことなどが理由であった。対象事件としては，本件のほか，本書でも取り上げた帝銀事件（本書1.1.），免田事件（本書2.2.），財田川事件（本書2.1.）も含まれていた。しかし，結局，法案は廃案とされる一方，翌年の法務委員会で当時の西郷吉之助法務大臣が対象の死刑囚に恩赦の積極的運用を約束することで決着を見た[15]。しかし，その後，昭和 50 年 6 月 17 日，I が恩赦により無期懲役に減刑されながら，同日，N の恩赦は却下され，その直後に N の死刑が執行され，明暗が分かれた（1995・6・19 朝日新聞）。今際の際に N は，I に最後まで闘うよう伝えてくれと言い残したという[16]。

なお，恩赦の決定にかかわった当時の中央更生保護委員会の委員 1 名が NHK

---

14)　法案の具体的な内容について，衆院議員であった神近市子「領巾ふる人々──福岡事件」中央公論 83 巻 10 号 360 頁以下参照。

15)　内田博文『刑法と戦争──戦時治安法制のつくり方』（みすず書房，2015 年）381 頁以下参照。

16)　古川泰龍・前掲 182 頁以下参照。

の取材を受けた際，「同じ事件，同じ死刑囚についてＩは恩赦を認め，Ｎはそれ
を認めなかったことに何か理由はあるのか」との質問に対して，さまざまな考
え方があるとした上で，「神様ですな，決められるのは」と答えている[17]。人の
生死を分かつ法的な決定に際し，「やっているかいないかは神様にしかわかりま
せん」と述べた裁判官がいたが(本書 1.4.4. 参照)，それと同様の不可知論への信
仰告白をここにも見出すことができる。無責任の極致だろう。

　Ｉの仮釈放後，Ｎの遺族やＩらを請求人として平成 17 年に第 6 次再審請求が
行われたが，拷問による取調べが行われたとの新供述については前述のとおり
棄却され，また，同時に提出された法律学の立場からの意見書および供述心理
学の立場からの鑑定書についても，それぞれ「再審制度等に関する学説に基づ
く意見に過ぎず」，「一定の理屈を前提にしたＦや共犯者らの供述の信用性に関
する見方を開陳するものであり，意見，主張に過ぎない」ため，「確定判決の事
実認定に合理的な疑いを生じさせるに足りるものではない」として棄却され
た[18]。しかし，事件の実在的な「そこに・あった・事実」を直視(直観)するこ
となく，「調書に・書かれた・事実」を取捨選択して「罪となるべき事実」とし
て上書きする本件確定判決こそ，単なる「意見，主張に過ぎない」だろう。本
件確定判決はＮ・Ｉらの「強盗殺人行為」の存在を証明していない。結局，犯
罪の証明がないまま，Ｎの死刑は確定し，執行された。

2.5.6. 忘れてはならない事件

　本件は，「見込み捜査」による供述調書作成，有罪推定の犯罪報道，第 1 審の
糺問主義的審理，共犯者の自白および共謀共同正犯など，刑事司法の問題点が
凝縮された見本市のような事件である。さらに，本件については，裁判中に十
分な弁護活動がなされたとは言いがたく，判決確定後も法曹界で顧みられるこ
ともなく，宗教者の古川による孤立無援の雪冤活動のみが支えであった。現在
も古川の家族がその遺志を継ぎ再審支援運動を続けているが，この間に再審請
求権者はこの世を去って行き，まさに事件は忘れられようとしている。

---

17)　ETV 特集「ある死刑囚の闘い──福岡事件と再審請求」1995 年 8 月 4 日放送。
18)　大場・前掲 53 頁より引用。

　しかし，本件を戦後の混乱期に発生し，旧態依然とした刑事手続で裁かれた過去の事件として片付けるわけにはいかない。田中輝和は，本件が2つの重大な問題を提起していると書く。1つは，「Nに関しては，冤罪による死刑執行の疑いが強いこと」であり，もう1つは，「本件は戦後最初の死刑判決であるといわれる」が，そうであれば，本件は「冤罪の源流」だという疑いが強い。そして，「冤罪の源流を知ることの重要性は，それが明らかにならないままでは，その刑事手続が『成功例』として伝承され，その後も同種の冤罪が発生する恐れが大きい」とする[19]。まことに残念ながら，本書のいたるところで，「同種の冤罪」が確認できるであろう。

---

19)　田中・前掲123頁。

2.6. 菊池事件
——差別と誤判そして死刑執行

　この事件（以下「本件」とも記す）は，昭和26年8月1日午前2時頃，熊本県
菊池郡（現在の菊池市）のある村落で，一家6名が就寝する蚊帳内でダイナマイ
トが暴発し，H（当時49歳）とその二男（当時5歳）が軽傷を負う事件が発生した
ことから始まる。被害者Hは，警察に対し「種々考えてみましたが，Fより恨
まれている以外には心当たりがない」と供述し，他に確かな証拠もないまま[1]，
事件から2日後に，警察はF（当時29歳）を逮捕した。

　Fは，6歳の頃父と死別し，家庭も貧しく，小学校も1年ほどで退学し，そ
れ以後，母や幼い弟妹を助け，13歳の頃には農作業も一人前にこなした。長じ
て，Fは，結婚し子をもうけ，農業に勤しんだが，昭和25年12月，村役場か
らハンセン病のため，昭和26年2月までに国立療養所菊池恵楓園に入所するよ
うにとの通知を受け取った。Fには病気の自覚はなかった。驚いたFは，恵楓
園で診察を受け，ハンセン病と診断された[2]。Fは，突然のことで自殺まで考え

---

1) Fが家族と「家で寝ていた」というFの母によるアリバイ主張は認められなかった。ま
　た，本件ダイナマイトは，戦前に作られた古い軍用ダイナマイトであり，一般に流通する
　鉱工業用のものとは異なる特殊なものであった。ただ，戦前に大分県の鯛生金山に従事し
　ていた村人は多く，また昭和22年に村落内の道路建設でダイナマイトが使用されている。
　Fの手記によると，ダイナマイトを扱った経験がある村人は被害者Hを含めて複数いると
　されるが，確定判決では，Fがダイナマイトを入手したり使用方法を知っていた形跡は証
　明されていない。Fの手記は，藤野豊編・解説／編集復刻版『近現代日本ハンセン病問題
　資料集成〈戦後編〉』8巻（不二出版，2004年）200頁以下に所収されている。なお，この
　書物は菊池事件を解明する基本資料であり，本節では，以下『資料集成』と略記引用
　する。
2) しかし，ハンセン病隔離政策により療養所の拡張計画を進めていた時代に，ハンセン病
　が疑われた人間にハンセン病でないと診断することは困難であった。実際，Fを診断した
　恵楓園の医師は，3度目の診断時の状況について，次のように供述している。すなわち，昭
　和26年「2月13日本人の他に家族の者らしい人が4，5名附添い，更に衛生部の予防課の
　技師も一緒に来てFが熊本医大皮膚科より診断を受け取りらい病では無いと云う診断を受
　けたと云って診断書を持参の上参りました。この診断書は前日の2月12日の物で臨床的

たが，翌年 1 月に家を出て，福岡，北九州の皮膚科で診察を受けハンセン病で
ないという 3 通の診断書を得た[3]。F の親族らはこれで世間の疑惑を晴らしうる
と考え，自宅に村人を招いて祝宴まで開催し，F は心機一転して再び農業に勤
しみ始めた。その矢先，追い打ちをかけるように，再び 5 月までに入所するよ
うにとの無情の勧告が届いた。

　警察ストーリーによれば，F は，この入所勧告を H の報告によるものだと逆
恨みし，その報復のために，H をダイナマイトで爆殺しようとしたのであった[4]。

〈引用判例〉以下は殺人事件の判決である。① 熊本地判昭和 28・8・29 刑集 11・8・2122，② 福
　　　　　岡高判昭和 29・12・13 刑集 11・8・2127，③ 最判昭和 32・8・23 刑集 11・8・
　　　　　2103，④ 第 2 次再審請求棄却決定：熊本地決昭和 36・3・24（未公刊・『資料集成』
　　　　　195），⑤ 同即時抗告棄却決定：福岡高決昭和 36・7・6（未公刊・『資料集成』198）

2.6.1. ダイナマイト事件

　この警察ストーリーは，H が F の怨恨による犯行だとした H の供述「調書
に・書かれた・事実」を唯一の根拠にしていた[5]。この H の供述に基づき，警

　にはらいでは無いと云う様な診断をしてありました。それで私のところに再診断に来たの
　でありますが，私は同人はすでに 2 回診断を受けらいである事は間違いありませんからこ
　の時もう診断する必要は無い，らいに間違い無いと明言しております」，と（昭和 26 年 8
　月 11 日付恵楓園医務課長 S の検面調書）。大学病院で「らいでは無い」と診断されている
　にもかかわらず，新たな検査をすることもなく「らいに間違い無い」とされた。診断の結
　論は決まっていたことがわかる。
3)　その後，前注に示したとおり，旧熊本医科大学病院皮膚科教授から「ハンセン病と診断
　する所見はない」旨の診断書も得ている。
4)　H の供述によれば，H は F の報復を危惧していたようである。実際，2 月下旬，駐在所
　に赴き，「私は元村役場衛生係として勤務している頃，県よりの達示に基づき，F をらい病
　患者として報告したので，F 及びその親族一同より恨まれている。私がわざと報告した，
　と誤解して，殺すとかやっつける等洩らし，村長でも誰でもかまわぬ，徹底的にやると言っ
　ているので，非常に危険だから F を保護してください」と届け出て，F の保護（監視）願を
　出している（昭和 26 年 8 月 10 日付司法巡査による報告書）。
5)　H は，「F はらい患者であり恵楓園に入院するように決定しており，この手続をしたのは
　私だと誤解していたようですから，斯様な場合恵楓園に入院することは家族と生き別れに
　なる」ので，「この手続をしたと誤解して私を自分の一家の仇と恨んで皆殺しにしようと計
　画する事は考えられない事でもありません」と述べている（昭和 26 年 8 月 9 日付 H の検
　面調書）。

察はFを逮捕し，Fの母の「食糧管理法違反容疑」で２度の家宅捜索を行った[6]。
そして，１回目の家宅捜索時には何一つ発見されず，２回目の捜索が終わった
後，家族が警察に呼び出されて，「これがあなたの家から出て来た」ものだと突
きつけられたのが，犯行現場に残存していたダイナマイトのものと同種の「導
火線，蚊取り線香，布切れ，紙紐」等であったという[7]。これらを証拠として
熊本地検はFを立件し，昭和27年６月９日，１審は懲役10年の判決を言い渡
した。

　判決理由によれば，昭和25年12月26日頃，県衛生部から「国立療養所菊
池恵楓園に収容する旨の通知を受け」て，「家族ともども悲観にくれ」，遂に自
殺を覚悟したが，「今一度右病名を確かめんと思い立ち，同年１月15日頃無断
家出し転々として北九州方面の皮膚科医の診断を受けて廻り，右疾病に非ざる
旨の証明書等３通貰い受け，これを以って世間の疑惑を晴らし得べしと考え，
喜び勇んで同年２月10日頃帰宅し祝宴まで催して人々にその旨伝え，心気一転
して再び農業にいそしみ始めた矢先」，「県衛生課より村役場を通じ，５月まで
に右恵楓園に入園せよとの通知を受け再び悲境に陥るに至った」。そして，これ
は村役場の衛生係Hの「隠密の仕打ちによるものであると邪推し」，Hの「仕
打ちに対する怨嗟の情はいよいよ深刻となり，遂には同人及びその家族を殺害
し以ってこの怨恨を晴らさん」とし，昭和26年８月１日午前２時頃，用意し
た竹竿の先端に縛着した「ダイナマイトに雷管を装填し」，これに点火して，一
家が就寝する室内の「Hの枕元附近をめがけてこれを差入れ」，ダイナマイトを
「暴発せしめて同人等の殺害を図ったが，その使用方法拙劣の為，爆発力弱く」，
Hおよび次男に「軽傷を与えたに止まり，殺害の目的を遂げ」なかった[8]。

---

6)　この点につき，母親の「食糧管理法違反」容疑で家宅捜索が行われ，そこで発見された
　ものを「本件」の証拠として採用することは許されるのかが問題になりうる。これについ
　て，福岡高裁は「該物件が既に被告人を本件の容疑者として捜査が開始されていた時に発
　見されたため，母をして任意に提出させ領置されたこと及び原審において適法にその証拠
　調べの手続きが履践されたことが記録上明瞭である限り，証拠収集の過程において仮令多
　少の非違があったとしてもこれを本件事実認定の資料としたことに何等の支障もない」と
　判示した（平井佐和子「F事件について——『真相究明と再審』」九大法学84号168頁以下）。
7)　「全患協速報」（支部報第104号）『資料集成』14頁，137頁参照。
8)　平井・前掲166頁以下による。

しかし，この判決理由を見ればわかるが，実行に使用された特殊な軍用ダイナマイトの入手過程が不明だし，当該ダイナマイトが爆発しなかったメカニズムも不明である。判決は，Ｆがダイナマイトを暴発させたと認定しているが，この認定には事実の実在的な「そこに・あった・事実」が明示されていないので，この認定が「真」であることの証明はないに等しい。当然，Ｆは無実を主張して控訴したが，昭和27年6月16日，菊池恵楓園内に設置された熊本刑務所菊池拘置所（旧監禁所）からＦは脱走した。脱走の理由は，ハンセン病の終生隔離政策にあった。「有罪が確定すればもちろん，仮に無罪となっても『らい予防法』により終生菊池恵楓園に収容されることになるという自らの置かれた情況に絶望して，家族や親族にこれ以上迷惑をかけないためには，死を選ぶしかないと思いつめての逃走だった」とＦは後に述懐している[9]。そして，同年7月7日午前7時頃，村落の路上で，通学途中の生徒が全身に20数ヵ所の切刺傷を負ったＨの遺体を発見した。

2.6.2. 殺人事件

Ｈが他殺体となって発見された。当然のように，容疑はＦに向けられ，警察はただちにＦの叔父Ｉと大叔母Ｍを取り調べている[10]。そこで，事件のあった夜にＦが家に来て，「Ｈさんば殺してきた」と述べた旨のＭ証言を得て，昭和27年7月10日，Ｆの逮捕状が発付された。村落の周辺が捜索され，7月12日，村から100ｍほど離れた小屋でＦが発見されたため，警察は小屋を包囲した。Ｆは，崖から飛び降りて逃走したが，警察官に拳銃で撃たれ，右前腕の肘から入弾した貫通銃創で倒れたところを「単純逃走，殺人容疑」で逮捕された。

Ｆの傷は複雑骨折を伴う加療7週間を要する重傷であったが，村の医師Ｋに応急措置を受けただけで，ジープで警察に戻った。警察でも，警察医が「ねむ

---

9)　徳田靖之「戦後の無らい県運動と菊池事件」無らい県運動研究会編『ハンセン病絶対隔離政策と日本社会』（六花出版，2011年）212頁。

10)　死体発見の翌7月8日，病床にあったＩは屋根裏に古い日本刀を保管していたという「銃砲刀剣類所持等取締法違反」で逮捕されて，取調べを受けたが，この証言が調書化された後，釈放された（『資料集成』217頁参照）。この7月8日付調書の主要な部分は平井・前掲175頁以下に引用されている。

り薬を与えたり，痛み止めの注射をした」程度であった。こうして，Ｆは，激しい痛みがある状態のまま，7月12日午後5時頃，Ｈを「殺傷したこと，兇器は鎌である」と自白した[11]。この自白とＩ・Ｍの証言が決定的な証拠となって，昭和28年8月29日，1審は殺人につきＦを有罪（死刑）とした（① 2122以下）。Ｆは控訴・上告したが（② 2127，③ 2103以下），当然のように棄却され，昭和32年8月23日，死刑が確定した。その後，Ｆは再審無罪を求めて闘うが，昭和37年9月14日午後1時[12]，福岡拘置所においてＦの死刑が執行された[13]。

　以上のように，本件は「ダイナマイト事件」と「殺人事件」の2つの事件から成るが，どちらの事件でも，確定判決は「Ｆが犯人である」ことを全く「証明」していない。以下，判決が公刊されている殺人事件につき，本件訴訟は「罪となるべき事実」が「真」であると証明されていない以上，確定諸判決が「暗黒裁判」そのものであることを明らかにしよう。

2.6.3. ＦによるＨの殺害行為は全く証明されていない

　1審判決によれば，Ｆは，6月16日，菊池拘置所（旧監禁所）を脱走した後，Ｈ殺害の場所と方法を画策しながら機を窺い，7月6日午後8時30分頃，「開拓団の会議に急ぐＨに遭うや，やにわに所携の短刀（領第11号）を以て同人の頸部その他を突き刺し，或は切り付け」，「頸動脈の大部を切り，頸静脈を切断し或は左肺上下葉を穿通する刺創」等の「大小20数個の切刺創を負わせ」て，Ｈを殺害した（① 2124以下）。判決は明確に凶器を「短刀」だと認定した。

　しかし，はたして，この「領第11号の短刀」はＨの頸動脈を切り，左肺部上下葉を穿通させた凶器であろうか。たしかに，1審はこの短刀を凶器と断定しているが，問題は，この裁判所の認定が「真」であると証明されているか否

---

11)　後の第3次再審請求審の「再審請求補充書」によれば，7月12日付と13日付の「自白調書は，相当長く詳しい。痛くてねむれずこうふんしている中で作られ，しかも請求人の自署でない（代筆）調書がＦ本人の供述であるとは思えない」とされる（『資料集成』217頁参照）。平井・前掲188頁参照。

12)　正確に記すと，この日は，第3次再審請求が棄却された翌日である。つまり，再審請求が棄却される前に，法務大臣（中垣國男）は死刑執行の決済をしていた。徳田・前掲42頁以下参照。

13)　「刑執行経過報告」『資料集成』233頁。

かである。この点，１審の判決理由のどこにも，この認定が「真」であること
を支える事実は明記されていない。本件１審の審理は５回で終了し[14]，本書で
の個別的な検証は，２審でＦの弁護人となった野尻昌次（自由法曹団）の「控訴
趣意書」（『資料集成』26 頁）以降の展開に依拠する。

　まず，この短刀から，Ｆの指紋は検出されていない。そこで，この短刀が領
置された経緯を見ると，Ｈが殺害された時点で，捜査本部はＦを容疑者とみな
し，親族のＭやＩを取り調べていた。そして，ＭもＩも，事件直後にＦが訪ね
てきたとき，Ｆが「匕首のようなもの」を手にしていたと述べた。Ｍによれば，
Ｆの「左手に一尺くらいのものを布で巻いたものを持っていたので大方切れも
んだろうと思」ったと供述し（昭和27年７月８日付調書），Ｉは「『ドス』は抜身の
尽で光っていて『ドス』の長さが５，６寸位」あったと思ったと供述した（同年
７月９日付調書）。

　また，７月８日，死体を解剖した熊本医大教授（法医学）Ｓは[15]，解剖に立ち
会った警察官に対し，「凶器は刺身包丁ではないかと思われる」旨を告げている
（Ｓ鑑定書）。さらに，事件当夜，訪れてきた「ＦがＭに対し，『包丁は裏の肥料
小屋の上手に差しておいた』から，自分の家に『それを取りにゆくよう伝えて
くれ』と頼んでいた」というＩの供述（昭和27年７月９日付捜査報告書）もあった。
こうして，警察は凶器を「包丁」と断定し，７月９日，死体発見現場から徒歩
10分くらいの親族所有の肥料小屋から「刃渡り７寸刃の刺身包丁」が発見され
た。これが「領第11号の短刀」であるが，その実態はごく普通の「包丁」で
あった[16]。

　この肥料小屋で発見された「包丁」は，解剖時のＳの推測（「幅2.8糎内外，峯

---

14)　１審の時間的な短さから見て，公判は，検察官の意見が淡々と認められる「判検一体」の
　　実態であったと想定される。
15)　このＳは免田事件の鑑定書を書いており，犯行態様を「鉈→包丁」の順番としていた。
　　しかし，いわゆる西辻決定において，Ｓは犯行順序を「包丁→鉈」に変更した（本書2.1.2.参
　　照）。これはＳ鑑定の法医学的レヴェルの低さを示す１つのエピソードである。
16)　２審で，弁護人が主張したことは，この包丁が「家庭にも市場にも世間にザラにある普
　　通の刀物」であり，「本件刀物が被害者の傷に恰合」（Ｓ鑑定書）することのみをもって本
　　件「短刀」を凶器と認定するのは「あまりに非科学的鑑定であり，到底証明力は無い」と
　　いうことであった（『資料集成』70頁）。免田事件の場合と同様，「そのとおり」だと言うべ
　　きであろう。

の厚さ 0.3 糎内外，長さ 19.0 糎以上を算する鋭利なる刃器」S 鑑定書）と合致し，事件直後に F と会話をした親族（M と I）の証言ともおおむね合致している[17]。一方，死体が発見された 7 月 7 日，死体を検案した医師 N は，凶器を「鎌」と推定している。そして，逮捕後，F は凶器を鎌だと自白しており，実際，F が発見された小屋から，F の草刈鎌が発見され，領置されていた（領第 1 号）。ところが，7 月 28 日，九大教授 J がこの草刈鎌を鑑定したところ，鉄錆だらけで，血痕検査の結果も陰性であり，この鎌が凶器でないことは明らかとなった。ただし，この J 鑑定でも，およそ鎌が凶器たりえないことを示しているわけではない。実際，控訴審でも，凶器について J による再鑑定が行われたが，「H の屍体に存在していた 26 か所の創傷は総て同一の凶器で形成されたものであると断定する事は不可能であるが，同時に同一の凶器を以て形成したものに非ずと断定する事も不可能」だと判定された。すなわち，「草刈鎌と短刀を比較対照した」場合，被害者の「屍体に存在していた大部分の外傷は短刀のような凶器で形成されたものと判定する事が妥当と思われる」とした。このように，J 鑑定では，本件「短刀（包丁）」が被害者 H の創傷と完全に一致すると判定されたわけではない[18]。すなわち，本件「短刀（包丁）」が犯行に使用された凶器だと証明されたわけではない。

　そもそも本件「短刀（包丁）」に血痕反応がなかった。前述のように，S は本件「短刀（包丁）」が凶器だと言うが，S 鑑定を見ると，「きわめて微量の血痕に対しても確実に鋭敏な反応をする」という方法によって検査を繰り返したが[19]，

---

17)　ただし，M や I の供述は，当初こそ，F が「匕首の様なもの」を手にしていたことを前提にしているのであるが，最後はただ「白いもの」と述べるだけで，それが凶器（刃物）であったかどうか曖昧になっていくことに注意すべきである。平井・前掲 175 頁以下，179 頁以下，189 頁以下には，M や I の供述調書から，かなりの部分が引用されているので，参照されたい。M や I の供述は，F が H を殺害した犯人であることを証明するものでは全然ない。

18)　弁護人は，創傷から見て，「刃渡り 7 寸刃の包丁」の長さを要せず，これよりはるかに短いいわゆる匕首によっても生じうるのではないかとの疑念もあると主張していた（昭和 29 年 10 月 18 日控訴審第 5 回公判弁論要旨）。なお，「上告申立書」『資料集成』70 頁も参照。

19)　S は自画自賛するが，再審請求補充書（昭和 37 年 4 月 4 日付）が指摘するように，この当時，最も鋭敏な方法はルミノール法であり，S が採用したマカライトグリーン法ではない（『資料集成』216 頁）。

結果は陰性であったと書かれている。S鑑定の結論は「短刀について血痕附着せりとの証明が得られない」(『資料集成』213頁) ということの確認に尽きる。ところが, 驚くべきことだが, Sは, さらに「凶器に血液附着しありたりとするも之を水に浸し水で洗い落とした場合等には血痕は水に溶解し去る」ものだと続ける。すなわち, 水に浸して洗い落とせば血痕は水に溶解して血痕が検出されないこともあり, 「Hの死体創傷は此検査物短刀によって生じたものとして断乎として推定し得る」と書いた。しかし, これは科学的根拠を欠くSの個人的な想定であり, 学術的な法医学鑑定の内容ではない。

1審は凶器を「短刀 (包丁)」だと認定したが, その認定は客観的に証明された科学的帰結ではない。実際, 控訴審では, 「短刀 (包丁)」の凶器性が最大の論点になった。何よりも, S鑑定は, 法医学的に意味のある鑑定意見としては, この「短刀 (包丁)」について「血痕附着せりとの証明が得られない」ということに尽きている。「水で洗えば血痕が検出されない」という部分はS自身の先入観に基づく想像 (より正確には非科学的な「妄想」) でしかない。もっとも, これは「鑑定」の法的意義の問題だから, 証拠評価において, 裁判官が法医学的な鑑定意見だけを正確に取り出して判断すればよかったのだが, 2審の裁判官 (西岡稔裁判長) はSの推測に基づく杜撰な記述に引きずられてしまった。2審は, 「短刀 (領第11号) に附着していたと見るべき血液は該短刀の押収前被告人が押収現場の傍らにある池において洗い除き去ったと認め得ないことはない」(② 2127) という論理的可能性による推論から, 簡単に控訴を棄却した。控訴審の説示は, 本件短刀が凶器であることを前提として, 「血痕が付着していない」ことを「池で洗った」という想像で説明したにすぎない[20]。この可能的推論には, 実在的な「そこに・あった・事実」の補強はなく, それ故, 単なる論理的可能性に立脚した推論でしかない (本書1.4.2.参照)。

反対に, 「そこに・あった・事実」を直視 (直観) すれば, この短刀にFの指紋が付着していたわけではないし, 短刀とHの創傷が正確に一致したわけでも

---

20) 実際, 補充上告趣意書に詳述されているとおり, この「短刀 (包丁)」の「木柄の中に黒砂粒があることは (引用者補:この短刀を) 洗った事実のないことを示すし, そこに血痕の反応がないことよりして, これが本件の凶器であるとは認められない」(② 2121) のである。

なく，さらに，短刀にHの血痕が付着していたわけでもない。つまり，この短刀がH殺害の凶器であることは証明されていない。しかるに，2審の裁判官は，Fが短刀を犯行現場の「傍らにある池」で洗ったのだろうという根拠なき推定をした。詳細が不明な1審とは異なり，2審の審理については，アクセスの容易な資料が残っており，それを見れば，弁護人は物証に即して綿密に検証している。1審が認めた証拠はFの犯人性を証明していない，と。しかるに，2審は，公判における弁護側の主張などなかったかのように無視し，たった6行の判決理由を示して，控訴を棄却した。このような事実認定に対して，被告人はいかなる反論が可能なのだろうか。「そこに・ある・事実」を示す物証に基づく主張を論理的可能性で切り捨て，あるいは完全に無視する事実認定が許されるのであれば，事実上，被告人は反論権を奪われている。このことは改めて確認すべきである。

　以上，凶器とされた「短刀」の認定について概観しただけだが，2審の公判では，弁護人は証拠とされたタオル（領第6号）や親族の供述調書に即して検察の主張を十分に弾劾していた。しかし，それらの主張も，すべてがなかったかのように無視されている。菊池事件の2審判決を見る限り，それは，「暗黒」裁判ですらなく，そもそも「裁判」とは呼べないものであったと言えよう。

2.6.4.　確定1・2審は憲法の保障する「裁判」ではなかった

　本件審判が「裁判」と言える実態を示さないのは，単に事実認定の問題だけではない。1審判決（死刑）後，ハンセン病療養所の入所者自治会が組織する全患協（昭和26年2月結成の全国国立療養所ハンセン氏病患者協議会）は，患者に対する「見せしめのための厳罰」として，ハンセン病に対する偏見差別を訴え，「公正裁判要請運動」を始めた。弁護人は精力的に弁護活動を行い，控訴棄却後も，1・2審の審判が独断と偏見に満ちたものであると主張した。しかし最高裁は「原裁判所が予断偏見を有し，良心に反して裁判をしたと認むべき資料は存しない」（③2107）として上告を棄却した。しかし，1・2審判決を素直に見る限り，Fの犯人性が「証明されていない」ことは自明である。

　さらに，本件の特異さは，「法廷は，裁判所又は支部でこれを開く」という裁判所法69条1項の例外を認める同条2項の「最高裁判所は，必要と認めると

きは，前項の規定にかかわらず，他の場所で法廷を開き，又はその指定する他
の場所で下級裁判所に法廷を開かせることができる」という規定に基づき，菊
池恵楓園の施設（公会堂）を利用した特設法廷で行われ，第1審第5回公判（昭和
28年7月27日）以降，控訴審も，園に隣接して建設された菊池医療刑務支所内
に設置された特設法廷で行われたことにある。法廷は，裁判前日に机やいす，
証言台などが運び込まれ，裁判官席の前には書記官の机が置かれ，左右に検察
官と弁護人の席，証言台の後方には傍聴席が設置され，一見通常の「法廷」が
作り出されていた。しかし，法廷は消毒液のにおいがたちこめ，被告人以外は
白い予防着を着用し，ゴム長靴を履き，裁判官や検察官は，手にゴム手袋をは
め，証拠物を扱い，調書をめくるのに火箸を用いている（上告趣意書）。このよ
うな「うすら寒い，座っていてもむずむずするような環境の中で」公判が進行
した（昭和36年1月31日付再審請求理由書・補充書）。

裁判所は，ハンセン病と診断された被告人については，隔離施設である療養
所で公判廷を開くことを漫然と追認した[21]。そのため，一般人の傍聴がきわめ
て困難な状況におかれ，いわば「非公開」の状態で裁判は進行した。憲法は，
裁判を受ける権利と適正な手続きに基づいた，公平で迅速な公開の裁判の実現
を謳っている。ハンセン病を理由として差別的に取り扱われて裁判を受けると
いうことは，個人の尊厳や平等権を侵害するだけでなく，裁判の公平性，司法
の独立を揺るがす大きな問題である。

2.6.5. 菊池事件に対する現代の課題

菊池事件の真相究明をめざす弁護団が，全療協（「らい予防法」廃止後，「全国ハ
ンセン病療養所入所者協議会」と改称）と共に，特別法廷の違憲性を理由に再審を
求める運動を始めた。問題とされたのは，まさに「裁判が憲法違反であったか
否か」であった。平成24年11月，最高検察庁に対し，菊池事件の審理に憲法
違反があり，また被告人には無罪を言い渡すべき明らかな証拠があるとして，
菊池事件の確定判決に対して刑事訴訟法439条1項1号に基づき再審請求する

---

21) 平野龍一も，特設法廷の例として，「例えば，癩患者のために，療養所で開くような場
合」を挙げていた（平野『刑事訴訟法』〈有斐閣，1958年〉156頁）。

よう要請した。また平成 25 年 11 月，最高裁判所に対し，ハンセン病を理由とする開廷場所指定の正当性について，第三者機関で検討するよう要請した。

これに対し，平成 28 年 4 月，最高裁判所は本件特別法廷の運用が「合理性を欠く差別的な取り扱いであったことが強く疑われ，裁判所外での開廷が許されるのは真にやむを得ない場合に限られると解される裁判所法 69 条 2 項に反する」とする調査報告書を公表し[22]，最高裁判所裁判官会議も，「長きにわたる開廷場所の指定についての誤った差別的な姿勢は，当事者となられた方々の基本的人権と裁判というものの在り方を揺るがす性格のもので」あったとする謝罪の談話を発表した。

しかし，平成 29 年 3 月，最高検察庁は，憲法違反を理由とする検察官による再審請求（刑訴法 439 条）または非常上告（刑訴法 454 条）の要請について，「開廷場所の指定は司法行政上の措置であり，最高裁による開廷場所の指定に裁判所法 69 条 2 項に反する違法があったとしても，指定された場所で行われた訴訟手続き自体が直ちに違法であったとは認められない」として再審請求ないし非常上告は行わないと結論づけた。

これに対して，平成 29 年 8 月，ハンセン病元患者 6 名が，検察官が再審請求をしないことによって被害回復の機会が失われたとして，国家賠償請求訴訟を提起した[23]。令和 2 年 2 月 26 日，熊本地裁は，請求そのものは認めなかったものの，「菊池事件の審理は，本件被告人がハンセン病患者であることを理由に合理性を欠く差別をしたものとして憲法 14 条 1 項に違反し，また，菊池事件における開廷場所指定及び審理を総体として見ると，ハンセン病に対する偏見・差別に基づき本件被告人の人格権を侵害したものとして，憲法 13 条にも違反することが認められ，公開の原則を定めた憲法 37 条 1 項及び 82 条 1 項に違反す

---

22)　最高裁判所事務総局『ハンセン病を理由とする開廷場所指定に関する調査報告書』(2016 年 4 月 25 日)。

23)　すでに F の死刑が執行された本件において，刑訴法 439 条 1 項の規定によれば，再審請求権者は検察官または有罪の言渡しを受けた者の配偶者，直系の親族および兄弟姉妹となる。しかし，ハンセン病に対する国の誤った医療政策の生み出した苛烈な差別により，ハンセン病元患者らの家族もまた差別を受けてきたことは，ハンセン病家族訴訟（熊本地判令和 1・6・28 判時 2439・4）においても明らかにされたことである。差別を恐れてハンセン病家族だと名乗り出られなければ，事実上，遺族が再審請求する道は閉ざされている。

る疑いがある」として，菊池事件の審理の違憲性を断じた。しかも，さらに踏み込んで，「第1審の弁護人は，本件被告人の利益のための実質的な弁護を何ら行っていないといわざるを得ない。したがって，第1審の弁護人は，本件被告人の利益のために訴訟活動を行うべき誠実義務に違反しており，本件被告人は，第1審の審理において，実質的な意味で弁護人から弁護を受けられなかった疑いがある」と認め，「裁判所は，弁護人の違法・違憲の訴訟活動を放置して結審したものとして，その訴訟手続自体，本件被告人の実質的な意味での弁護人選任権を侵害した疑いがある」と判示した。

　本件最高裁判決は，1・2審判決が「偏見と予断とにより事実を認定した」ことを否定し（③2106），最終的にFの死刑を確定させた。しかし，今回の熊本地裁判決を見れば，本件確定諸判決の誤りを認めたように解することもできる。そして，そうであれば，正当性の失われた菊池事件の判決を，今こそ見直すことが必要である。問題は，F個人の名誉回復にとどまらず，司法のあやまちを司法の責任において糾すことの必要性として捉えるべきであろう。

3.0. 暗黒裁判を基礎づけた 最高裁・田中コート

　暗黒裁判という実務形態を考えるとき，第 2 代最高裁長官であった田中耕太郎は決して忘れてはならない裁判官であろう。田中長官が主導した「田中コート」は，日本国憲法が保障する人身の自由という人権を無視し，戦前の刑事裁判実務を引き継ぎ発展させる形で，今日まで続く暗黒裁判の諸要因の多くを生み出した。三鷹事件や砂川事件に見られる裁判官の独善的な判断は暗黒裁判を基礎づけ (3.1.)，松川事件大法廷判決での少数意見は「調書」への限りなき信頼を示している (3.2.)。八海事件は 3 回目の上告によって無罪判決が確定するという特異な展開を示したが，第 2 次上告審では，下飯坂潤夫判事が自白調書を全面的に信頼して，広島高裁の無罪判決を破棄し差し戻している (3.3.)。いずれも「調書裁判」の源流を形成すると言ってもよいだろう。戦前回帰と言うべき「判検一体」もまた田中コートの特徴であり，思想検事であった池田克の最高裁判事への任命はその象徴である (3.4.)。検察官との一体性を前提として，捜査段階の調書に全面的に依拠する「調書裁判」は絶対に克服されなければならない。警察や検察が作成した「調書に・書かれた・事実」が裁判を支配するとき，被告人は反論の機会を奪われる。本章では，調書裁判を克服する一歩として，「そこに・あった・事実」を直視 (直観) することの重要性，そしてそれに基づく事実認定のあり方が示される (3.5.)。

3.1. 三鷹事件・砂川事件
――暗黒裁判を基礎づけた田中耕太郎

　田中耕太郎は，東大法学部教授から，戦後，旧憲法最後の内閣である第 1 次吉田内閣で文部大臣になり，昭和 21 年 11 月 3 日，日本国憲法に副署した。その後，最初の参議院通常選挙に当選し，昭和 25 年，議員を辞して，第 2 代最高裁長官となった。この経歴が示すように，田中はエリート中のエリートであり，ことに政治的な権力にかかわる以前，商法や法哲学の分野で多くの学問的業績を残した。法学者として見れば，まさに功成り名遂げた研究者であった。しかし，最高裁長官としての田中には，多くの負の遺産がある。

　本書は「暗黒裁判」をテーマとして，帝銀事件から考察を始めたが（本書 1.1.)，この帝銀事件の大法廷判決を出した田中こそ，日本国憲法が規定した被疑者・被告人の基本的人権を徹底的に無視し，刑事裁判実務を堕落させ，天皇制絶対主義の時代から現代にまで続く「暗黒裁判」と言うべき状況を定着させた張本人である。最高裁は「憲法の番人」と言われるが，最高裁大法廷・田中コートの判決を見る限り，基本的人権に関する田中の意識や行動は反憲法的であり，憲法の破壊者であった[1]。田中は，大学を卒業した後，内務省に入省したが，その直後に，学者の道を進んだため，実際の官僚経験はほとんどなかった。しかし，最高裁長官としての言行を見るとき，田中ほど，純粋に官僚らしい裁判官はいなかったであろう。

〈引用判例〉① 東京地判昭和 25・8・11 刑集 9・8・1419，② 東京高判昭和 26・3・30 刑集 9・8・1568，③ 最大判昭和 30・6・22 刑集 9・8・118989（以上，三鷹事件），④ 伊達判決：東京地判昭和 34・3・30 判時 180・2，⑤ 最大判昭和 34・12・16 判時 208・10（以上，砂川事件）

---

1)　小林孝輔「田中耕太郎論」法時 33 巻 1 号 19 頁以下参照。小林は田中を保守反動のイデオローグだと断定しているが，そのとおりである。なお，田中は，退官後に「私は学理を実務に応用することができた」（田中『私の履歴書』〈春秋社，1961 年〉88 頁）と書いている。しかし，残された無数の判例から判断する限り，「人権論」をはじめとして田中の憲法論は戦後憲法学の学理の水準を大きく下回っている。

3.1.1. 調書裁判の確立

本書が取り上げた共犯に関する多くの暗黒裁判を想起してほしい。そうすれば，暗黒裁判の被告人たちに対して，練馬事件 (本書 1.2.) における田中コートの判決は致命的な悪影響を及ぼしていることがわかる。この判決の後，わが国では，教唆犯の事例の大部分が共謀共同正犯として処理されるようになった。理由は簡単で，検察にとって，これほど便宜な論理はないからである。幇助犯に関しても同じことが言える。共謀共同正犯では，共謀者全員について実行行為への加担は不要だから，犯罪の証明はかなり簡潔になる。ただ「共謀」が証明されればよい。しかも，その「共謀の証明」が共犯者の自白で足りるならば，「共謀」は痕跡を残さない無形の犯罪成立要件となり，被告人が事実を争うことはほとんど不可能となる。ガリレオ裁判の如き歴史上の暗黒裁判を顧みても，被告人が犯罪事実の有無 (存否) を争えなくなることこそ，暗黒裁判の核心部であり，「裁判を受ける権利」(憲法 32 条) の侵害である。

　もちろん，事実認定論の理想から見れば，共犯者の自白を用いるにしても，事実に即して，その真実性を慎重に検証すれば，「共謀」に関しても誤判を回避することは不可能ではない。しかし，練馬事件の Y がそうであったように，共犯者 F の自白調書が採用されれば，Y に残された主張はアリバイの主張しかない。そして，Y はアリバイを主張し，2 名の友人がアリバイの証言をしているが，「親しい者の証言だから措信しがたい」として斥けられた[2]。日本の刑事裁判実務では，「夫婦である」とか「家族である」という理由により，アリバイを否定することが多い。松川事件でも，最初に自白した A 少年の祖母が A のアリバイを証言していたが，警察はそれを完全に無視した (本書 3.1.1.)。八海事件の主犯とされた A の内妻 M の証言もそうだった (本書 3.3.2.)。松山事件でも，S の兄が S のアリバイを証言していたが，それは再審段階まで隠されていた (本書 2.3. 注 2)。菊池事件の F もそうである (本書 2.6. 注 1)。こうなれば，広津和郎が指摘したとおり，被告人に「もう逃れる道」はない[3]。暗黒裁判の中に引きず

---

2) 練馬事件刊行委員会『獄庭に咲くカンナ』110 頁以下，130 頁以下参照。
3) 座談会「他人の自白で罪になるか」世界 153 号 214 頁以下。

り込まれることになる。

　このように，被告人が，もはや反論できないところに追い込まれて，逃れられなくなる論理が暗黒裁判に固有の論理だが，このような状態を生み出すことに対し，最大の力を発揮するのが「調書裁判」という刑事裁判実務の形態である。本書の考察でも，わが国の裁判官は，事件の実在的な「そこに・あった・事実」を直視（直観）しようとせず，「調書に・書かれた・事実」を絶対視するケースが圧倒的に多い。しかし，調書は，物証と異なり，捜査官が自由に作り出せる証拠である。「人の口先」あるいは「人の言葉」は容易に変わる（本書3.3.1.）。その意味で，基本的に，調書裁判は捜査官の主張に近いところにある。そして，田中もまた，常に検察官の主張に近いところに身を置き，「そこに・あった・事実」を見ようともしなかった裁判官の1人であった[4]。ここでは，田中コートが「調書に・書かれた・事実」だけを見ている恐るべき実例として，三鷹事件における田中コートの判決を簡単に検証しておきたい。

3.1.2. 三鷹事件――共産党を狙った「空中楼閣」

　三鷹事件（以下「本件」とも記す）は，公訴事実によれば，10名の被告人（共産党員であったA1ないしA9と非党員のT）が三鷹電車区の電車を動かし，そのまま無人で暴走させようと共謀し，昭和24年7月15日午後9時20分頃，被告人TとA4の両名が車庫に入庫中の7輌連結電車の発進操作をし，無人で三鷹駅下り1番線に向け驀進させ，電車の往来に危険を生じさせ，よって同電車を車止に追突させて「脱線，転覆，破壊するに至らせ」，同駅および付近に居合わせた6名が轢死し，10数名が重軽傷を負ったという事件である（① 1419以下）。検察は，論告求刑で，Tほか2名に死刑，2名に無期懲役，他5名に15年から8年の有期刑を求刑した。

　本件は，全体で10万人を超える国鉄職員の人員整理が行われる中で，国鉄総裁の轢死体が発見され（同年7月6日の下山事件），第2次人員整理約6万人が発

4）　毎日新聞の司法記者であった山本祐司によれば，「田中は10年間の最高裁長官としての裁判で1度も無罪判決をしたことがない」とのことである（山本『最高裁物語（上）』〈講談社，1997年〉159頁）。田中は検察の主張をほぼ無条件に肯定した。

表された直後に生じ，朝鮮戦争を控えて占領政策が急激に反転する複雑な政治
状況を反映した事件であった。そして，当時の首相・吉田茂は，事件の翌日，
「現下の情勢の一問題について国民諸君に対し解説をこころみる」として朝日新
聞が「不安をあおる共産党」，毎日新聞が「共産主義者の煽動」と見出しを付け
て報じた総理大臣声明を出した。すなわち「（引用者補：社会不安は）主として共
産主義者の扇動によるものである」，と。この「行政の長」の声明に呼応するか
のように，この時点で，検察は三鷹電車区の元執行委員長ら 2 名の共産党員（A1
と A2）の逮捕状を取り，朝日・毎日の両紙も，「両名とも共産党員」と同じ見出
しを付けている（1949・7・17 朝日新聞，毎日新聞）。これは吉田政権・米軍にとっ
ては思いどおりの展開であった。

　しかし，本件は，最後まで「物証なき事件」であった。捜査本部は東京地検
八王子支部に置かれたが，この時点で，検察主導の捜査本部が逮捕状を請求す
るに足る疎明資料を得ていたはずはない。実際，驚くべきことだが，検察官が
裁判所に提出した資料の中には，「共産党の犯行と極め付けて報道していた」読
売新聞の記事が含まれていたという[5]。また，後の 1 審公判の中で，警察が事
前に何らかの事変の発生を察知していたことまで明らかになった[6]。結局，政
府も検察・警察も，三鷹事件は共産党の仕業だという予断を持って対応してい
たことが明らかである。この点，三鷹事件は，1 ヵ月後に起こる松川事件（本書
1.4. および3.2.）と同様，はじめから国鉄労組を標的にしたフレームアップの可能
性が高い。さらに，最高裁刑事局長（後の最高裁判事・岸盛一）が，東京地裁所長
を介して，鈴木忠五らの 1 審裁判官との懇談を求めている点，刑事裁判実務の

5）　これが事実であれば，それこそ，信じがたいことである。しかし，1 審の裁判長が書き
　　残していることだから，おそらく本当のことだろう。鈴木忠五『一裁判官の追憶』（矢沢書
　　房，1984 年）328 頁参照。
6）　1 審第 10 回公判で，警察官 N は，国家地方警察東京都本部の警備課から，「マル共（引
　　用者注：共産党のこと）」の A2 が「今夜重大な事故が起こるということを放言した」とい
　　う事前情報を得ていたと証言している（片島紀男『三鷹事件——1949 年夏に何が起きたの
　　か』〈新風舎，2005 年〉76 頁以下参照）。なお，広津和郎はこの種の捜査当局の構想には
　　「予言がつきものらしく」と皮肉を込めている（広津「松川事件と裁判」全集 11 巻 20 頁）。
　　実際，最初の逮捕者が「事件を予言した」者だという点，松川事件の最初の逮捕者と同じ
　　である。後藤昌次郎『裁判を闘う』47 頁参照。

「あり方」として見ても，公正さが疑われる，尋常ではない状況であった[7]。

　本件の捜査・公判の詳細に関しては割愛せざるをえないが，公判が始まった時点で，犯行を裏付ける物証は何もなく，検察主導の捜査であったため，検事が作成した自白調書だけが根拠であった。そして，公判が始まると，A1 ないしA9 の共産党員の被告人等は，検事による自白強要の取調状況を訴え，自白「調書に・書かれた・事実」は真実でないと主張した[8]。また，A1 ないし A9 は，事件直前，駅南口前にあった S 商店で，最終的な共謀を遂げたことになっているが，当日の会議は，純粋に労組の会議であったことが，公判の中で徐々に明白になっていった。他方，非党員の T は，第 3 回公判で，起訴状の基盤となっている共謀共同正犯に関する自白を否定し，単独犯を陳述した。しかし，第 22回公判で，一転して「三鷹事件とは無関係だ」と主張したのだが，その 4 ヵ月後の第 54 回公判において再び単独犯行だと主張し，さらに最終弁論（第 57 回公判）でも，単独犯だと陳述した[9]。

　こうして，1 審は，本件を T の単独犯だと認定し，T を無期懲役とし，A1 ないし A9 を無罪とした。判決は，A1 ないし A9 の供述や行動につき，その不自然さを指摘し，また，各人の供述相互間の矛盾や不統一を指摘して，いずれも真実だと措信しえないと断じ，検察が主張する共同謀議による犯行を「空中楼閣」（① 1567）だと断定した[10]。1 審判決を見る限り，A1 ないし A9 を無罪とした論理は説得的である（現に上級審で逆転していない）。

　しかし，反面，T を有罪とする根拠を見れば，結局，T の自白以外に，単独犯を基礎づける証拠はない。T が最後の公判でも単独犯を主張したのは事実で

---

　7)　鈴木はそれを断ったという。鈴木・前掲 319 頁以下参照。また，鈴木は，最高裁事務総長（後の最高裁判事・五鬼上堅磐）から，本件の起訴には GHQ の意向があった旨の示唆を受けたことを書き残している（鈴木・前掲 333 頁）。

　8)　片島・前掲 336 頁以下参照。なお，共産党員の 9 名の被告人は，国鉄職員の人員整理で，解雇通知を受けていた。

　9)　片島・前掲 509 頁，523 頁以下，536 頁参照。

　10)　裁判長の鈴木は，後に，この事件の実態を検察の「でっちあげ」だったと記し，「でっちあげ」のニュアンスを「空中楼閣」という言葉に込めたと記している（鈴木・前掲 342 頁）。なお，鈴木は，定年まで 10 年を残して退官しているが，「直接には，三鷹事件をやった後の裁判所の中の空気，ぼくに対する風当たり，これはもうとてもひどかった」との感想を述べている（鈴木「三鷹事件裁判のことなど」法セ 22 巻 11 号 47 頁）。

ある。しかし，検察がTと共に電車の発進を担当したと主張していたA4の自
白の信用性を否定しながら，1審判決は，Tの変遷する諸供述の中で，一体い
かなる理由で，ただTの単独犯の供述のみを措信しうるに足ると判断したのだ
ろうか。その根拠が明確にされていない。ここでは詳述できないが，Tへの有
罪判決は疑問であり，その点，1審判決が誤判である可能性はかなり高い[11]。実
際，A1ないしA9の公訴事実を「空中楼閣」としながら，そこに組み込まれた
Tの行為だけを「空中楼閣」でないと言える根拠が明示されていない以上，少
なくともTの犯人性は「証明されていない」と言うべきだろう。

3.1.3.　刑事「裁判を受ける権利」とは「検察に反論する権利」である

検察官とTの両者が控訴した。ところが，2審の東京高裁（谷中董裁判長）は[12]，
口頭弁論を開くことなく，一件記録による書面審理だけで，Tに関する部分（無
期懲役）を破棄して，Tを死刑とした（② 1568）。これは異例の判決であり，検察
官およびTの両者が上告した。そして，これに対し，田中コートは，4年の時
間をかけながら，口頭弁論を開くことなく，書面審査だけで上告を棄却し[13]，
死刑判決が確定した（③ 1189）。

これは，田中という官僚裁判官の本領が発揮された判決であった。谷中コー
トや田中コートのように，口頭弁論を開くことのない加重判決が許されるとす
れば，判決に必要なすべてのことが「書面」から了解しうると考える以外ない
だろう。しかし，本当にそう考えたならば，田中耕太郎をはじめとした田中コー

---

11)　高見澤昭治『無実の死刑囚──三鷹事件　竹内景助』（日本評論社，2009年）187頁以下，
　　199頁参照。菅野良司『冤罪の戦後史』34頁以下参照。小松良郎『新版三鷹事件』（三一
　　書房，1998年）も参照。なお，平成23年11月10日，Tの長男（当時68歳）により，2度
　　目の再審請求が行われたが，東京高裁は平成31年7月31日請求を棄却した（2019・7・31
　　朝日新聞）。
12)　この裁判官は，この後，練馬事件の高裁判決で，共犯者の自白に関する大法廷判決（最
　　大判昭和24・5・18刑集3・6・737）を無視し，田中コートによる判例変更に道を付けた
　　裁判官であった。
13)　もっとも，2審判決について，4名の裁判官が反対意見を述べている。現在では，「ここ
　　数十年，死刑を確定させる最高裁判決は全員一致が不文律」だとされる（山口進・宮地ゆ
　　う『最高裁の暗闘』〈朝日新聞出版，2011年〉51頁）。

トの多数意見に与した裁判官は，率直に言って，「裁判をしない裁判官」にまで
堕落したと評しうる。1審の裁判長であった鈴木は，後に，この最高裁判決を
「冷酷無比」な判決だと述べた[14]。田中らが冷酷無比だということはそのとおり
だが[15]，そのことを論じる以前に，田中コートの多数意見は，日本国憲法下の
「裁判所」における「判決」が持つべき内容を整えていない。そのことを確認す
べきである。

　最高裁判事・真野毅は，田中コートの中で反対意見を表明したが，裁判所内
にとどまらず，いくつかのメディアに田中コート多数意見への批判を発表した。
真野によれば，そもそも，多数意見は新憲法の規定する「裁判所」による「裁
判」たりうるのかと反問している。旧憲法下の「裁判」は「訴訟当事者の法律
的紛争を法令に照らして審判する」ものであった。しかし，現行憲法下では，
違憲立法審査権を持った裁判所が「基本的人権」としての「裁判を受ける権利」
の「擁護者（ガーディアン・オブ・リバティー）」として事件に関与する。それが
「裁判」だと想定されている[16]。この真野の指摘を敷衍すれば，現行憲法下の
「裁判」は，司法省の官吏である検察官の公訴を同じく司法省の官吏である裁判
官が審判した旧憲法下の「裁判」と比較して，全く異質の内容を持つという指
摘である。

　実際，「裁判を受ける権利」が基本的人権として規定されている以上，国家
（検察）による公訴提起に対して，何よりもまず「反論できること」が「裁判を
受ける権利」の核心になる。そうであれば，被告人に反論の機会が与えられな
いまま，裁判所が1審の無期懲役判決を死刑判決に変えることは明らかに憲法
32条に違反している。まさに，田中コート多数意見は，新憲法32条の「裁判

---

14)　鈴木・前掲371頁。

15)　刑が確定したTは，昭和30年2月3日，東京高裁に再審請求を行ったが，昭和42年1
　　月18日，獄中において，脳腫瘍で死亡した。

16)　真野毅「三鷹事件の裁判と弁論」戒能通孝編『日本の裁判』（法律文化社，1956年）164–66
　　頁。真野は，最高裁判決につき，刑訴法43条・408条違反の違法性を指摘するが，少なく
　　とも「はなはだしく不妥当」であると言う（真野・前掲175頁以下）。Tに関連する論点だ
　　けに絞っても，Tの供述は，犯行否認・共同犯行・単独犯行と幾度も変遷しており，書面
　　審理だけでは真相が容易につかめないこと，第1審に比べて，第2審の量刑が妥当である
　　かについても，問題がある，と。

を受ける権利」を旧憲法24条の「裁判ヲ受クルノ権」と同列に理解しているのであり，それは，三鷹事件の田中コートが「基本的人権」の本質を全く理解していないことを示す[17]。

3.1.4. 砂川事件——憲法の対極にいた最高裁長官

田中は，最高裁判事として，憲法の対極にいた。この論点に関連し，最後に，砂川事件の処理について触れておこう。砂川事件は，日米安全保障条約第3条に基づく行政協定の実施に伴う土地収用法により，アメリカ合衆国空軍の使用する立川基地拡張のため飛行場内の民有地の測量を開始したが，これに対し1,000人以上の集団が反対の気勢を上げ，たまたま滑走路附近の境界柵が数十mにわたり倒壊した。その時，被告人Sら6名は，正当な理由がなく，破壊された境界柵の個所からアメリカ軍が使用する区域に数m立ち入った事実が「日米安保条約に基づく行政協定に伴う刑事特別法」2条（施設・区域を侵す罪）違反に問われた事件である。

1審の東京地裁（伊達秋雄裁判長）は，日米安保条約により駐留を許される米国軍隊は，日本防衛のために出動する「現実的可能性」があり，「憲法第9条2項前段によって禁止されている陸海空軍その他の戦力の保持に該当する」と述べ（④2），日米安保条約が違憲であると認め，被告人7名を無罪とした。

これが伊達判決だが，これに対し，検察から飛躍上告があり，最高裁田中コートは，全員一致で，伊達判決を棄却して，1審に差し戻した（⑤10）。田中コートは，憲法9条によって，「わが国が主権国として持つ固有の自衛権は何ら否定されたものではなく，わが憲法の平和主義は決して無防備，無抵抗を定めたものではない」と判示した。つまり，「わが国が，自国の平和と安全を維持しその存立を全うするために必要な自衛のための措置をとりうることは，国家固有の権能の行使として当然」であり，「わが国の平和と安全を維持するための安全保障であれば，その目的を達するにふさわしい方式又は手段である限り，国際情

---

17) この問題は「刑訴法400条但書」とも関連するが，基本的に「裁判を受ける権利」が国家の訴追に対する「反論権」である以上，反論の機会は，どの審級においても，どのような審判においても，常に保障されていなければならない。

勢の実情に即応して適当と認められるものを選ぶことができる」。こうして，田中コートは，安保条約の合憲性を認め，そこから，原審が「アメリカ合衆国軍隊の駐留」を違憲とし，「本件刑事特別法2条を違憲無効とした」ことは「破棄を免かれない」とした。

　そして，差戻し後の第2次1審で，東京地裁（岸盛一裁判長）は，被告人らに，安保条約第3条に基づく行政協定に伴う刑事特別法違反を認め，有罪（罰金刑）とした（東京地判昭和36・3・27判時255・7）。被告人からの控訴・上告はいずれも棄却され（東京高判昭和37・2・15判タ131・150，最決昭和38・12・25判時359・12），有罪が確定した。

　以上が砂川事件の経緯だが，平成20年以降，アメリカ国立公文書館で発見された砂川事件に関するアメリカ政府文書の中で，「ダグラス・マッカーサー2世米大使と藤山愛一郎外務大臣が綿密な協議を重ねるなか，米大使による飛躍上告の提案のみならず，田中耕太郎長官自身による米側への情報提供があったことを明らかにした資料」が発見され[18]，最高裁長官が当時の政府高官と共に砂川事件の裁判情報をアメリカ政府に漏洩したことが明らかになった。これは，砂川事件を裁いた大法廷の裁判長田中が裁判官の独立を自ら蹂躙していたことを示す明白な事実である[19]。

　田中は，昭和30年1月1日の新年所感で[20]，新憲法下における裁判所の独立と裁判官の独立について論じていたが，関係者であるアメリカ政府に合議の内容を漏洩していたのであるから，裁判官の独立に関する田中の主張などはまことに空虚な論説だということが明らかになった。先にも触れたが，日本国憲法における「裁判」や「裁判官」は，その名称こそ旧憲法における「裁判」や「裁判官」と同じだが，その内容は異質である。しかるに，田中は，日本国憲法が前提とした司法権の独立を無視し，日本政府やアメリカ政府の高官を忖度して

---

18)　布川玲子・新原昭治『砂川事件と田中最高裁長官──米解禁文書が明らかにした日本の司法』（日本評論社，2013年）i頁，32頁以下，60頁以下参照。

19)　砂川事件の元被告人らは「公平な裁判所」（憲法37条）による裁判を受ける権利の侵害を理由として再審を請求したが棄却され（東京高決平成29・11・15判時2364・3），現在，国家賠償請求裁判を提起している。これらについて，吉田敏浩『日米安保と砂川判決の黒い霧』（彩流社，2020年）53頁以下。

20)　戒能編・前掲314頁以下に全文が示されている。

憚らない。結局，田中にとって，「裁判官」とは，天皇制絶対主義の下で形成されてきた司法省の官吏としての裁判官であり，それ故，政府（検察）と一体化した戦前の司法制度との連続性を志向して，政府（行政）をチェックする裁判官という日本国憲法の精神を換骨奪胎したのである。

3.1.5. 田中の「判検一体」という反憲法的理念

本書の多くの個所で触れ，また暗黒裁判と闘う多くの弁護士も述べることだが，わが国の刑事裁判実務において，裁判官は検察官に親近感を持っている。それは同僚意識にも似ている。実際，日本国憲法が施行される前，裁判官は検察官と共に司法省という行政官庁の官吏であり，文字どおり検察官は同僚であった。だから，その当時の風潮として，検察官の主張を全否定する「無罪判決」には，裁判官として，一種の「気兼ね」があり，「勇気」が必要だった[21]。

もっとも，田中コートの時代と異なり，現代の裁判官に検察官への「同僚意識」はないと反論されるかもしれない。しかし，刑事裁判官として多くの優れた判決を残した木谷明でさえ，裁判官が検察官に不利益な判決・決定をすることは「かなりの勇気を必要とする」ことだと述べている[22]。同様に，民事裁判官として30年以上の裁判官経験を持つ瀬木比呂志は，現代でも，依然として，日本の刑事裁判は徹底的に検察官主導であり，検察官に追随する刑事裁判官の姿勢が冤罪を生み出していると指摘する。そして，刑事裁判官の主潮流に対して，瀬木は被疑者・被告人の人権よりも社会防衛に重点を置く刑事裁判官の人権意識の低さを指摘している[23]。たしかに，突き詰めれば，暗黒裁判は裁判官の人権意識の低さに起因するだろう。

先に示したとおり，日本国憲法において，「裁判所」は，基本的人権として国民に保障された「裁判を受ける権利」（憲法32条）を実現させるための機関とし

21）これは，戦前・戦後にかけて裁判官の経歴があり，退官後，弁護士として，八海事件や狭山事件の弁護人を務めた佐々木哲蔵が指摘することである。佐々木『裁判官論』（法律文化社，1960年）65頁以下参照。

22）木谷明『刑事裁判の心（新版）』（法律文化社，2004年）29頁以下参照。

23）瀬木比呂志『絶望の裁判所』（講談社，2014年）51頁以下，145頁以下，同『ニッポンの裁判』（講談社，2015年）65頁以下参照。

て設置されている (憲法 76 条以下)。刑事裁判では，行政機関 (検察) が特定の国民を犯人だと「名指し」して始まるので，当然，刑事裁判を受ける権利は行政権力への反論権を実質とする (本書 3.1.3.)。それ故，裁判官の職務は，行政権力から完全に独立した立場で，被告人による行政権力への反論を保障することにある。日本国憲法は，特別な「勇気」がなくとも，また「気兼ね」することもなく，行政官の主張を否定しうる立場を裁判官に認めたのである (憲法 76 条 3 項)。つまり，この憲法の下で検察官に追随する裁判官が存在するとすれば，これほど反憲法的な存在者はないだろう。青木英五郎はこのような存在者を「裁判官という名の『大検察官』」と呼び，このような存在者が過去の遺物となるまで戦い続けねばならないと述べた[24]。しかし，残念ながら，「大検察官」は，「過去の遺物」どころか，現代にも引き継がれており，「判検一体」の感覚は，田中コートの時代よりも，むしろ現代の方が強いのではないだろうか[25]。

---

24) 青木「誤判の論理──疑わしきは被告人の不利益に」著作集 II 124 頁以下参照。
25) 実際，田中コートの時代，伊達判決に見られるように，日本国憲法に依拠した法理論を実務の中に取り込もうとする裁判官が育ちつつあった。この新しく育ちつつあった実務家の芽吹きが摘みとられるのは，1969 年 1 月，石田和外が第 5 代長官に就任して以降のことである。

3.2. 松川事件大法廷判決
——暗黒裁判の事実認定論

　練馬事件大法廷判決は共謀共同正犯を承認したので，以後，正犯性の証明は共謀の証明で足りることになった。それだけではなく，共犯者の自白が証拠として使えるようになり，練馬事件のYがそうであったように，被告人は致命的に不利な立場に追い込まれることになった (本書 1.2.2.)。福岡事件のNの場合，共犯者の供述により有罪となり，死刑が執行されてしまった (本書 2.5.)。実際，「共謀をした」という共犯者の自白調書 (検面調書) があれば，明確なアリバイがない限り (それも近親者や友人の証言では証拠採用されない)，それを否定することは困難になった。田中耕太郎らは，練馬事件の最高裁判決を出すとき，最高裁に係っている松川事件を念頭に置いていたはずである[1]。実際，松川事件の原1・2審判決では，「共謀共同正犯論」と「共犯者の自白」が最大限に活用され，原2審・鈴木判決は，17名の被告人に有罪判決を出し，そのうち4名に死刑を宣告したのであった (本書 1.4.4.)。このことは，「共謀共同正犯論」と「共犯者の自白」という法概念が「フレームアップ」や「冤罪」という深刻な国家犯罪を生み出す極度の危険性を明示している。

〈引用判例〉① 第1次上告審：最大判昭和34・8・10判時194・10, ② 第2次2審 (門田判決)：仙台高判昭和36・8・8判時275・6, ③ 第2次上告審：最判昭和38・9・12判時346・6

3.2.1. 松川事件大法廷判決について

　この判決 (① 10) は，練馬事件大法廷判決の1年3ヵ月後のことであったが，「7対5の僅差」で原2審・鈴木判決を破棄し，事件の審理を原審・仙台高裁に差し戻した。そして，第2次2審の門田判決では，被告人全員が無罪になった

---

1)　田中によれば，松川事件が大法廷で処理されるようになったのは昭和33年3月のことであった (田中『私の履歴書』113頁)。

ことはすでに見た (本書1.4.)。検察は膨大な趣意書を出して上告したが、第2次上告審 (③6) はそれを棄却し、全員の無罪が確定した。このような松川裁判の経緯を見るとき、原2審判決を破棄した最高裁大法廷判決は、決定的な意味を持っており、高く評価されるべき判決であった[2]。

　実際、本当に、この判決は「紙一重」の勝利であった[3]。練馬事件の時、反田中の論陣を張った真野毅と小林俊三は共に退官しており、被告人の上告が棄却される可能性も「ない」とは言えなかった。しかし、この大法廷判決では、練馬事件の時と異なり、島保と入江俊郎の両判事が、田中に抗して、原判決を破棄し差し戻す多数意見に賛成した。この僅差の勝利を考えるとき、最高裁判決に先立って、検察官によって7年間も隠匿されていた「諏訪メモ」の出現が決定的なポイントになったことは自明である。判決が出た日、新聞は「わずか大学ノート8ページのメモが数万の1・2審の記録をくつがえし」たと書いた (1959・8・10朝日新聞夕刊)。諏訪メモは、原1・2審において、列車転覆のための国鉄労組と東芝労組の連絡謀議に出席し、実行行為も分担したと認定され、死刑を言い渡されたSが、認定された謀議の時刻に、東芝松川工場の労使交渉に出席していたことを客観的に証明するメモであった[4]。つまり、諏訪メモは、Sが国鉄労組福島支部事務所で列車転覆の謀議をしていたという検察のストー

---

2)　この大法廷判決は、一般的には、好感を持って受け止められたようである (真野毅「裁判の正道たるもの」中央公論860号36頁参照)。「松川事件判決についての新聞論調」ジュリ1959・9臨時増刊号『松川事件──破棄差戻判決の意味するもの』39頁以下参照。しかし、残念なことに、平野龍一 (東大教授) や井上正治 (九大教授) といった当時の刑訴法学界をリードしていた学者は、何故か、原1・2審判決の事実認定に対して、根源的な批判をしていない。松川運動史編纂委員会編『松川運動全史』514頁参照。平野はむしろ原2審判決に好意的であり、原2審判決の直後、戒能通孝によって厳しく批判されている (戒能「局外者の立場から──松川判決への疑問」世界99号175頁以下)。

3)　朝日新聞の記者であった野村正男は言う。「このメンバーにさらに河村又介、斎藤悠輔両氏が加わったらどうなったか」(ジュリ1959・9臨時増刊号49頁)、と。さらに、弁護団の一員であった後藤昌次郎も言う。彼らが加わっていたならば、「三鷹事件みたいに1票差で4名の死刑が確定していた」(後藤『冤罪の諸相』〈日本評論社、2010年〉212頁)、と。

4)　原2審判決によれば、Sは、午前中、たしかに東芝松川工場の団体交渉に参加していたが、ひそかに退場し、午前11時15分発の列車で福島に行き、国鉄側と列車転覆の謀議をしたことになっている。しかし、諏訪メモでは、Sがこの時間に団交の席にいたという事実を明示している (松川運動史編纂委員会編・前掲477頁参照)。

リーを崩す決定的なアリバイを証明するものであった。このような決定的な証拠を隠しながら平然とSに死刑を求刑していたのだから，検察の不正義は誰の目にも歴然としたものであった。

　しかし，諏訪メモが現れても，最高裁の合議において，田中は全く怯まなかったようである。田中の反対意見を見れば，たとえ「諏訪メモ」が出現したとしても，ただちに事件の核心部分である「連絡謀議」の存在を否定することにはならないこと，それ故，事件の「本体」である実行行為等の検討をすべきであり，そこに立ち入ることなく，原判決を破棄することにはならないこと等が力説されたように窺える（① 18 以下）。しかし，これらの反論を採用すれば，当然，別の謀議の証明が必要になる。何故ならば，練馬事件大法廷判決（本書1.2.参照）が示したように「共謀共同正犯における共謀または謀議は罪となるべき事実であって，その認定は厳格な証明」を要するからである。そして，このことを前提にすれば，これまで「検察官すら主張せず，従ってまた原判決も認定しなかったような，共謀または謀議に類する事実を，ここに自ら新しく認定する」ことにならざるをえない。しかし，検察によって頑なに否定されていた諏訪メモが出現した時点では，新たな謀議を認定する方向ではなく，原判決を破棄し，差し戻す方向が説得力を増し，それが多数意見となって，僅差の勝利になったのだろう（① 17）。内容的には，多数意見は当然かつ正当な判断であったが，本当に，薄氷を踏むような僅差の勝利であった。

3.2.2.　田中耕太郎の論理——「木を見て森を見失わないこと」

　しかし，裁判長であった田中は，原2審判決を破棄した多数意見に対し，それは「法技術にとらわれ，事案の全貌と真相を見失っている」（① 17）と非難した。前節で，すでに「判検一体」という田中の反憲法的理念に触れたが（本書3.1.5.），ここでは，松川事件に即して，田中の論理は，日本国憲法が規定する「行政権力から独立した審判」という「裁判像」を帝国憲法上の行政権力と一体化した「裁判像」へと回帰させる「反動」でしかないことを示そう。

　田中の論拠は，何よりも捜査機関が作成した「調書」への信頼をベースにする。田中によれば，諏訪メモによって原有罪判決の基礎となった2つの謀議が否定されても，国鉄側と東芝側との「連絡の事実を肯定するに足る」証拠資料

は記録中に数多く存在すると言う（① 19）。ただし，田中が依拠する証拠はどこまでも捜査機関が作成した書証であり，反対意見でも 6 個の「調書」を指し示して，「8 月 15 日前後に国鉄側と東芝側との連絡があった」ということは「きわめて明瞭である」と断言する（① 19）。

　この断言からわかるように，田中は，捜査官が作成して大量に積み上げられた「調書に・書かれた・事実」を「真である」と信じており，田中の断言は調書への絶対的な信頼に支えられた「心証」の表明にすぎない。つまり，「諏訪メモ」によって存在が否定された 2 つの連絡会議などは，松川事件という「巨大な山脈の雲表に現れた嶺」の 1 つだと言う。その雲表の下に隠された巨大な山脈部分が証拠によって推認できれば，犯罪の立証は十分だと考えた。だから，多数意見に対し，田中は「木をみて森を見失わないこと」が必要だと警告したのである（① 21）。

　しかし，田中の言う「森」は，捜査官が作成した大量の「調書に・書かれた・事実」を指し，そして，犯罪事実を立証する証拠は記録が示すものだけで十分だと考えられているのである[5]。これに対して，「諏訪メモに・書かれた・事実」は単に 8 月 15 日の連絡謀議の有無に関する証拠でしかない。つまり，田中は，どちらの証拠も等しく松川事件に関連する同質の「証拠」だと捉えて，両者を相対化した上で，検察が「実に数多く」積み上げた前者を「森」に譬え，後者を「木」に譬えた。しかし，「調書に・書かれた・事実」と「諏訪メモに・書かれた・事実」は，同種同質の証拠の「全体（森）」と「部分（木）」に対応するのではない。この 2 つの「事実」は，「事案の真相」すなわち「事実認定の真偽」を考えるとき，完全に異質な性格であることを見逃してはならない。横山晃一郎の言葉を使えば，証拠には，真正な証拠（過去の事実の痕跡）ばかりでなく，不真正の証拠（作り出された証拠）がある[6]。供述調書は捜査官によって「作り出された証拠（不真正の証拠）」であり，実在的な「そこに・あった・事実」によって

---

[5]　もちろん，垂水克己（① 21 以下），池田克（① 64 以下），高橋潔（① 66 以下），下飯坂潤夫（① 67 以下）の反対意見もまた，田中の意見と同様，すべて「調書に・書かれた・事実」の上に立論されている。

[6]　横山「共犯者の自白」『刑事訴訟法判例百選』128 頁。なお，横山『誤判の構造』108 頁以下も参照。

補強されていない限り，それは「真偽」を示す証拠 (つまり「真正な証拠」) にな
りえない (本書 1.1.2. 以下および 3.2.4. 以下参照)。

　これに対して，「諏訪メモ」の内容は，捜査官が作出したものではなく，8 月
15 日，東芝松川工場の団体交渉に出席していた本社の課長補佐による「団交の
場」の記述である[7]。すなわち，「諏訪メモ」の内容は，S が東芝内部の団交の
席にいたことを客観的に示しており，それは，S が連絡謀議の席上にいなかっ
た事実を示している[8]。つまり，「諏訪メモ」は，検察の主張する連絡謀議に S
がいなかったこと，すなわち検察の主張が「偽である」こと，この連絡謀議は
なかったという弁護側の主張が「真である」ことを証明する真正の証拠である。

　要するに，田中が 1 本の「木」と位置づけた「諏訪メモ」は，公訴事実が「偽
である」ことを証明しうる真性の証拠だが，田中が「森」と位置づけた山積す
る供述調書は，捜査官の観念的な「ストーリー」の記述であり，それ故，それ
だけでは「真偽」を証明しえない不真正の証拠である。伝統的な真理論によれ
ば，およそ事実に関する「言明」の「真偽」は，その言明に記載された「こと
がら (記載事実)」が現実に一致するか否かにかかっている。何度も確認してい
ることだが，たとえば「ここに 1 本の万年筆がある」という言明を考えよう。
この言明は，その時，そこに，「1 本の万年筆があった」ときにのみ「真」であ
り，「1 本の万年筆がなかった」ときに「偽」である。同様に，あらゆる供述証
拠の真偽は，「調書に・書かれた・事実」が実在的な「そこに・あった・事実」
と一致するときにのみ「真」である[9]。この伝統的真理論を踏まえた上で，田

---

7) 「諏訪メモ」については諏訪親一郎「誰かがウソをついている」文藝春秋 600 号 198 頁
　以下参照。
8) 　このメモは，作成者の諏訪氏が事件後まもなく捜査官に提出しており，その時から数え
　れば 9 年以上も検察が隠していたものであった。このメモには，昭和 24 年 8 月 2 日から 9
　月 28 日までの東芝松川工場の全争議に関する事実が記録されており，8 月 15 日の団交を
　記録した部分には，S のアリバイが明記されていた (小田中聰樹「『諏訪メモ』のこと」法
　と民主主義 252 号 54 頁)。
9) 　田中は，この真偽の判定基準に触れることなく，裁判官が「真実と虚偽が混合した供述
　から真実を把握する」ことができると言う (① 18)。しかし，このような田中の主張を承認
　すれば，裁判官の主観を絶対視する「自由心証主義」の最悪形態に帰着する以外にないだ
　ろう。田中は，最高裁の裁判官として，しかも判決の中で，このように書くことの異常さ
　に気付いていない。

中が支持する原1・2審判決の事実認定を検証すればよい。それらは明らかに「偽」である。

　つまり、原1・2審判決は、実行行為に関しA自白に依拠し、謀議の詳細に関しO自白に全面的に依拠しているが[10]、AやOの供述内容が現実と一致しているか否かをほとんど検証していない[11]。原2審判決が実在的事実に無頓着であったことは、先に、永井川信号所南の踏切をAらが通過したという事実認定に即して確認したとおりである (本書1.3.3.)。原2審判決はただ「調書に・書かれた・事実」を「真である」と擬制して組み立てられた観念論の産物 (フィクション) である。

3.2.3. 「事案の真相」を無視するフレームアップの論理

　田中が「実行行為」という犯罪の核心部分 (「巨大な山脈」の部分もしくは「森」の部分) は「証拠によって推認できる」と述べても、田中が言う「証拠」は、実在的な「そこに・あった・事実」に裏打ちされていないが故に、真理を保証する証拠ではない。つまり、田中は、「真偽」を証明する証拠を「木」と呼び、「真偽」を証明しない大量の供述証拠を「森」と呼び、「木」よりも「森」の重要性を説いたのである。そして、そうであるが故に、客観的に見て、田中の論理は「事案の真相」を無視する「フレームアップ」の論理でしかないと帰結すべきだろう。

　ここでは、1例として、レールの「継目板を外す」という実行行為の核心部分の事実認定に限定して、供述証拠 (Aの自白「調書に・書かれた・事実」) が現実

---

10)　Oの自白は、「A自白と相並んで、本件自白、自認中の最も重要な自白」だが、「供述変更の跡が目まぐるしい」ものであり、「これが同一人の供述かと疑われる程、供述変更の跡が目まぐるしく」変遷していた (① 13)。

11)　「言明」の「真偽」は「言明」と「事実」の一致においてのみ決まる。しかし、この真偽の本質について、多くの論者は正確に理解していないようである。たとえば平野龍一は、原2審の有罪判決が出たとき、「この判決を細かに検討されるならば」、「事実がそう軽々しく断定できないことだけは、理解されることと思う」 (平野「松川事件の教訓」ジュリ50号3頁) と書いた。確かに、原2審判決をどれほど詳しく読み込み「細かに検討」してみても、平野のように、実在的事実との対応関係を見ないのであれば、判決書に書かれた「言明」の「真偽」を知ることはできない (本書「まえがき」〈2〉)。平野は広津和郎を念頭に批判しているのだが、平野とは反対に、広津は常に実在的事実を見据えていた。

的な「そこに・あった・事実」と一致しているか否かを考えよう。検察側は全長 24 cm の「自在スパナ」を実行に使ったと主張した。これに対し、弁護側は、24 cm の自在スパナによって、国鉄が使用する長さ 61 cm の「片口スパナ」で締め付けられたボルトに対し、それを「3, 40 分の間に緩解」することは力学的に不可能だと主張していた[12]。この点、原 1 審は、本件スパナとボルトの「形状」を対比し、本件スパナは「大き過ぎもせず小さ過ぎもせず、その取外に使用するには大体手頃の道具と言い得る」と述べ、特別の事情がない限り、「ナットを取外すことは容易であった」と認定している（福島地判昭和 26・1・12 刑集 13・9・686 以下）。この認定は力学を無視している。もし 61 cm の片口スパナでナットを締めた場合、それを 24 cm のスパナで緩解しようとすれば、締めたときの力の 2.5 倍以上の力が必要である。これでは、特別の事情がない限り、自在スパナによる「取り外し」は「無理であった」としか言えない。つまり、現実の問題として、検察による「調書に・書かれた・事実」の主張が「ありえない」こと、それ故「偽」であることは明らかである[13]。

　この点、第 2 次 2 審（門田判決）は、原 2 審（鈴木判決）が実施した 3 名の鑑定実験において、「ナット 9 個を緩解することに成功したものは S 鑑定人 1 人だけ」であり、他 2 名の鑑定人の場合、「自在スパナを破損して不能となった事実」を指摘し、片口スパナのシンプルで長い構造とは異なり、その半分の長さに満たない自在スパナの「ウォーム・ギア」の部分が力学的に耐えられなかったという事実に注目している（② 117）。弁護側は、実行行為に関しても、このような実在的事実を挙示して、検察官の主張が実在的な事実と一致せず、検察

---

12)　国鉄の専用スパナと証拠の自在スパナの写真は、広津「松川裁判」全集 10 巻 574 頁にある。なお、ナットの緩解に関しては、「国鉄関係者立会いのもとに、事件現場近くの線路を使って」警察が実験をしている。この時、自在スパナでは「ボルトナットが外れないので、スパナをナットにはめたまま足で蹴って廻そうとしたり、見ている関係者を『証拠品を壊しはしないかとハラハラさせた』ことが新聞にも報じられて」いたとのことである（大塚一男・本田昇編著『松川事件調査官報告書』114 頁参照）。実際、鑑定人が実験に使用したスパナは「傷だらけ」になっていた（後藤『裁判を闘う』98 頁）。要するに、証拠の自在スパナでは、ナットの緩解は無理であることを警察は知っていた。

13)　現に、大法廷判決後に、国鉄労組の協力により、弁護団は「証拠品のバールや自在スパナでは、転覆作業が不可能であった」ことを実証している（松川事件対策協議会『松川十五年——真実の勝利のために』〈労働旬報社、1964 年〉231 頁以下、249 頁）。

官が創作した「ストーリー」にすぎないことを立証していた。

3.2.4. 真理とは言明と事実の一致である

このように，田中が重視した「実行行為」に限定しても，原1・2審の事実認定は現実的な「そこに・あった・事実」と一致しない。松川事件では，「調書に・書かれた・事実」の大部分は，刑訴法上の証拠でありえても，実在的事実に支えられていない点，「事案の真相」すなわち「真実」を保証する証拠ではない。松川事件の主任弁護人であった岡林辰雄が指摘したことだが，真実は「事実とことばの一致」において認められる。ところが，松川事件では，罪体と被告人の「結びつき」は共犯者の自白だけである。岡林は，原2審判決につき，「ことばだけが，どんなに相互に補強し合ったところで，それが真実を証明するものだとはいえない」と指摘する。つまり，「ことばとことば」ではなく，「ことばと事実」の一致だけが「事案の真相を明らかにする」のだ[14]，と。

岡林の指摘は，アリストテレス以来の伝統的な「真理の定義」そのものだが（本書 3.5.1. 参照），それと比較すれば，法哲学の大家をきどってアリストテレスをよく引用しながら，実在的事実を直視（直観）することもなく，「真相を見失っている」と多数意見を批判した田中の反対意見こそ，真理論の哲学史的な意味を理解していない観念論的な不可知論者の妄言であった。こうして，諏訪メモが示す実在的事実に依拠して，大法廷多数意見が，原2審の認定を「偽である」とし，原2審判決を破棄したことは，当然の判断であり，正当な判断でもあった。ただし，多数意見は正しい判断をしたのだが，残念ながら，田中らの反対意見の論理を克服したわけではなかった。

すなわち，「真偽」の基準たりうる証拠と「真偽」に関係しない証拠とを区別せずに，現実の裁判を「証拠による裁判」として正当化する田中らの論理は，事実認定の論理として，克服されることなく，現代まで継承されている。たとえば，法科大学院のテキストとして広く使用される元札幌高裁長官・石井一正の近著を見れば，田中と同様の論理が展開されている。用語の上でも，「木」と「森」の譬えを使って，石井は事実認定の方法を説明しており，その内容も田中

---

14) 岡林辰雄「第2審判決の不正と矛盾」法時 26 巻 7 号 15 頁以下。

の論理と同一だと了解できる。

　石井は，不可知論に立脚しつつ[15]，事実認定の具体的な方法として，事件全体の「大局的判断」の重要性を説く。すなわち，「比較的客観的な証拠や多数の証拠が指し示す，いわば動かし難い事実」を踏まえて，「仮設的な，一応の証拠判断」として総合的な「大局的判断」を行い，これとの関連で個別的な証拠を分析的に判断すれば，いわゆる「木を見て森を見ない」証拠判断の誤りを避けることができると言う。さらに，石井は，個別的証拠の分析的判断の重要性を指摘しており，これを誤れば，「森を見て木を見ない」事実認定との「そしり」を受けると指摘する。しかし，石井の論理には，田中と同様，「真偽」を決める基準たりうる証拠 (つまり「そこに・あった・事実」としての証拠) と「真偽」に関係しない証拠 (つまり「調書に・書かれた・事実」としての証拠) とが区別されていない。これこそ，不可知論的真実論の論理であり，真理が擬制されるフレームアップの論理，つまり「暗黒裁判」の論理である。

3.2.5. 現代まで継承される田中の論理

　事実認定において，全体的・大局的な証拠 (これが「森」である) の評価 (総合的評価) と部分的・個別的な証拠 (これが「木」である) の検討 (分析的検討) の間で，裁判官は「木から森」あるいは「森から木」へと，「視線の往復」を繰り返す。石井の指摘がこのような事実認定の「ヘルメノイティク」な循環的構造を説明しているのならば，その限りで，その指摘は正しい。なぜなら，この視線の往復があれば，単なる「調書に・書かれた・事実」の証拠価値は必然的に切り落とされて，大局的な評価が個別的な評価により変質していくからである。

---

15)　石井は，団藤と同じく，「客観的真実」すなわち「事象 X」の存在を想定しつつ，それは認識の彼岸にあるとする不可知論に立脚する。つまり，実定法規の制約下にある裁判で認定される事実は「訴訟上の真実」でしかないとしつつ，実際に認定される「訴訟上の真実が限りなく客観的真実に近づくこと」を事実認定の目的だとしている。しかも，石井の場合，裁判官に対して，不可知であるはずの「客観的真実」を追求する「努力あるいは真実追求への執着心の強さ」までをも求める。これでは，しかし，フレームアップを懼れぬ努力としか読めないだろう。石井『刑事事実認定入門 (第 3 版)』(判例タイムズ社，2015 年) 9 頁以下参照，特に 13 頁。同『刑事訴訟の諸問題』(判例タイムズ社，2014 年) 466 頁以下なども参照。

　しかし，石井の論理には，「木」を見ることの必要性に触れながらも，奇妙なことに，「木」を見たことが「森」の評価にフィードバックされ，それにより「森」の評価が変質する論理が含まれていない。さらに，石井の言う「大局的判断」が本当に「いわば動かし難い事実」の上に設定されるのであれば，その主張に賛同することもできるだろう。しかし，調書裁判が標準となった現代の刑事裁判実務を前提にすれば，石井の「大局的判断」が前提にする「動かし難い事実」は，実在的な「そこに・あった・事実」ではなく，捜査官が作成した「調書に・書かれた・事実」に依拠した判断となる。つまり捜査官の「ストーリー」に大きく依拠した判断とならざるをえない[16]。

　そして，そうであれば，事実認定の内容は，最初から検察官が観念的に想定した「ストーリー」に大きく接近する。松川裁判で見れば，まさしく原1・2審の裁判官と同じ地平に立つことである。しかし，そうであれば，田中の「巨大な山脈」が検察「ストーリー」の別名でしかなかったように，石井の「大局的判断」もまた，検察「ストーリー」と変わらない。実際，石井の論理には，不可知論的な真実論に固有の危険性を回避する装置はなく，田中と同様，検察ストーリーを「真理」と擬制する観念的な論理そのものである。

　このことを理解するために，たとえば石井が実際に事実認定をする裁判官に推薦する事実認定の最終チェックの方法を見ればよい。次のように書かれている。「証拠の総合的判断から認定される事実が一応決まったとして，この事実認定が適正なものであるかどうかを最終的に吟味するために必要なことがらとして，事実認定の過程を文章化してみて，反論に耐えるか否かをみずから検討することと，事実認定に関する当事者の最終的な意見（検察官の論告，弁護人の最終弁論）と認定しようとする事実をつきあわせて，その批判に耐えうるか否かを検討」すべきだ[17]，と。しかし，注意すべきことだが，石井の主張には，事実認定の最終段階で文章化された言明について，その言明が実在的な「そこに・あった・事実」に支えられているか否かという論点，つまり，その「最終チェック」

---

16)　これは要するに有罪を推定する論理である。平田元『刑事訴訟における片面的構成』（成文堂，2017 年）194 頁以下参照。

17)　石井『刑事事実認定入門』74 頁。

の「真偽」は検討課題にすらなっていない。つまり真理は「擬制」されている
だけである。先に石井の論理を「観念論的」だと評したが，「そこに・あった・
事実」を直視（直観）しないところに，石井の論理を「観念論」だと規定した所
以がある[18]。事実の直視（直観）がないところに，如何にして，事実の認識（事実
認定）が成り立つかを考えるべきであろう。

　石井の論理には，松川事件における「諏訪メモ」や「自在スパナ」のように，
弁護人が力説した「1本の木」でしかない小さな「実在的事実」が膨大な「調
書に・書かれた・事実」を「切り貼り」（石井はこの「切り貼り」を「総合的判断」
と言い換えているのだろう）して創作された検察官や原1・2審裁判官の「大局的
判断」の虚偽性を暴露し，それによって「無辜の処罰」が阻止されたという歴
史的現実を真摯に反省した形跡はない。全然ない。また，裁判官が検察官の「ス
トーリー」に追随し，それを「上書き」して，誤判に帰着してきたことへの反
省もない。田中の論理は，明らかに，石井らに従う現代の裁判官に伝えられて
いる[19]。

---

18)　石井は「直感」という言葉を使うが，これは，伝統的な哲学用語である「直観」（感覚的
　　に「直視」すること）とは異なり，明確な概念内容を持たない。むしろ平野が引用した「天
　　来の妙音」に近いものであろう（本書「まえがき」〈2〉参照）。同じことは石井の「総合的
　　判断」についても言える。これもカント論理学の用語とは無関係であり，正確な概念内容
　　は明記されていない。ところが，日本の裁判官は，時々，このような不明確な概念を使っ
　　て，有罪の帰結を導き出す。たとえば飯塚事件の確定死刑判決に用いられた「総合評価」
　　などはその典型である（本書 4.5.2. 参照）。
19)　石井には，誤判の例として，甲山事件にかかわる「偽証事件」の判決がある。事件の内
　　容は割愛するが，これは，甲山事件そのものではなく，被告人 S に有利な証言をした甲山
　　学園長 R ほか 1 名に対し，検察が報復として偽証の立件をした事件であった（検察の報復
　　的な偽証の立件はよく見られるが，その例として，本書 3.3.5. を参照されたい）。周知のと
　　おり，判例上，偽証は，供述内容が供述者の記憶と一致しないときに成立する。検察は，
　　R の供述を，記憶の喚起ではなく，思考の産物だとし，偽証が成立すると主張した。1 審
　　は，記憶の喚起と思考の産物を明確に区別しえないとして，無罪とした（神戸地判昭和 62・
　　11・17 判時 1272・51）。検察は控訴し，事件は大阪高裁・石井コートに係属した。石井
　　コートは，記憶の喚起と思考の産物を区別しうると述べ，検察の論理を認めて，1 審判決
　　を破棄し差し戻した（大阪高判平成 5・1・22 判時 1561・147）。しかし，現代の認知科学
　　では，記憶の喚起も推論も，どちらも脳内の電気信号として区別しえない（ラリー・スク
　　ワイア＝エリック・カンデル『記憶のしくみ（上）』〈伊藤悦朗・宋時栄訳，講談社，2013
　　年〉182 頁以下参照）。それ故，当然のことだが，差戻し 1 審は，証拠を詳細に再検討し，
　　改めて被告人を無罪とした（神戸地判平成 10・3・24 判時 1649・9）。検察は再び控訴した

後に考察する東電 OL 殺人事件（本書 4.4.）では，1 審が無罪，2 審が有罪で
あった。2 審の判決が出た後，公判を担当した検察官は「1 審判決は『木を見て
森を見ない』きらいがあったが，2 審は証拠全体を見渡した常識的な判断だっ
た」と述べたという[20]。この検察官の論理が田中や石井の論理である。田中の
論理は今も生きている。かくて，今でも，暗黒裁判がなくならない。

が，第 2 次 2 審も客観的な事実認定の中で被告人を無罪とした（大阪高判平成 11・10・22
判時 1712・85）。この判決の裁判長は，熊本地裁八代支部で，免田事件の再審無罪判決を
書いた河上元康だが，石井コートの事実認定を厳しく批判している。優れた判決の 1 つと
して是非とも参照されたい。
20)　読売新聞社会部『ドキュメント裁判官』（中央公論，2002 年）38 頁以下。

3.3. 差戻し後の八海事件
——調書裁判の「暗闇」の中で

　かつて下飯坂潤夫という裁判官がいた。この裁判官は，とても一言で表現しえない人物だが，おそらく，下飯坂こそ，わが国の「暗黒裁判の象徴」とも言える人物だろう。そのため，「暗黒裁判の本質」を知るためには，下飯坂を知る必要がある。下飯坂は，一体，「裁判というもの」をどう考えていたのか，そう問いかけてみたい。しかし，この質問には，誰も答えられないだろう。ここが暗黒裁判を基礎づけた田中耕太郎との差であろう。田中への批判は理論的に可能である。しかし，おそらく，下飯坂を理論的に批判することは不可能である。そのことを実感するためには，何よりも，彼が第1小法廷の裁判長として起案した八海事件（本書1.3.）の異様な第2次上告審判決を見ればよい。そうすれば，「調書に・書かれた・事実」を読み込み，自由心証主義を振りまわす刑事裁判を「暗黒裁判」と呼ぶ本書の主張が端的に了解されるだろう。

〈引用判例〉① 第1次上告審（垂水判決）：最判昭和32・10・15判時127・3，② 第2次2審（村木判決）：広島高判昭和34・9・23判時201・10，③ 第2次上告審（下飯坂判決）：最判昭和37・5・19判時300・7，④ 第3次2審（河相判決）：広島高判昭和40・8・30判時432・10，⑤ 第3次上告審：最判昭和43・10・25判時533・14

3.3.1. 「真昼の暗黒」は序章にすぎなかった

　既述のとおり（本書1.3.5.），八海事件は，最高裁・垂水判決により，被告人Aを死刑とし，3名を懲役12ないし15年とした2審判決が破棄され，広島高裁に差し戻された。そして，映画「真昼の暗黒」（今井正監督）では，原2審までの状況が「暗黒」として描かれた。この映画では，周知の「まだ最高裁がある」という言葉で終わったが，1・2審判決はまさに供述調書という「人の言葉」が作り出す「暗闇」の中に沈殿していた[1]。そこに「物証」という「自然の言葉」

---

1) ここまで，本書は「調書に・書かれた・事実」と「そこに・あった・事実」という対語

を対置させ，「悪意の暗闇」に光を当てたのは上告審で弁護人となった正木ひろ
しの功績であった。そして，幸運なことに[2]，垂水判決は弁護人の「自然の言
葉」に反応した。さればこそ死刑を含む2審判決は破棄された。被告人らの希
望はつながった。しかし，本当の意味で，八海事件が「暗黒裁判」となったの
は，実は，これ以後の展開によるものであった。

　ここでは，垂水判決を受けた第2次2審判決（村木友市裁判長）について（②
10），概観しておこう（以下，この判決を「村木判決」とも記す）。村木判決の全体像
は，きわめて丁寧に，本件の事実関係を再検証し，Aら4名の無罪をほぼ完全
に立証した。しかも，その論理は緻密であり明快であり，原1・2審判決が有罪
の根拠としたYの供述と被告人Aら4名の捜査段階での自白内容を「殆んど信
憑力がないと断言し」て，それらを完璧に斥けた。

　そこで，以下，村木判決の全体を簡潔にトレースしておく。村木判決は，初
めに，共犯に関するY供述を丹念に検証する。逮捕直後，Yは犯行を否認した
が，すぐ「自分がやった」と単独犯を自供した。しかし，その後，6人共犯で
あったと自供を変えた[3]。ところが，Yは，6人から5人の共犯に自白を変遷さ
せ，一時期，2人共犯の上申書を書きながら，再び5人共犯に戻すという変遷
を3度も繰り返している。村木判決は，逐一，Y供述の変遷を検証し，そこに，
4名の被告人の供述や他の証言などを対比させながら，Y供述の虚偽性を鮮明
に浮き上がらせている（② 12–19）。

　を使ってきたが，本章では，「人の言葉」と「自然の言葉」という対語も同じ意味のキー
　ワードとして併用したい。これは上田誠吉・後藤昌次郎『誤った裁判』135頁から借用し
　た。そこには，「警察や検事や裁判官は，往々にして，ひとたびある人間の口先を信用する
　と『自然の言葉』を聞く耳をもたない」と書かれている。そのとおりである。
2)　これを「幸運」と位置づけることに批判があるかもしれない。しかし，今，八海事件の
　判決を読み返してみても，「幸運」であったとしか思えない。現に，第1次2審判決を破棄
　差し戻した垂水判決でも，裁判長の垂水克己は，「被害状況から見ると殺害及び偽装工作が
　2人以上の者によって行われた蓋然性の方が多い」と補足している（1957・10・15朝日新
　聞夕刊）。
3)　この自供を得て，警察は6人全員を逮捕し，そのうちの1人のアリバイが証明されて，
　5人の共犯という警察・検察のストーリーが最終的に形成される。ここでの要点は，この
　ように形成されたストーリーがただちにYに伝わり，以後，Yの供述を変遷させて，それ
　をコントロールしていくところにある。例外はあるけれども，Yの供述を見る限り，その
　大部分は警察・検察との合作である（本書1.3.4. 注15参照）。

　まず共同謀議に関し，村木判決では，事件があった昭和 26 年 1 月 24 日以前の謀議に関する検察の主張を検討し，Y の供述や上申書の内容に相当な変遷や齟齬があり，A らによる全面的な共謀の否認を覆すに足る根拠がないことを示す（② 37–43）。次に，犯行当日の八海橋での謀議から H 方への侵入までを検討し（② 27–32，47–51），そして，その後の H 方の板戸を外して納戸（寝室）に突入し，H1・H2 を殺害し，H2 に「首吊り」工作を加えるまで（② 32–35，52–55），さらに，殺害後に八海橋に再集結し，手袋その他を八海川に捨て（② 35–37），奪取金を分配して解散するまでを詳しく検討している（② 23–26，51 以下）。村木判決は，これらの各段階の「調書に・書かれた・事実」を検討して，Y が供述するような A らの犯罪行動が現存したと証明しうる実在的事実は皆無であることを丹念に示している。

3.3.2. 実在的な「そこに・あった・事実」を直視した事実認定

　このように，村木判決は，Y の供述「調書に・書かれた・事実」が事件の実在的な「そこに・あった・事実」と一致しないことを示した。そして，垂水判決が例示した種々の疑問点についても，村木判決はさらに詳しく検証する。まず，A らの着衣や「手及び足の爪」に付着していたという血痕の指摘に関して，原 1・2 審判決は，そもそも被告人 A の「浴衣」をはじめ，犯行時の着衣すら特定していないことを判示する。その上で，血痕を検査した技官によれば，対象とした血液の量が「きわめて微量で，それが何時頃付着したものか新旧の識別ができなかった」という供述に着目し，いずれも A らの有罪認定の資料たりえないと認定した（② 61–63）。次に，証拠の十円札に関して，鑑定の結果，A の内妻 M が持っていた十円札や D 方で押収された十円札は，Y が H 方から強取した十円札と同番号だが，別の版で別の機会に印刷された紙幣であることを示し（② 63），侵入口は 2 ヵ所ではなく中連窓だけだと認定し（② 49），殺害手段が異なることに関しても，H1 に決定的致命傷を加えた後，連続的に H2 を扼殺することは「難事ではない」と推論する（② 64，65）。最後に，H2 への偽装工作について，まず「H2 の頸部を麻縄で緊結」し，その縄を鴨居に通し，H2 を抱えながら縄を引き，それを結びつければ，この程度の「不手際な」工作であれば，共犯でなくとも，単独犯として「可能である」と認定した（② 65–67）。

　こうして，村木判決は，垂水判決が提示した諸問題に1つ1つ答えて，原1・2審が依拠したY供述の虚偽性を全面的に暴露する。さらに，付随的に，Aのアリバイがほぼ成立すると認定した点も重要である[4]。すなわち，事件当日，H2が午後5時に夕食の支度をしていたとの証言を基に，村木判決は，午後6時から7時に夕食をとったと推認し，胃の内容物の消化状態の鑑定値から，被害者が午後11時以前に死亡したと認定した[5]。その上で，残された証拠を踏まえて，H方に到着してから殺害までの時間を考える。証拠上，侵入口を物色し，迷信に従って脱糞し，バールで中連窓をこじ開けて，そこから侵入し，持参した3合瓶入りの焼酎をH方にあったサイダー壜に詰め替え，その後，詰め替えた焼酎を飲み干し，空のサイダー壜を出入口から外に出し，台所と炊事場を仕切る板戸の「落し錠」を探るために刃物で9回突き刺し，最終的に板戸を開けて犯行に至る経過があり，これらの行為を実行するために必要な時間は「少なく見積もって20分内外の時間」（②21，49）を要するとした[6]。そうすると，もしAらが犯人だとすれば，遅くとも午後10時40分までに，AはH方に到着し，侵入に着手していた必要がある。

　しかしAは午後10時40分にH方前に到着しえない。24日は，午後4時に砂利採集を終えて，未払いの賃金を請求しに，A，C，DとWはN組を訪問している。ところがNは留守であり，午後10時までN方にいたが（Cは途中で帰宅している），応対したNの妻によれば，大体10時頃に，AとDはN方を辞し

---

4)　井上正治「割り切りすぎた八海事件」判時201号3頁でも，「かなり明確にアリバイが成立すると認められた」と指摘する。

5)　原1・2審の依拠した鑑定では，H1が食後2時間以上の経過で殺害され，H2が食後1，2時間の経過で殺害されており，また上野正吉の鑑定では両者とも3時間，香川卓二の鑑定では3ないし4時間で殺害されたと推定されている（②21）。そうすると想定される最も遅い時間に食事をとり，最も遅い時間に死亡したとしても，午後11時には死亡していたと推論しうる。

6)　これは観念的に想定しうる最低限の時間であり，実際には，正木ひろしが上告趣意書で記したとおり（本書1.3.5. 参照），より多くの時間がかかるはずである（たとえば，板戸の柔らかい場所を選んで，9ヵ所——実は12ヵ所——の穴をあけて板戸の反対側を観察するだけで20分内外の時間が必要だろう）。Y供述のように，Yが床下口から侵入したとすれば，床下口の板を外す時間が必要だし，狭い床下を匍匐して前進するなど，より長い時間が必要になる。

た。Ｎ方を出た後，しばらく山道を歩き，自転車に二人乗りして天池まで来た
ときに，チェーンが切れた。その後，Ａは，Ｄと再び徒歩に戻り，Ｄ方前でＤ
と別れて，１人で平生町内を歩いていたところ，平生座のＳと出会い，「声をか
け」ている。この日，平生座で浪花節の興行があり，浪曲師を接待するために，
Ｓは酒を求めて土手町の酒屋に行くところであった。そして，Ｓの証言では，そ
れは午後10時35分から40分のことであった[7]。さらに，Ｓと出会った直後，
岩井商店付近で，Ａは内妻のＭと妹のＥ（ＭとＥは，Ｎ方から先に帰ったＣ宅で，
国鉄の定期券を借りてきた帰りであった）に会っている。そこは「多く見積っても」
１分以内のところだが（②23），そこから八海橋までは９分かかり，さらに八海
橋からＨ方までは10分かかる（②50）。つまり，ＡがＭとＥに出会う前のＳと
出会った時点（午後10時35分から40分）で，どれほど急いでも，午後10時40
分までに，ＡがＨ方前に行くことはできない（②22以下）。

　こうして村木判決はＡら被告人４名を無罪とした。すなわち，事件の実在的
事実を踏まえて，原１・２審の有罪判決の根拠を悉く斥け，Ａら４名の犯人性が
証明されていないことを示して（ここが核心である。本書3.3.6.参照），付随的に，
Ａのアリバイがほぼ成立していることまで示したのであった[8]。

3.3.3.　下飯坂判決──理性なき「心証」の暴走

　村木判決はＡら４名の有罪性を完璧に否定した。垂水判決を受けて，徹底的
に現実を直視（直観）し，Ｙ供述やＡらの自白が多くの点で相互に矛盾し，現実
と一致しない「虚偽」であることを暴露した。村木判決はほぼ完璧な無罪判決
であった[9]。しかし，本件のような調書裁判の場合，無罪判決の論理が完璧だ

---

7)　第２次２審（村木審）の検証結果では，Ｎ方からＡとＳの出会った場所までの所要時間
　　は36分であり（②23），Ｓの証言とほぼ合致する。

8)　このアリバイに関しては「ほぼ成立」しているとしか言えない。そこには，被害者の夕
　　食時間や胃の内容物の消化時間など，正確な時間の特定を阻む不確定要素がある。しかし，
　　この点に関しても，村木判決の推論は経験的事実や第三者の証言する事実に支えられてお
　　り，アリバイは「ほぼ成立」していると評価しうる。

9)　青木英五郎は，当時，大阪地裁の裁判官であったが，この「極めて精緻な分析のうえに
　　立つ」判決が覆るとは予想できなかったと書き残している（青木「裁判官の悩みと悲しみ」
　　著作集Ｉ488頁）。

とすれば，原1・2審が有罪の根拠とした「調書に・書かれた・事実」に警察や検察の不法の痕跡が残ることになる。そのため，検察は，違法な捜査であったことを隠蔽するために，上告理由がないにもかかわらず，上告したのであった。

　そして，この検察の異例の上告を受けて職権を発動して村木判決を破棄し，再び広島高裁に差し戻したのが下飯坂判決である[10]。下飯坂は，法廷で主文を読み上げた後，「判決文はぼう大なものなので，ここで朗読はしない。要するに審理不尽，事実誤認である」と述べ，閉廷した。「この間2分」であったらしい（1962・5・19朝日新聞夕刊）。先に概観したように，村木判決は「そこに・あった・事実」に即してY供述の虚偽性を明らかにしたが，反対に，下飯坂判決はYの供述にも「真実」が含まれていると判示する。すなわち，Yの供述は「四転五転殆んど底止することを知らない」ほど虚偽に満ちているが，「裁判官として大事なことは幾変遷したYの供述の中にも，何か真実に触れるものがないであろうかと疑ってみる」ことの重要性を説くのである（②7）。

　下飯坂は，こう述べつつ，熊毛地区警察署の巡査部長が昭和26年2月2日に作成したYの第5回供述調書と第6回供述調書の全文を判決に引用する（③9–17）。さらに，続いて，昭和28年7月22日に広島高裁の書記官が作成した伏見正保裁判長と陪席裁判官らとYとの質疑応答を記した公判調書の全文を引用し（③17–22），最後に，昭和30年9月22日付のYの最高裁への上申書全文を引用している（③22–39）。下飯坂判決は長大な判決だが，そのほとんど全文が資料の引用という「異様な判決」（佐伯千仭）であり[11]，下飯坂が引用して示そうとした「事実」はすべて例外なく「調書に・書かれた・事実」だけである。た

---

10)　村木判決は，当然のことながら，垂水判決を受けて，「その拘束力の下に審理している」。ところが，この村木判決を否定する下飯坂判決は，垂水判決が示した多くの論点を無視して，Yの「単独犯行でないことが明らか」だと帰結する。後に最高裁判事になる大野正男はこの点を厳しく批判している。大野「八海第二次差戻判決をめぐる五つの問題」法セ76号12頁以下参照。

11)　実際，この判決は，刑集16巻6号の609頁から996頁まで，388頁もある。家永三郎は，この異様な長さの判決文の9割が検察官提出の調書からの引用であることを示して，「最高裁第1小法廷という看板を下ろして，検察庁裁判部第1小法廷と改名」すればよいと批判しているが，全くそのとおりである。家永『歴史家のみた憲法・教育問題』122頁以下参照。この判決の異様さは，判決の最後に，H2の首吊り工作の写真が添付されていることを見ても実感されよう。

しかに，「調書に・書かれた・事実」が「真である」と仮定すれば，下飯坂が力説するように，それを「反復熟読」することによって，真実を発見することが可能かもしれない。しかし，員面調書や検面調書が作成者の作文にすぎないことは，これまで概観してきた冤罪事件で十二分に証明されている。警察官や検察官が作出した作文をどれだけ「反復熟読」しても，作文が作文であって現実でない以上，「そこに・あった・事実」を直視 (直観) しない限り，その「真偽」は絶対に判明しえないはずである。下飯坂の主張は，熱湯に手をつけて主張の真偽を判定した「盟神探湯(くがたち)」の論法に等しく，理性の「かけら」もない[12]。

　たとえば，下飯坂が引用するＹの最高裁判所への上申書には，Ａら４名の被告人は「私の共犯であると『チカイ』ます」と書かれている。ところが，この長い下飯坂判決のどこにも，このＹの「チカイ」が「真である」ことを証明している個所はない。つまり，下飯坂は村木判決を否定するが，肝心の否定根拠が「真である」ことを証明していない。下飯坂はＹの主張にも「真実に触れているものがある」と書くが，どの部分が，何故に「真である」かを何も示していない。したがって，このような文章 (判決理由) をどれほど連ねても，「犯罪が存在した」ことの証明になりえないことは明らかだろう。

　Ｙは，後に仮釈放で出所したとき，自己の供述のすべてがデタラメであったと告白している。つまり，原１・２審の裁判官が「具体的詳細に，誰と誰がどこでどういう相談をし，現場で，誰々がどういうことを行ったかというようなことを，あたかもこの目で見たかのように確信をもって認定した」はずの事実が，「実は全部架空の真っ赤な嘘であった」[13]。Ｙの自白調書や法廷証言などがＡらの有罪判決を支えた核心部分だが，出所後のＹ自身の告白によれば，公判当日に，「検察官とリハーサルをして」供述していた[14]。これが調書に依拠した事実

───────────

12)　下飯坂の反理性的判決を理解するのに専門的な法の知識は不要である。その点，この下飯坂判決を取り上げ，朝日新聞社説は「より一層慎重な事実認定を望むのは当然であろう」と書いたが (1962・5・20 朝日新聞)，この論説委員は下飯坂と同じく「理性の『かけら』もない」と言うべきだろう。

13)　これは本件の弁護人を務めた佐々木哲蔵の言葉である。佐々木『一裁判官の回想——佐々木哲蔵論文集』(技術と人間，1993 年) 86 頁以下。

14)　佐々木・前掲89頁。なお，後に，Ｙは次のように告白している。検事は，「『いついつにはこう言っている。これが正しい』と言って私におぼえさせ」，「検事は記録を読むのでは

認定の，それ故，調書裁判の現実である。

3.3.4. 「検察庁裁判部第1小法廷」判決

下飯坂は，虚言だらけの Y の供述調書から，神の眼の如く，そこにも「真実がある」と述べて，村木判決（無罪判決）を破棄し，広島高裁に差し戻した。しかし，上述のとおり，下飯坂判決は，村木判決の事実認定が「偽である」とする客観的な根拠を示していないし，第1次1・2審の事実認定が「真である」とする客観的な根拠も示していない。この時の主任弁護人・佐々木哲蔵はこの下飯坂判決を「およそ最高裁判決の名に値しないと思われる程に，証拠と理性を無視した感情判決」だと批判している[15]。そのとおりであろう。下飯坂判決はただ検察官の主張を「上書き」しているだけである。また，大阪地裁の裁判官であった青木英五郎は，下飯坂判決を見て，ただちに裁判官を辞職し，本件の弁護団に合流した[16]。最高裁の調査官ですら，村木判決は，理由の説明が少し「詳細にすぎる」としたけれども，全体としては明快であり，客観的証拠の有無を綿密に調査して結論を導く点でも評価されうるとし，下飯坂判決に批判的な評価をしている[17]。

法学界ではどうであったろうか。正当にも，横山晃一郎（愛知学院大教授）は「八海事件を全体として眺めるとき，検察官のこの事件に寄せた異常な執念と，その執念に感染した感のある最高裁の第2次判決の異常さに改めて驚かざるをえない」と述べた[18]。また，木田純一（愛知大教授）は，村木判決の説得力と比較して，この判決を「きわめて説得力に欠け独断性のみが目につく」とし，「裁

なく，ノートに書いてきたのを私に書きとらせおぼえさせた」（前坂俊之「八海事件の真相（下）」1977・9・18 サンデー毎日 50 頁以下参照），と。

15) 阿藤周平『八海事件獄中日記』の「あとがきに代えて」を参照されたい。

16) 佐伯千仭は，青木英五郎著作集の「『刊行の辞』にかえて」の中で，青木がただちに「裁判官を辞め，自分も弁護士となってその弁護に当ろうとまで決意された」と記し，家永三郎も『青木英五郎著作集 I』の「栞（1986 年 8 月）」において，「裁判官を辞職して弁護士となり，八海事件の弁護人となることを決意された」と書いている。なお佐伯「裁判官に傲慢が宿った時」朝日ジャーナル 9 巻 16 号 63 頁以下参照。

17) 三井明『最高裁判所判例解説——昭和 37 年度刑事篇』（法曹会，1963 年）146 頁以下。

18) 横山「八海事件における捜査・訴追の適正」ジュリ 412 号 44 頁。

判の権威という点から，甚だ遺憾の意を表せざるを得ない」と評した[19]。しかし，横山や木田らの批判とは異なり，刑法学会の主流は下飯坂判決にそれほど驚かなかった。植松正（一橋大教授）は，裁判が「事件の真相」を発見するものである以上，「過去4回の裁判を経由したにもかかわらず，なお原審の事実の認定に大きな疑いがあるとすれば，これをまた差し戻して事実審裁判を繰り返すことも，ただやむを得ないばかりでなく必要なこと」だと述べた[20]。

　この植松の論評は，単なる抽象論であって，下飯坂判決の論評になっていない。事件の「真相」が重要なことは誰にでもわかっている。それは自明の一般論だろう。問題は，下飯坂判決のどこに「真相」の指摘があり，下飯坂の否定した村木判決のどこが「偽である」のかを明示していないことにある。植松は，この肝心な点に触れることなく，抽象論でごまかしている。同様の「ごまかし」は，下飯坂判決によって差し戻された第3次2審において，広島高裁（河相格治裁判長）が被告人4名を有罪とし，第1次2審と全く同じ刑罰（Aに死刑，Bに無期懲役，CとDに懲役12年）の判決（④10）を出した直後の論評にも見られる（以下，この判決を「河相判決」とも記す）。ここでも，植松は，河相判決の問題点に触れることなく，Mらの偽証の問題を取り上げて「ごまかし」たのであった。この「偽証の問題」について簡単に触れておこう。

3.3.5. 偽証の立件──検察が常用する犯罪的な捜査手段

　垂水判決が出て，村木コートが始まったとき，検察は改めて本件の「補充捜査」に着手した。その際，検察は，被告人らに有利な証言をしてきた者に対し執拗な捜査を再開し，数名を偽証の容疑で逮捕して，従前の供述を変遷させ，数人は立件された。そして，Aの内妻であったMや事件当日の24日にAと共にN組を訪れたWなど3名は偽証の有罪判決を受け，確定している。そして，検察は，この時に得た「新しい供述」を証拠として村木審に提示し，弁護人が主張するAらのアリバイを崩そうとしたのであった。ところが，村木判決は，

---

19)　木田「八海事件」愛知大学法経論集42号176頁。

20)　植松「真実発見は司法の使命」判時300号2頁を参照。植松は続ける。さればこそ，「われわれは，司法に対してまさに神に次ぐ信頼を措く」，と。これが本当に下飯坂判決を読んだ上の論評であれば，植松のレヴェルの低さに驚愕せざるをえない。

この補充捜査の実態を見据えていたが故に，「新しい供述」を重視しなかった。ところが，下飯坂判決は，この偽証の有罪判決について「殆んど眼中になきが如く」無視した点を，村木判決に対する破棄理由の1つとした（③43）。

　しかし，H夫妻が殺された24日夜のAのアリバイは，既述のとおり（本書3.3.2.），Nの妻が夜10時までAがN方にいたと証言し，午後10時にN方を出た後，浪曲師たちの酒を手配していたSと出会い，Sがその時間を「午後10時35分から40分」だと証言したことに尽きている。村木判決によれば，このNの妻とSの証言によって，Aは「午後10時40分」にH方前に行くことはできず，それ故，Aらは，最も遅い死亡推定時刻である「午後11時」までにH夫妻を殺害できない。つまり，Nの妻とSの証言が決定的であって（正確に言えばNの妻の証言が決定的である[21]），いわゆる「補充捜査」で新供述をしたMやWらの従来の供述がどれほど変遷しても，Aのアリバイは「ほぼ」成立している。

　このことを押さえれば，村木判決がMの供述変更を問題にしなかったことはむしろ当然のことだろう。ところが，植松は，Aらに有利なMの供述は変更されたと述べて，Mの偽証問題を持ち出している。たしかに，補充捜査で，Mは従前の供述を変えた。しかし，その時，Mはどういう状況に置かれていたのか。Mは，偽証で逮捕され，23日間勾留され，「子供に対する愛情のため徹夜してでも早く取り調べられたい旨検察官に懇願した」という状況の中で，従来の供述を変えざるをえない状況に追い込まれたのである（②76）。常識的に言えば，この典型的な「人質司法」の状況に置かれたMの供述変更は，明らかに強要された供述の変更であり，任意性が欠けると捉えるべきだろう。すなわち，Mの偽証問題では，検察がMらを偽証罪で立件したことの異常さこそを指摘すべきであった。

　この点，植松と同じく，平野龍一（東大教授）も，河相判決に驚いていない。

21）　だから検察は何とかNの妻の供述を変えようとした。当時，Aらと共にN方にいたWを逮捕し，Wの供述を変えさせたのはそのためである。青木英五郎がNの妻の公判供述を引用しているが，それを読めば，検察の悪辣さがよくわかる。青木「八海事件の無罪判決は問いかける」著作集II 168頁参照。なお，青木『日本の刑事裁判――冤罪を生む構造』（岩波書店，1979年）167頁以下，正木「八海事件新証言の意味と内容」法セ76号15頁以下も参照。

平野は，まず下飯坂判決について，全員を無罪とした村木判決をもって，八海「事件を決着させるのは正義に反すると考えたことも理解できないではない」と述べる。下飯坂判決が理解できるということ自体，理性的根拠のない情緒的指摘だが，さらに，村木判決が従来Ａらに有利な証言をしていたＭら3名の証言が偽証で立件され有罪の判決を受けているのに，そこで訂正された新証言を無視したところに「少し無理があったように思う」と書く[22]。この平野の論評にも，供述の任意性に関して，Ｍが置かれていた過酷な「境遇」への配慮は全然ないことに気付くだろう[23]。

　ところで，植松の論評も平野の論評も，河相判決後の論評である。すなわち村木コートの無罪判決によって身柄が解放されていたＡら4名が広島拘置所に再収監された後の論評である。上のような植松や平野の論評が，Ａらが再収監された後の時点における論評であったという点，学界の指導的な法学者もまた，暗黒裁判を支える有力な脇役を演じていたと言うべきであろう。植松も平野も，下飯坂判決の本質を理解せず，河相判決を誤解している。だからこそ暗黒裁判を支えることができたのだろう。わが国の司法が暗黒裁判化したのは，単に田中らの最高裁の官僚裁判官の影響のみならず，学界もまた，そこに力を貸していたからだということがわかる。

3.3.6.　犯人性が証明されていない有罪判決

　最大の問題は，下飯坂判決でも河相判決でも，第1次1・2審判決と同様，Ａらの「犯行があった」ことを全く「証明していない」のだが，植松や平野がそのことに触れていないことだろう。河相判決は，第1次1・2審判決とは異なるのだと強弁しながら，実際には，第1次1・2審と同じく，ただＹの供述「調書に・書かれた・事実」にのみ依拠し，それが措信しうるのでＡらは有罪だという結論的な「心証」を吐露しているだけであり，Ａらは有罪だと「証明」していない[24]。そこを，何故，植松や平野は指摘しないのであろうか。

---

22)　平野「慎重な裁判の悲劇」判時 432 号 2 頁。
23)　家永三郎「司法権独立の喪失の裏書」法時 34 巻 7 号 50 頁参照。また，上田・後藤・前掲 155 頁以下参照，広津和郎「八海事件について」全集 11 巻 536 頁以下参照。
24)　青木英五郎によれば，この裁判長は「あらゆる批判に耐えうる判決をする」と公言しな

　検察官は公訴事実が成り立つことを「主張」する。弁護人は，反対に，それが成り立たないことを「主張」する。これに対して，「犯罪があった」ことが客観的に「証明」されたと判断したときに，裁判官は有罪を認定して「刑の言い渡し」ができる。これが刑訴法の規定（333条1項）であり，裁判官は，この時にのみ，有罪判決を書ける。つまり裁判官の職責は検察官の主張の「真偽」を判断することに尽きる。

　ところで，言明化された主張の「真偽」とは，言明化された主張が現実と一致するか否かを示すことである（本書3.2.4.）。何度も繰り返すが，「ここに1本の万年筆がある」という言明（主張）に関し，「そこに1本の万年筆があった」という現実が提示されたとき，その時にのみ，その言明（主張）は「真」である。そうすると，被告人が犯罪事実を「惹き起こした」という現実を提示しない有罪判決があるとすれば，その判決は「箸にも棒にもかからないほどメチャクチャなもの」（青木英五郎）であり，それはもはや「裁判ではない」（佐々木哲蔵）だろう。下飯坂判決を受けた河相判決は，ただ声高に「Aらは犯罪を実行した」という裁判官の主観的な「心証」を強調するだけで，Aらの犯人性を客観的に「証明していない」。河相判決を，どこからどう見ても，Aらの有罪性は「証明されていない」。これでは「裁判所が真実と人権を侮辱した」（後藤昌次郎）ことになるだろう。

　暗黒裁判は，裁判官が，物証という「自然の言葉」（本書の「そこに・あった・事実」）を直視（直観）しようとせず，調書という「人間の言葉」（本書の「調書に・書かれた・事実」）の中に沈殿し，それを「反復熟読」すれば真理に到達するという反理性的な妄想と共に現れる[25]。Aらがそうであったように，「拷問によって人間の供述はいくらでも変えることができる」し，Aの内妻Mがそうであった

　がら，「どんな批判にも耐ええない冤罪の判決」を言い渡したのである。青木「現代の呪術師になりさがった裁判官」著作集 III 253頁。

25)　横山晃一郎は言う。八海事件の諸判決から浮かび上がることは，裁判官の「自白尊重審理」と「供述証拠優先主義」である。裁判官は「供述証拠の海の中を，共通するものを発見しようとして，ただ泳ぎまわる」だけであった。もし，「犯罪と被告らの結びつきに関する物的証拠の検討からはいれば，もっと早く裁判は片づいたであろう」（横山・前掲41頁），と。暗黒裁判を克服するためには，日本国憲法の法意をくみとり，裁判官が，捜査官・公訴官の主張を厳しくチェックし，それを批判することから始めるべきであろう。

ように，「人質司法」と呼ばれる捜査実務の中で，「警察や検事の執拗な取調べをうけるならば，異常な勇気がないと真実をまもり通すことはむつかしい」のである[26]。

---

26)　上田・後藤・前掲 135 頁。

3.4. 横浜事件と特高警察・思想検事
──最高裁判所判事の資格

　最高裁長官としての田中耕太郎の評価を考えるとき，田中が思想検事（正式には「思想係検事」）出身の池田克を最高裁判事に迎え入れたことは論点の1つとなるだろう。池田克は，大正6年，東京大学を卒業した後，司法省検事局に着任し，主として「思想検事」としてエリートコースを歩み，戦後も，大審院検事局次長などの重要ポストを歴任した。この経歴から見て当然のことだが，昭和21年7月，池田はいわゆる「公職追放」を受けた。もっとも，昭和27年4月，吉田内閣は公職追放令の廃止を決定し，昭和29年11月2日，田中耕太郎の強いリーダーシップの下にあった最高裁に，池田が起用された[1]。

　思想検事が最高裁判事になった。これは，驚くべき人事であり，驚かなければならない事態であった。しかし，徹底的な対米従属と交換するかのように，国内での絶対権力を獲得した吉田茂の司法領域での先兵であった田中にとって，「思想検事の第一人者」であった池田を最高裁判事とすることに何の逡巡もなかった[2]。むしろ，昭和27年の講和条約によって，米軍の直接的な「後ろ盾」を失った吉田政権が徐々に力を失い，翌28年の「バカヤロウ解散」の後，ようやく組閣できた第5次吉田内閣も崩壊寸前に追い込まれていた時点で，池田を最高裁に起用することは田中の当然の戦略であった[3]。

<hr />

1)　荻野富士夫『思想検事』（岩波書店，2000年）21頁以下，187頁以下，200頁以下等参照。内田博文『刑法と戦争』156頁以下参照。なお，最高裁判事の任命に至る選考過程は秘密にされ，よくわからない部分があるようだが，当然のことながら，長官の意思が無視されることはないとのことである。渡辺洋三・江藤价泰・小田中聰樹『日本の裁判』（岩波書店，1995年）172頁以下。

2)　政府の腹案としては，佐藤藤佐（検事総長）を最高裁に，池田を検事総長にしようとしたとも言われる（野村二郎『日本の裁判史を読む事典』〈自由国民社，2004年〉31頁参照）。

3)　なお，池田と同様，思想検事として公職追放されていた清原邦一について触れておこう。清原は，復権しただけでなく，弁護士出身であった花井忠の後任として，1959年，検事総長にまで成り上がっている。そして，田中の最後の仕事となった砂川事件上告審において，清原は，最初の思想課長であった井本台吉（1967年に検事総長）を従えて，最高裁の法廷

　本節では，田中コートの1員であった池田最高裁判事の論評のため，戦前のことながら，池田が深く関与した治安維持法と横浜事件について考えよう。

3.4.1. 思想検事が最高裁判事になった

　思想検事としての池田の経歴は，当然のことながら，治安維持法と一体であった[4]。そして，この治安維持法を通じて，思想検事は内務省警保局とつながる各府県の警察部に増設された特高警察と一体化していた[5]。つまり，戦前の思想統制を見るとき，司法省刑事局と内務省警保局が車の両輪であった[6]。たとえば，治安維持法下の最大の言論弾圧事件となった「横浜事件」に関しても，捜査の主体は神奈川県警察部特高課の警察官であったが，検事が警察官を指揮しており，捜査の具体的な内容を帝国議会で説明したのは当時の司法省刑事局長の池田であった。

　池田は，在野の政治学者でありジャーナリストでもあった細川嘉六を中心としたメンバーによる「共産党の組織の再建準備運動が行われて居た」という捜査状況を帝国議会に報告している[7]。しかし，横浜事件を「そこに・あった・

に出ていた。砂川事件の上告趣意書は井本が書いている（野村二郎『検事総長の戦後史』〈ビジネス社，1984年〉121頁）。これは，裁判官席にいた池田ともども，戦後の司法体制においても，戦前の司法体制（いわゆる「検察官司法」）をリードした思想検事たちが完全に復権したことを象徴するシーンであった。戦前の「検察官司法」に関しては，内田・前掲264頁以下に詳しい。

4)　池田「治安維持法案の覚書」警察研究6巻8号23頁以下では，「結社罪」にかかる捜査手続において，検事が捜査に際し強制力を使用できるようにする特則を提示し，また，主要な地裁に思想係公判部を設置することなどを提案している。奥平康弘『治安維持法小史』（岩波書店，2006年）248頁以下参照。

5)　実務的には，司法警察職務規範でも，「司法警察ノ職ニ在ル者ハ検事ノ指揮命令ニ従ヒ捜査ノコトニ膺ルベシ」とされていた。

6)　思想検事の経験者によれば，治安維持法事件において，司法省と内務省が一体化したと理解することは誇張であり，検事は特高警察の違法行為が明らかになり次第，それを起訴していたという主張がある（太田耐造「検察側から見た治安維持法とその運用」ジュリ14号9頁以下）。しかし，記録上，そのようなケースは圧倒的に少数である。実際，池田克は，帝国議会の「思想国難決議」を挙げて，思想検事と特高警察が国家機関として協力し合うことを当然の前提として立論している。池田「日本共産党事件の統計的考察」警察研究1巻5号56頁参照。

7)　荻野・前掲168頁以下参照。

事実」として顧みれば，実のところ，「事件」の実態と言うべき「実質」はない。犯罪的な事実は全然ない。少なくとも全体で60名を超える被疑者が検挙されたが[8]，自白「調書に・書かれた・事実」を除けば，共産党の再建を意図していたという証拠は皆無である。横浜事件の再審公判で，戦後明らかになった資料によれば，共産党の再建目的という公訴事実の核心は，特高警察が作り出した「ストーリー」であった。特高警察は，自らが作り出した「想定」に合わせて，多くの自白調書を作り出した。横浜事件は完全に特高警察の捏造であった。

横浜事件は，犯罪の実態が全然なく，明白な「でっち上げ」である。それにもかかわらず，何故，横浜事件は有罪となったのか。そのヒントは，昭和3年，緊急勅令という形で行われた治安維持法改正にある[9]。もともと治安維持法1条は「国体ヲ変革シ又ハ私有財産制度ヲ否認スルコトヲ目的トシテ結社ヲ組織シ又ハ情ヲ知リテ之ニ加入シタル者ハ十年以下ノ懲役又ハ禁錮ニ處ス」と規定されていた。ところが，昭和3年の改正で，1条は「国体変革」目的の結社に純化され，その刑罰は，「十年以下ノ懲役又ハ禁錮」から「死刑又ハ無期若ハ五年以上ノ禁錮」に加重された。より大きな問題は，新たに，「情ヲ知リテ結社ニ加入シタル者又ハ結社ノ目的遂行ノ為ニスル行為ヲ為シタル者ハ二年以上ノ有期ノ懲役又ハ禁錮ニ処ス」という条文が追加されたことである。この追加部分，特に結社の「目的遂行ノ為ニスル行為ヲ為シタル者」という条文に注目すべきだが，この結社の「目的ヲ遂行スル為ニスル行為」とは何か。この追加された犯罪（いわゆる「目的遂行罪」）の実行行為は全く無限定のままである。

3.4.2. 横浜事件──特高警察・思想検事によるフレームアップ

実行行為が無限定だということは，近代刑法における罪刑法定主義の原則から見て，考えられないことであった。つまり，実行行為が無限定であれば，あ

---

8) この数字は概数であり，実際，被疑者の正確な数すらわかっていない。
9) 美濃部達吉によれば，この改正案は，衆議院すら通過せず，そのまま会期を終えた。それを緊急勅令の形式で改正するのであれば，それは「憲法のじうりん」であり，「権力の濫用」だと批判している。この点，美濃部とことごとく対立した上杉愼吉ですら，緊急勅令で死刑を許すという「異常の法令」は許されないと批判した。奥平康弘編『治安維持法』現代史資料45巻（みすず書房，1973年）182頁，193頁以下参照。

らゆる「仮想的な治安紊乱を予防的に鎮圧する手段」となりうるからである[10]。実際，奥平康弘が指摘したように，日常的ないかなる行為でも，目的遂行罪の「為ニスル行為」に該当させることができる。たとえば「生きていることが革命のために生きているのだ，メシを食うことも革命のために，日本共産党のために，一挙手一投足すべて『為ニスル行為』だということ」になりうる[11]。実際，横浜事件は，細川が親交のあった編集者らを旅館に招き，酒食を共にし，親睦を深めただけのことだが，それが「共産党の再建」を目的にした会議だとされるや否や，この日常的な親睦行為は，国体の変革を目的とする共産党という結社の「為ニスル行為」すなわち治安維持法上の「犯罪」となった。

　これが横浜事件のきっかけとなる「泊事件」であるが，その実態は特高警察の「妄想」である。どういう妄想だろうか。昭和17年，前記のジャーナリスト細川の論稿「世界史の動向と日本」が雑誌『改造』の8月号と9月号に分載された。ところが，これに対して陸軍から「巧妙なる共産主義の煽動」だというクレームが付き，『改造』は発売頒布禁止処分となり，細川は警視庁に検挙された。そして，この事件とは完全に無関係だが，昭和16年1月，後に慶大教授になるYおよびY夫人が日米開戦のためアメリカから帰国したところ，昭和19年9月11日，夫妻はアメリカ共産党に関係していたという容疑で神奈川県の特高警察に検挙され，Yとの関連で，満鉄東京支社調査室の研究者NやHが逮捕された。特高警察はN宅から1枚の写真を押収したが，それは，細川を中心に，N・Hほか4名が写った写真であった。

　ここから特高警察の妄想が始まる。この写真は，細川が東洋経済新報社から著書『植民史』を出版した記念として，故郷の富山県「泊」にある旅館に若い編集者や研究者を招待したときの写真であった。特高警察はこの写真を「共産党の再建会議」の証拠写真と考えた。これは端的に「妄想」と言うべきだが，特高警察は，警視庁から細川を移監させると共に，写真に撮られていた氏名不詳の4名の身元がK（中央公論社），S（東洋経済新報社），A（改造社），O（改造社）

---

10)　戒能通孝「戦前における治安立法体系」法時30巻13号2頁以下参照。

11)　奥平康弘「横浜事件と治安維持法」岩波ブックレット『横浜事件』（岩波書店，1987年）51頁。

だと割り出し，全員を逮捕した。彼らに何らかの容疑があったわけではない。
特高警察は，容疑（証拠）があって逮捕するのではなく，逮捕してから容疑（証
拠）を作った[12]。この事件の場合も，特高警察の「ストーリー」の中で，もとも
と何の関係もないY夫妻の関係者と細川の関係者が次々と関連づけられて，共
産党の再建を目的にした「横浜事件」という治安事件が姿を現した[13]。

　特高警察は共産党の再建という勝手な「ストーリー」を観念的に想定し，捜
査官の頭の中で，相互に無関係な事柄を自由自在に関連づけて，治安事件とし
て横浜事件を捏造した。特高警察は，躊躇も遠慮もなく拷問を使うので，特高
警察が考えた「ストーリー」どおりの自白調書を作ることは簡単にできた[14]。
実際，横浜事件では，「共産党の再建」という自白を取るため凄惨を極めた拷問
が行われ，4名の被疑者が獄中死したのであった[15]。

3.4.3. 思想検事は拷問と一体であった

　司法省の思想検事は，内務省の特高警察と共に，軍国主義的なファシズムを
進めた車の両輪であった。池田の思想検事としての経歴を見るとき，池田は，
新憲法が設置した最高裁判所と最も似合わない法律家であった。小さなエピソー
ドを2つ紹介しよう。たとえば，池田は，最高裁判事の時に，明治の初期まで
あった「拷訊」という拷問の制度に触れながら，「まことに遺憾至極のことである
が，拷訊の余燼がその後も捜査の上にくすぶりつづけて来たことを認めざるを

---

12)　本書の冒頭から何度も指摘してきたように（本書 1.1. など），「人を得て，証を求む」こ
　　とは，現代の捜査実務の実態でもある。特高警察の捜査は決して過去のことがらではない
　　ことに注意されたい。
13)　横浜事件については，最も入手しやすい岩波ブックレット『横浜事件』所収の，海老原
　　光義「横浜事件──いかにしてねつ造されたか」を参照されたい。さらに，戦後，日本評論
　　社編集長を務めた美作太郎，同じく中央公論編集部長を務めた藤田親昌，同じく法律時報
　　編集長を務めた渡辺潔らも横浜事件に巻き込まれており，この3名の共著『言論の敗北──
　　横浜事件の真実』（三一書房，1939年）は最も重要な参考図書の1つである。また，文学作品
　　だが，石川達三『風にそよぐ葦（上・下）』（岩波現代文庫，1915年）なども参考になる。
14)　たとえば，特高警察が改造社の編集者であったAに，日常の業務が「党再建活動」にか
　　かわっていたと書かせた「手記」が残されている。加藤敬事編『特高と思想検事』続・現
　　代史資料7巻（みすず書房，1982年）679頁以下参照。
15)　荻野富士夫『特高警察』（岩波書店，2012年）73頁以下参照。

得ない」と書いた。また，最高裁の退官後，あるインタビューで，「およそ検察官が（引用者補：事件を）でっち上げるというようなことが日本でありうるでしょうか」と問われたが，きわめて簡潔かつ素気なく「ありませんね」と答えている[16]。

　しかし，帝国議会に横浜事件を報告したのは当時の司法省刑事局長であった池田であった。横浜事件に犯罪の実態がない以上，この池田の報告は，正真正銘の「でっち上げ」だろう。自ら「でっち上げ」をしながら，検察官が犯罪を「でっち上げ」ることはないと答えるところが思想検事の思想検事たる所以だろう。また，常に特高警察と一体であった池田にとって，拷問は「くすぶりつづけて来た」というものではない。昭和8年2月20日，小林多喜二は逮捕されたが，逮捕のわずか7時間後に，築地警察署で虐殺され死体となって戻ったことは誰もが知る事実である[17]。つまり，特高警察は，被疑者に対して，日常的に，躊躇なく激しい拷問を加えており，多喜二の事件が物語るように，そのことを隠そうともしなかった。捜査手段としての拷問は警察の片隅で「くすぶりつづけて来た」のでは全然ない。拷問は，当時の警察の捜査実務において，誰の眼にも明らかに「燃え上がっていた」のである。

　ここでは，横浜事件の拷問について[18]，再審免訴判決が確定した後（最判平成19・1・19刑集62・3・185），前記H（満鉄東京支社）やT（中央公論社）の遺族が国家賠償を請求した訴訟において，裁判所が認定した拷問の事実を確認しておこう（東京地判平成28・6・30 TKC 25544868 22–24）。Hに関しては，特高警察官から相当数の拷問を受けているが，1つだけ引用しておく。すなわち，「Hの両手を後ろ手に縛り，竹刀をもって，Hがもうろうとした状態になって前面にうつ伏せになってしまうまで，左右から交互に両膝を打ち続け，その後，Hが再び意識を回復すると，再び両膝を打ち続け……Hは昏睡状態に陥ってしまった」。また，Tに対しても多くの拷問が認定されているが，これも1つだけ引用する。特高警

---

16)　池田「拷訊」研修1956年5月号5頁以下，法曹161号16頁以下の「あの人この人訪問記」を参照されたい。また，昭和30年の最高裁判所裁判官国民審査前のインタビューでは，自分は「思想検事の実践はやっていない」と述べている（1955・2・27週刊朝日13頁）。明らかに虚言である。
17)　松尾洋『治安維持法と特高警察』（ニュートンプレス，1979年）153頁以下参照。内田・前掲204頁以下参照。
18)　双川喜文『拷問』（日本評論新社，1957年）92頁以下参照。

察官らは「Tを裸にしてロープで縛りあげ，正座させた両足の間に太いこん棒を差し込み，膝の上に乗りかかり，こん棒をももに食い込ませ，更にロープ，竹刀，こん棒で全身を殴りつけ……失神状態で帰った監房で横臥せざるをえなかった」。

　言葉にすれば，以上のとおりだが，その現実は凄惨なものであった。現在では，特高警察の現実はかなり明らかになっているが，思想検事の現実はまだ解明されていない部分が多い。しかし，確実に言えることは，思想検事と特高警察は一体になって軍国主義的なファシズムを支えたという歴史的な事実である。つまり，日本国憲法が「絶対に」という言葉を使って禁止した「拷問」と思想検事が一体であったことを考えれば，池田が最高裁判事に就任したことは異常なことであった。

3.4.4. 池田による松川事件の事実認定──調書への絶対的信頼

　松川事件大法廷判決（本書 3.2.）から，池田が犯罪事実をどう認識していたかも見ておこう（最大判昭和 34・8・10 判時 194・17 以下）。池田は，原審（鈴木判決）に，重大な事実の誤認はないと言う。その上で，破棄差し戻した多数意見に対しては田中裁判官の反対意見に同意し，法律問題および事実問題に対しては垂水裁判官の意見に同意すると述べる。そこで，垂水意見を見れば，Aの「予言」から始まり，永井川信号所南の踏切を通って，現場に至り，列車顛覆の実行を分担するところまで，Aはごく自然に物語っており，捜査官が供述を強要した気配は全くないと論じている。その中で，垂水は，Aの供述過程を見てきたように語り，Aは，非を悟って自白して「良心の呵責から解放され心の安らぎを得た」と述べつつ，不利な事情については「その場のがれの嘘でもいっておこう」という心理が働いたとの心理学的な解説まで披露している（判時 194・33 以下）。まるで「神」の化身である。

　しかし，垂水意見のどこを見ても，種々の諸鑑定が示す実在的事実の引用こそあるが，それらの諸事実と被告人らを結びつける事実について，すなわち被告人らの犯人性を支える部分に実在的な「そこに・あった・事実」は１つとして明示されていない。被告人らが犯人だとする垂水意見を支えているのは，捜査段階で作成されたAらの自白「調書に・書かれた・事実」であり，それ以外には，公判段階での捜査官らの証言しかない。しかし，これら種々の「調書に・

書かれた・事実」が実在的な「そこに・あった・事実」に支えられていない限り，それが「真である」という保証はない。ましてや，神ならぬ人間が，捜査官の作成した調書を読むことによって，供述が「誘導強制によらず任意的になされた」とか「強制，誘導などをして不任意供述をさせたことのないことが認められる」などと帰結することはできないはずである。これは絶対に不可能である[19]。垂水のように，客観的な根拠を示すことなく，供述の任意性が承認されるのであれば，まさに下飯坂の「神がかり」的な見解と同様，ほとんどの冤罪事件が「冤罪」でなくなり，無辜が処罰され続けてきた現状は改善されずに永続するだろう。

　垂水意見は，事件と被告人らを結びつける部分に関して，そこに実在的な「そこに・あった・事実」の支えを示すことなく，垂水が想定した観念的な「ストーリー」を示すだけである。垂水に従う池田意見も同じである。池田によれば，国鉄側と東芝側の連絡謀議は諏訪メモによって否定された謀議だけではない。共謀共同正犯の謀議に「定型」はなく，「隠微のうちに行われ」るし，回数的にも不定だということを考えれば，謀議は実行行為の直前でも可能である。可能であるどころか，池田は，実行行為の「直前に行われた連絡謀議の事実」があったと述べている（判時194・65）。しかし，その謀議が「行われた」ことを「事実」だと強弁しながら，その「事実」を実在的な「そこに・あった・事実」において提示していない。結局，横浜事件の帝国議会への報告と同様，池田の主張は刑事裁判における「事実認定」と言える代物ではない。それは依然として頭の中で創作された「ストーリー」の主張でしかない。池田は，まさに検察官として，裁判官席に座っていたのだろう。

3.4.5.　裁判官の第1の仕事
　　　——それは検察の主張をチェックすることである

　周知のとおり，かつては，裁判官と検察官は共に司法省に属する「官吏」で

---

19)　青木英五郎も言う。「調書から実際の取調べ状況がわかるはずはないのである。それをわかったように言うのが，裁判官の自信，うぬぼれ」である（青木「国民にとって裁判とは何か」著作集 III 70 頁），と。

あった。したがって，両者とも，「天皇陛下及天皇陛下の政府に対し忠順勤勉」（官吏服務規則 1 条）なることが要請された。つまり，形式的には，裁判官と検察官は同僚であった[20]。「司法権ハ天皇ノ名ニ於テ」行うものとされた（帝国憲法 57 条）。したがって，戦前の裁判官には，検察官と同様，秩序維持への責任意識が強かった[21]。そもそも，天皇制国家では，治安の維持こそ司法の目的そのものであったことを忘れてはならない。それ故，戦前の刑事司法では，「判検一体」となって公判が進められた[22]。昨年まで検事であった者が，今年から，裁判官席に座るということもあっただろう。

　しかし，現行憲法では，司法と行政は完全に切り離され，司法の独立が明確になった。裁判官が行政機関によって懲戒されることはなく（憲法 78 条），身分は保障されている。そして，現行憲法は，基本的人権として「裁判を受ける権利」を保障し（同 32 条），この権利に適合するように裁判所の制度設計をしたのであった（同 76 条以下）。当然，その下で立法された現行刑事訴訟法は，司法（裁判官）と行政（検察官・警察官）を明確に区別し，裁判官が検察官・警察官の行為をチェックするように設計されている。ところで，刑事「裁判を受ける権利」とは，具体的には，公訴を提起した検察官（行政）に対して被告人が「反論する権利」のことだから（本書 1.2.4. および 3.1.3.），被告人の「反論権」を十分に保障することが刑事裁判官の「第 1 の仕事」になるだろう。つまり現行刑訴法上の「刑事裁判」は戦前の「刑事裁判」とは完全に異質なものになった。このことを論理的に考えれば，当事者主義が採用された現行憲法・現行刑訴法では，判事と検事は，完全に独立した職務の遂行者であり，「判検一体」となった訴訟進行

---

20)　そして，実質的には，検事総長・大審院長から内閣総理大臣にまで昇りつめた平沼騏一郎が体現するように，司法省内の主流は検察官が占めていた。三谷太一郎『近代日本の司法権と政党』（塙書房，1980 年）64 頁以下参照。

21)　これは，戦前，裁判官の経験を持った法律家がよく指摘することである（たとえば佐々木哲蔵『裁判官論』86 頁以下参照）。

22)　家永三郎「司法権の独立の歴史的考察」史学雑誌 71 巻 1 号 5 頁以下参照。家永は，明治憲法が成立し，さらに大津事件を経験した後，「行政府が裁判に対して直接干渉を加えた例は，少なくとも表面からは姿を消した」としつつ，現実を見れば，司法権の独立が確立されたという歴史的な事実はなく（家永・前掲 5–42 頁），日本国憲法成立後の刑事司法でも，三鷹事件（本書 3.1.）や松川事件（本書 1.4. および 3.2.）では，「裁判所は進んで占領軍に迎合することにより，自ら司法権の独立を放棄して憚らなかった」と指摘する（家永・前掲 43 頁）。

はありうるはずのない形態だろう。

　ところが，現代の刑事司法を特徴づける事実を見れば，「刑事裁判」におい
て，司法（裁判官）が適切に行政（検察官・警察官）をチェックしているとはとて
も思えない。たとえば小田中聰樹は，有罪判決率の「異常な高さ」と逮捕状却
下率の「異常な低さ」を例示して，これらの数字は，「裁判所がほとんどノー
チェックの姿勢をとっている」証拠であると指摘する[23]。実際，本書が考察す
るほとんどの事例において，裁判官は検察官の主張を全面的に信頼していた。
そのことは，確定有罪判決の「罪となるべき事実」が検察ストーリーの単なる
「上書き」でしかなかったことにより，十分に立証されている。裁判官は，検察
官に対し，あたかも同僚に対する信頼感の如きものを持ち，「判検一体」となっ
た訴訟指揮をしていた。したがって，その反対効果として，被告人に対しては，
嘘をついて罪を免れようとしているという偏見が抱かれる。「おれは騙されない
ぞ」という捜査官のような予断がある[24]。だから，検事調書に自白があれば，
被告人が公判で自白を否定しても，裁判官は検事調書の方を簡単に採用してし
まう。刑事裁判を見れば誰でも了解できることだが，一般に，裁判所は，検事
が請求する有罪証拠なら採用するが，弁護人が請求する被告人に有利な証拠は
採用しないことが多い[25]。

　このような裁判官の態度は，憲法 31 条以下の「人身の自由」に関する諸規定
に対する裁判官の無理解によるところが多い。もっとも，「人身の自由」に関す
る諸規定の解釈は，少なくとも憲法が施行された初期の頃，憲法学者ではなく，
刑事訴訟法学者に委ねられていたこともあり，権利の本質論として十分に深め
られたものではなかった[26]。それ故，たとえば帝銀事件（本書 1.1.）では，検事

---

23)　渡辺・江藤・小田中・前掲 88 頁以下。
24)　青木「国民にとって裁判とは何か」著作集 III 57 頁。
25)　多くの弁護人がこのことを指摘している。たとえば，後藤昌次郎『冤罪の諸相』181 頁
　　など参照。また，長い裁判官としての経歴を持ち，退官後，弁護人として袴田事件の再審
　　請求等にかかわった秋山賢三も，「現実には裁判所の検察官に対するハードルは驚くほどに
　　低く，最近の裁判官は検察官がごく一通りの立証をしただけで，検察官立証は十分」だと
　　するので，事実上，「被告人・弁護人は無実の立証を負担させられることになっている」と
　　指摘する（秋山『裁判官はなぜ誤るのか』（岩波書店，2002 年）176 頁）。
26)　杉原泰雄『基本的人権と刑事手続』（学陽書房，1980 年）22 頁以下。

が別件勾留を利用して，「39 日間連続 50 回にわたり右勾留中の被告人の取調を行」うことにより，本件 (帝銀事件) の自白に至ったのだが，大法廷・田中コートは，この事実から「直ちに不利な供述を強要したことにならない」(最大判昭和 30・4・6 刑集 9・4・668) と判示した。これは池田を含む田中コート全員一致の判決である。しかし，帝銀事件の H に対する過酷な捜査でも憲法 38 条 1 項に反しないのであれば，この憲法条文は死文化したと断言できよう。最高裁は，憲法の番人ではなく，憲法の抹殺者になってしまった。

　さらに練馬事件 (本書 1.2.) でもそうである。池田を含む田中コートは，大審院時代の共謀共同正犯論を認めると共に，共犯者の自白が憲法 38 条 3 項の「本人の自白」に該当しないとした。そして，この大法廷判決が，松川事件 (本書 1.4.) や八海事件 (本書 1.3.) における検察官の主張 (死刑を含む有罪判決) を肯定する論拠となり，無辜の人々に猛威をふるったのである。これは，現代の共犯事件でも (たとえば，本書 4.1. 以下参照)，検察の武器として使われており，誤判の有力な原因になっている。しかるに，裁判所は，今も，憲法 38 条 3 項の形式論理的な解釈を変更しない。

　判検一体となった刑事裁判は，残念ながら，現在でも刑事裁判の主流である。しかし，裁判官が検察の行動をチェックしないのであれば，被告人の反論権 (これは憲法上の権利である) は形骸化して，「厳密な意味では『裁判というものの不在』」に帰着するだろう[27]。このことを考えれば，池田克を嚆矢として[28]，検察官出身者が最高裁判事に就任することが慣例化しているが，憲法の趣旨から，この悪しき慣習を再考察すべきだろう[29]。

---

27)　秋山・前掲 177 頁。

28)　既述のとおり，司法省の時代，検事の経験をした裁判官は少なくなく，たとえば斎藤悠輔最高裁判事は検事の経験がある。しかし，斎藤も，裁判官 (大審院判事) が主たる前歴であり，三淵忠彦初代長官の時代には，検察出身の最高裁判事はいなかった。三淵の見識だろう。三淵時代，最高裁判事は，判事出身者が 8 名，弁護士出身者が 5 名，外交官が 1 名，学者出身者が 2 名であった。したがって，純粋な検察畑から最高裁判事になったのは，池田が最初である。

29)　この点，裁判の公正という観点から，長く続けられていた裁判官と検察官の人事交流 (判検交流) が廃止されたのは当然の動きであった (2012・4・26 朝日新聞)。

3.5. 松川事件に見る暗黒裁判の核心
──真を偽とし，偽を真とする呪術

　暗黒裁判を定義すれば，裁判官が恣意的に，真を偽とし，偽を真とする「呪術の場」だと言えるだろう。だから，暗黒裁判を考えるとき，「真理」や「真相」とは何かを明確に位置づけておく必要がある。ところで，松川事件ほど，「真理」や「真相」という言葉が使われた事件は少ない。その大法廷判決は，既述のとおり「7対5」という僅差で，原2審判決を破棄し，仙台高裁に差し戻し，裁判長田中耕太郎は「反対意見」の冒頭に「多数意見は，法技術にとらわれ，事案の全貌と真相を見失っている」（② 17：傍点は引用者）と書いた。田中は，強いエリート意識から，多数意見を厳しくも格調高く批判しているつもりだろう。しかし，内容的に，これは批判になっていない。何故ならば，多数意見は，「法技術にとらわれ」たのではなく，まさに実在的な「事実を見ていた」からである。本書でも，何度か，「真理論」に触れてきたが，およそ「事実認識」の真理性に限定すれば[1]，現実的・実在的な「そこに・あった・事実」を直視（直観）することなくして，「真相」を捉えることはできない。カントが「直観」なき「概念」は「空虚」だと述べたことを思い出そう。「真相を見失っている」のは田中の方である。

〈引用判例〉① 原2審（鈴木判決）：仙台高判昭和 29・2・23 刑集 13・9・2111，② 最大判昭和
　　　　　 34・8・10 判時 194・10

3.5.1. 伝統的真理論

　供述の真偽とは何か。本書では，冒頭から，「供述の真偽」は，その供述が現実と一致するとき「真」であり，現実と一致しないとき「偽」であると述べてきた（たとえば，本書「まえがき」，本書 1.1.2. や 1.1.5. など）。それで十分なのだが，

---

1) 「真理」に関しては，イデオロギーに起因する多くの誤解があるけれども，本書で考察する「真理」は「事象」に関する「認識」の「真理性」のことである。

ここでは，田中耕太郎をはじめとした日本の法律家の観念論的な誤解を避ける
ために，簡潔に「真理とは何か」について再確認しておこう。先に，松川事件
の主任弁護人であった岡林辰雄が真理を「事実とことばの一致」だと捉えてい
たことを紹介し (本書 3.2.4.)，この言明 (ことば) と事実の一致こそ，アリストテ
レスやトマス・アクィナスの真理論と同じ内容の真理論だと書いた (本書 1.4.4.)。
この真理の定義を仮に「伝統的真理論」と呼ぶと，それは，アリストテレスを
継承したトマス以後のスコラ学でも主流であったし，近代哲学でも，「認識内
容」と「認識対象」の一致を「真理」としたカントの真理論は伝統的真理論と
同一の内容である。これに対して，法哲学の権威とされた田中は，アリストテ
レスやトマスの存在論を引用するが[2]，松川事件の事実認定を見る限り，「認識
対象」たる実在的な事実を直視 (直観) することもなく，原 1・2 審判決の事実
認定が「事案の真相」を捉えていると断言した。しかし，この田中の反対意見
は，「被告人らが犯人である」とする自らの言明 (認識) に一致した実在的事実
を明示できない点において，アリストテレスに由来する「伝統的真理論」とは
真逆の観念論である[3]。

　ここで，再度，田中が「根本において正当と認め」た原 2 審判決を検証しよ
う。原 2 審判決は，実行行為に関し，A 自白に依拠して事実認定をした。しか
し，実行行為に使われた「自在スパナ」ではボルトからナットを緩解できなかっ
たように，A 自白は松川事件の実在的な「そこに・あった・事実」と一致しな

---

　2)　田中「法の本質」尾高朝雄・峯村光郎・加藤新平編『法の基本理論』法哲学講座 1 巻 (有
　　斐閣，1956 年) 1 頁以下などを参照されたい。
　3)　たとえば，アリストテレス『形而上学 (上)』148 頁，トマス・アクィナス『真理論』(花
　　井一典訳・中世哲学叢書 2, 哲学書房，1990 年) 28 頁以下，カント『純粋理性批判 (上)』
　　133 頁以下などを参照されたい。なお，念のために記しておくが，本書は「奇を衒って」ア
　　リストテレスやトマスを引用したわけではない。アリストテレスに由来する「真理」の定
　　義は，ヨーロッパでは，現代でも，広く普及した有効な定義である。たとえばちくま学芸
　　文庫から全 4 巻で翻訳されたポール・フルキエの『哲学講義』(筑摩書房，1997 年) を見
　　ればよい。これは，フランスの「リセ (日本の高等学校にあたる)」で使用された代表的な
　　哲学教科書だが，基本的に，「真理」についてアリストテレスの定義に立脚している (フル
　　キエ・前掲 2 巻 509 頁以下参照)。つまり，フランスでは，アリストテレスによる真理の
　　定義 (これが「言明と事実の一致」である) は高校生にも知られた常識的な出発点である。
　　しかし，日本では，最高裁長官・田中耕太郎もそれを理解していない。ここに，真理論に
　　関して，わが国の刑事訴訟法学や刑事裁判実務の深刻な問題がある。

い (本書 3.2.3.)。また，謀議に関し，原 2 審判決は O 自白に依拠して事実認定を
した。しかし，その内容のいたるところで，O 自白は松川事件の実在的な「そこ
に・あった・事実」と一致しない。たとえば，5 名の被告人の調書に「顚覆謝
礼金をもらった」旨の自白があったが (本書「まえがき」〈3〉参照)，原 2 審判決
ですら，この虚偽の供述は，O 自白を端緒とし，捜査官が 4 名の被告人に対し
「何らかそういう供述のできるような方法で取調べをした結果」(① 2231) とし
て出現したのだと認めた[4]。鈴木判決は，「何らか」の方法と書いているが，そ
れは「強要」以外の何ものでもなく，これほど「自白」の本質的危険性を物語
るエピソードはない。しかるに，田中は，O の自白調書に基づき「謀議」はあっ
たと最後まで述べ，A の自白調書に基づき「実行」も「あった」と主張した。

　しかし，謀議や実行が「あった」と主張するのであれば，その主張に一致す
る実在的な「そこに・あった・事実」を明示すればよい。それさえ示せば，容
易に田中の主張は「真である」と認められる。しかし田中はそれを示さない。
示せないからである。むしろ，事件の痕跡 (たとえば，証拠とされた自在スパナに
ほとんど傷がなく，使用された形跡がなかったという実在的な事実，ボルトに相当な力
が加えられて，それが曲がっていたという実在的な事実等) を見れば，犯罪現場の「そ
こに・あった・事実」は，A の自白「調書に・書かれた・事実」と一致せず，
A らが犯人でないことを明示している。真犯人は，自在スパナのようなもので
はなく，ボルトを曲げられる長く頑丈な工具を持っていたはずである。結局，
田中が見ている「事実」は自白「調書に・書かれた・事実」だけであって，実
在的な「そこに・あった・事実」ではない。

　田中は松川事件の現実を直視 (直観) しない。現実に目を閉じている。それは
大法廷判決における 5 名の裁判官の反対意見に共通する特色である。だから，
田中らは「調書に・書かれた・事実」と実在的な「そこに・あった・事実」と
が一致しなくても，平然と「真相」という言葉を使えるのだろう。田中らは，
幼児のように，自己の「信念」もしくは「確信」「心証」を「真相」と呼ぶだけ

---

4)　より正確に言えば，この虚偽証拠の作出は，大阪地検から派遣された辻辰三郎検事らの
　　発想であった。そして，1979 年，辻は検事総長になっている。この人事は検事という集団
　　の本質を表している。

である。以下では，特にO自白を中心に，謀議が存在したという原2審や田中の判断が「事案の真相」と無関係であることを検証しよう。

3.5.2. 不可知論的な真理論

　田中は，諏訪メモによって「かりに2個の連絡謀議が否定された」としても，国鉄労組と東芝労組の「連絡の事実を肯定するに足るものが実に多数存在する」と書く (本書3.2. 参照)。それでは，一体，いかなる証拠が，どれほど多数あるのか。それを知りたくて，反対意見を読み進めたが，ここでも，田中が示すのは6本の供述調書でしかない。どこまでも調書に依拠する。田中は，これらの調書に記された被告人各人の発言を見ると，「8月15日前後に国鉄側と東芝側との連絡があった」こと，「実行行為の場所，時刻，双方からの参加者の名と人数」が一目瞭然だと言う。そして，これらの「調書に・書かれた・事実」を挙示して，「連絡の事実についてこれ以上有力な証拠を期待できない」(② 19) と帰結した。要するに，田中の立論は，「調書に・書かれた・事実」が「真である」ことを前提にしており，それは，垂水克己や池田克，高橋潔，下飯坂潤夫らの反対意見も同じである。

　反対意見を読めば，田中らの言う「事実」とは，どこまでも「調書に・書かれた・事実」を指しており，謀議があった痕跡を示す実在的な「そこに・あった・事実」ではない。つまり，田中らの言う「事実認定」とは，「調書に・書かれた・事実」の中から，相互に矛盾しない「事実」を取捨選択して集め，いかにもありそうな「ストーリー」を創作することであった。この点，田中らの意見は，結局，原1・2審判決の論理と同じであり，松川事件の「真相」を捉えていない。繰り返すが，下飯坂のように，どれほど調書 (作文) を反復熟読しても，真相に届くことはない。事実の認識において，「そこに・あった・事実」を直視 (直観) する以外に，真理に到達する方法はない。「直観なき概念」(カント) を振り回すことの「空虚さ」を知るべきであろう。

　原2審の裁判長であった鈴木禎二郎は，判決を言い渡す前に，わざわざ「検察官，被告人，弁護人の主張を十分に聞いた」と語り出し，「証拠を子細に検討し，ここに確信をもって判決する」(傍点は引用者) と述べた。判決を見ればわかるが，鈴木は有能な裁判官であり，「証拠」から「事実」を認定している。ただ

し，「証拠」の検討といっても，その多くは「調書に・書かれた・事実」の検討
であり，「そこに・あった・事実」の検討ではない。つまり，刑訴法に従って，
鈴木は証拠により事実を認定している。だから，わざわざ「確信をもって」と
言えたのだろうが，その事実認定が実在的な「そこに・あった・事実」に支え
られていない以上，その認定が「真である」ことは証明されていない。

　そして，おそらく，鈴木は，自己の認定が「真である」と証明できていない
ことを自覚していた。だから，判決を言い渡す直前，裁判長と被告人らの間で
生じた異例の応酬の中で，鈴木の「やっているかやっていないかは神様しかわ
かりません」[5]という驚くべき発言が出た[6]。鈴木の率直な思いが吐露されたの
だろう。また，広島高裁長官（元仙台高裁長官）で，松川事件の大法廷判決時に
最高裁判事であった石坂修一が鈴木に送った昭和28年12月22日付の書簡に
も，同様の認識が記されていた。石坂は，4名の死刑を含む鈴木判決を褒め，
「俗論や感情論をけとばして今日の判決に至ったこと」に感謝し[7]，敬意を払う
としつつ，「判決が客観的事実に符するや否や心を煩わす勿れ，それを真に判定
することは天のみ之をよくするもの」だと続けた[8]。

　鈴木の法廷での発言も，石坂の書簡での発言も，真理を擬制する不可知論的
真理観の表明だが，これこそ田中反対意見の立脚点であった。つまり，田中や
石坂や鈴木は，「客観的事実に符するや否や」を考えることなく，ただ「擬制さ
れた真実」を語るだけである[9]。原1・2審で，複数のアリバイ証言が存在しな

5)　松川運動史編纂委員会編『松川運動全史』300頁。このとき法廷内で生じた騒動は，鈴
　木が死刑判決を言い渡したとき，陪席裁判官が笑っていたことにも起因している。傍聴し
　ていた詩人・草野心平は「……裁判官が人の死をいい渡したあと／陪席の判事は薄く笑っ
　た／何故笑ったのか／人が人の死をいいわたしたとき／判事は薄く笑い続けた／……」と書
　き残している（松川運動史編纂委員会編・前掲302頁以下）。
6)　これは時に実務家が発する言葉である。たとえば，島田事件（本書2.4.）の1審でAに
　死刑を求刑した検事は，島田事件の再審開始決定に際し，「本当のことは神様しかわからな
　いでしょう」と述べ，責任の所在を曖昧にしている（1986・5・31朝日新聞静岡版）。
7)　広津和郎は，これに対して，松川事件に対する国民の訴えが「虫けら」のように軽蔑さ
　れていると反論し，こういう石坂の見解こそ，「裁判官一流の俗論であり感情論」だと批判
　した（広津「石坂長官の書簡」全集11巻304頁以下）。まさしく広津の言うとおりである。
8)　この書簡の全文は，広津「石坂長官の書簡」全集11巻302頁以下，戒能通孝編『日本
　の裁判』27頁以下に引用されている。
9)　ところが，調書裁判に慣れた者が見れば，「少数意見の証拠論は，きわめて詳密で，多く

がら死刑判決を受けた東芝労連のSは，大法廷が原判決を破棄したとき，「特
に2審の裁判長は神の名を僭称さえして検事の主張を合理化した」と述べた
(1959・8・11朝日新聞朝刊)。歴史的に見ても，神の僭称こそ，「暗黒裁判」の特
徴なのかもしれない。

3.5.3. 不可知論の「擬制された真実」が誤判の根源である

　この大法廷判決に限定すれば，少数意見の5名に共通した論理は，実在的事
実とは無関係に，調書から合理的に推論される「ストーリー」すなわち「創作」
を真実と「見做す」発想である。これは，「そこに・あった・事実」を考慮せ
ず，頭の中で想定された事実，つまり直視（直観）できない事実をもって，「罪
となるべき事実」を作り上げる観念論的な「不可知論」をベースにする。まさ
に「直観なき概念」（カント）である。そして，原1・2審判決のような「調書裁
判」の根底にも，この「擬制された真実」という考え方が見られる。そして，
ここに，誤判の根源がある。

　たとえば，田中らと同様，原1・2審を評価する青柳文雄は，「歴史的事実の
認定は客観的真実の探求とはちがう」ことを強調し，「歴史的事実の認定は，客
観的には常に蓋然性」だから[10]，松川事件における検察官の公訴事実も，鈴木
判決や門田判決の認定事実も，「神の眼から見ればすべてが浅い人間の知慧に出
る作り話でさえあろう」と相対化して，その「何れが正しいか絶対的に断定は
できない」と帰結する[11]。しかし，既述のとおり（本書1.4.2.），ここには，蓋然
性（可能性）に関する致命的な誤解がある[12]。さらに，青柳の主張は相対主義者

　　の傾聴に値するものを含んでいるのに対し，多数意見の方は少数意見を粉砕するだけの判
　　旨を展開していない」という評価になる（植松正「判決を読んで」ジュリ1959・9臨時増
　　刊号6頁）。一体どこが「傾聴に値する」のだろうか。なお，植松は，第2次2審の「無
　　罪判決」の後でも，門田判決を「疑わしきは罰せず」という判決だと位置づけている（植
　　松『刑法の感覚』〈日本評論社，1964年〉139頁）。植松は門田判決を全く理解していない。
10)　しかし，「歴史的認識」でも，出発点は客観的な史料であり，この史料が示す事実に基づ
　　いて，ある事実が推論される。ところが，原1，2審判決では，推論された事実から，さら
　　に事実を推論している。歴史的な認識方法論と事実認定の関連に関しては，青木英五郎「証
　　拠評価の方法」著作集Ⅰ93頁以下参照。
11)　青柳文雄「『門田判決』の検討」ジュリ239号48頁。
12)　法律家はあまり意識していないが，可能性概念は，哲学的には，論理的可能性と実在的

に固有の自殺的な論理であって[13]，「正しさ」や「真実」が「絶対的に断定はできない」ことを前提に，検察官が有罪を主張し，裁判官が有罪を宣告できるのであれば，法的な正義が成り立つ基盤はなくなる。検察官の判断であれ，裁判官の判断であれ，法的な判断の「正当性」や「真実性」の基準は，常に，万人に了解可能でなければならない。

　実際，青柳の発言は，時に死刑を求刑する検察官，そして，時に死刑を宣告する裁判官という職務を経験した者の発言として見れば，無責任かつ不当な主張である[14]。しかし，程度の差こそあれ，実は，少なくない裁判官が同じ不可知論的な認識を持っている。裁判官として多くの優れた判決を残した木谷明によれば，「裁判官は証拠で認定するのが本来ですが，中には，証拠が薄くても本当に被告人が犯人だと確信してしまえば，多少判決の説明が苦しくても有罪判決する」裁判官がいるようである[15]。この種の裁判官は，原2審の鈴木裁判長と同様，証拠に基づき「確信をもって」裁判をしているのだろう。しかし，証拠の薄さに気付きながら有罪の判決を書くわけだから，ここでも，「真偽」の判断は「神」か「天」に委ねているのだろう。

　しかし，このような場合，刑事裁判の鉄則は「疑わしきは被告人の利益に」判断すべきだと教えている。たとえ，裁判官がどれほど強く有罪への確信を持って心証を形成しても，証拠の薄さに由来する「疑わしさ」が残る限り，「犯罪の証明があった」とは言えず，有罪判決は書けないはずである（刑訴法333条）。松

　可能性に分かれる（本書1.4.2.注7参照）。前者は，「思考上の可能性」であり，形式論理的な「矛盾律に違反しないこと」がその主たる内容である。これに対して，後者は，経験的法則に依拠した「物の存在可能性」を主たる内容とする。カントが言うように，この2つは厳格に区別すべきであり，これを混同すると思考は独断論に落ち込むと警告した。青柳もそうだが，原2審判決が多用した「可能性」は論理的可能性でしかない。事実認定で推論する場合，実在的可能性への立脚が必要である。カント『純粋理性批判（上）』294頁以下参照，特に298頁参照。

13)　この点はフッサール『論理学研究』1巻131頁以下，特に137頁以下を参照されたい。

14)　砂川事件（本書3.1.4.参照）で「違憲判決」を書いた後，裁判官から研究者になった伊達秋雄は，松川事件判決につき，正当にも指摘する。「蓋然性判断による相対的真実に基いて，人を死刑にする権利が裁判官に与えられてよいものであろうか」（伊達「事実の認定」自由と正義14巻11号4頁），と。

15)　木谷明「鼎談：刑事裁判の理念と事実認定」法時77巻11号20頁での発言を参照。

川事件のように，被告人らの犯人性を示す証拠が「自白」しかない場合，その自白の「真理性」が証明されない限り，有罪性の確信があっても，有罪性の証明はないと考えるべきである。そして，自白の「真理性」は，その「自白調書」の内容が実在的事実と「一致する」か否かで決まる。これが伝統的真理論の立場であった。このことを前提に，大法廷判決が「同一人物の供述かと疑われる」と述べ，原2審ですら信用性が低いと認めた「O自白」という文字どおり「薄い証拠」を取り上げて，4名の死刑を含む原2審判決が正当化されうるのか否かを考えよう。

3.5.4. 有罪の「心証」ではなく，有罪の「証明」が必要である

松川事件で自白した者は8名であったが[16]，検察官が立証の基盤としたのは，実行に関する旧国鉄側のA自白と，謀議に関する旧東芝側のO自白が中心である。そして，AとOの自白に登場し，謀議から実行まで，各々の場面において決定的な役割を演じたSは，本件の主犯の1人とされ，死刑を宣告された。Sは，自白せず，一貫して容疑を否認したので，まさしく「共犯者の自白」によって死刑を宣告された。検察の主張では，昭和24年8月15日，東芝松川工場では団体交渉が行われ，東芝労連から松川に派遣されたSも，団交に参加していたが，10時55分頃，団交の場を退席し，11時15分発の列車で福島に行き，国鉄労組事務所内で謀議に参加したことになっていた。

ただし，Sが8月15日の連絡謀議に出ていたことを示す物証はなく，その証拠はO自白だけである。そこで，Oの第1回供述調書（昭和24年10月17日付）を見れば，8月13日，Oは，Sと共に松川駅から福島に赴き，国鉄労組の事務所で列車転覆の計画を練り，その際，協議の「座長であった」国鉄労組の指導者Dから，8月15日に再度の打合せを要請された。そして，8月15日も，Oは，Sと共に福島に赴き，午前9時頃から話合いを始め，午前10時頃にAが加わり，転覆場所を決め，国鉄側から実行者としてA，H，Tの3名が決まり，東芝側から2ないし3名の実行者を出し，5名で実行することに決定した。さ

---

16) 自白者8名のうち，1名は女性で，O以外の6名は19歳から21歳の青年であったが，Oは，東芝松川労組の副組合長で，被告人の中で最年長の34歳であった。

らに，「東芝は松川の保線区からバール，スパナを要領よく盗みだして持参」すること等を決めた上で散会し，Ｓと松川に戻った。これが最初の自白である。

　ところが，第5回供述調書 (10月25日付) で，Ｏは，13日の連絡謀議に出席したのはＯだけであったと供述を変更させ，その3日後の調書 (10月28日付の調書に番号は付いていない) では，再びＳと同行したと供述を変更した。一体，Ｏは，列車を顛覆させるという重大な謀議に，Ｓと参加したのか単独で参加したのか。Ｏの自白の変遷は，たとえば記憶の誤りなど，常識的な理由で説明できるレヴェルを超えている。この点，原2審 (鈴木判決) の解釈は，Ｏは「8月16日夜のこと (引用者注：列車転覆のこと) を自白し」ているので，この時点で，「既に罪を免れえないとの考」えがあったはずで，「Ｏのこの心境が供述に不正確さをもたらす原因となった」と判示する (① 2197)。原2審は，こう説明しつつも，この不合理な供述の変更を軽視できず，原1審とは異なり，最終的に8月13日の連絡謀議については，Ｏ自白の信用性を認めなかった[17]。

　次に8月15日の謀議に移ろう。Ｏ自白では，ＯもＳも午前9時から福島の国鉄労組の事務所で謀議をしているはずである。しかるに，東芝松川工場では，この日も団交があり，現実にＯもＳも団交に出席している。ただ，検察によれば，午前10時55分頃，Ｓが退席し，福島の国鉄労組の事務所で列車転覆の具体的な謀議に参加した。なお，この謀議では，午前11時頃にＡが現れ，「明晩列車転覆をやる」と告げられ，「行きます」と答えたことになっており (Ａの9月23日付検面調書)，ＯとＳが福島の国労事務所に着いたとき，Ａは事務所を退出していたはずである。ところが，Ｏ自白 (第1回供述調書) では，午前9時頃，ＯとＳが労組の事務所に到着し，「午前10時頃Ａがやって来て」謀議が進められたことになっている。ここでは，Ａ自白の検証を省略するが，Ｏ自白の内容は，ほぼ全面的に現実的な「そこに・あった・事実」と一致せず，完全な「偽」であることがわかる。これで，どうして，原2審はＳに死刑を宣告できたのだろうか。

---

17)　この点，原2審判決では，8月13日の謀議に関しては，謀議に至らない部分をかなり拡大した形になり，そのため3名が無罪となった。この中には，警察が主犯と考え，8月15日の謀議を要請した国鉄労組の指導的な幹部Ｄが含まれている。

3.5.5. 裁判官の創作による死刑判決

　既述のとおり（本書 3.5.4. 注 17），原 2 審（鈴木判決）は 8 月 13 日の連絡謀議を認めなかった。しかし，そうであれば，そもそもいかなる理由で，8 月 15 日の連絡謀議は認められたのか。O 自白では，8 月 13 日の連絡謀議が終わった後，国鉄労組の幹部 D が 15 日の打合せを要請したのであった。しかし，弁護人の岡林が指摘するように[18]，原 2 審は，13 日の連絡謀議がなかったとし，検察が首謀者と考えていた D を無罪としながら，どうして 15 日の連絡謀議を認定しえたのだろうか。明らかに，ここには，非連続的な断絶がある。この部分を再確認すると，原 2 審は，国鉄労組の事務所に立ち寄った O に対して，国鉄側「被告人の何人か」から，同月 15 日に「列車転覆計画の具体的方法について協議すべきことを打ち明けられ」て松川に戻り，その内容を松川労組の組合長であった G や S らに伝え，「S が東芝側を代表して」出席することになったと認定して（① 2709 以下），この断絶を超えようとした。

　しかし，この原 2 審の認定は，何らかの実在的な補強事実から認定されたのではなく，具体的に，それを支える何の事実もないのに，「何人か」に犯罪の協議を「打ち明けられ」たので，連絡謀議が 8 月 15 日に開かれたと認定している。これでは，広津和郎が批判するように，「事実」の認定ではなく，裁判官の「創作」だろう[19]。「何人か」が 8 月 15 日の連絡謀議の開催を伝えたという「創作」があり，そこに 15 日の謀議の実施という第 2 の創作が加わり，東芝松川の団交の開始時には O や組合委員長の G らと共に S も参加していたが，午前 11 時頃，S が席を外し戻って来なかったという供述に変更して，「福島の国鉄に行った」と書き直させた（第 5 回供述調書）。そして，午後 5 時頃，S が帰って来たので，「八坂寮」内の S の部屋で，列車を顛覆させる場所，16 日夜から 17 日朝までの実行時間，バールとスパナを松川保線区から持ち出して持参すること等の報告を聞いたという内容に「調書に・書かれた・事実」を書き変えたので

---

18)　岡林辰雄「日本法廷の危機——松川事件を中心に」理論社編集部編『日本法学の課題と展望』（理論社，1955 年）14 頁以下参照。

19)　広津「松川裁判」全集 10 巻 426 頁。

あった[20]）。

　ここで，先に，青柳文雄が「歴史的事実の認定」は「常に蓋然性」だと述べたことを想起してほしい（本書 3.5.3.）。青柳は，最高裁調査官として松川事件にかかわり，基本的に原 2 審を支持する報告書を書いた。そして，事実認定は「常に蓋然性」だとすれば，8 月 13 日から 15 日の断絶を超えて，原 2 審の論理は十分に成り立つだろう。原 2 審の論理を簡単に振り返っておこう。つまり，13 日に福島に滞在していた O に対し，国鉄側被告人の「何人か」から「何らかの手段」で，列車顛覆計画の具体的な内容を確定するための協議が 15 日に行われると伝えられた。O は，午後 5 時頃，松川に帰り，S や G らと相談し，15 日の協議には S の派遣を決めた。そして，問題の 15 日に，S は，団交の途中で中座して福島に赴き，列車転覆の具体的な計画を聞いて松川に戻った。この原 2 審の認定に形式論理的な矛盾はない。したがって，思考上の「論理的可能性」であれば，原 2 審の認定は「可能である」と言える（本書 1.4.2. 注 7）ことになる。青柳のように，単に論理的可能性にのみ立脚した可能的推論を用いるならば，実在的事実とは無関係に，ただ形式論理を整えるだけだから，実際，あらゆる事実が簡単に捏造されうる。

3.5.6. 暗黒裁判の論理——論理的可能性

　しかし，当然のことだが，思考上の論理的可能性（蓋然性）があるということは実在的可能性（蓋然性）があることと同じではない（本書 3.5.3. 注 12）。たとえば，原 2 審の認定を見れば，それは確かに思考的に可能であり「論理的可能性」はある。しかし，現実にありうることかと反問すれば，その実在的可能性はきわめて低い。たとえば「何人かから」とあるが，O にとって未知の者から，O に対し，列車顛覆という犯罪謀議の開催が伝えられることは現実的にありえないし，O がそれを信じて，東芝松川の労組に報告し相談することも現実的にありえないだろう。「何らかの手段」も同じであり，通常，これだけの犯罪であれば，共犯間の連絡手段は特定されており，「何らかの手段」での「レポ」など現

20）　第 5 回供述調書の 8 月 15 日謀議に関する部分は広津「松川裁判」全集 10 巻 432 頁に引用されている。

実的にありえない。同様に，8月15日，Sが福島の労組事務所を訪れて協議を
したと言うが，これも現実的にありえぬ展開だろう。Sは，東芝労連から派遣
され，8月11日に初めて松川に来たのであり，国鉄労組の側にSを知る者はほ
とんどいなかった。そのようなSと列車転覆の謀議が行われることは現実的に
ありえない。

　このような原2審の認定に対して，Sは団交を中途退席していないというア
リバイ証言が複数あった。しかし，検察は団交に出ていた工場長に「午後はS
はいなかったと思う」と証言させており (17回公判)，証拠上，どちらとも言え
ない形にした上で，原1審の公判調書にS自身が団交に出席しなかったと述べ
ている部分があることを示して，最終的に，原2審は「Sは8月15日午前11
時頃 (引用者補：午前11時15分頃松川駅発下り列車に間に合う頃) に団体交渉の席を
中座した」(① 2463) と認定した。もちろん，この認定に「そこに・あった・事
実」の支えはなく，ただ原1審の公判「調書に・書かれた・事実」によっての
み組み立てられているだけである。

　ところが，ここに，1つの物証があった。それが諏訪メモである。そこには，
Sが午前11時15分以降 (松川駅発の列車が出発した後) にも発言していることが
記録されていた。つまりSのアリバイが証明された。だから検察は諏訪メモを
隠した。つまり，検察は，O自白が「偽」だと知りながら，それを「真」だと
主張し，Sの刑事責任 (死刑である！) の根拠とした。換言すれば，Sや弁護人の
主張するアリバイが「真である」と知りながら，それを「偽である」と主張し
て，Sを有罪 (死刑) へと追いやったのである。このように，実在的な「そこに・
あった・事実」を隠してしまえば，「真」を「偽」とすることも，逆に「偽」を
「真」とすることも自在にできる[21]。これが田中らの依拠する「暗黒裁判の論
理」であった。その実態は「呪術」と言ってよい。

---

21)　だから，門田判決 (全員無罪) に対し，検察は2,200頁の上告趣意書を書いて上告した
　　が，その9割は「事実誤認の主張」であり，「その論旨は結局，自白は信用しうるものであ
　　るという主張に帰」す。しかし，このような検察の方針に対し，最高裁調査官でさえ，「自
　　白内容を裏付ける新たな客観的事実の主張が見られないことは，注目すべきこと」だと論
　　評している (菅間英男『最高裁判所判例解説——昭和38年度刑事篇』〈法曹会，1964年〉128
　　頁)。真偽の判定基準は実在的事実だということを忘れてはならない。

4.0. 暗黒裁判は収束していない
──今も続いている調書裁判

　布川事件 (4.1.)，貝塚事件 (4.2.)，足利事件 (4.3.)，東電 OL 殺人事件 (4.4.)，飯塚事件 (4.5.)，地裁所長襲撃事件 (4.6.)，東近江患者死亡事件 (4.7.) が本章の検討の対象である。布川事件から最近の東近江患者死亡事件まで，時期的にはおよそ 50 年にわたっている。半世紀という期間は，国民にも捜査官の権利意識にも大きな変化をもたらすに十分だったはずである。しかし，裁判官の意識には何らの変化もない。本章の事件は，捜査段階での自白に基づく事実認定，いわゆる「情況証拠」に基づく事実認定，DNA 型鑑定を中心とする事実認定，第三者の供述を重視する事実認定など異なった事実認定のあり方をしている。しかし，これらの事件を審理し，判決を書く裁判官の行動基準は一貫して反理性的な「自由心証主義」の重視であり理性的な「犯罪の証明」の軽視である。検察官が想定したストーリーを裁判官がその自由心証で肯定し，さらには補完する。「判検一体」の姿勢もまた垣間見えるだろう。なお，福岡事件，菊池事件と同様，飯塚事件でも死刑が執行されたが，2021 年 7 月 9 日，第 2 次再審請求が福岡地裁に申し立てられている。

4.1. 布川事件
——調書裁判と自由心証主義の暴走

　昭和42年8月30日，茨城県北相馬郡利根町布川在住の大工A（62歳）の遺体が自宅で発見された。ロッカーが開けられており，室内に物色の跡があったので，同日，茨城県警は取手署に強盗殺人事件（以下「本件」とも記す）の捜査本部を設置した。警察は，犯行時刻を8月28日の夜から29日の朝までと推定し，Aが「金貸し」をしていたこともあり，Aと金銭貸借関係にあった者，近隣の前科者，不良者等に対して捜査を実施し，同時に，近隣の「ほとんどの住民」に聞き込みを行った[1]。

　警察は，8月28日の夜，A方前で2人の男を見たという情報を入手し，捜査線上に上がっていた者から数名を別件で逮捕したが，いずれも無関係だと判明し，捜査は難航した。このような状況下，警察は，事件直後の地取り捜査で示されたアリバイに関する裏付け捜査を実施し，アリバイ供述に虚偽があったS（当時20歳）に注目し，10月10日，Sを窃盗容疑で別件逮捕した[2]。Sは，取手署で取調べを受け，10月15日，T（当時21歳）を共犯とする強盗殺人を自白した。翌日，別件逮捕され，引き続き水海道署に勾留されたTも本件犯行を自白したので，10月23日，両名は強盗殺人容疑で逮捕された。両者とも，土浦拘置支所に収監後，検察官に本件犯行を否認したため，本件では処分保留のまま，別件容疑での勾留は継続された。12月1日，Sが取手署に，Tが土浦署に移監された。そして，元の担当検事や警察官による取調べを受け[3]，再び自白に転

　1）　本件に関しては，日弁連『布川事件記録集』があり，日弁連のウェブサイトからアクセスできる。きわめて重要な資料であり，是非とも参照されたい。
　2）　確定審はS・Tの逮捕を違法な別件逮捕と認めないが，取調べの実態を見れば，これが別件逮捕であることは明らかである。
　3）　この取調べは「別件の取調べが必要である」という理由だった（日弁連・前掲287頁）。清水誠「布川事件再審開始決定に想う」法セ613号47頁は，この移監（清水らは「逆送」と記している）を，本件の「多くの不正の中でも最大のものの1つ」と述べている。なお，清水誠・小田中聰樹「布川事件の最高裁決定について」法セ283号6頁以下参照。

じ，12 月 28 日に起訴された[4]。

　本件では，昭和 42 年 10 月の別件逮捕から最終的な再審無罪判決まで，「国家の犯罪」とも言うべき「無辜の処罰」が証明されるのに 44 年の時間がかかっている。無罪が確定したとき，記者会見で，S は「証拠をでっちあげる警察，その不法行為を黙認する検察官，それを容認する裁判官。気持は晴れていない」と述べた（2011・6・8 朝日新聞）。T は平成 27 年 10 月に 69 歳で死亡しており，その大部分が殺人者のレッテルを背負わされた人生であった。その責任は警察・検察・裁判所にあるが，いずれも，この冤罪に対し謝罪すらしていない。以下，この冤罪が，警察・検察・裁判所により，どのように「作り出された」かを確認しよう。

〈引用判例〉① 水戸地裁土浦支部判昭和 45・10・6 TKC 25480393，② 東京高判昭和 48・12・20 TKC 25480394，③ 最決昭和 53・7・3 判時 897・114，④ 再審開始決定：水戸地裁土浦支部決平成 17・9・21 TKC 28135321，⑤ 再審無罪判決：水戸地裁土浦支部判平成 23・5・24 TKC 25471410

4.1.1. 自白があれば，起訴され，有罪となる

　審理が始まると，第 1 回公判から，S と T は強盗殺人事件への関与を否認した。実際，S と T を犯行と結びつける客観的な証拠は何もなかったし，本件が強盗であったことすら十分に解明されていない。現場には，指紋・掌紋・足跡痕などの物証が残されていたが，それらは S・T と無関係であった。しかし，検察は，ただ自白にのみ依拠して S・T を起訴した。しかも，被告人 S・T によれば，その自白は捜査官の強制，強要，誘導，偽計，長時間にわたる連日の取調

---

4)　本件は，誤判や冤罪を考える場合，きわめて重要な判決だが，原 1・2 審判決が未公刊であり，最高裁決定のみが公刊されていた（最決昭和 53・7・3 判時 897・114）。再審の段階に移っても，第 1 次再審請求では，3 審とも未公刊であり，第 2 次再審請求審でも，再審開始決定（水戸地裁土浦支部決平成 17・9・21）ですら，当初，未公刊であったし，最終的な再審無罪判決も未公刊であった。ただし，幸いなことに，再審開始決定に対する検察官の即時抗告に対して，再審開始決定を支持し，検察官の主張を斥けた東京高裁（門野博裁判長）の決定は公刊されていた（東京高決平成 20・7・14 判タ 1290・73）。もちろん，現在では，本件の判決や決定は，「TKC 法律情報データベース」ですべてを読むことができる。

べによるものであった[5]。また，否認した後，再び自白したのも，Ｓは拘置所か
ら代用監獄に戻され，警察官から否認すれば死刑である旨の脅しを受けて，死
刑が怖いという気持ちになって再び犯行を自白したと供述しており（⑤ LEX/DB
97），Ｔも，代用監獄に戻された後の取調べで「警察はもういいや」という気持
ちになり，検事の取調べについても，「この検事は警察と同じだから何を言って
もだめだと思い，ここも早く終わらせて裁判で闘おうと決めて，再び犯行を自
白した」と供述している（⑤ LEX/DB 102）。Ｓ・Ｔは確定１審の段階から，この
ように一貫して供述していた。この点，捜査の不備と共に，客観的に見て，被
告人らの犯行であることの証明はほとんどないので，無罪判決の可能性が十分
ありえた事件であった。

　しかし，１審（① LEX/DB 4 以下）では，自白の信用性が全面的に認められた。
すなわち，被告人Ｓ・Ｔは，Ａから金を借りようとして，執拗に借金の申込み
をしたが，Ａから「激しい言動で拒絶された」ため，Ａを「殺害してでも金員
を強取しよう」として，その場で「暗黙のうちに」強盗殺人を共謀し，「両名が
同人を仰向けに押し倒し，Ｔがその上に馬乗りになり，Ｓが同所にあったタオ
ルおよびワイシャツで同人の両足を緊縛し，被告人両名が同人の口の中に同所
にあった布を押し込み，Ｓが同人の頸部に同所にあった布を巻きつけてその上
から両手で喉を強く押して扼し」[6]，同人を窒息死させた。そして，Ｓが室内の
ロッカーから 7,000 円を，Ｔが押入れの中から 10 万円を強取したと認定した（①
LEX/DB 4）。こうして，捜査段階で作成された自白「調書に・書かれた・事実」
のとおりに，強盗殺人の実行行為が認定され，両者とも有罪（無期懲役）が言い
渡された。

　Ｓ・Ｔは控訴した。２審（② LEX/DB 1 以下）では，１審よりも詳しく検討してい
るが，基本的に，１審と同じ論理であり，上告（③ 114）も棄却され，判決（無期

---

5)　報道によれば（2011・5・25 朝日新聞），当時の茨城県警捜査１課長は「無茶な取り調べ
　　は一切していない」と述べ，自白の誘導を否定している。官僚的な「居直り」としか言え
　　ない。
6)　ただし，遺体を解剖したＨ医師の鑑定書によれば，扼痕はなく，咽頭諸軟骨の骨折もな
　　い。そして，鑑定書には「絞痕あり」と記され，実際，首にはかなり大きな木綿のパンツ
　　が巻かれていたので，再審開始決定は「絞頸」と見ている（④ LEX/DB 50，57）。

懲役)は確定した。確定判決は，3審とも，S・Tの自白を決め手にしている。上告審決定では，S・TをA方付近で目撃したというBの証言や成田線布佐駅の北東部にある栄橋の石段付近でSが「怒鳴った」ところを見たというC・D・E証言などを挙げて[7]，それらは，「犯行自体を目撃したものではないけれども」，「自白を離れて本件有罪認定の情況証拠」になりうるものであり，それらが相互に補強し合って犯罪事実を証明しているとした（③114以下）。しかし，確定判決の事実認定は全面的に自白に依拠したものであり，「自白を離れた」ならば，犯行を証明するものは何もなく，それ故，実行行為は認定できなかったはずである[8]。

　S・Tは，服役中に再審を請求したが棄却され，即時抗告・特別抗告も棄却された。そして，平成8年11月，29年ぶりに仮出獄となり，平成13年12月6日，第2次再審請求を行った。そして，この第2次請求審において，水戸地裁土浦支部（彦坂孝孔裁判長）は再審開始を決定した（④LEX/DB 1以下）。この決定は，綿密に確定判決を検証し，検察が隠していた証拠を開示させて，S・Tの自白に信用性がないことを証明した。以下，再審開始決定の主要部分から，その優れた論理を概観しておこう。

---

7)　この石段付近の出来事は，布佐駅に着いてから栄橋を渡り，栄橋のたもとの停留所でTと遭遇するまでのエピソードであり，もともとSの自白内容である。それは，常磐線の我孫子駅でTに出会って，布佐駅から栄橋方面に歩いた9月1日の経験を話している（日弁連・前掲289頁以下）。だから，ある程度，TやC，DもSの自白に参加することができた。ただし，この部分も，Sの自白内容とTの自白内容を比べると，かなりの齟齬がある。C，D，Eの供述は，Sの自白の信用性を支えるための補強であった。しかし，後の第2次再審請求において，即時抗告審である東京高裁は，SもTも，この土地の人間だから栄橋の石段のところでSが見られたとしても，「それが本件事件の情況証拠としてどれだけ独自の意味をもつのかについてはなお疑問がある」（東京高判平成20・7・14判タ1290・82）と指摘した。全くそのとおりである。

8)　この最高裁決定に対し，読売新聞社説は，「口頭弁論なしに決定で上告を棄却する例が目立つ。しかし職権で証拠調べをし，『真犯人（あるいは有罪）でないとする証左はない』とする。これでは，最高裁は有罪の先入観にとらわれている，と受け止める人が少なくないだろう」と批判した。また，強取した金員に関する自供のあいまいさを指摘し，それは「捜査官が知らない事実だから，冤罪の被告人には供述させようがなかったとみるのが自然」だと述べ（読売新聞1978・7・6），「冤罪事件」の可能性を示唆していた。

4.1.2. 確定判決における認定の杜撰さ

　まず殺害行為を確認しておこう。確定判決は，S・Tの両者がAの口に「布」を圧迫挿入して押し込み，その後，SがAの首を絞めたと認定した。この認定の根拠は自白しかない。そこで，この自白について，残された最重要証拠である遺体の状態と自白内容が一致するか否かを検証しなければならない。たとえば，この「布」は大きなサイズの白い木綿製の「パンツ」のことだが，確定判決はこの最重要物証を検証していない。信じられないことだが，第2次再審請求審において，初めて検察はこのパンツを法廷に提出した[9]。そして，再審開始決定は，死因が扼殺であれ絞殺であれ，意識があり抵抗力もある成人に対して，このような物を口内に挿入させることが現実に可能か否かを問題にしている。これは当然の検証だが，検察がこの布を隠していたため，第2次再審請求審まで，この当然の検証が行われていない。これは，どう見ても，「杜撰」と言う以外ない。

　ごく普通に考える限り，審判において，検証すべき「当然のこと」が検証されていない。理性的に見て「あたりまえ」の事実確認が行われていない。ここに暗黒裁判の決定的な「隠蔽」という特色がある。このことを意識しながら，死体の状況を見ると，自白には大きな疑問点が現れる。すなわち，自白のような方法では，事実上，Aの殺害は「不可能ないし著しく困難」だと，再審開始決定は指摘する。もちろん，物理的には，この「パンツ」を無理に挿入することも可能だろうが，「自白のとおりに挿入すれば，Aの口部周辺や口腔内に全く損傷が生じない」ことはありえない。しかし，Aの遺体には，その種の傷痕はなかった。そこから，裁判所が依頼した鑑定人を含め，3名の法医学者の意見に従って[10]，再審開始決定は，首を絞めて意識がなくなり，仮死状態になった後か，もしくは窒息死した後に，Tの口にパンツが押し込まれたと認定した（④LEX/DB 50–78）。

---

　9)　この「口詰めパンツ」は，首に巻かれていた同様の「パンツ」や死体検案書と共に，第2次再審で初めて開示されている。日弁連・前掲112頁。佐藤米生「布川事件と証拠開示」自由と正義63巻2号5頁以下。
　10)　布川事件弁護団「再審布川事件の30年を語る」自由と正義63巻2号44頁。

これは，実行行為の順序の問題だから，まさに実行行為の核心部分である。この「殺害」という事件の核心部分において，S・Tの自白「調書に・書かれた・事実」は事件の客観的・実在的な「そこに・あった・事実」と一致しないことが示された。これは，再審開始決定が指摘するとおり，S・Tの自白調書の全体的な信用性が致命的に動揺したことを意味する。再審開始決定は，この当然のことを明記した上で，最高裁が「有罪認定の情況証拠」と位置づけた目撃証言を詳細に検討し，それらが情況証拠の価値すらないことを暴露している。

4.1.3. 供述調書の「変転・混乱・矛盾」を検証すべきである

　情況証拠とされたBないしEの目撃証言の中では，A方前でS・Tを見たというB供述が最も重要だろう。そこで，B供述に対する再審開始決定の検証から概観しよう。まず，確定審では，Bは，クリーニング店を経営し，SやTとも旧知であり，昭和42年8月28日，バイクで「午後7時半過ぎころ，A方を通過するとき，SとTらを見た」と明言している。しかも，その時のSとTの位置関係は，A方前にある小さな「溝を挟んでTがA方の方に，Sが道路の方にお互いに向かい合って立っており，2人で話をして」いたと述べている。そして，BがS・Tを視認した状況に関しては，バイクが「Sから2mくらいの距離に接近したとき，同人が振り返ったので，その顔を見た」と供述し，Tについては，Tが「道路の方を向いていたので分かった」と供述している（④LEX/DB 32以下）。

　このように，確定審で，BはSとTを見たと明言した。ところが，Bがこのことを初めて述べたのは「昭和43年2月中ころ（引用者注：強盗殺人事件についてTとSが裁判で否認した旨の記事が読売新聞に出た頃）」であった（④LEX/DB 92以下）。それ以前にBはSやTを見たと供述していない。たとえば，Bの最初の供述を見れば（昭和42年9月3日付捜査報告書），事件当日にA方前をバイクで通過したことだけを述べている。この点，再審開始決定は，Bが事件当日にA方前を通過したことを早くから述べながら，不審者を目撃したことを語らず，5ヵ月以上も後になって，それもS・Tが公判で犯行を否認した後，突然，通過時にS・Tを目撃したと供述するのは「経験則に照らして非常に不自然，不合理」だと指摘する（④LEX/DB 101）。

　また，昭和43年3月19日付の検面調書によれば，ここで，Bは確定審での証言と矛盾した供述をしている。まず，Sの視認については，バイクの「ライトをつけて時速30 km くらいで通りかかったら」こちらを振り向いたので，「ライトの明かりで顔が見え」て，「その後新聞に顔写真が出て名前が載っていたからSだと分かった」と述べ，確定審の供述と矛盾しない。しかし，Tの視認については，「後ろ姿だけを見て通り過ぎた」が，「1週間目ころに思い出しながら短く刈った髪と大柄な体つきからTらしい」と思ったと供述している[11]。ところが，確定審では，Tは初めから「道路の方を向いていたので分かった」と供述していた。

　この検面調書では，Bが目撃した男をTだと認識した根拠は，被目撃人物の頭髪や背格好といった「後ろ姿」であった。しかし，確定審では「道路の方を向いていたので分かった」と述べて，「被目撃人物の顔から認識できた」と供述している。再審開始決定によれば，この2つの供述を比較すれば，各々の視認の認識根拠が相違し，それは，この2つの供述が同じ記憶に基づく供述でない可能性を示す。さらに，再審開始決定は，B供述におけるSとTの「立ち位置」の変化についても，同じ疑念を指摘する。通常，「ある人間がいた」という記憶は，視認した人間の「容貌等を立ち位置とともに記憶するのが通常」だが，Bは，捜査官に対し，「自分からみて手前に背の低い男（引用者注：S），奥に背の高い男（引用者注：T）が進行方向に向かって立っていた」と供述しながら，確定審では，上記のとおり「お互いに向き合って立っており，2人で話をしている様子」だと供述した。この2つの供述も，同じ記憶に基づく供述とは思えない不自然な変遷を示している（④ LEX/DB 101 以下）。

　このように，具体的な供述内容を検討すれば，B供述には，それほど高い信用性は認められない。再審開始決定がその信用性に疑問を呈示したのは当然であった。すでに確定審段階の最高裁決定より前に，清水誠や小田中聰樹が指摘

---

11)　再審開始決定は，そもそも，この検面調書に関しても，Bが目撃したのがTの「後ろ姿」と「髪型」だけだったとすれば，その1週間後に，Tの「後ろ姿を思い浮かべて，それがTであったと確信をもって断定」したという供述もまた「およそ不自然」だと指摘している（④ LEX/DB 100 以下）。

したことだが，B供述の内容は「変転，混乱，矛盾を極めて」いた[12]。裁判所は，再審開始決定の段階で，やっと，そのことを認めたのであった。

4.1.4. 検察は証拠を隠していた

これに対し，Bと近接した時刻に，A方前を自転車で通過したNも，2人の男を目撃しているのだが，検察はN供述を隠していた[13]。Nは，10月16日と31日の員面調書，11月8日と16日の検面調書で，8月28日にA方前で2人の男を目撃したと述べている。最も事件に近い10月16日の調書では[14]，Nは，自宅の障子の寸法調整を依頼するため，大工のA方に「寄って行こう」と考え，A方の近くまで来ると，2人の男がいた。この視認の客観的観察条件は良好とは言えないが，Bとは異なりNの場合，Aに仕事を頼もうとして訪問したのだから，A方前の状況は意識的に観察している[15]。男の1人は「道を背にしてAと喋っていたので，顔立ちや服装は覚えていない」が，他の1人は「西角に寄りかかっており」，身長は163cm程度で，頭髪は「最近床屋にかかったような様子ではなかった」し，「黒っぽいレース編みシャツを着て」いたと供述している（④LEX/DB 79以下）。

この身長から見て，この人物に対応するのはS（159cm）だろうが，Sの自白によれば，当日の服装は「黄色の半袖オープンシャツに灰色のズボン」であった（④LEX/DB 105）。また，被告人らの自白では，Aと話をしていたのはSであり，道路にいたのがTである。結局，SとTの自白調書とN供述を比べてみれば，各々の役割関係や配置関係も異なっている。そして，Sの可能性のある男

---

12) 清水・小田中・前掲9–12頁。
13) このNの供述調書も検察が開示に応じなかったものである（日弁連・前掲119頁）。N供述は，内容を見ればわかるとおり，明らかにS・Tの犯人性を否定する。検察は，常に，このような資料を隠している。その典型が松川事件の諏訪メモである（本書3.2.1.）。
14) Nの供述にも，時の経過に影響された変容や捜査官の暗示・誘導による変容が見られるので，再審開始決定はこの10月16日の初期供述だけを取り上げている。
15) 再審開始決定によれば，B供述の場合，Bがバイクを時速30kmで運転しており，そのため注意力が分散されている状態にあり，また，BがA方前を通過したとき，日没から70分が立ち，付近に十分な光源もない状態で，バイクのライト照射も一瞬か長くて数秒しか当たらないという状態であり，Bの識別条件や記憶条件が悪く，それらが全体的にB証言の信用性を低めているという。

の服装も異なっており，Ｎが見た２人がＳ・Ｔである可能性は低い。

　さらに，より重要な点は，Ｎが２人の男を目撃した時間である。Ｎは「7時5分ころから7時20分ころまでの間だと思う」と供述している（④LEX/DB 80）。しかし，Ｓ・Ｔの自白調書およびＣの供述調書（10月22日付員面調書）では，犯行の日である8月28日，Ｓ・Ｔが成田線の列車で布佐駅に到着したのが午後7時5分である（④LEX/DB 105）。そして，確定1審の検証調書によれば，布佐駅から栄橋を渡って，Ａ方前まで「寄り道せずに行っても徒歩で22分かかる」（④LEX/DB 106）。そうであれば，Ｓ・Ｔの自白やＢ供述を前提にすれば，Ｎが目撃した2人の男はＳ・Ｔではない可能性が高くなる。

4.1.5.　検察官による供述内容の「暗示・誘導」

　さて，こうして，Ｓ・Ｔが午後7時5分に布佐駅に降りたのかが問題になる。Ｃの供述では，Ｓの自白を支えるように，布佐駅から栄橋の石段を上がるところで，「1人の男が元気よく駆け上がっていき，『力あるな』とかなんとかＤがいうと，その男は振り向いて『何んだ』とか言って」いたが，それは「私も顔を見知っているＳだった」（④LEX/DB 106以下）。だから，Ｃによれば，この石段付近の出来事があったことは確実である。ただ，Ｃの検面調書（11月18日付）の中には，この出来事の「記憶はあるが，それが果たして8月28日午後7時過ぎであったかどうかははっきりいえない」という供述がある。ところが，約1ヵ月後の検面調書（12月17日付）を見れば，突然，「栄橋の石段の一件は，8月28日であると明確に供述した」ことになっている[16]。

　当初から，Ｃは，上の出来事の「日付」が「曖昧である」と述べていた。それにもかかわらず，その「出来事から4ヵ月近く経過した時点」で，何故，その日が8月28日だと確言できたのか。突然，日付に関する「記憶が喚起されたことを首肯するに足る」事情が示されない限り，これは「極めて不自然，不合理な供述変遷であるといわざるを得ない」。再審開始決定は，こう述べて，検面

---

16)　日弁連・前掲290頁は，ＣおよびＤの供述について，取調べにあたった吉田賢治検事が供述させたと指摘している。なお，布川事件を素材に，特にＳの供述調書について，言語学の談話分析を行った研究がある。大河原眞美「布川事件における桜井証言の談話分析」高崎経済大地域政策研究6巻4号1頁以下。

調書において，日付を明確に供述した部分は検察官（吉田賢治検事）の「暗示・誘導による」ものだと指摘している（④ LEX/DB 108 以下）。

　再審開始決定は，C 供述を検討して，栄橋の石段で生じた出来事を「8 月 28 日の出来事」とすることに疑問を呈示した。そこで，次に，その出来事の中で S に対し「力あるな」と発言した D の供述を検証する。D 供述にも，日付に関する供述内容に変遷が認められる。まず，D は 10 月 20 日の員面調書では「8 月 28 日は成田線には乗らなかった」と供述していたが，同月 22 日の員面調書では，前供述を修正して，成田線に乗ったこと，そこで T と会ったことも認めながら，「布佐駅を降りてからは別れてしまった」と述べている。このように，栄橋の石段の一件については，当初，D は供述していない。ところが，12 月 27 日付の検面調書では，D もまた「栄橋の石段の一件が 8 月 28 日であると断言した」（④ LEX/DB 110）。

　この D 供述の変遷も，C 供述の変遷と同様，どうして「8 月 28 日」と断言しえたのかという理由が了解しがたい。再審開始決定は，この変遷が 12 月 27 日の検面調書であることに注目する。そして，翌 28 日に S・T が立件されていることから，取調べをした吉田検事が「他の関係者と供述を合せるように暗示・誘導した結果である可能性が極めて高い」と指摘する（④ LEX/DB 111）。

　最後に，E も栄橋の石段付近の出来事で S に会ったと供述しており，その日付は 8 月 28 日だと一貫して明言している。しかし，E 供述では，この出来事の内容が C・D 供述とは完全に異なる。10 月 24 日付員面調書では，1 人の男が自分の前を歩いており，反対から来た人とすれ違うときに「言い合って」，前を歩いていた男が「馬鹿野郎」と言った。E は，その時，男の顔を見て S だとわかったと供述している。ところが，この翌日（25 日付員面調書），先に紹介した C 供述と同じ内容に変遷している。供述内容が，1 日で，全く別のものに変わっている。そして，11 月 16 日の検面調書では，再び，10 月 24 日付員面調書と同じ内容に戻った。そして，12 月 17 日の検面調書では，「従来の供述とも，C らの供述とも異なる供述」をした（④ LEX/DB 112 以下）。

4.1.6. 警察・検察と共に冤罪を作り出す裁判官

確定判決では，B ないし E 証言に信用性を認めたのだが（自由心証主義），以上

のような検証の中で，BないしE証言に，情況証拠としての証拠価値はないということが客観的に証明された。こうして，第2次再審請求審は，まず実行行為の方法および順序という核心部分において，S・Tの自白「調書に・書かれた・事実」が事件の実在的な「そこに・あった・事実」と矛盾し，SとTの自白の信用性が決定的に減殺されたことを認める。その上で，次に，最高裁判所が確定判決を補足して示したBないしEの供述が有罪認定の情況証拠となっているか否かを検証し，その各証言はS・Tと犯行を結びつける証拠になっていないことを示し，再審開始を決定した。そして，平成23年5月24日，水戸地裁土浦支部はS・Tに無罪判決を出した。

　本件は，以上から明らかなとおり，自白さえ取ればよいという茨城県警の不当かつ違法な捜査から始まる。そもそも，A殺害について，初めからSに嫌疑があったわけではない。ただアリバイが明確に示せなかっただけである。それだけのことであった。ところが，これまで何度も指摘してきたとおり，アリバイさえなければ，警察は無実の者を自白させる「ノウハウ」を持っている（本書1.2.5. 参照）。まず，別件で逮捕して，被疑者の社会関係を全面的かつ完全に切断し，長時間の取調べを行う。この「人質司法」の中で，警察は強要・誘導・偽計を駆使し，まずは「やった」と自白させる。後は，「どのようにやった」かだが，あらゆる冤罪事件が示すように，細部は，犯行現場を熟知する捜査官が取調べの中で誘導し，自白調書が完成するのである。

　こうして冤罪が作られるのだが，憲法上，このような行政権力の不当かつ違法な行使をチェックし，弾劾することが裁判所に与えられた役割であった。ところが，現実の裁判を見れば，裁判官は，事件の実在的な「そこに・あった・事実」を見ない。裁判官は，本当に，実在的事実を直視（直観）しない。本件でも，確定審の裁判官は，ただ「調書に・書かれた・事実」を見ていただけである。裁判官は，本来，事件の客観的な事実として「そこに・あった・事実」から，捜査官の作成した「調書に・書かれた・事実」を検証し，弾劾しなければならない（本書3.4.5.）。しかし，本件もまた，行政官たる公訴官の主張を弾劾するという刑事裁判官の本来の職務を忘却し，裁判官は，警察・検察と共に，いわば「判検一体」となって冤罪を合作していることを実証している[17]。

　憲法・刑事訴訟法は，刑事裁判の出発点と言うべき逮捕・勾留から，裁判官

による警察・検察への有効なチェックが機能するよう種々の制約を規定している。ところが，令状発行の実務では，裁判官はほぼ全面的に警察・検察の請求を認めるのが実態である。特に，勾留は，諸外国と比べても異様に長期の身柄拘束を認めており（逮捕・勾留の期間は1事件につき最大23日であり，連続的に，別事件として請求し認められれば，46日にもなれば，69日にもなる），それだけに「住所不定」「罪証隠滅の相当な理由」「逃亡の相当な理由」があるときに限定されているのだが，裁判官は，この限定の歴史的な意義を考えることなく，ほぼすべてのケースで勾留請求を認める（たとえば『令和2年度犯罪白書』によると2019年の却下率は5.16%である。近年は若干高くなっているが，2006年から2009年までは1%未満であった）。警察・検察は，ほとんど自らが望むとおりに，被疑者の身柄を押さえることができる。

　本件Sの場合を見れば，昭和42年10月10日，Sは，別件窃盗事件で逮捕され，10月12日，勾留状が執行されて勾留された。その後，その10件の窃盗の余罪を自白し，10月15日頃までに，Tと共に本件を実行したと自白したので，10月23日，Tと共に本件で逮捕され，10月25日に勾留された。Sは，その後（11月13日），9件の窃盗余罪で起訴され，同時に，起訴事実についての勾留も認められ，12月28日，本件につき立件された。この80日の間，Sは厳しく取り調べられたのだが，その負担がどれほど大きなものであったかを考えれば，このような令状裁判官の実務実態は厳しく批判されるべきであろう。本書は，別件逮捕の危険性を指摘してきたが，この捜査実務を支えているのが，令状裁判官なのである。

---

17)　Sは，平成24年，茨城県（警察）と国（検察）に対して国賠訴訟を提起したところ，令和1年5月27日，東京地裁はSの請求を認め，国と県に計7,600万円の支払いを命じた（東京地判令和1・5・27 TKC 25563059）。判決は，警察の取調べに「社会通念上認められる方法や態様，限度を超え」た不法を認め，また，検察に対しては，確定2審において，検察官が捜査報告書や目撃証言の記録の開示を拒否したことの不法を認定した（2019・5・28毎日新聞）。しかし，この判決も，検察官が事件を作出していく過程を判断の対象にしていない点，きわめて不十分である。ただしそれ以上に，S・Tの意識では，警察・検察への怒りより，裁判官への怒りが強かった。S・Tと交流のあった作家・佐野洋によれば，「あいつらは裁判官ではない。裁判官の衣を着た犬，畜生と同じです」と記した手紙をTから受け取っている。佐野『檻の中の詩〈増補版〉』（双葉社，2002年）49頁参照。

4.2. 貝塚事件
——「判検一体」となった犯罪的1審公判

　この事件は，昭和54年1月21日午後11時30分頃，大阪府貝塚市<ruby>貝塚<rt>かいづか</rt></ruby>市にある野菜用ビニールハウス内で発生した強姦・殺人事件（以下「本件」とも記す）であり，翌1月22日午後0時頃，ハウスの所有者が女性の死体を発見し，被害者は近くに住むA（当時27歳）と判明した。大阪府警貝塚署に捜査本部が置かれ，現場付近に土地鑑がある性犯罪の前歴者や素行不良者の犯行と見て初動捜査を始めたが，同年1月26日午後8時頃，Aの内縁の夫EがZを連れて貝塚署を訪れ，Zが「友達の5人とやったと言っているので調べてください」と申告した。その後，Zが本件犯行を自白したので，警察は，1月27日午前2時頃，Zを緊急逮捕した。そして，Zの自白に基づき，同日午前5時頃までに，本件の被疑事実で，V・W・X・Yが緊急逮捕された（Vは当時21歳，その他は当時18歳の少年）。その後，Zら5名は本件犯行を自白し，その後も自白を維持したので，2月17日，まずVが立件され，Zら少年4名は，「刑事処分相当」の意見を付けて家裁に送致された。そして，大阪家裁堺支部は検察官への逆送を決定し，大阪地検堺支部は，3月8日，少年4名を強姦・殺人の公訴事実で起訴した[1]。

〈引用判例〉① 大阪地裁堺支部判昭和57・12・23（未公刊だが，日弁連人権擁護委員会編『事例研究誤判Ⅳ』216頁以下に完全な形で引用があり，そこから引用する），② 大阪高判昭和61・1・30判時1189・134，③ 再審開始決定：大阪地裁堺支部決昭和63・7・19判時1315・146，④ 再審無罪判決：大阪地裁堺支部判平成1・3・2判時

---

1)　本件に関しては，2審で国選弁護人として本件に関与した平栗勲の論稿がある。平栗「貝塚ホステス殺人事件」神戸学院法学25巻2号273頁以下，同「貝塚ビニールハウス殺人事件・捜査，公判，再審の経過」日弁連人権擁護委員会編『事例研究誤判Ⅳ』（日弁連人権擁護委員会，1994年）12頁以下，増田隆男「誤判原因の検討」日弁連人権擁護委員会編・前掲172頁以下，斎藤豊治「少年事件における身柄の拘束と取調べ——貝塚ビニールハウス事件を素材として」甲南法学33巻3・4号1頁以下参照。なお，読売新聞大阪社会部『逆転無罪——少年はなぜ罪に陥れられたのか』（講談社，1990年）という優れたドキュメントがある。この書物は，記者が弁護人と同行し，弁護人と一緒に行動する中で，隠された捜査の現実を暴露するものである。是非，参照されたい。

1340・146

4.2.1. 検察の主張を無条件で肯定した1審判決

最初にZらの自白「調書に・書かれた・事実」を確認しよう。それは，おおむね，「罪となるべき事実」に「上書き」されている。すなわち，犯行の日，VおよびW・X・Y・Zは，現場に近い南海電鉄二色浜駅から帰宅途中のAを認めるや，共謀の上，Aを姦淫しようと企て，VとYが同女の背後から近づき，「やにわに同女の腕をつかみ，その脇腹」に「カッターナイフを突きつけ」て，近くの畑に連れ込んだ。しかし，激しく抵抗されたので，Aを「その場に仰向けに押し倒し」，パンタロンなどを脱がせて下半身を裸にした上，ビニールハウス内に押し込み，「V・Y・X・W・Zの順に強いて同女を姦淫し」た。その直後，ZがAを「知っている姉ちゃんや」と述べたことから，Vは，犯行の発覚を恐れて，Aの殺害を決意し，他4人に「『いってもうたれ。殺せ』と指示し」，他4人も「同様の動機から直ちに同女を殺害しようと決意し」，Aの頸部を扼圧するなどして殺害した（①220以下）。

ただし，公判が始まると，被告人らは，以上のような自白「調書に・書かれた・事実」を否認し，犯行時のアリバイを主張した。すなわち，犯行時に，VとZは泉佐野市内のL宅に居たし，W・X・Yは岸和田市内のC宅でO・Pら7名で酒を飲んでいた，と。そして，捜査段階での自白は警察官の暴行と脅迫によるものだと主張したが，検察はこれを事前に計画されたアリバイ工作だと主張した。そして，1審は，被告人らの拷問の主張を斥けて自白の任意性を認め，さらにその信用性をも認めた。

この間の経緯を見るとき，1審公判で，V・Zのアリバイ証人であったLがV・Zのアリバイの主張を否定し，V・Zが自宅に来たのは事件翌日の「1月22日午前1時過ぎ」だと供述したこと，また，W・X・Yのアリバイ証人のO・Pが飲酒の日時は1週間ずれた1月14日だったと供述したことが1審裁判官の心証形成に決定的に作用した（①224以下。ただし，後述するとおり〈本書4.2.4.参照〉，L・O・Pらが検事や警察官に脅かされて偽証したことは2審の公判で明らかになる）。こうして，1審は，被告人らと犯行を直接的に結びつける物的証拠が1つもなく，各々の自白を補強する物的証拠もない中で，Vら5名の自白「調書に・

書かれた・事実」をそのまま肯定して，全員の有罪を認定し，成人であった V
に懲役 18 年（求刑は同 20 年）を，W 以下 4 名に懲役 10 年（求刑は同 12 年）を言
い渡した。Z は控訴せず服役したが，V・W・X・Y は控訴し，2 審（② 134）は，
1 審判決のうち「被告人らに関する各部分を破棄」し，全員を無罪とした。

1 審判決は自白「調書に・書かれた・事実」を無条件で肯定した。しかし，以
下に検討するとおり，残された物証から見て，これはとても了解しえない事実
認定であった。これに対し，2 審は実在的な「そこに・あった・事実」を直視
（直観）し，「調書に・書かれた・事実」は「真」ではないと判示した。また，2
審判決は，控訴しなかったため，1 審判決が確定していた Z に関しても言及し，
V・W・X・Y らの自白に任意性・信用性がなく，それ故，V・W・X・Y を有
罪と認定する証拠がない以上，たとえ Z が控訴をしなかったとしても，V・W・
X・Y を無罪とした判断を動かしえないとした（② 160）。そして，この後，有罪
判決が確定していた Z の再審開始決定（③ 146，150 以下）が出て，Z の再審無罪
（④ 147）が確定した[2]。

4.2.2. 自白「調書に・書かれた・事実」は 実在的な事実と一致しない

自白内容が「真」であるか否かは，本書の冒頭から指摘するとおり（本書
1.1.3. 参照），自白「調書に・書かれた・事実」が事件の実在的な「そこに・あっ
た・事実」と一致するか否かによって決まる。本件では，被告人らと犯行を直
接結びつける物証はないが，被告人らの各自白の真理性を検証するための事実
であれば，かなり多くの重要な物証がある。2 審は，まず，被害者に遺留され
た体液を検証する。鑑定によれば，A の膣内に精虫が存したので，A は「姦淫
されたもの」とされ，「精液の血液型は A 型と判定」された[3]。また，死体のす
ぐ傍らにあった A の赤色オーバーコートに付着していた体液様斑の鑑定からも，
同じ結論が確認されている。

---

2) この判決でも，改めて，大阪府警の捜査内容が批判されたが，大阪府警捜査 1 課長は「捜
査は慎重かつ適正に行った」と官僚的に居直っている（1989・3・2 朝日新聞）。
3) 鑑定書は日弁連人権擁護委員会編・前掲 205 頁以下。

　確かに被告人らの各自白調書によれば，被告人全員が姦淫し射精したことを
自白している。ところが，被告人 V と W の血液型は B 型であり，Y と Z は AB
型であった。また，X は A 型であったが，赤血球以外の分泌液中に含まれる
ABO 式の血液型物質量が遺伝的に少ない「非分泌型」であった。つまり，「姦
淫し射精した」という被告人らの自白「調書に・書かれた・事実」は事件現場
の実在的な「そこに・あった・事実」（膣内の残留体液が「A 型の分泌型」であった
こと）と一致しない。両者は明白に矛盾する。つまり，A の姦淫に関し，被告人
らの自白は「真」ではなく，それ故，被告人らが A を姦淫したという「犯罪事
実」は全く証明されていない。しかも，きわめて不可解なことに，被害者の膣
内から採取された体液に，被告人らの精液に含まれるはずの血液型が現れなかっ
たことに関し，1 審判決はその理由を明記していない[4]。これでは犯罪の「証
明」になっていないことが明らかである。

　また，各被告人の供述調書によれば，被告人全員が「いずれも被害者の乳を
吸ったりなめたりした」と自白している[5]。しかし，A の乳房付近に付着した
唾液も「A 型の分泌型」のみが検出されており，被告人らの唾液は A に付着し
ていなかった。ここでも，自白「調書に・書かれた・事実」と実在的な事件の
「そこに・あった・事実」とは一致しない。さらに，ビニールハウスや被害者の

---

4)　この理由が明記されていないことは 1 審判決の大きな問題点だろう。本件の鑑定をした
　　大阪大教授（法医学）Y は，公判供述で，「精液の量が少なければ，B 型または AB 型であっ
　　ても膣内容物からその血液型が出ない可能性」があること，および「陰部に詰められた土
　　砂による吸収等も考えられる」と述べて，膣内容物から「A 型しか出なくても不合理では
　　ない」と述べていた（日弁連人権擁護委員会編・前掲 80 頁以下）。1 審判決は，結論的に，
　　この Y 証言に立脚しているのであろうが，そうであったとしても，Y の言う B 型や AB 型
　　の「血液型が出ない可能性」は，精液量が「少なければ」血液型が出ないこともあるとい
　　う「論理的可能性」にほかならず，5 人の若者が現実に射精しながら，膣内容物から彼ら
　　の精液が出なかったことの「実在的可能性」を証明するものではない。
5)　読売新聞大阪社会部・前掲 99 頁に，A の乳房を吸ったという被告人らの供述が引用され
　　ている。そして，調書の日付を見れば，いずれも 2 月 3 日，9 日，13 日の日付になってい
　　る。しかし，この時点では，A の乳房に付いた唾液の血液型が「A 型の分泌型」であり，
　　それが被告人らの血液型とは一致しないことがすでに捜査官に知られていたことに注意し
　　なければならない。この決定的な事実を無視して被疑者の捜査を継続し，立件したことは
　　明らかに違法である。少なくとも，ここに，大阪府警と大阪地検の根本的な誤りと，根源
　　的な卑劣さがある。

遺留品などに付着していた指掌紋も，被告人らの指掌紋と一致するものはなかった。また，ビニールハウス内外に残された多くの足跡の中にも，犯行当時の被告人らの履物と一致した足跡はなかった（② 144）。すなわち，事件の日，被告人らがこのビニールハウス内にいたことを明示する事実は皆無であった。

このような事実は 1 審においても明らかにされていたはずである。だから，1 審の最終弁論で，弁護人は力強く断言した。「供述証拠はどのようにでも作り出すことが可能であります。（引用者補：しかし）物的証拠は作為の余地のないものであり，これらは検討した通り，被告人らが犯人だと証明するものは何一つなく，このことがかえって被告人らが犯人でないことを雄弁に物語っている」[6]，と。実際，この弁護人が主張したとおり，事件の実在的な「そこに・あった・事実」を直視（直観）すれば，被告人らが本件犯行と無関係なことは自明であった。客観的に見る限り，本件は，起訴することも公判を維持することも，明らかに不可能な事例であった。

4.2.3.　1 審裁判官は，一体，何を見ていたのだろうか

しかし，それでも，検察官は起訴し，さらに裁判官は被告人らを有罪とした。この刑事裁判実務を見る限り，検察官も裁判官も，驚くべき「レヴェルの低さ」である。おそらく「判検一体」となって，1 審裁判官は捜査段階での自白「調書に・書かれた・事実」だけを見ていたのだろう。たしかに，調書だけを見れば，被告人らは，いずれも「捜査段階では一貫して自白を維持していた」し，「各自白は具体的詳細であり，しかも，おおむね本件犯行現場及びその付近の状況並びに被害状況などの客観的事実に符合していること，また，その各自白が相互に大筋において一致していることが認められ，これらにかんがみると，被告人らの各自白は信用すべきもの」のように見える。これは，1 審判決を全面的に破棄した 2 審判決が，あたかも 1 審判決を庇うかのように述べている部分である（② 146）。

実際，調書を表面的に読むだけであれば，「調書に・書かれた・事実」が「信用すべきもののようにみえる」かもしれない。しかし，それは調書作成者の作

---

6)　読売新聞大阪社会部・前掲 46 頁。

4.2. 貝塚事件──「判検一体」となった犯罪的1審公判

文能力の問題であり，「調書に・書かれた・事実」の具体性や迫真性は「真偽」
の基準にはなりえない。本件でも，2審が冷静に指摘するように，まず，自白
内容には「秘密の暴露」がなく，次に，被告人らの員面調書・検面調書に，供
述の「変遷・くい違い」が少なからずある。しかも，その変遷には，「捜査官か
らその想定した事実を告げられて誘導され，あるいはその事実を押し付けられ」
たが故の変遷である可能性を排除しえない。2審は，被告人らの各員面調書，各
検面調書から，具体的な供述を例示して詳細に検証し（② 147 以下），「被告人ら
は，いずれも捜査官の誘導あるいは押付けにより，また自らの想像により捜査
官が想定する事実を供述し，あるいは供述させられたのではないかとの疑問を
抱かざるをえない」と指摘し，自白調書の真実性・信用性を否定したのであっ
た（② 154）。

　さらに，そこから，2審は自白の任意性に疑問を持って，V 以下 4 名の被告
人とその弁護人が1審で主張していた捜査官の暴行・脅迫を検討の中心に据え
た[7]。すなわち，2審では，各被告人の主張を精査し，警察官の質問に対し，ど
ういう返答をしたとき，どういう暴行が加えられたのかについて，各人が詳述
している点に注目する。その上で，2審は，その1つ1つの主張を検証して，各
被告人が受けたとされる暴行が具体的な状況との関連で供述されている点，各
被告人の主張を簡単に虚偽だと排斥できないとした[8]。

　他方，これに対して，警察官の各証言は，どういう経緯で被告人が自白する
に至ったのかという自白時の具体的な状況を明確に説明できていない。また，
捜査の過程で暴行を受けたという被告人らの主張が具体的であるのに対し，警
察官はそれを具体的に論駁できていないこと，ただ紋切り型に「暴力を振るっ
たことはない」とか「暴行を加えた事実はない」という結論的な主張を述べる
にとどまること等を示して，2審は警察官の主張を容易に措信しえないと判示

---

7)　判決が引用する限度で，被告人らが受けた暴行を例示しておくと，次のようであった。
　土下座をさせる，正座をさせる，正座の足を踏む，手拳で殴る，スリッパで殴る，足を蹴
　る，腹を蹴る，髪の毛を引っ張る，耳を引っ張る，頭を壁にぶつける，等々であった。

8)　これは重要な指摘である。実際，これまで見てきた多くの判例では，合法的な捜査であっ
　たと供述する捜査官の白々しい証言をそのまま認めて，自白の任意性を認めることが圧倒
　的に多かったことを想起すべきである。

した。さらに，検察官の取調べに警察官が同席している点なども挙げて，「捜査官による誘導や押しつけによる疑い」があり，被告人らの自白の任意性に強い疑いがあるとして各自白の証拠能力を否定した（1986・1・31朝日新聞）。

4.2.4. 本件捜査は明らかに「犯罪」である

このように，2審は，被告人らの自白の「真理性」も「任意性」も否定し，被告人らを無罪とした。したがって，もはや，アリバイの有無について論じる必要はなかったが，最後に，1審が否定したアリバイの成否を考察している。ここでは，2審の公判調書から，1審公判で，被告人らのアリバイの主張に対し，それを虚偽であると供述して，1審判決を決定づけたL・O・Pらの証言を引用しておこう[9]。

（イ）Lの供述（②155以下）：「原審でVらが22日午前1時すぎに来たと言ったのは，自分が2月16日にVらのアリバイのことで証拠いん滅の容疑で逮捕，勾留されていて，その釈放をされる際，捜査官から裁判所に証人として呼ばれたら調書どおり述べないとまた勾留するとか起訴すると言われたし，また裁判所での証言をする前に以前の取調検事から調書のとおり供述するように言われたうえ，その検事の目の前で証言させられ，怖かったからである」。

（ロ）Oの供述（②158以下）：「1月21日の晩，門前町の家で（引用者注：C宅のこと），自分のほかP・X・W・Yと女の子2人の7人がテレビを見たり，酒を飲んだりした」。そして，「2月3日貝塚署に呼び出されて取調室で刑事2人に事情を聞かれた」が，「Xらのアリバイを説明しても聞いてくれなかった。そして，同署の奥の道場の横の防具などを置いている更衣室のような細長い部屋に連れて行かれ，板の床に正座させられて，供述させられた。自分がXらのアリバイの供述をくり返すと，刑事からは倒されたり，乗ってこられたり，頭を摑んで耳元で怒鳴ったりされ，またお前も犯人と

---

9)　読売新聞大阪社会部・前掲102頁以下では，被告人らのアリバイを否定したL・O・Pに対し，弁護人が面会し，彼らから犯行時の被告人らの状況を聞き取り，彼らが1審で被告人らのアリバイを否定した理由を聞き出して，彼らに控訴審での証言を依頼し了解を得る過程がリアルに描き出されている。

して逮捕するとか言って脅された。その後，P が本当のことを供述したと言って同人のいる取調室へ連れて行かれた。刑事が先の供述をもう一度するよう P に言い，同人が 1 月 21 日だと言うと，刑事が怒って P を座っている椅子ごと壁にぶつけたので，同人は 1 月 14 日だと言った。その結果，X らと酒を飲んだのが 1 月 14 日である旨の自分の調書が作られ，これを認めた」。

(ハ) P の供述 (② 157 以下)：「2 月 23 日貝塚署に呼ばれ，午前 8 時ころから午後 4 時ころまで警察官 4 人くらいから取り調べられた。21 日 X らと一緒であったと言ったが聞いてもらえず，共犯だと言われた。そして，警察官から頭をどつかれたり座っていた椅子をひっくり返されたりした。結局警察で，X らと飲んだのが 1 月 14 日であるとうそを言った」。そして，「1 審ではうその証言をしたが，それは，1 月 21 日と言ったらまた警察に引っぱられると思い，怖かったからである」。

4.2.5. 裁判官は捜査官の不法を「より軽く」「より緩やかに」捉える

　貝塚事件は，Z の再審無罪判決後，国賠訴訟に移った。原告となった V らは，警察官が V らに対し暴行を加えるなどして，自白を強要し，検察官が証拠評価を誤って公訴を提起し，無実の者に有罪判決を得させたとして，損害賠償を求める訴えを提起した。しかし，1・2 審とも，警察官の不法のみを認めた (大阪地判平成 7・5・31 判時 1552・3，大阪高判平成 10・2・27 判時 1633・37)。しかも，2 審は，警察官による取調べに関しても，「原告らの主張する程のものではない」としつつ，「その取調べの態様は社会的相当性の程度を逸脱する」として，違法性を肯定した (大阪高判平成 10・2・27 判時 1633・61)。そして，検察官の訴追行為について，国賠法上の違法行為には該当しないとして，原告らの請求を認めなかった (判時 1552・51，判時 1633・61)。

　この 2 審の判断は，国賠訴訟として，ごく普通の内容であり，捜査にかかわる警察官の違法行為を「より軽く」「より緩やか」に捉えている。警察官が暴行によって自白を強要したか否かという問題は，本件国賠 2 審判決のように，「直接の当事者である原告らと取調警察官らの言い分が真っ向から対立することが多く，いずれが事実に沿うものであるか，その判定が困難である」とされる。

しかし,「言い分が真っ向から対立する」と言うが,被疑者は,私物を持たずに拘束されているのだから,自己が体験した捜査の違法性を記憶する以外に方法はない。ところが,警察側は,自らの努力で,捜査の合法性を客観的に証明することは容易にできる。したがって,捜査の違法・合法が争われる場合,被疑者と担当警察官の「言い分が真っ向から対立する」と捉えるのではなく,警察の方に,捜査の合法性を証明する義務があると考えるべきである。警察が警察署内で国家権力を行使するとき,その正当性が客観的に証明できないのであれば,常に,警察の違法性を認めるべきである。さもなければ,捜査に名を借りた警察の犯罪的な不法はなくならないだろう。

次に,検察官に違法はないとしたが,すでに考察したとおり,被害者Aの遺体に残留した精液の血液型を見れば,5人の被告人のうち,Xを除く4人は姦淫していないことになる(ただしXも「非分泌型」であり,Aの体内に残された精液とは異なる)。ところが,自白調書を見れば,5人とも,全員がAを姦淫して射精したと自白している。要するに,自白「調書に・書かれた・事実」は事件の「そこに・あった・事実」と決定的に齟齬しているのである。Aの乳房に付着した唾液の鑑定結果とも齟齬している[10]。ビニールハウスにも,被害者の所持品にも,被告人らの指掌紋は残っていない。このような客観的状況であれば,被告人らの勾留を継続することすら違法であり,ましてや被告人らを起訴したことは完全に違法である。

国賠1審では,大阪地検の担当検事は,Aの「膣内から検出された体液に関する検査結果を知っていた」が,他方で,科捜研の技官に電話で確認し,精液の量が少ない場合には血液型は出ないし,本件のようにAの膣内に畑の土が「押し込まれていた」場合など,「精液も分解されるなどして,その血液型が出ない」こともあると説明を受けていたので,担当検事が起訴の判断をしても不合理はなかったと判示する(判時1552・49以下)。しかし,20歳前後の青年5人が乳房を舐め射精したと供述している本件の事実関係を前提とすれば,警察内

---

10) そもそも,この唾液反応(プチアリン反応)の鑑定結果について,1審の検察官は公判廷に提出すらしていない(平栗「貝塚ホステス殺人事件」308頁)。この点,増田隆男弁護士によれば,弁護側が証拠調請求をしなかったことにも問題点があると指摘されている(増田・前掲194頁以下参照)。

部の 1 技官が電話で語った上記の一般論（論理的可能性）が参考にならないこと
は歴然としており，公訴官の違法性を阻却するものではありえない。このこと
を注視しない点，国賠を担当する民事裁判官のレヴェルも，本件 1 審の刑事裁
判官と同様，相当に低いと言わざるをえない[11]。

---

11)　本件 1 審のレヴェルが低いことは事実だが，3 年に及ぶ全公判において，多くの裁判官
　　が交代している司法行政（裁判長が 3 名，右陪席が 4 名，左陪席が 4 名）の問題も，誤判
　　の 1 つの要因になっているだろう。日弁連人権擁護委員会編・前掲 78 頁以下参照。

4.3. 足利事件
──論理的可能性への立脚は誤判の根源である

　この事件は，平成2年5月12日午後7時30分頃，栃木県足利市の女児M（当時4歳）が父親に連れられたパチンコ店の駐車場で行方不明となり，翌朝，渡良瀬川の河川敷で，全裸の遺体となって発見された女児誘拐殺人事件（以下「本件」とも記す）である。付近の浅瀬から，Mのスカート，半袖下着やパンツなどが発見され，パンツの内側から陰毛1本（血液型B型）が採取され，半袖下着の背中側に，精液（血液型B型）が「1つの線上に点在」するように付着していた。死因は扼死とされ（手指による頸部圧迫による窒息死），下腹部等に付着した唾液痕から，犯人はMの下腹部を舐めたことが窺われた。

〈引用判例〉① 宇都宮地判平成5・7・7判タ820・177，② 東京高判平成8・5・9高刑集49・2・181，③ 最決平成12・7・17判タ1272・6，④ 再審開始決定：東京高決平成21・6・23判タ1303・92，⑤ 再審無罪判決：宇都宮地判平成22・3・26判時2084・157

4.3.1. 見込み捜査とDNA鑑定への過信

　栃木県警足利署は，犯人として，女児に興味を持つ性的異常者で，現場に土地鑑を持った血液型B型の男性と推定した。捜査本部は，180名の捜査員で，足利市内のほぼ6割の世帯を訪問して犯人像に合致する不審者や性犯罪の前歴がある者の捜査を行ったが，容疑者の特定には至らなかった。捜査が膠着しつつあったとき，「幼稚園の送迎バス運転手をしているSがパチンコ店にほど近い足利市内に自宅がありながら，週末だけ同市内の借家で過ごすなど不審な生活をしている」との情報があり，捜査本部の警察官が自宅を訪問してアリバイ等の確認をした。

　特に，本件の容疑がSにあったわけではないが，アリバイが確定されなかったので，Sへの捜査は続けられた。その間，任意に提出された唾液の血液型がB型であり，子ども好きであったとの情報が得られたこと，パチンコが好きで

あること，借家に多数のアダルトビデオがあったこと等も判明し[1]，捜査本部
は，同年 12 月 3 日から，S の行動確認を始めた。そして，平成 3 年 6 月 23 日，
行動確認中の捜査員は，S が投棄したゴミの中から精液の付着したティッシュ
ペーパーを領置し，8 月 21 日，ティッシュに付着した精液と M の半袖下着に
残された精液の DNA 型鑑定による異同識別鑑定を科学警察研究所に嘱託した[2]。

　科警研は，MCT118 型検査法で DNA 型鑑定を実施し，両者は同一だと判定
した。ただし，当時の DNA 型判定の精度は低く (本書4.5.1.)，この鑑定も，ABO
型の B 型・ルイス式の分泌型という血液型検査結果を加味した場合に，日本人
1,000 人中 1.2 名の頻度で現れるレヴェルの精度であった[3]。しかし，この鑑定
結果を基に，平成 3 年 12 月 1 日，捜査本部は S に任意同行を求め，任意で取
り調べたところ，同日午後 10 時 35 分頃，S は M の殺害を認め，死体を遺棄し
たと自白した。そこで，捜査本部は逮捕状を請求し，通常逮捕した。その後も，
S は自白を維持したので，12 月 21 日，宇都宮地検はわいせつ目的誘拐，殺人，
死体遺棄の罪で，S を起訴した。

4.3.2. 裁判官はただ「調書に・書かれた・事実」だけを見ていた

　S は，1 審公判が始まってからも自白を維持したが，第 6 回公判の被告人質
問において犯行を否認した。ただし，第 7 回公判で，再び犯行を認めて，結審
となった。ところが，結審後，弁護人宛の手紙の中で，またも犯行が否認され
た。そこで，弁護人は弁論の再開を求め，公判で S は「私はやっておりません」
と陳述して，結審した。1 審では，担当の弁護人も，S の自白内容を疑わず，S
が犯人だという前提に立った弁護活動であったので，判決は求刑どおり無期懲

---

1)　ただし，その中には，「いわゆるロリコンもの」はなかった。また，「捜査員が長期間被
　　告人の行動を観察していた間にも，被告人が幼女に声をかけたことはなかった」(② 199)。
2)　控訴審が始まる直前，DNA 鑑定に詳しい三浦英明は本件の DNA 鑑定に関して多くの疑
　　問点を提示しているが，特に鑑定依頼が「何故この時期なのか」について (半袖肌着は発
　　見の 15 ヵ月後であり，ティッシュペーパーは発見の 2 ヵ月後である)，疑問を呈示してい
　　る (三浦「DNA 鑑定の怪」法セ 471 号 18 頁以下)。
3)　当時，足利市の男性数は約 82,800 人で，そのうち，性犯罪が可能である年齢の男性が半
　　数いたと仮定すれば，犯人と同じ血液型と DNA 型を持つ該当者は S の他に，足利市内に，
　　約 50 人存在することになるだろう。要するに，全然，容疑者は特定されていない。菅家利
　　和・佐藤博史『尋問の罠——足利事件の真相』(角川書店，2009 年) 61 頁参照。

役となった（① 177）。S は控訴したが，東京高裁（高木俊夫裁判長）が控訴を棄却し（② 181），さらに最高裁も上告を棄却して（③ 6），1 審判決が確定した。

　収監された S は，自己の毛髪を用いた新たな DNA 型鑑定に基づく検査報告書などを新証拠として再審請求を行った。宇都宮地裁は再審請求を棄却したが，即時抗告審において，本件半袖下着に付着した精液と S の血液を対象資料として，弁護人は DNA 型の再鑑定を請求した[4]。検察官が反対しなかったので，東京高裁（矢村宏裁判長）は検察官推薦の A 教授と弁護人推薦の B 教授に鑑定を命じた。その結果，両教授とも，この鑑定資料は「同一の男性には由来しない」との結論を出した。検察官は，確定判決が依拠する科警研の DNA 型鑑定が誤鑑定であったとする B 教授鑑定の信用性を争った[5]。しかし，東京高裁は，A 教授の鑑定だけでも DNA 型の同一性は否定されることを根拠として，再審請求を棄却した地裁決定を取り消し，再審開始および刑の執行停止を決定した（④ 92）。その後，宇都宮地裁は再審無罪の判決を出し（⑤ 157），S の無罪が確定した[6]。佐藤正信裁判長は「真実の声に十分に耳を傾けられず，17 年半もの長きにわたり自由を奪ったことを誠に申し訳なく思います」と述べ，立ち上がって深く頭を下げた（2010・3・26 朝日新聞夕刊）。

　この最後の再審公判で，控訴審以来 16 年間，S を弁護してきた佐藤博史は弁論要旨に書いた。S は「間違った DNA 鑑定によって有罪とされたが，正しい DNA 鑑定によって無罪が明らかにされる」，と。しかし，佐藤によれば，DNA

---

4)　主任弁護人の佐藤博史は，被告人の毛髪を資料に，独自に日本大教授（法医学）O に鑑定を依頼しており，科警研鑑定が基準とした「123 マーカー」ではなく「アレリック・マーカー」を使って，被告人の型が「18–29 型」だと判明した。ところが，M の半袖下着に付着した精液の型は，123 マーカーであれば「16–26 型」であり，アレリック・マーカーであれば「18–29 型」ではなく「18–30 型」である。つまり，両者は一致せず，科学警察研究所の鑑定が誤っていること（それ故 1 審および 2 審の事実誤認）が確認された。なお，本件 DNA 型鑑定に対する批判は，佐藤ほか 6 名による「上告趣意」（刑集 54・6・597–670）に詳論されている。菅家・佐藤・前掲 137 頁以下も参照。

5)　佐藤博史「『足利事件』の闘いを振り返って──その中間報告」菅家利和『冤罪──ある日，私は犯人にされた』（朝日新聞出版，2009 年）205 頁。

6)　各判決の要旨は，下野新聞社編集局『冤罪足利事件』（下野新聞社，2010 年）394 頁以下に収められている。確定判決を回顧するとき，再審請求において，検察官が DNA 型の再鑑定に同意しなかったならば，このように「無罪」という結果になったかは疑わしい。

「再」鑑定がなくても，Ｓの自白は「偽」と見抜かれるべき自白だった[7]。事実，本件控訴審において，佐藤は，本件自白が虚偽であることの論証として，きわめて緻密かつ説得的な主張を展開した[8]。そして，実際，弁護側の主張は検察側の主張を圧倒していた。しかし，東京高裁（高木俊夫裁判長[9]，以下「高木コート」とも記す）は，事件を形成する実在的な「そこに・あった・事実」を直視（直観）するように迫る弁護人の主張に耳を貸さず，自白内容は「実際に臨場し，体験した者の供述としての真実味が感じられる」という有罪判決の定型句を述べて，ただ自白「調書に・書かれた・事実」を適当に「切り貼り」しただけの原判決に事実誤認はないと判示し，控訴を棄却した。判決を読み返しても，公平な裁判官として，検察官の主張を検証しようとした気配は全然ない。

　高木は，エリート判事であり，わが国の多くの裁判官と同様，実在的な事実を全く直視（直観）しない。以下，高木コートの杜撰な事実認定を概観するが，便宜上，認定された行為を４つの状況下の行為に分ける。まず，Ｓが駐車場でＭを見つけて誘い，自転車の後部荷台にＭを乗せて，渡良瀬川の河原に行くまでの行為（状況Ｉ），次に，Ｍを殺害した実行行為（状況ＩＩ），そして，Ｍを全裸にし，愛撫し，射精した行為（状況ＩＩＩ），最後に，Ｍの死体を遺棄した行為（状況ＩＶ）に分割する。高木コートは，各々の状況につき，自白の内容に「真実味が感じられる」と判示した。しかし，各状況に残された実在的な「そこに・あった・事実」を直視（直観）するとき，高木コートが依拠した「調書に・書かれた・事実」はとても体験した者の供述とは思えない。このことを，以下，検証しよう。

4.3.3. 自白内容は「そこに・あった・事実」と一致しない

　まず状況Ｉから見よう。Ｓは，パチンコ店の駐車場でＭを見つけ，「自転車に乗るかい」と声をかけた。そして，Ｍを後部荷台に乗せ，運動公園・外周コースの道路上（丁字路）に自転車を停め，そこからＭの手を引いて河川敷の方

---

7)　佐藤博史「足利事件の取り調べテープが教える取り調べの技術」日本法学 76 巻 4 号 15 頁。

8)　実際，弁護団が控訴審の最後にまとめた「弁論要旨」は 580 頁の大部なものであったが，その大部分が自白の信用性にかかわる論点であった（以下「弁論要旨」として引用する）。

9)　高木は，次に検討する「東電 OL 殺人事件」（本書 4.4.）で逆転有罪判決を書いている。

に行った。この部分は，逮捕直後の員面調書と，その後の検面調書の供述がベースである。ところが，1審の第5回公判で，調書を作成した検察官がSに尋問している部分を見ればよい。検察官は，Mとの間に「色々言葉のやりとりがあった」だろうと考えて，どのような会話があったのかと問いかけるが，Sは全く答えていない。検察官は，日常的な会話の断片を例示し誘導するのだが，Sは「はい」「そうです」とか「よくわかりません」と答えるだけである。この答弁のどこに，「体験した者」ならば語りうる「具体的な情景」があるのか。弁護人はそのことを浮き彫りにした（「弁論要旨」274–92頁）。

　次に状況Ⅱだが，これは，Mに「騒がれては困る」ので，わいせつ行為の前に殺そうと考え，「同児の前面にしゃがみこむようにした上，殺意をもって，やにわにその頸部を両手で強く締めつけ，その場で同児を窒息死させて殺害」したと1審が認定した場面である。もしSがMを殺害したのであれば，ここは強烈な記憶として残る場面だが，ここでも，Sの供述は変遷している。たとえば1審の認定では，SがMの「前面にしゃがみこむように」したのだから，当然，Sが首を絞めたときMは立ってるはずである。しかし，最初の自白では，Mを倒して首を絞めたと述べている。つまり，Mの首に「手を掛けうつ伏せ状態にして，両手で首を絞めて殺し」（②208）た，と。ところが，その2日後の調書では，再び「立っていた女の子」の首を「正面から向かい合う格好で」両手を当てて絞めたと供述を元に戻し（②211），これが1・2審の事実認定のベースになった。しかし，2審で弁護人が詳述したとおり，自白のように「左右の親指をMののどのところに当てがって」絞めたのなら，遺体の左右側頸部に扼痕は生じないだろう（「弁論要旨」197–209頁）。現実の殺害行為は必ず死体に痕跡を残す。それ故，ここでは，自白が死体の現実と一致していないこと，すなわち，実行行為の核心部分についてのS自白が「偽である」ことを冷静に読み取らなければならないだろう[10]。

　さらに状況Ⅲは，Mの死体を「河原の奥の方」に運び，Mを全裸にした場

---

10)　さらに，Sは，Mを扼殺したとき，激しいけいれんや失禁・脱糞がなかったと供述し，ただMが「うーん」と声を出しただけだと供述するが，弁護人は，現実に人が死ぬときの生体反応が全く供述されていないことの不自然さなども指摘している（「弁論要旨」293頁）。

面である。自白では，死体から衣服を脱がして全裸にし，死体を愛撫しつつ射精している。しかし，これは，半袖下着の背中側に「1つの線上に点在」している精液痕や死体に残された唾液痕など「そこに・あった・事実」と一致しない。自白調書でも犯行再現の写真でも，M を全裸にするとき，S は脱がせた衣類を順次重ねている。「1 番下がスカートで，その上に T シャツ，下着，パンツという順序で重」ねている。そして，全裸の M を抱き，頬などにキスをしながら射精したと言うが，これでは，射精した場所と衣類を置いた場所は「0.7 メートル」くらい離れる。この位置関係のまま，右手 1 本で死亡直後の筋肉が弛緩した死体を支え，左手で自慰をして射精したと述べるが，これならば，必ず死体に精液が付着する[11]。しかし，遺体に，精液の付着はない。明らかに S 自白は現実的・実在的な「そこに・あった・事実」と一致していない。

　また，本件の物証として，半袖下着があるが，その背中側に「1つの線上に点在」する形で，精液が付いていた。しかし，「0.7 メートル」くらい離れて，しかも，自白によればパンツの下に置かれた半袖下着に「線上に点在」するような精液痕を付けることは絶対に不可能だろう（「弁論要旨」219–22 頁，256–69 頁）。ここにも自白と現実との決定的な不一致がある。さらに，S は，M の額や口にキスをし，胸のあたりも舐めたと供述するが，M の額部・胸部に唾液は付いていない。B 型の唾液は下腹部と陰部に限定されている（② 203，「弁論要旨」119 頁以下，222 頁以下）。自白「調書に・書かれた・事実」は，ここでも，現実的・実在的な「そこに・あった・事実」と一致していない[12]。

　最後に，遺体を遺棄する状況 IV の行為にも，S 供述と現実とは一致していない。たとえば，現実に死体が遺棄されていた場所が自白の場所と異なるし，現場検証で，S が死体を遺棄した場所を指示できず，捜査官が S に遺体発見場所を教示している。S は「概ねこのあたり」だという概括的な指示すらできなかっ

---

11)　弁護人が指摘するように，自白のような状況であれば，たとえ直接的に精液が死体にかからなくとも，間接的に，被告人の性器や左手に付いた精液が死体に付着するはずである。

12)　さらに，死後硬直前の死体の状況（筋肉が弛緩しているため頭部・四肢・腰部が落ちた状態になっている）を考えれば，頬にキスはできないし，小柄な S が片手で遺体を支え片手で自慰をするには，相当な困難があったはずだが，調書には，その種の事実を「体験した者」であれば語るはずの困難さが語られていない（「弁論要旨」294 頁以下，331 頁）。

た。これが現実の死体遺棄を「体験した者」の行動だと認めることは無理だ
ろう。

4.3.4. 「論理的可能性」を使えばいかなる事実認定も「可能」である

　状況 I ないし IV の S 自白を見る限り，とても S が犯行を「体験した者」と
は考えられない。S 自白には，「秘密の暴露」もなければ，本件を形成する実在
的事実との一致もない。むしろ S は犯行に関する「無知」を暴露している[13]。
「弁論要旨」は，客観的な実在的事実を実に丹念に検証し，S の自白や犯行再現
の写真などが現実と一致しないこと，つまり「調書に・書かれた・事実」が「そ
こに・あった・事実」と一致しないが故に「偽である」ことを説得的に示して
いる。これに対して，高木コートが弁護人の主張を斥ける理由を見れば，それ
はきわめて単純かつ杜撰であり，「そこに・あった・事実」を無視する点で非現
実的である。このことを，以下，確認しよう。

　高木コートは，M を誘い出す際の会話につき，「自転車に乗せ，手を引いて
歩いた」だけだから，「たわいもない会話の一部始終を記憶していないからと
いって，不自然とはいえない」（② 233）と判示する。S の殺害行為の実行に対し
ても，M が「抵抗してある程度暴れた」ので，「頸部の扼痕」が S の供述した
部位と「ずれても異とするに足りない」と判示した（② 228）。また，精液が「1
つの線上に付着」していたという物証が示す事実を検討せずに，自白と物証と
の不一致を，着衣が置かれた位置の記憶の問題に置き換えて，M の着衣の「位
置などを正確に記憶していなくても不自然ではない」と判示した（② 230）。

　さらに，唾液の付着状況でも，高木コートは，犯行から「十数時間経過後」
に唾液を採取したのであり，M の顔面から S の「唾液が採取されなくても不審
はな」いと判示した（② 230）。最後に，死体を遺棄した現場に関しても，犯行

13）「無知の暴露」は，犯人を推定させる「秘密の暴露」と反対に，供述者が無実であること
　　を強く推定させる。これについては，浜田寿美男『自白の心理学』（岩波書店，2001 年）な
　　どを参照。浜田によれば，あちこちに点在する物的証拠をつないで犯行の流れを描き出す
　　のは「人のことば」であり，その意味で「真にその物語を立ち上げることができる」のは
　　犯人である。「無実の人が語ることは似非の物語である」（浜田・前掲 193 頁以下）。

は5月であり，検証は12月だから，植生の状況が全く異なるし，犯行は日没
（午後6時40分）後で，「現場は相当暗かったと認められる」ので，犯行から1年
半が経過した検証時に「死体を遺棄した場所を指示できなかったとしても何ら
不思議ではない」と判示した（② 232）。

　控訴審における弁護人の主張は実在的事実を踏まえた詳細なものであった。
ところが，それと比較したとき，上記のような高木コートの事実認定を何と評
すべきか。単に，認定が杜撰であり，簡略にすぎるという問題ではない。具体
的な「犯罪」である「事実の有無」を認定するという刑事裁判の根本的な要請
に反し，高木コートの視線は「実在的な事実」へと向けられていない。高木コー
トは「そこに・あった・事実」を直視（直観）することなく，内容が現実と一致
しない自白であっても，「論理的可能性」すなわち「思考上の可能性」の観点に
立脚したり（本書1.4.2.を参照），事実を抽象化して自白内容と現実との矛盾を解
消したり，事実の有無を記憶の問題にすりかえる。そして，記憶が薄れたこと
について，「不自然ではない」「不思議はない」「不審はない」「異とするに足り
ない」と断言する。こうして，実在的な「そこに・あった・事実」と一致しな
い自白は「偽である」という決定的な判断を回避し，検察官の主張を肯定して
いったのである。

　しかし，Sが本当にMを殺害したのであれば，状況Iの会話は，1年半前の
日常的な「たわいもない会話」ではない。Sが「わいせつの行為をする目的で，
これを誘拐しよう」と決意し，遂には扼殺した幼女との会話である。それ故，
本当に，Mを殺したSが「自転車に乗るかい」と話しかけた会話を覚えている
のであれば，その前後の会話が明確な記憶として残っているはずである。そし
て，Mとの会話の中に，いかにもMらしい言葉や表現の片鱗があれば[14]，その
時，Sの供述は「経験した者」であればこそ述べうる供述だと言える。ところ
が，高木コートの事実認定のように，この「Mとの会話」を「たわいもない会

---

14)　たとえば，「弁論要旨」（280頁以下）では，事件の前日，パチンコ店の女性店員がMに
　　対し「変なおじさんがお菓子をあげると言ってもついていっちゃだめだよ」と話しかけた
　　のに対し，「Mちゃんは絶対行かない」と答えた旨の記載がある。この証言には，「Mちゃ
　　ん」という1人称を表す言葉が含まれているが，この特殊な言葉の使い方がこの女性店員
　　の証言のリアリティーを高めるキーワードだろう。

話」だと決めつけてしまえば，裁判官の視線が「そこに・あった・事実」に届くことはない。

　Ｍの「着衣を置いた位置」に関しても同じである。弁護人は，たとえば，1年半前の「日用品を置いた場所」を問題にしたのではない。「死体から脱がせた着衣」の場所を問題にしたのである。犯人は「わいせつ行為」をするためにＭを扼殺した。つまり，服を脱がせる行為こそ，この犯罪の核心であった。犯人は，そのために殺人まで実行したのだから，犯行後も，この場面を繰り返し回顧したはずである。しかるに，高木コートは，弁護人が提起した「服をどう脱がせたのか」という強制わいせつ行為の核心部分の問題を服の「置き場所」の「記憶」の問題にすりかえた。そして，1年半も経過したので，正確な置き場所の記憶がなくても，不自然でなく，問題ないと判示した。この高木コートの裁判官が行っているのは，犯罪「事実」の認定ではなく，単なる「調書」の解釈でしかない。

　Ｓが，現場検証において，死体遺棄の場所を明示できなかったことも，高木コートは「記憶」の問題にすりかえた。ここでも，扼殺後の全裸死体の遺棄という非日常的な行為の現実が抽象化され，現場周辺の植生の相違や現場の暗さといった「一般論」に置き換えられて，自白が現実と一致しないこともありうる論理的可能性（たとえば「周囲の植生が変わっているので場所がわからなかった」という可能性や「暗かったので場所がわからなかった」という可能性）を語るだけである（② 231 以下）。そして，最初の自白では，死体を抱きながら射精した場所から「5〜6 メートル」離れた所に死体を遺棄したはずなのに，それが「30 メートル位死体を動かしていることが判りました」という自白に変わっていることに注目しない。しかも，その距離を実測すれば，死体の移動距離は直線距離で「40.4メートル」あった。結局，死体を「5〜6 メートル運んだ」という自白が，最後には，「死体を 40 メートル運んだ」という自白に変遷したことになる（「弁論要旨」269 頁以下，298 頁以下）。しかるに，この極端な変遷に対し，高木コートは平然と「何ら不自然ではない」と言う（② 232）。実在的な「そこに・あった・事実」は完全に無視されている。

　しかし，全裸にしたＭの死体を抱えて，Ｓの背より高く群生した葦の藪地の中で 40 ｍ以上も離れたところに死体を遺棄したのが本当であれば[15]，遺棄した

場所が「死体をいたずらした場所から5〜6メートルは離れて」いたという当初の自白はありえない。反対に，「いたずらした場所から5〜6メートルは離れ」たところに死体を遺棄したのが本当であれば，40 m以上も離れたところに遺棄したと自白することはありえない。しかし，高木コートは，自慰の対象であり，犯人が最も執着していたMの死体の運搬がどういう形態で行われたのかという問題を，単に「場所の記憶」という一般的な問題に置き換えた上で，指示できなかったことも「何ら不思議ではない」と判示した。これでは，いかなる事実認定においても，裁判官の想いのままに「罪となるべき事実」を書くことが可能になるだろう。刑事裁判の事実認定において「論理的可能性」に立脚すれば，認定された事実に論理矛盾がない限り，いかなる事実認定も「可能」である。このことは本書において何度も指摘した。また，それでは，犯罪という実在的事実を認定したことにならないことも，何度も指摘したとおりである。

4.3.5. 高木コートの事実認定は「創作」である

結局，高木コートは，現実的な実在的事実を直視せず，検察ストーリーを「上書き」して「罪となるべき事実」を書いた。「罪となるべき事実」は創作であった。そう断定できる。ここでは，最後に，創作の典型的な個所として，実行行為（扼頸）について，高木コートが自白の真実性を肯定した論理を検証しよう。たとえば，Sは殺害に関して「首を絞めて殺した」と自白しており，高木コートはこの自白をベースにSの実行行為を認定した。しかし，一体，いかなる理由で，高木コートはこの自白を「真である」と判断したのだろうか。驚くべきことだが，高木コートは，「殺害の方法は扼頸のほかにもいろいろあり得るのに，取調官から示唆や押し付けはなかったと言っている被告人の，自供どおりの方法で殺害が行なわれている事実は，被告人がありのままを語っていることを示」すと認定したのである（② 228）。

しかし，弁護人が指摘するとおり，Mの死因が扼殺だということは，死体が発見された翌日から頻繁に報道されていた公知の事実である。たとえば，1990

---

15)　直線距離にして40 m離れているのだから，実際に移動した距離はさらに長い距離になる。

年5月14日の読売新聞朝刊は,「死因は窒息死で,首に何かで圧迫された跡があった」と書いている。夕刊も,「首には,ひもなどで絞められた跡がないことから,手で絞められた可能性が強い」と書いている。その他の新聞各紙やテレビ局の各報道でも,死体の状況や遺棄された場所の状況,さらに,当日の服装,その色彩,下着などの着衣が発見された場所など,Sが自白した内容の多くはすでに詳しく報道されている。「扼殺」という死因は,おそらく,足利市民のほとんどが知っていた。このことが,いかなる理由で,犯罪の「ありのまま」を語った論拠になるのか。この高木コートの認定に至っては,笑止と言わざるをえない。

　本書で,これまで何度も触れたことだが,自白の「真偽」は,自白内容が実在的な「そこに・あった・事実」と一致するときに「真」であるとされ,一致しないときに「偽」であるとされる(伝統的真理論。本書3.5.1.参照)。したがって,高木コートが「首を絞めて殺した」というS自白を「真」だと断定するのであれば,Sの自白内容が遺体に現れた実在的事実と一致することを示さなければならない。しかし,すでに概観したように,S自白とMの遺体に残された扼痕とは一致しない。それでは,自白内容と扼痕が一致しないのに,いかなる理由で,高木コートはS供述を「真」であると判定したのか。高木コートは,Sの供述に合わせてMの首を絞めたと認定しつつ,同時に,被害者のMが抵抗して暴れたため,「扼痕がずれた可能性がある」と認定したのである。この可能性が「論理的可能性」(思考の可能性)であることは言うまでもない。

　高木コートは,「思考しうる」もしくは「考えられる」という「論理的可能性」に立脚して,Sの殺人行為を認めたのだが,Mがどのように暴れて,どのように扼痕がずれたのかという実在的事実は判決書のどこにも書かれていない。弁護人は,この点に注目して,「扼痕がずれた可能性がある」という事実認定を高木コートの「勝手な創作」(「上告趣意」347頁)だと厳しく批判した。実際,実在的な事実が示されていない以上,高木コートの判断は,事実の認定ではなく,事実の「創作」にほかならない。そして,高木コートを特徴づける「創作」は,足利事件のような自白事件だけではなく,自白がない事件での情況証拠による認定の場面でも現れている。次に,同じ高木コートが担当した東電OL殺人事件を検討し,ここでも高木コートは,「そこに・あった・事実」を直視(直観)す

ることなく，論理的可能性を用いて情況証拠を評価し，「事実認定」の名の下に
事実を「創作」していることを確認しよう。

4.4. 東電 OL 殺人事件
――警察は決定的な無罪証拠を隠していた

この事件は，平成 9 年 3 月 19 日，JR 渋谷駅から西南西へ約 600 m 離れた東京都渋谷区円山町のK荘 101 号室で，女性の死体が発見されたことに始まる（以下「本件」とも記す）。被害者の血液型は O 型，死因は頸部圧迫による窒息死であり，体内に微量の精液（血液型 O 型）が確認された。この女性は，毎晩のように，円山町付近の街頭で売春の勧誘をしていたことで知られており，売春に絡んだ殺人事件だと考えられた。なお，死体の頭部左側に黒色の革製ショルダーバッグがあり，小銭が入った二つ折り財布，手帳，コンドーム 28 個などが在中していた。財布には，東京電力が発行したT名義の勤務証があり，被害者の身元は，3 月 8 日に出勤して以来，帰宅していない東京電力社員のT（当時 39 歳）だと判明し，死亡推定日時は 3 月 8 日から 9 日未明にかけてと推定された。

〈引用判例〉 ① 東京地判平成 12・4・14 判タ 1029・120，② 東京高判平成 12・12・22 判タ 1050・83，③ 最決平成 15・10・20 TKC 25420042，④ 再審開始決定：東京高決平成 24・6・7 高刑集 65・2・4（引用は，東京高等裁判所（刑事）判決時報 63・1-12・92），⑤ 再審控訴棄却（無罪）判決：東京高判平成 24・11・7 判タ 1400・372[1]

4.4.1. 1 審判決は無罪であった

事件当日，Tは普通に退社し，その後の行動も，ほぼ解明されている。Tは，3 月 8 日午後 7 時頃，常連客（血液型 O 型）と渋谷のホテルでコンドームを装着せずに性交し，その後，シャワーを浴び湯船にもつかって，午後 10 時 16 分頃，ホテルを出た。売春の対価は 3 万 5,000 円であり，Tは，1 万円札を 4 枚受け取って上記の財布に入れ，千円札を 5 枚返した。その後，午後 10 時 30 分頃，

---

1) 本判決は，以下本文に記述するように，原 1 審（東京地判平成 12・4・14）の無罪判決に対する検察官の控訴について判断したものである。最終的には，検察官の控訴を棄却するという判決が下され，原 1 審の無罪判決が維持された。したがって，本判決は，厳密には，再審控訴棄却判決であるが，以下，「再審（無罪）判決」と記すこともある。

円山町内で，売春を勧誘するところが目撃されている。そして，午後 11 時 30 分頃，K 荘 1 階に通じる階段のところで男女の 2 人連れが目撃されている。女性は体格や服装の特徴から T だと思われ，その女性は「肌は浅黒く少し彫の深い感じの顔立ちで，ウェーブがかかった髪型」の「東南アジア系」の男性と一緒だったという目撃証言があった。そして，警視庁渋谷署に置かれた捜査本部は，捜査の初期段階で，K 荘 101 号室の管理者であり，死体を発見した L から，3 月 8 日頃，101 号室の鍵がネパール人 G に預けられており，事件直後に返された旨の供述をすでに得ていた。

　実況見分で確認された現場の状況も見ておこう。まず，T の遺体の右肩付近のカーペット上から 4 本の陰毛が採取され，そのうち 2 本の血液型は T と同じ O 型，他の 2 本は G と同じ B 型であった。さらに，DNA 型鑑定の結果，B 型のうちの 1 本が G の陰毛と判明し，O 型のうちの 1 本が T の陰毛と判明した。しかし，残された O 型の 1 本と B 型の 1 本については，判明しなかった。そして，K 荘 101 号室の和式便所の便器内で，コンドーム 1 個が採取された。このコンドームは市販されていない業務用の製品であり，T のショルダーバッグ内にあった 28 個のコンドームの中に，同じものが 1 個あった。採取されたコンドームには，精液が残存しており，血液型検査と複数種の DNA 型鑑定が行われた。その結果，G の血液型および DNA 型と一致したので，5 月 20 日，捜査本部は強盗殺人容疑で G (当時 30 歳) を逮捕し，G が容疑を否認するまま，6 月 10 日，東京地検は同容疑で起訴した。

　ただし G と犯行を結びつける直接証拠は皆無であった。1 審 (大渕敏和裁判長) は，G の精液が入ったコンドームの遺留等の情況証拠により，G の犯人性が「動かし難いもののようにも思われる」と述べながらも (① 132)，他方，部屋の中に第三者の陰毛 (B 型 1 本と O 型 1 本) が残されており，第三者が T と性交したとの疑いを払拭しえず，「被告人を本件犯人と認めるには，なお合理的な疑問を差し挟む余地が残されている」以上，G の犯人性は「証明されていない」とし (① 137)，「疑わしきは被告人の利益に」という刑事裁判の鉄則に従って G を無罪とした[2]。

---

2)　1 審判決は，きわめて詳細かつ慎重な事実認定により，犯罪の立証が十分でないと判断

　検察が控訴し，2審は，東京高裁第4刑事部（裁判長は，足利事件と同様，高木俊夫）に係属した。高木コートは，情況証拠によって公訴事実を認定できるとし，1審の無罪判決を破棄して求刑どおり無期懲役とした（②83）。2審判決では，検察が主張するとおり，犯行があった3月8日，GがK荘101号室の鍵を所持していたと認定し，犯行日時に同室に在室できたのはTとGだけであり，TがG以外の「売春客を連れ込み，あるいは，G以外の男性がTを右の部屋に連れ込むことは，およそ考え難い事態である」と認定した。当然，Gは上告したが，最高裁（藤田宙靖裁判長）がそれを棄却し（③LEX/DB 1以下），高裁判決が確定した。

　ところが，平成17年から始まる再審請求審において，現場に残された4本の陰毛のうち血液型O型の1本（証拠番号376）のDNA型が遺体に残された精液のDNA型と一致し，さらに，同じDNA型がTのコートに付着した血痕からも検出され，このDNA型を持った男（再審開始決定・再審〈無罪〉判決では「376の男」と表記されている）が「本件犯人である可能性を示す」ことがわかり，平成24年6月7日に再審開始が決定された（④4）。これに対し，検察は異議を申し立てたが，東京高裁はそれを棄却した。検察は，この時，特別抗告をしなかったので，再審開始決定が確定した（2012・8・7朝日新聞）。そして，この決定に基づく再審公判において，再審開始に強く抵抗してきた検察は従来の意見を変更し（平成24年10月18日付意見書），今まで「被告が犯人との主張をしてきた」が，「証拠関係が変動し，被告を有罪と認めることはできない」ので（2012・10・29読売新聞夕刊）「被告人は無罪」という新たな意見を述べて結審し，ただちに控訴棄却の判決が出され，ここに原1審の無罪判決が確定した（⑤373）。

4.4.2. 高木コートは実在的事実を直視（直観）しない

　現時点では，犯罪の証明がないとした1審が正しく，2審の事実認定が誤判であったことに疑問の余地はない。しかし，なぜ2審が誤ったのかという論点

　しており，「疑わしきは罰せず」という鉄則から見れば，模範的なものであった。しかし，この裁判長は，後に考察する少年審判では（本書4.6.5.），検面調書を全面的に信頼して，「非行事実なし」としていた家裁決定を破棄している。

について，十分な考察はほとんどない。一般的には，DNA 型の鑑定技術の進歩により，遺体に残された微量の精液や唾液からの型鑑定が可能になり，その結果，最後の売春客である本件犯人は「376 の男」だと判明したので，その意味で，技術の進歩が確定 2 審の誤判を証明したと考えられている。それは 1 つの正しい見解である。「376 の男」が本件犯人だという特定は，鑑定技術の進歩がなければありえなかった。しかし，確定 2 審判決の前に，1 審が G の犯人性に「なお疑いが残る」という正しい認定をしている以上，本件誤判の原因は明らかに 2 審判決の事実認定の中にある。そこで，この判決を出した高木コートの判事たちの事実認定について，是非とも再検証されなければならない。高木コートの誤判原因は，足利事件 (本書 4.3.) と同様，徹底して実在的な「そこに・あった・事実」を直視 (直観) しないことにある。高木コートは，本件でも，論理的可能性を駆使して，「検察ストーリー」に同調・補足し，文字どおり「判検一体」の訴訟進行をしたのであった。

　このことを確認していこう。自白のない本件において，高木コートが情況証拠による認定として，本件を有罪へと導いた事実認定は，きわめて断片的であり，相互のつながりも薄い諸事実を「論理的可能性」に立脚した推論によって関連づける手法を採用していた。高木コートは，まず，①現場で採取された陰毛のうち 1 本が G の陰毛であったこと (以下，これを「①陰毛の現場残留」と略記する)，②現場の便器に残されたコンドーム内の精液が G の精液であったこと (以下，これを「②精液の現場残留」と略記する)，③現場に残留した精液中の精子の形状鑑定から射精時期が 3 月 8 日であったとして矛盾はないこと (以下，これを「③犯行時射精の無矛盾性」と略記する)，④犯行日の午後 11 時 30 分頃 K 荘 101 号室の階段で目撃された「男性の特徴は，それが G であって不審はない」こと (以下，これを「④ G が目撃された可能性」と略記する) という 4 個の事実を認定した (② 87 以下)。

　もちろん，この①ないし④の事実を並べても，いまだ本件強盗殺人の犯人が G であるとは断定できない。そこで，高木コートは，⑤ K 荘 101 号室の鍵を G が持っていたこと (以下，これを「⑤鍵の保持」と略記する)，さらに，⑥仮に K 荘 101 号室が施錠されていなかったとしても，そのことを知った上で，被害者の T が G 以外の男性を連れ込み，あるいは G 以外の男性が T を同室に連れ込むこ

とは，およそ考えがたいこと (以下，これを「⑥ G 以外の入室困難性」と略記する) という 2 つの事実を認定した (② 95 以下)。そして，この⑤と⑥の事実が認定されることによって，同室の「密室性」が認定され，犯行時刻に，被害者 T と共に入室できたのは G 以外に「考え難い」と帰結した (② 102)。

　この認定が実在的な「そこに・あった・事実」に即したものであれば，①から④の事実に，⑤および (または) ⑥の事実を加えて，G が本件犯人である実在的可能性はかなり高くなるだろう。ただし，後述するが，その場合でも，G は千葉県幕張のインド料理店 H で午後 10 時まで働いていたのだから，G が，⑦ JR 海浜幕張駅から「午後 10 時 7 分の電車に乗り，渋谷駅に午後 11 時 17 分頃到着して，午後 11 時 30 分少し前に，K 荘付近に T と連れだって現れた」こと (以下，これを「⑦午後 10 時 7 分の乗車」と略記する) が実在的な「そこに・あった・事実」に即して認定されなければならない。

　さて，以上①ないし⑦の事実につき，高木コートが実在的な「そこに・あった・事実」に即して認定したのか否かを検証しよう。判決を見ると，「G は平成 9 年 3 月 8 日午後 11 時 30 分ころ，東京都渋谷区円山町〈番地略〉所在の K 荘 101 号室に T (当時 39 歳) と入り，同女と性交をしたものであるが，それが終了した後の翌 9 日午前零時ころ，同女を殺害して金員を強取しようと決意し，同室北側和室 6 畳間において，殺意をもって，同女の頸部を圧迫し，よって，そのころ，同所において，同女を窒息死させて殺害した上，同女所有の現金約 4 万円を強取したものである」と書かれている。今や，この「罪となるべき事実」の言明が高木コートの創作であり，「偽である」ことは証明されたのだが，問題は，高木コートがどこで判断を「誤った」のかという点にある。

4.4.3. 論理的可能性に立脚した「事実」認定はありえない

　まず，①ないし④の事実から検討を始めるが，①から③の事実は G の犯人性を示すであろうか。明らかに「否」である。「①陰毛の現場残留」も「②精液の現場残留」も「③犯行時射精の無矛盾性」のいずれも，G が同室で「女性と性交した」という可能的推論を基礎づける事実でしかない[3]。それらはいずれも

---

3)　再審開始決定でも，当該コンドームは，被告人が「同所で誰かと性交した蓋然性が高い

Gが殺人を行ったことを示す事実ではない。そして，次に，「④被告人が目撃された可能性」も，「3月8日の午後11時30分ころ」，Tが「東南アジア系」の男性とK荘101号室に通じる階段のところにいたことによる。しかし，この付近は「東南アジア系」の人が多く住む地域であり，この目撃証言から，男性がGだと即断することはできない。Gが目撃された人物だとするには，最低限，この時間に，Gは幕張の職場から渋谷に戻っていたことが「証明」されなければならないからである。

　以上のように，①ないし④の事実が認定されたとしても，それらは殺人行為を支える実在的事実とは言えない。しかし，そこに，「⑤鍵の保持」および「⑥G以外の入室困難性」という事実が証明されれば，①ないし④の事実と相互に関連し合って，Gが本件犯人だという有力な情況証拠になりうる。高木コートはそう考えた。だから，⑤から，高木コートは「本件犯行当時，本件鍵を保管していたことは，とりも直さず，本件犯行に当たって，本件鍵を使用して101号室のドアを開け，被害者と一緒に室内に入ることができたことを意味する」（②99）と帰結し，これに「⑥G以外の入室困難性」を加えて，一気に被告人が犯人だという結論を導いたのである。犯行現場を密室化し，「入室することのできた者が犯人だ」と推論する論理である。

　しかし，実際のところ，犯行のあった3月8日，K荘101号室の鍵は，Gが持っていたのだろうか。たしかに，Gは，姉の来日に備え，この部屋の管理人であるLから101号室の鍵を預かった。しかし，姉の来日がなくなり，また，3月1日にLから滞納している2月分と3月分の家賃（計10万円）と鍵の返還を求められたので，Gは，3月6日，同居人のネパール人Cに依頼して，鍵と家賃をネパール料理店Nで勤務するLに届けさせたと主張する。これに対して，検察官は，実際に鍵を返却したのは3月10日であり，Gは「3月8日の当夜，本件鍵を用いて被害者を101号室に連れ込んで」犯行に及んだと主張した。検察の主張は，Lの供述に依拠するが，Lは「覚えていない」とも述べており，1審はL供述に「相当に大きな疑問が残る」とした（①128）。これに対し，2審は検察官の主張を認め，有罪無罪の結論が分かれた。

ということにとどまる」と指摘している（④120：傍点は引用者）。

しかし，検察の主張や高木コートの認定どおり，Ｇが鍵を持っていたとしても，この事実は，①ないし③の事実と同じく，殺人の実行を示す証拠ではない。ところが，それにもかかわらず，高木コートは，鍵の所持者が「とりも直さず」Ｋ荘 101 号室の「室内に入ることができた」者だと認定した（② 99）。つまり「鍵を持つ者だけが室内に入れる」という論理であり，3 月 8 日の室内での犯行は，その時点で「鍵を持つ者」の犯行だという論理である。鍵というものが室内に他者を侵入させないための道具であることを考えると，一般論としては，そのように考えることに矛盾はなく，それは「可能」と言えるだろう。

4.4.4.　実在的可能性に立脚した「事実」認定だけが許される

しかし，一般論（論理的可能性）に基づく推論ではなく，実在的な「そこに・あった・事実」をベースとした可能性（「実在的可能性」）判断をすれば，Ｋ荘 101 号室は「鍵を持つ者だけが室内に入れる」と断言しうる状況ではなかった。ここでは，現実的なＫ荘 101 号室を前提とした「密室性」が重要な検証課題となるが，高木コートも認めるように，Ｋ荘 101 号室の管理は「あまりよくなかった」。その杜撰な管理の実態は，被害者の死体が発見された経緯からも窺えよう[4]。管理人のＬは，Ｋ荘 101 号室の管理を任された者であり，少なくとも 3 月 10 日以降，現実にＬが同室の鍵を保管していた。ところが，3 月 18 日，施錠されていない同室の畳の上で横臥している女性を見たとき，「部屋を貸す話が出ていたネパール人の知り合いが入り込んで仮眠をしている」と考えただけであった。Ｌは，この時，何か「異常なこと」が起こっていると考えたわけではない。

このＬの反応を直視（直観）すれば，Ｋ荘 101 号室の現実は，明らかに「鍵を

---

[4]　高木コートは次のように認定している。管理人Ｌは，3 月 18 日に，「Ｋ荘に立ち寄り，1 階 101 号室前通路に面した窓から中を見ると，空室のはずなのに女性が畳の上に横臥しており，出入口は施錠されていなかったが，その頃部屋を貸す話が出ていたネパール人の知り合いが入り込んで仮眠をしているものと軽く考えて，部屋の中まで入らずに，外から施錠（内側からは，レバーを回すことにより簡単に開錠できる）をしただけで戻った。Ｌは，翌 19 日午後 5 時ころ，再度Ｋ荘 101 号室を見回りに行き中に入ってみて，前日仮眠中と思った女性が，実は死体であることを発見し，直ちに警察に急報した」，と（② 85）。なお，1 審の認定では，上記「通路に面した窓」も無施錠であった（① 121）。

持つ者だけが室内に入れる」という高木コートの可能的推論が現実的に成り立つ状態ではなかったと言えよう。この点，高木コートも，Ｋ荘 101 号室の杜撰な管理状態から，本件犯行時に同室が施錠されていなかった可能性を認める。Ｋ荘 101 号室が施錠されていなかった可能性を認めた上で，「⑥Ｇ以外の入室困難性」を検討する。そして，「施錠されていないと知って，(引用者補：被害者Ｔが) 売春客を連れ込み，あるいは被告人以外の男性が被害者を右の部屋に連れ込むこと」は「およそ考え難い」と断定するのである。

　しかし，ここに，高木コートの論理的な「すりかえ」がある。まず，この部屋が無施錠であった可能性は，単なる論理的可能性ではなく，この部屋の管理状態という実在的事実に支えられた実在的可能性である。他方，「⑥Ｇ以外の入室困難性」は，「Ｋ荘に全く関係のないＴが，遊客を連れて勝手に入り込むという事態が，現実に起こると想定することはできない」(②99) という一般論 (論理的可能性) の帰結でしかない。一方では，無施錠 (だから誰でも入れた) という実在的な可能性に譲歩を示しつつ，他方では，改めて別の論理的可能性を持ち出して，結局はＧ以外の入室は困難だと帰結する。このような変幻自在の論理に幻惑されてはならない。

　したがって，ここでも，論理的可能性ではなく，常に実在的可能性に立脚して，Ｔの行動を推論する必要がある。Ｔは，売春客を求めて，毎晩のように円山町界隈を徘徊し，かつ「平気で他人の住居の敷地内に立ち入り，駐車場や駐輪場の奥の建物と壁の間やビルの奥の階段の下辺りで屋外性交に及んでいた」(④126)。このようなＴの現実的・実在的な行動様式をベースに考えなければならない。そうすると，Ｋ荘 1 階の通路はＫ荘を挟む東西の道路の抜け道となっていた現実や，101 号室は，玄関のみならず，通路に面した腰高窓も施錠されていなかった現実を判断の基礎とすれば，Ｔは，101 号室が無施錠だと知っていた実在的可能性を否定できないはずである[5]。

---

5)　Ｇの供述では，「2 月 25 日から 3 月 1 日又は 2 日」の間に，101 号室でＴを買春しており，その時，使用したコンドームをトイレに捨てたと述べると共に，施錠しなかったので，Ｔが無施錠であることを知っていたとも述べている。そして，この点，1 審判決は，Ｔが第三者と 101 号室に入った可能性があると認定し (①137)，2 審判決はそれを明快に否定したのである (②99)。つまり，1 審の論理は実在的可能性に立脚した可能的推論であるが，

　同じことは⑥に関係する「G以外の男性がTを右の部屋に連れ込む」可能性についても言えるだろう。高木コートは，Yビル401号室のGの同居者3名，同居者の叔父でたまたま3月8日に401号室にいた者，以前K荘101号室に同居していた4名の計8名につき，アリバイ等を確認しただけで，第三者による上記の可能性は「およそ考え難い」と断定する（②100）。しかし，この8人がTを101号室に連れ込まなかったとしても，これ以外の者がTを連れ込む可能性を，なぜ「およそ考え難い」と断定しうるのか。この点について，事実に即した説明もなければ，そう断定しうる根拠も示されていない。ここでも，実は，高木コートの裁判官の観念的な「想定」が語られているだけである。

　結局，①ないし⑥の事実は，全体として「被告人が殺人を行った」という認定を支える実在的事実ではない。高木コートがこれらの事実をもってGの有罪性を論証しえたと思ったとすれば，それは，「⑤鍵の保持」や「⑥被告人以外の入室困難性」の認定において，実在的事実に支えられた推論ではなく，一般論（論理的可能性）から恣意的に裁判官の「想定」を導き出している論理的なミスに気付いていないからである。たしかに，情況証拠による事実認定が要求される事件では，「密室性」の認定がきわめて重要な役割を果たす。「密室性」を前提とすれば，その後の事実認定は飛躍的に容易になるからである。しかしながら，このような場合，「密室性」が認定の根幹となる前提事実だから，「密室性」は，単なる仮定ではなく，実在的事実として認定されねばならない[6]。しかし，本件の場合，実在的な「そこに・あった・事実」を見る限り，101号室の密室性は証明されていない。

4.4.5. 証拠によらない事実認定

　最後に，「⑦午後10時7分の乗車」についても，高木コートの事実認定は単なる仮定を事実と「すりかえ」る典型例である。高木コートは，3月8日，被告人がJR海浜幕張駅を午後10時7分に出る電車に乗ったことも，その実在的可

　2審の論理は論理的可能性に立脚した可能的推論であった。

[6]　密室性の問題に関しては，門野博「情況証拠による事実認定」『裁判所は何を判断するか』シリーズ刑事司法を考える5巻（岩波書店，2017年）24頁以下参照。

能性があることも証明していない。ただ，警視庁の捜査員がインド料理店 H から駅までの所要時間を実測し，「約 6 分半」であったというデータだけがある。そこから，刑事が「6 分半」で歩けたのだから，午後 10 時に H を出れば，G も午後 10 時 7 分の電車に間に合っただろうと推論しているだけである。そもそも，G が，午後 10 時に H を出たことを示す証拠はなく，午後 10 時 7 分の電車に乗ったという証拠もない。にもかかわらず，⑦の事実が認定されたのは，すでに高木コートが上記①ないし⑥をもって G を犯人と断定しているからである。

　たとえば，確実性の高い目撃証言などで「被告人が現場で殺人を行った」ことがほとんど確定的に認められながら，「被告人がその時点で現場に臨みうるのか」という疑問だけが残っているのであれば，「被告人が犯行時刻に現場に到達できた可能性」を証明するだけで，「被告人が犯罪を行った」という認定が許されることもあるだろう。これは，「アリバイ崩し」の典型的なケースである。しかし，このような可能性判断が許されるのは，事実上，「被告人が現場に到達することが可能であれば，被告人が犯人である」と断言しうる場合だけである。このような場合，被告人の犯罪への関与の確実性（他の証拠による認定）を前提として，「現場に到達しうる可能性」だけが要証事実となることもありうる。

　しかし，上述のとおり，本件の①ないし⑥による有罪事実の認定は単なる「論理的可能性」によって観念的に想定された一般的な「仮説」にすぎない。そして，特に「④被告人が目撃された可能性」に依拠して構成された有罪仮説に立脚すれば，3 月 8 日午後 11 時 30 分頃，K 荘 1 階に通じる階段のところで，G が T の後ろに続いて階段を上っていくためには，午後 10 時以降の G の行動は，時間的にタイトな「⑦午後 10 時 7 分の乗車」の事実が必要になる。次の電車は午後 10 時 22 分発であり，これに乗ると，東京駅経由で JR 渋谷駅に午後 11 時 28 分に到着するが，渋谷駅から K 荘までは約 10 分かかるので，午後 11 時 30 分頃に，G が K 荘 1 階付近で目撃されるためには，⑦の事実を認定する以外にないのである。つまり，上記アリバイ崩しのケースとは異なり，「被告人が午後 10 時 7 分の電車に現に乗ったときに限って，被告人は犯人でありうる」という関係にある。当然，G が「午後 10 時 7 分の電車に乗った」ことが要証事実となるので，その事実は，単なる思考上の可能性（論理的可能性）ではなく，実在的事実に支えられた実在的可能性が提示されなければならない。しかし，高木コー

トの認定のどこにも，Gが午後10時7分の電車に乗ったと推論しうるような現実的・実在的な事実は示されていない。また，東京駅でも，渋谷駅でも，寄り道をすることなく，GがK荘に直帰したと推論しうる事実も示されていない。

4.4.6. 検察は被告人に有利な決定的物証を隠匿していた

さらに，本件でも，きわめて決定的な事実が隠蔽されて，検察が公訴提起していた。最後にこのことにも触れておこう。

本件捜査の最初の段階で，捜査本部は，Tの口唇周囲および左右の乳房周囲の付着物として，唾液様のものからO型の血液型反応が認められたとの鑑定を得ている[7]。そして，すでに考察したとおり，事件当日コンドームなしに性交した常連客もTも，血液型はO型であった。だから，微量の精液（血液型O型）が被害者の体内に残されていたが，それは常連客のものだと考えられた。なぜなら，性交した後，午後10時頃に，Tがシャワーを使い湯船に入ったことまで確認されていたが，微量の精液が体内に残された可能性は十分に考えられたからである。しかし，Tが入浴している以上，少なくとも体表面は洗浄されていたのだから，Tの口唇および左右の乳房の周囲から唾液様の付着物（血液型O型）が検出されたのであれば，それは，常連客のものとも，T本人のものとも言えなくなる。

口唇および左右の乳房周囲から採取された唾液様のモノは，午後10時以降に，第三者が付着させたモノと考える以外にない。そして，そうであれば，午後11時30分頃，K荘101号室前で，Tと共に目撃された者の唾液である可能性が高い。つまり，K荘101号室において，Tと最後の性交をした本件容疑者の血液型はO型だということになる。そして，既述のとおり，そのことはすでに証明されている。

ところが，この唾液様の付着物という実在的な事実および鑑定結果は，それが殺人行為と直結する物証でありながら，再審時に初めて示されるまで，検察

---

7) この鑑定書は，平成9年4月2日付であり，Gの逮捕前である。ただし，鑑定書には，唾液は微量だから，血液型は「必ずしもO型とは断定できない」と書かれている。しかし，それでも，2種類の試験をした結果，「いずれもO型反応を示した」ことは記載されている。

はそれを完全に隠蔽していた[8]。G の血液型は B 型であるから，G の容疑がこの物証と完全に矛盾することを知りながら，実在的事実たる物証を隠蔽して，実在的事実と一致しない事実を起訴状の「公訴事実」として記載した。つまり，検察は，「公訴事実」に記載された言明が「偽である」こと，すなわち G の無実の実在的可能性を意識しながら，公訴を提起し，公判で有罪の主張を続けたのであった。

　ともあれ，高木コートは，自白のない情況証拠での認定事件においても，論理的可能性を駆使した奔放な創作を繰り返していることが確認された。本来，直接証拠のない事件であるからこそ，1 つ 1 つの情況証拠について，慎重に実在的事実との関連性を検証し，そもそも「証拠」と言えるのかをチェックする必要があるのに，高木コートはそれを行わず「創作」を繰り返した。そして，残念ながら，この「創作」行為は，高木コートに限られたことではない。次に検討する飯塚事件の陶山コートでも，情況証拠による認定の名の下に，全く同様な創作行為が行われている。しかも，検察側に不利な証拠が隠蔽（改ざん）されていたという事情まで共通する。飯塚事件の検討によって，高木コートの事実認定が，決して特殊な事例ではないことが了解されるだろう。

---

8)　もしこの事実が明示されていたならば，おそらく原 1 審（大渕敏和裁判長）はより明確に無罪判決を書けたと思われるし，そうであれば，当然，確定 2 審判決もまた内容を変えていた可能性もある。この鑑定結果を隠匿した検察の行為は，どれほど控えめに見ても，犯罪と言うべきものだろう。

4.5. 飯塚事件
──創作の中で死刑を認めた裁判官

　この事件は，平成4年2月20日，福岡県飯塚市内で登校中に小学1年生の女児2人（以下「U」「N」と記す）が行方不明となり，懸命の捜索もむなしく，翌21日には甘木市（現在の朝倉市）の山中で2人の遺体が発見された女児誘拐殺人事件（以下「本件」とも記す）である[1]。

　死体は，道路から投げ捨てられた状態で遺棄されており，2人とも，下半身が露出した状態であった。死因はいずれも扼頸（手による頸部圧迫）による窒息死とされた。また，いずれも膣内から血液が漏出しており，膣内部の損傷が確認された。そして，2人の膣内容物から，犯人のものと思われる第三者の血液の混入が認められた。遺体発見の翌22日には遺体発見現場からやや離れた場所で2人の遺留品が発見された。

〈引用判例〉① 福岡地判平成11・9・29判時1697・124，② 福岡高判平成13・10・10高検速報（H13）219，③ 最二判平成18・9・8集刑290・209（裁判所ウェブサイト），④ 再審請求棄却決定：福岡地決平成26・3・31判時2396・96，⑤ 即時抗告審決定：福岡高決平成30・2・6判時2396・78，⑥ 特別抗告審決定：最決令和3・4・21（未公刊）

4.5.1. 見込み捜査，死刑判決，そして死刑執行

　この頃，幼児の行方不明・惨殺事件（のちに再審無罪とされた足利事件〈本書4.3.〉もその1つである）が相次いでおり，本件は大々的に報道された。被害女児が通っていた小学校では，以前にも，別の女児Aが行方不明になっていた。

　目撃情報は多く寄せられたが，容疑者の特定に至らず，捜査は難航した。そ

---

1)　飯塚事件については，大場史朗「飯塚事件と死刑再審」大阪経済法科大学法学論集75号195頁以下参照。また，德田靖之「飯塚事件──再審法制の不備について」九州再審弁護団連絡会出版委員会『緊急提言！　刑事再審法改正と国会の責任』13頁以下，飯塚事件弁護団編『死刑執行された冤罪・飯塚事件』（現代人文社，2017年）等も参照。

の中で，平成 4 年 3 月 9 日，遺留品発見現場付近で不審な車と人を目撃したという T の員面調書が作成された。また，同年 6 月には，飯塚市に住む K の血液型と DNA 型が，遺体（膣内容物・膣周辺付着物）から採取された犯人と見られる者の型と一致する旨の鑑定結果を科学警察研究所から得た[2]。こうして，警察は K をマークし，徹底捜査を行ったため，K とトラブルになり，K が剪定ハサミで捜査員に切り付けるという事件も発生した（1993・9・29 西日本新聞夕刊）。他方，検察は慎重で，「物証」のみによって起訴できるだけの証拠を求めた（1994・9・25 西日本新聞朝刊）。

しかし，事件発生から約 2 年 7 ヵ月が経過した平成 6 年 9 月 23 日，福岡県警は K を逮捕した。①遺留品発見現場付近で目撃された「不審な車」と同じ車を事件当時 K が所有していたこと，② K の DNA 型鑑定が犯人のものと一致する確率が高いこと，③血液型が一致することに加えて，④被害女児の衣服に付着していた繊維が K 所有の車の後部座席の繊維と一致したこと等が根拠とされた（1994・9・24 西日本新聞夕刊）。逮捕後，K は，容疑を否認し続けたが，起訴された。K の起訴後，突如，本件以前に発生した A 失踪事件に関して雑木林の捜索が実施され，失踪から 6 年が経過しているにもかかわらず，たった 25 分で，何度も捜索したはずの場所から，傷みの少ない A の着衣が発見されるという奇妙な出来事が起こっている（1994・11・11 西日本新聞朝刊，11・12 同紙朝刊）。

K は犯行を一貫して否認した。しかし，平成 11 年 9 月 29 日，福岡地裁（陶山博生裁判長）は，関係証拠から導かれる間接事実を総合して K に死刑判決を下した（① 124）。その後，福岡高裁は平成 13 年 10 月 10 日に控訴を棄却し（② 219），最高裁も平成 18 年 9 月 8 日に上告を棄却して（③ 209），死刑判決が確定した。足利事件（本書 4.3.）において，後に誤鑑定だとされた DNA 型鑑定（MCT118 型鑑定）とほぼ同時期に，科学警察研究所の同じ技官によって，同じ技術水準で実施された DNA 型鑑定が有罪証拠となっている。このことが本件の特徴の 1 つである。

---

2) ただし，科警研は HLADQ α 型の検査も併用したが，ここでは，K の DNA 型は検出されていない（① 152 以下）。また，以下に述べる I 鑑定では，ミトコンドリア DNA 鑑定と HLADQB 鑑定をしたが，どちらからも K の DNA 型は検出されていない。この 3 つの鑑定は，K が無罪である決定的な証拠である。

　Kと弁護人は再審請求を準備していた。ところが，弁護人が再審の準備のためにKに接見した直後，そして足利事件のDNA型の再鑑定が決まった直後の平成20年10月28日，異例とも言える早さでKの死刑が執行された。弁護団は，平成21年10月28日，Kの一周忌に再審請求を申し立てた。犯人の血液が混入していたとされる現場資料は全量消費され，再鑑定は不可能であったため，弁護団は当時のDNA型鑑定のネガフィルム等によってその誤りを証明するほかなかった。しかし，平成26年3月31日，福岡地裁は再審請求を棄却し（④96），平成30年2月6日に福岡高裁も即時抗告を棄却した（⑤78）。そして，令和3年4月21日，最高裁も特別抗告を棄却した。

4.5.2. 認定された事実と7つの間接事実の「総合評価」

　確定1審判決は，Kが犯人だとした上で，「Kは，平成4年2月20日午前8時30分ごろから午前9時ころまでの間，福岡県飯塚市内またはその近郊において，殺意を持ってUおよびNの頸部を手で締めつけ窒息により死亡させ，八丁峠第5カーブ付近において被害者2名の死体を投げ捨てて遺棄した」と認定した（①128）。この認定は，同日午前11時頃に，Kとその所有車を遺留品遺棄現場で目撃したというTの証言に全面的に依拠している。確定判決は同日11時頃にTが不審な車と人を目撃したときには，すでに被害女児が殺害されていることを前提として，Kは被害女児2人を誘拐後「まもなく」殺害したと認定している。

　本件には，自白などの直接証拠は存在しない。また，1審判決が自認するとおり，個々の間接証拠も「弱い」ものであった。それ故，確定判決は，以下の①–⑦の間接事実を挙げ，それらは「単独では被告人を犯人と断定することができない」が，それらを総合評価することによって，「本件においてKが犯人であることについては，合理的な疑いを超えて認定することができる」と判示した（①160）。

　　①2月20日（犯行日とされた日）午前11時頃に，犯人のものと見られる車を見たというT証言に一致する車をKが所有していたこと。

　　②Kには失踪現場等について土地勘があること。

　　③被害女児の着衣から犯行機会に付着したと認められる繊維片は，K所有の

車の繊維片である可能性が高いこと。

④ K の車から，被害女児の 1 人と同じ O 型の血痕とヒトの尿痕（血液型不明）が検出されていること。

⑤ 仮に犯人が 1 人であるとした場合には，犯人のものと見られる血液ないし血痕の血液型（B 型）および DNA 型（MCT118 型〈16–26 型〉）が K のそれと一致すること。

⑥ K は，本件当時，糖尿病に由来する亀頭包皮炎に罹患しており，外部からの刺激により容易に出血する状態にあったこと。

⑦ K にはアリバイがないこと。

　これらの間接事実のうち，②・⑥・⑦にほとんど意味はない。また，③も，せいぜい犯人の車が K 所有の車と同種のマツダ車であったことを示すにすぎない[3]。さらに，④も，K の妻・長男が O 型であるから，それ自体として，推認力は弱い。重要なのは，①の T 証言と，⑤の血液型・DNA 型鑑定であり，①と⑤が，K と犯行を結びつけ，他の間接事実を総合させる核になっている。したがって，確定審および再審請求では，この 2 点が激しく争われた。

4.5.3. 一瞬の目撃だが，あまりにも詳細な目撃証言

　すでに見たように，本件の遺留品の遺棄時刻は T 証言に全面的に依拠しており，前記の確定判決の認定事実は，T が目撃した人物および自動車が，K および K 所有の自動車でなかったとすれば，たちどころにその基礎が崩壊するという根本的な脆弱さを持っていた。この T 証言とは，山道の急な下り坂かつ急カーブを，時速 25–30 km で車を運転しながらの，短時間かつ偶発的な目撃供述であった。ただ，本件では，この供述が最も重要な証拠になっているので，以下，1 審判決から引用しておこう。

　　平成 4 年 2 月 20 日午前 11 時ころ……国道 322 号線を通って八丁峠を下りながら組合事務所に戻る途中，八丁苑キャンプ場事務所の手前約 200 メートル付近の反対車線の道路上に紺色ワンボックスタイプの自動車が対向し

て停車しており，その助手席横付近の路肩から車の前の方に中年の男が歩
いてくるのをその⒜ 約61.3 メートル手前で発見した。その瞬間，男は路
肩で足を滑らせたように前のめりに倒れて両手を前についた。右自動車の
停車していた場所がカーブであったことや，男の様子を見て，「何をしてい
るのだろう，変だな。」という気持ちで，⒝ 停車している車の方を見なが
らその横を通り過ぎ，⒞ 更に振り返って見たところ，車の前に出ようとし
ていたはずの男が車の左後ろ付近の路肩で道路側に背を向けて立っている
のが見えた。男は，40 代の中年位で，カッターシャツに茶色のベストを着
ており，髪の毛は長めで前の方が禿げているようだった。また，停車して
いた自動車は，紺色ワンボックスタイプで，後輪は，前輪よりも小さく，
ダブルタイヤだった。後輪の車軸部分は，中の方へへこんでおり，車軸の
周囲 (円周) は黒かった。リアウインドー……及びサイドリアウインドーに
は色付きのフィルムが貼ってあった。車体の横の部分にカラーのラインは
なかったが，サイドモールはあったように思う。型式は古いと思う。ダブ
ルタイヤだったので，マツダの車だと思っていた。(① 128：下線は引用者)

　この証言につき，証人 T の目撃時間を確認しておこう。それは，⒜約61.3 m
手前で人と車を発見してから車とすれ違う直前まで，⒝すれ違う瞬間，⒞すれ
違った後の「振り返り」の 3 つの時間の合計だが，弁護側の実験 (20–59 歳の被
験者男女 30 名：後述の「第 2 次実験」) によれば，⒜段階は最長 9.87 秒，⒝段階は
最長 0.94 秒，⒞段階はすぐに急カーブに入るため「一瞬」である (ある被験者で
は 0.68 秒)。つまり，全体でも，10 秒ほどである。しかし，たった「10 秒」の
経験にしては，目撃した日の 16 日後に語られた上記 T 証言は異様なほど詳細
である。これが本当に「記憶」内容なのか。疑問が生じるのは当然であろう。
現に，T 証言でも，人物に関する証言は K の実際の人物像とかなり異なる。K
は当時 55 歳，髪型はオールバックで，禿げていない。ところが，自動車に関す
る証言はきわめて詳しい。前輪と後輪の大きさを比較し，後輪の詳細を語り，
ダブルタイヤだと断言する。さらに，ウィンドウの様子，車体の横の部分もはっ
きりと証言している。わずか 10 秒の観察とはとても思えない。人物像の証言と
比較するとその落差は著しく，それが同一人物による同一機会の記憶を語った

ものであるとはとても信じられない。しかし，確定判決は，この落差を無視するかのように，Tは本件と無関係の第三者であること，捜査段階の供述と公判廷での証言が一貫していることなどを根拠に，T証言の信用性を肯定した[4]。

　控訴審では，弁護側の鑑定人によって，Tが目撃した場所と同じ八丁峠で，45人の被験者に，停止車両の横を運転しながら通過して，その際に目撃した事実について，1週間後に記憶を再現する実験がなされた。その結果，Tのように詳細な記憶を再現した者は1人もなかった（第1次実験）。当然だろう。しかし，控訴審は第1次実験における「観察及び記憶の条件，状況は，Tのそれとは明らかに異なる」として第1次実験の結果を措信しえないとした（②219）。そこで，再審請求では，弁護側が，第1次実験よりも事件当時の条件と合致させて，30人の被験者による実験をしたが（第2次実験），ここでも，Tほど詳細に記憶した者は1人もなかった。しかし，再審請求審でも，裁判所は，弁護側の実験を「いまだ重要な点で，Tが実際に不審車両を目撃した条件とは異なって」いるとし，T証言の信用性を否定しえないとした（④100，⑤81）[5]。

　しかし，ほぼ同じ条件下で，多くの一般人が再現しえなかったほどの「詳細な供述」がTには「可能だ」と認定するのであれば，その根拠を示さなければならない。ところが，確定判決でも，再審請求棄却決定でも，裁判所はその根拠を示していない。ただ信用できるという「心証」を表明するだけである。供述心理学から見ると，有罪認定の中核となった詳細なT証言には，「事後情報効果」（事後的に目撃以外の情報からT証言の詳細な内容がもたらされたこと）と「肯定的フィードバック」（人間のある行動に対してその行動を肯定的に評価する情報を与えること）が生じており，T証言には実際に目撃した情報とは異なる情報が含ま

---

4)　本書が考察してきたように，自白でも目撃証言でも，「調書に・書かれた・事実」が実在的な「そこに・あった・事実」と一致しているとき，ただ「その時」にのみ，その言明は「真である」（本書 1.4.3. 参照）。したがって，1審のようにTが本件と無関係な第三者であることや，捜査段階と公判段階で証言内容が一致していることなどは供述の「真偽」と直接の関係は何もない。むしろ，ここでの問題は，車でカーブの多い山道を走行しながら，たった10秒間だけ目撃した事柄につき，人物像の記憶内容と自動車の形態の記憶内容の鮮明さが歴然と異なっており，両者を同じ記憶内容の表示と見ることの不自然さにある。

5)　即時抗告審で追加された被験者の視線行動に関する鑑定については，飯塚事件弁護団編・前掲 68 頁以下参照。

れていると推定するのが自然だろう[6]。

そして，再審段階で開示された証拠からも，⑦Tの原供述に近い3月9日の員面調書を作成した警察官が，その2日前の3月7日にKの車を現認しており，あらかじめK所有の車を現認した捜査官がTにその車の特徴を語らせるよう誘導した可能性があること，④事件発生から11日後の3月2日に聴取されたTの初期供述には，「①紺色ワゴン車1台を目撃し，②同車両から1人の男性が乗り降りしていた」ことのみが目撃内容として記載されているだけであり，3月9日までの間に，次第に，供述内容が詳細になっていることが明らかになった。しかるに，再審請求審において，裁判所は，前記の事実が認められるとしても，「警察官からの誘導を受ける可能性のない時期」である3月4日の時点でも，Tは「紺色ワゴン車」に関する供述をしていることなどを理由として，警察官の誘導は認められないとした（④101，⑤86）。しかし，裁判所が「警察官からの誘導を受ける可能性のない時期」とした3月4日は，Tが警察官と共に事件現場に赴いた日であり，それ故，「警察官からの誘導を受ける可能性のない時期」ではない。もっとも，この3月4日のT供述の生成過程については，証拠開示がないこともあり，事実上「ブラックボックス」となっている。

4.5.4. 血液型鑑定に対する確定1審判決の決定的な欺瞞

死体およびその発見現場からは血痕（混合瘢痕）が確認され，その中には被害女児の血液型およびDNA型と一致しない第三者（犯人）のものが存在した。すなわち，Uの血液型はO型，Nの血液型はA型だが，血痕からは2人に由来しない「B型」血液の混入があった。したがって，犯人の血液型はB型またはAB型のいずれかになるが（弁護人は犯人の血液型を「AB型」と主張した：1995・9・14

---

6) 心理学における肯定的フィードバックの効果については，福島由衣・厳島行雄「ラインナップ識別後の目撃者に対する肯定的フィードバック効果の検討」法と心理14巻1号98頁以下参照。飯塚事件のT証言における肯定的フィードバック効果を考えるための論考として，厳島行雄「飯塚事件におけるT証人の目撃供述の信用性に関する心理学的研究(1)供述内容の心理学的検討」日本大学文理学部人文科学研究所研究紀要63号203頁以下，同「飯塚事件における目撃者Tの供述の正確さに関する心理学鑑定」法と心理14巻1号17頁以下，岩田務「請求棄却という結論ありきの理由づけ」季刊刑事弁護79号102頁以下など参照。

科警研の鑑定に依拠した確定判決の判断

No.	対象項目	血液型抗原（確定判決が認定した血液型）	DNA 型					
1	N の死体付近の血痕様のもの	A 型・B 型（A 型 / B 型混合）	16	18			25	26	
2	U の膣内容物	O 型・A 型・B 型（O 型 / A 型 / B 型混合）	16		23			27
3	U の膣周辺付着物	O 型・A 型・B 型（O 型 / A 型 / B 型混合）	16		23		26	27
4	N の膣内容物	A 型・B 型（A 型 / B 型混合）	16	18		25	26	
5	N の膣周辺付着物	A 型・B 型（A 型 / B 型混合）	16	18		25	26	
6	U の血液型・DNA 型（心臓血）	O 型			23			27
7	N の血液型・DNA 型（心臓血）	A 型		18		25		
8	K の血液型・DNA 型（頭髪）	B 型	16				26	

朝日新聞夕刊），確定 1 審判決はそれを「B 型」と断定した。

　可能性を考えれば，犯人の血液型は AB 型か B 型かのどちらかだと推認できる。そして，科学警察研究所の鑑定では，U と N の膣内容物を資料として実験をし（① 145），U（血液型は O 型）由来の資料から，O 型と「微弱な A 型抗原と微弱な B 型抗原が検出」され（犯人が 1 人だとすれば，犯人の血液型は AB 型になる），N（血液型は A 型）由来の資料から「A 型抗原と B 型抗原が検出」された（犯人が 1 人だとすれば，犯人の血液型は AB 型か B 型になる）。ここから，犯人の血液型は AB 型と推論することが素直な見方だが（実際，再審請求審において，法医学者 H は犯人の血液型を AB 型と鑑定した），確定 1 審判決は犯人の血液型を B 型とする検察官の主張を認めた。

　しかし検察の主張は単に論理的可能性に立脚するだけである（論理的可能性については，本書 1.4.2. 参照）。検察が主張し，確定 1 審判決が認定したように，犯

人の血液型が B 型だとすれば，U の膣内容物に由来する資料から A 型抗原が検出された根拠が明示されなければならない（上表参照）。そこで，確定 1 審判決を見ると，最初に犯人が「N にいたずらをした」のだという裁判官の想像が論拠になっている。つまり，犯人が「N から U へという順序」で「いたずら」をしたため，N の血液が U に由来する資料に混入した。そのため，U 由来の資料から「A 型抗原」が検出されたと「推認」し（① 150），確定 1 審は犯人の血液型を「B 型」と判定した[7]。つまり，犯人の血液型は，実在的な根拠でなく，裁判官の「想像」によって，すなわち単なる「心証」によって B 型と認定されたにすぎない。科学的に犯人の「血液型は B 型である」と証明されたわけではない。1 審判決の認定は，何の証拠もなく，最初に犯人が「N にいたずらをした」のだと独断的に「想像」したことに依拠している。これは，創作であって，事実認定ではない。私たちは，足利事件（本書 4.3.）や東電 OL 殺人事件（本書 4.4.）において高木コートの「創作」の問題を指摘したが，飯塚事件の 1 審・陶山コートもまた，「最初に犯人が『N にいたずらをした』」後で，次に「U にいたずら」をしたのだと想像をたくましくしている。

4.5.5. DNA 型鑑定に対する確定 1 審判決の決定的な欺瞞

次に DNA 型鑑定に移ると[8]，U の DNA 型（MCT118 型）は 23–27 型，N の DNA 型は 18–25 型であったが（前掲表），科警研の鑑定によれば，「血痕様のもの」からは 2 人に由来しない「16 型」「26 型」の DNA 型が「検出された」。他方，K の DNA 型は「16–26 型」とされたため，K と犯人の DNA 型は「一致する」とされた（① 160）。

確定判決は，この科警研の鑑定を支持し，「犯人が 1 人であるならその犯人の血液型は B 型で，MCT118 型は 16–26 型である」と判断し，この判断に基づい

---

7)　ここは重要なところであり，科警研鑑定でも，犯人の血液型は AB 型と判定可能である。確定 1 審が犯人の血液型を B 型だとする根拠は完全に裁判官の想像（犯人は N にいたずらをし，次いで U にいたずらをした）であり，科学的・客観的な根拠がないことに注意しなければならない。

8)　飯塚事件の DNA 鑑定については，天笠啓祐・三浦英明『DNA 鑑定──科学の名による冤罪』（緑風堂，1996 年）参照。

て，初めて上記（本書4.5.2.）に示した①ないし⑦の諸事実を「総合」することができた。しかし，血液型の認定と同様，DNA型に関する認定にも，致命的な欠陥がある。仮にKが犯人であり，かつKのB型の血液が血痕に含まれていたとすれば，当然，その血痕からKのDNA型は検出されたはずである。しかし，㋑犯人の血液との混合瘢痕だとされたUの膣内容物からは，検出されるべきKのDNA型（MCT118型・26型）が検出されなかったこと（前掲表），㋺同様に，Uの膣内容物および膣周辺付着物から，KのDNA型（HLADQα型・1.3型）が検出されなかったこと，㋩科警研鑑定の後に行われ，当時，最も鋭敏な検査とされた帝京大教授（法医学）Iによるミトコンドリア鑑定（mt333DNA型検査）からも，KのDNA型と同じ型は検出されず，むしろKとは別のDNA型が検出されたこと，等々の鑑定結果が出たことである。加えて，犯人との混合瘢痕であるとされたNおよびUの膣内容物および膣周辺付着物からもK由来のDNA（HLADQB遺伝子）の混合を示唆する所見が認められなかった。

　これらの客観的事実は明らかに「Kが犯人である」という検察の主張と一致しない。そこで，確定判決は「Kは犯人である」という前提を維持するために，次のような「可能性」を列挙したのだが，すべて単なる「論理的可能性」でしかない。すなわち，㋑については，KのDNA型が検出されていないのは「資料に犯人のDNAが少なかった可能性」，「犯人のDNAが分解された可能性」，「PCR増幅の効率が悪かったために検出できなかった可能性」が考えられ，㋺については，条件の違い等により「Uの型だけが検出され，犯人の型は検出されなかった可能性」，「犯人のDNAが壊れている可能性」が考えられ，㋩については，I鑑定の段階では「資料に……犯人のDNAが存在しなかった可能性」，「検査過程における資料の汚染や，採取した物の製造過程で人のDNAが混入した可能性」，「資料採取時に採取者等のDNAが混入した可能性」，「そもそも……犯人のDNAを全く検出していない可能性」等々が考えられるとし，このように列挙された「可能性」を考慮すれば，上記㋑ないし㋩の事実は，Kが犯人であることと完全に一致しないとは言えず，ただちにKの犯人性に合理的疑いが生じるものではないとした（① 154）。しかし，繰り返すが，これらの「可能性」はすべて「論理的可能性」でしかない（本書1.4.2.注7を参照）。論理的に見ても，「Kは犯人である」ということと矛盾する科学的なデータが実在しながら，この

データに対し，抽象的な「論理的可能性」によって，「Kは犯人である」という方向へと独断的に「推認」することはできないはずである。ここでも，確定1審判決は，事実認定ではなく，裁判官の「想像」に立脚した「創作」であることが理解されよう。

以上，要するに，陶山コートの「間接事実の総合評価」もまた，（おそらくは勃興期のDNA型鑑定への過剰な信頼に支えられた）検察ストーリーから得られた「見立て」（有罪の「心証」）を前提に，個々の情況「証拠」に寄せられた実在的可能性への疑問を悉く論理的可能性で切り捨てるという手法で，事件を創作している。これは，とても「事実認定」と言えるものではない。カントが「直観なき概念は空虚だ」と指摘したとおり，陶山コートの認定もまた，実在的事実を直視（直観）しようとしない点，「空虚な」認定である。これこそが「暗黒裁判」を特徴づける事実認定であり，「暗黒裁判」は現在でも特殊な例外ではないことが明らかだろう。

4.5.6. 再審請求審の成果

残念ながら本件再審請求は棄却された。しかし，成果もあった。すなわち，再審請求審では，確定1審判決における犯人の血液型やDNA型の認定において，各々の認定が実在的事実と一致せず，端的に「創作」であることが明らかになった。さらに，証拠開示によるネガフィルムの分析によって，科警研鑑定には，二重の「隠蔽工作」があることも判明した。最後にこの点を確認しておこう。

このネガフィルムには，切り取られて法廷に出されなかった部分があった。しかも，切り取られた部分に，バンド（41–46型付近に見られるので，便宜上「X–Yバンド」と記す）があった[9]。科警研は，この「X–Yバンド」の部分を取り除いたフィルムを裁判所に提出していた。さらに，このフィルムには，絶対に犯人の血液が混入しない被害者の心臓血にも，薄い16型のバンドが存在していた。そうすると，「16型」は犯人のDNA型ではなく，アーチファクトバンド（電気泳動装置のゲルの固まりムラによって生じるバンド）であったとも言える。そして，

---

9) 飯塚事件弁護団編・前掲22頁以下。

再審請求における弁護側の主張

No.	対象項目	血液型抗原（弁護側が主張する血液型）	DNA型							
1	Nの死体付近の血痕様のもの	A型・B型（A型／AB型混合）	16	18		25	26		(X)	(Y)
2	Uの膣内容物	O型・A型・B型（O型／AB型混合）	16		23			27		
3	Uの膣周辺付着物	O型・A型・B型（O型／AB型混合）	16		23		26	27		
4	Nの膣内容物	A型・B型（A型／AB型混合）	16	18		25	26		(X)	(Y)
5	Nの膣周辺付着物	A型・B型（A型／AB型混合）	16	18		25	26		(X)	(Y)
6	Uの血液型・DNA型（心臓血）	O型	⑯		23			27		
7	Nの血液型・DNA型（心臓血）	A型	⑯	18		25				
8	Kの血液型・DNA型（頭髪）	B型	16				26			

見えないようにネガ全体を黒く焼き付け

切り取られていた部分

当時の技官らが都合の悪い16型のバンドを消すために，ネガを必要以上に暗く（黒く）焼き付けたことも明らかになった。こうして，当初，K本人のものとされた「16型」「26型」はK本人のものでなく，むしろ犯人のDNA型は「X–Yバンド」である可能性が明らかになった。

　ところが，再審請求審において，裁判所は，弁護側の鑑定批判こそが「抽象的な可能性」（これは「論理的可能性」のことである）にすぎず，本件の血液型・DNA型鑑定は「合理的な方法」でなされている旨説示した。真犯人のDNA型を示唆する「X–Yバンド」についても，それらが犯人のバンドである可能性が高いとは言えず，科警研の技官らには改ざんの意図も認められないとした。そして，裁判所は，仮にMCT118型鑑定を除いたとしても，その他の証拠から導

かれる間接事実によって，Kが本件の犯人であることは十分に証明されているとした（④ 114，⑤ 95）。

　しかし，明らかに，この裁判所の論理は不当である。「論理的可能性（抽象的可能性）」を駆使して，実在的な「そこに・あった・事実」に基づく弁護人の主張を無視し，検察ストーリーを維持しようとするのは，確定1審判決であり，今回の再審請求を棄却した福岡地裁・高裁・最高裁の諸決定の方である。既述のとおり，裁判所は，KがまずNにいたずらし，その後Uにいたずらをしたから，U由来の資料に「A型抗体」が検出されたと言う。しかし，これは裁判官の「創作」であり，「Nにいたずらをし，次にUにいたずらをした」ことなど，誰もが直視（直観）しえない空想である。つまり，この裁判官の空想的な認定こそ，論理的可能性に立脚した「想像」の典型であり，確定1審の論理は，犯人の血液がB型だと「証明した」ことになっていない。今回の再審請求が棄却されたのは，わが国の刑事裁判実務の底流として，多くの裁判官が自由心証主義を誤った内容で絶対視し，刑訴法が裁判官に課した「犯罪の証明」という理性的な義務を無視しているからである。これは，暗黒裁判の核心部が現代にまで継承されていることを示すが，この誤謬はすみやかに克服されなければならない。なお 2021 年 7 月，「死体遺棄現場から十数キロ離れた場所で女児 2 人を乗せた車を目撃した」という新証言を新たな証拠として，福岡地裁に再審請求がなされた（2021・7・10 朝日新聞）。第 2 次再審請求に期待する。

4.6. 地裁所長襲撃事件
──調書は自由自在に作出される

　この事件は，平成 16 年 2 月 16 日午後 8 時 35 分頃，大阪市住吉区帝塚山に
ある南海高野線の帝塚山駅周辺の住宅地で発生した強盗致傷事件 (以下「本件」
とも記す) である。この事件の数年前から，「おやじ狩り」と称する少年による
中高年の男性に対する路上強盗が頻発しており (『平成 12 年度警察白書』90 頁)，
本件もそう考えられた。実際，本件の捜査過程で，被疑者の中には，本件を「お
やじ狩り」だと述べた少年がいた。ただし，本件は完全なフレームアップであ
り，少年たちの自白や証言はすべて警察官に強要された「作り話」だと判明し
た。結局，捜査にあたった大阪府警の警察官が本件を非行少年による「おやじ
狩り」の典型的なケースだと考えていたのである。

　もっとも，被害者が大阪地裁の所長 T (当時 61 歳) であったことから，本件は，
社会的注目を集め，それが捜査に大きな影響を与えた。実際，大阪府警は，た
だちに刑事部長特命の刑事特別捜査隊を組織し，犯人逮捕に万全の体制を整え
た[1]。警察にとって，もちろん検察にとっても，本件は絶対に解決しなければ
ならない事件であった。そこで，警察は，最も得意とする「人を得て，証を求
める」捜査形態によった。少年たちを別件逮捕し，彼らから自白が取れれば，
個別的な事情を熟知しているプロの捜査官が具体的な事実をそこに加味し，詳
細かつ迫真的な自白調書ができる。そうすれば，その「調書に・記された・事
実」をベースに，有罪判決に持っていける。警察はそう考え，検察も同様に考
えた。

　何度も述べたが，わが国の警察は「誰から」でも自白を取るノウハウを持つ
ので (本書 1.2.5. 参照)，少年から自白を取ることは簡単である (本書 4.2. 参照)。実

---

1)　一ノ宮美成『自白調書の闇──大阪地裁所長襲撃事件「冤罪」の全記録』(宝島社，2009
　年) 18 頁参照。なお，本件に関しては，Y の弁護人であった海川直毅『有罪捏造』(勁草書
　房，2012 年) をも参照されたい。

際，本件捜査でも，少年たちは種々の自白をしている。その中に，X（当時 28歳）と Y（当時 31 歳）が事件の中心にいたという少年たちの自白や証言があり，警察は，X・Y を逮捕し，彼らを主犯としたストーリーを創作し，大阪地検もこの警察ストーリーに同調した。しかし，X・Y は，捜査段階から一貫して犯行を否認しており，同時に，少年たちの供述調書に不自然な変遷や不合理かつ矛盾する内容が含まれていた。しかし，それにもかかわらず，少年たちの供述証拠だけで，検察は X・Y を本件の主犯として起訴した。

〈引用判例〉① 大阪地判平成 18・3・20 判タ 1220・265，② 大阪高判平成 20・4・17（未公刊）

4.6.1. 事件の概要

ただし，1 審の審理（米山正明裁判長）では，検察が期待したとおりに進まなかった。後述するとおり，1 審は，綿密な事実認定をする中で，検察の論拠となった少年たちの「調書に・記された・事実」が「そこに・あった・事実」と一致せず，それは「偽」であることを示した。しかも，検察ストーリーでは，被害者 T から金員を強奪したとされた少年にアリバイがあることまで認定して，本件被告人らが完全に無罪であることを証明した。その意味で，本件 1 審判決は，検察の主張を丹念に検証しチェックすることによって，暗黒裁判化を阻止し，裁判官によって「無辜の処罰」が阻止された典型例になった。しかし，後述するとおり，少年審判では，「判検一体」となった暗黒裁判の様相を示しており，この点，きわめて明快な事実認定をした 1 審判決を検討する価値がある。

しかし，この 1 審判決に対し，大阪地検の次席検事は「予想外の判決」だと述べた（2006・3・21 朝日新聞朝刊）。検察は控訴したが，2 審が控訴を棄却し（②未公刊），X・Y の無罪は確定した。以下，1 審判決の事実認定を検討するが，まず被害者 T の証言をまとめておこう。T によれば，S マンションの「入り口付近で立ち話をしていた『年齢 16，7 歳くらいの高校生風の少年 4 人』が歩いてきて，すれ違った直後に，赤色ジャンパーの男が突進し」て T に体当たりし，T は路上に転倒した。こうして，後方から体当たりされた T が転倒したところを取り囲まれて，「金持ってるやろ，金出せや」，「殺すぞ」などと脅かされたので，現金 6 万 3,000 円を財布から取り出した。そして，現金を男に手渡し，男

が「まだあるやろ」と言ったのに対し，財布を広げて，これ以上ないことを示すと，それを「確認した男性4人組は，東に逃走し」た。Tは，一瞬の犯行であり，また，入院加療51日，その後の通院加療3ヵ月間を要する骨盤骨折の重傷を負ったにもかかわらず，犯行の具体的内容について，以上のように貴重な情報を証言した。

　また，本件には，客観的証拠もあった。現場から70m離れた民家に防犯カメラが設置され，午後8時35分頃，「4人の人物が一団となって西から東に走り去る様子」がビデオ映像として記録されていた。ビデオには，Tの証言にあった「赤色ジャンパーの男」が映っていた。これはT証言の正確さを裏付ける貴重な証拠であった。捜査本部は，2月19日，このビデオを領置し，画像を鮮明に処理した写真から，このビデオの4人が犯人だと判断し，目撃情報の収集に努めた。聞き込み捜査の中で，事件当日，しかも本件犯行の直前に，現場の近くで恐喝未遂事件があったことを確認した。犯行の手口から，本件と「同一グループによる事件」と考えられたので，この事件の被害者から犯人の人相を聞き取り，その「似顔絵を作成し」て，さらに聞き込み捜査を継続した（①268以下）。

4.6.2. 別件逮捕と警察によるストーリーの形成

　捜査本部が想定した「犯人像は，4人組の若者風で，年齢は15歳から20歳くらい」という漠然としたものであった。しかし，捜査範囲を徐々に広げていく中で情報が入り，「似顔絵に似た男がいる少年グループの存在」が報告された。内偵を進めると，そのグループによる万引き事件があり，逮捕されたGが「共犯者の名前を挙げた」ことから，グループ内でGが仕返しをされたという情報を得た。そこで，警察は，Gとその母に前記「似顔絵」と「防犯ビデオ映像の写真」を見せたところ，「そこに写った赤色服の男及び似顔絵の男がB2である又は似ている」との返答を得て，B2が犯人の1人だとの疑いを強めた。そこで，別件恐喝未遂の容疑者が「B1（当時16歳），B2（当時13歳），A1（当時16歳），F（当時16歳）であることが判明したので，B1とFを逮捕し，B2は刑事未成年であったため大阪市立児童相談所の一時保護施設に収容し，A1については任意で取調べをした（B1・B2は兄弟）。

　この逮捕は，警察がG親子を説得して被害届を出させた上での逮捕であり，

明白な別件逮捕であった。なお，このG事件に関連して取り調べたC（当時14歳）からも，B2が本件に関与しており，B2らの周辺にXがいたとの供述を得た。このC証言は，警察・検察が考えた本件「ストーリー」の原型となった。また，B2も，5月10日に本件への関与を窺わせる供述を始めており，A1も，5月19日，本件への関与を認めたので逮捕し，さらに，A2（当時14歳）も，5月22日，本件に「見張りとして関与していると供述した」ので逮捕した（A1・A2も兄弟）。そして，A1・A2は，Xが「見張り役」以外にも「襲えそうな相手を見つけると携帯電話でワンコールして知らせる役目」だと供述した。さらに，A1・A2・B2らは，Yが本件に関与している旨の供述をしており，特にCは「Yを犯人の1人」と明言した。そこで，警察は，6月14日，XとYを逮捕し，勾留を経て，7月5日，大阪地検は本件共犯として起訴した（① 269以下）が，それは「XとYが，A1，A2，B2と共謀して，Tの背後から体当たりして，同人を路上に転倒させる暴行を加え，Tを脅迫して現金を強取した」というストーリーに基づくものであった。

　しかし，X・Yは，一貫して犯行を否認し，X・Yが犯行に関与したことを示す物証もなかった。つまり，捜査官が想定した犯行の「ストーリー」は，A1・A2の兄弟，B1・B2の兄弟，そしてCら他の少年たちの供述「調書に・書かれた・事実」から作成された。警察は，少年たちの供述だけを根拠にして，XとYを逮捕・勾留し，また検察はX・Yを立件した。もちろん，ケースによっては，年少者の供述調書だけで立件されることもあるだろう。しかし，そのような場合，それなりに明確な供述が整っているだろう。すなわち，供述の任意性が疑われず，かつ，供述の真実性が認められるような供述調書があるはずである。そこで，以下，少年たちの供述調書と公判供述を検討して，彼らの供述は「合理性を欠く」として斥けた1審判決を検証しよう。

4.6.3. 少年らの供述の検討

　1審判決はC供述の検討から始める[2]。それは，CがX・Yの犯行について初めて具体的に供述し，内容的にも，X・Yの行動を詳しく語っており，それが

　2）　以下，Cの供述については，1審判決から要約した（① 270–77 参照）。

警察・検察「ストーリー」のベースになっていたからである。

　まず、Ｃが語る事件前後の状況を見ると、事件の当日、ＣはＢ2と公園近くの通りを歩いていると、Ｙに出会い「金を集めろという意味のこと」を言われた。Ｙが暴走族の元総長だったと聞かされていたＣは、Ｂ2共々、「怖くなって『やります』と答え」た。その後、ＣとＢ2は、Ｙと共にＸ方に向かい、さらに各所をまわって、現場近くのＭバーガーに「暗くなりかけるころ」に着いた。Ｃの彼女であるＥも、ほぼ同時刻にＭバーガーに着き、そこでＣとＥは「別れ話」をした。Ｍバーガーには、当時、「A1・A2・J・R」もいた。ＸとＹは店内にいなかった。しかし、Ｘが店内に入って来て、「遊びに行くぞ」と声をかけてきた。Ｃには、それが「カツアゲ」によって「金を集めに行く」ことだとわかったが、Ｅと別れ話をしているからと断ると、Ｘは「別にええわ」と言って出て行った。

　Ｘは、その後、1時間余りでＭバーガーに戻り、Ｃに対し「何で来いへんかってん」と言って、「僕を2階のトイレに連れて行き、顔を4, 5発殴ってきた」と、Ｃは述べている。この後、Ｘ・Ｙと共に、ＣはA1・A2・B2ほかの少年たちとＸ方に行くのだが、Ｘ方のマンション入口で、ＸとＹが話すのを聞き、「Ｘが2万円多いので返すという意味のことをＹに言った」と供述している。この供述では、Ｘが「遊びに行くぞ」と言ってＭバーガーから出かけた後、ＸがＭバーガーに戻って来てＣを「トイレで殴った」ことになるわけだが、明らかにＸが出かけた後、犯行が行われたという想定になっている。

　そして、翌日、ＣがＸ方に居たとき、Ｃに対して「Ｘが『信用しとるんやぞ』、『言わんか』などと念押しした上で、『昨日、おやじ狩りをしたんや』などと言ってきた」ことを述べ、4月の終わり頃に、たまたまＸと現場近くを通りかかったとき、Ｘは、「ここや」と言って、Ｍバーガーの「近くの坂を右に入った裏道」のところで、おやじ狩りを「やったところや」とＣに告げたことがある旨の供述をしている（① 270以下）。

　これは2月16日の犯行前後の状況を語ったＣ供述の一例だが、1審判決が指摘するように、Ｃの供述「調書に・書かれた・事実」はきわめて具体的であり迫真的である。しかし、1審判決が冷静に指摘するように、捜査段階で多数の調書が作られたＣの供述には、1つとして「秘密の暴露」はなく、供述内容の

変遷も激しい。たとえば，5 月 14 日や 16 日の調書では，事件当日の午後 8 時
30 分頃，「60 歳くらいのおじいちゃん」に対し「おやじ狩り」をし，後で，X
から「7 万円弱入っていた」と教えられたと，自らも犯行に加担したと述べて
いる。また，他の調書でも，相当に具体的・迫真的な供述がある。5 月 18 日の
員面調書では，犯行後，X 方に行き，そこで「C ちゃん，聞いてくれよ。7 万
円拾ったぞ」と X から聞いたと供述している（① 272 以下）。ところが，後に，
これらの供述はすべて虚偽だと述べており，C の供述は，本当のことであれ虚
偽のことであれ，常に，具体的であり，迫真的であることがわかる。

　つまり，1 審判決が指摘するとおり，C の供述は，迫真的であり，臨場感も
ある。しかし，そのような供述も後の供述によって「覆される」のであり，C
供述の迫真性は C 供述の真実性とは無関係である。それ故，C 供述の信用性に
関しては，あくまでも自白内容の合理性の有無に即して考察すべきだと 1 審判
決は指摘する。たとえば，先に記したとおり，C 供述では，「暗くなりかけるこ
ろ」に M バーガーに着いたと述べるが，この時期の日没時刻（午後 5 時 40 分頃）
から考えて，C 供述は本件犯行時刻と矛盾する。また，C によれば，供述のお
びただしい変遷は X の指示によるのだが，1 審判決は，もし怖れていた X から
の指示に従って虚偽の供述をしていたのであれば，「X の関与はもっとも秘匿す
べき事項」であったはずだが，C が X の関与について「真っ先に供述するとい
うのは，著しく不合理」だと指摘した。結局，1 審判決は，C の供述調書につ
いて，「経験したはずのない事実まで過度に迫真的供述がされており，全体の信
用性を著しく損なう」ことになると判示した（① 275 以下）。

4.6.4.　警察・検察ストーリーが崩壊した瞬間

　1 審は他の少年たちの供述についても細かく検討している。A1・A2・B2 の
各供述についても，細かく検討し，いずれも「信用できない」と判示した[3]。し
かし，各人の自白「調書に・書かれた・事実」の真実性が一気に崩壊したのは，

---

3) 　A1 の供述に関して（① 278 以下），A2 の供述に関して（① 288 以下），B2 の供述に関し
　て（① 295 以下），各々，1 審は，微に入り細を穿って，各少年の供述の信用性を否定して
　いる。

B2 につき，アリバイが立証されたことによる（① 309 以下）。第 14 回公判において，B2 の同級生であった女子 R が出廷し，R は「本件犯行当日午後 8 時ころから午後 10 時ころまでの間，同じマンションに住んでいた B2 と共に，同マンションの B2 方前の通路で雑談していた」と供述した[4]。そして，当日，雑談をする前後に R と B2 が携帯電話の電子メールで交信しており，交信記録が時刻と共に内容まで残されていた（① 310）。

　R によれば，平成 16 年 5 月頃，R と B2 の共通の友人であった者から，「B2 が警察で取調べを受けていることを聞かされ，2 月 16 日に会っていたかを尋ねられたので，上記のようなメールが残っていることを話し」，この「メールを残しておいた方がよいという話になり，上記のメールを消えないようにして保存しておいた」という。R は当該部分以外の電子メールのデータを消去していたが，1 審は，それを復元して検討したところ，消去された部分にも不自然なところはなく，このデータは「ねつ造等されたものでなく，極めて信憑性の高い」ものとされた（① 310）。ただし，検察官は，「午後 7 時 55 分から午後 9 時 59 分までの間，電子メールは途切れているから，その間の R と B2 の行動を裏付けるものではな」いと主張したが，1 審は，午後 7 時 55 分の B2 からのメールが自分の家の「インターホンならしてな」という内容であり，午後 9 時 59 分の B2 からのメールが「今日はどうもありがとう。しかもこんな遅くまで」という内容である以上，これらのメールから「B2 は，午後 7 時 35 分ころから午後 9 時 59 分ころまでの間，自宅又は自宅前マンション廊下にいた」と認定できるとして，B2 の「本件犯行のアリバイが認められる」とした（① 313）。これは残存していたデータ（実在的事実）に依拠した常識的な認定であろう[5]。

---

4) この供述の劇的な内容については，Y の弁護人であった海川弁護士が著書に記している。海川・前掲 253 頁以下。

5) 本書は，一貫して，事実認定における可能的推論は実在的可能性に立脚すべきだと説いてきたが，「インターホンならしてな」という B2 の発話の事実と約 2 時間後の「こんなに遅くまでありがとう」という発話の事実の間に，中学生の少年少女がマンションの廊下で「たわいもない話」をしていたという推論は実在的可能性に立脚した大いにありうる常識的な認定だろう。これに対して，検察の主張は「ありえないわけではない」（だから論理的可能性は肯定しうる）けれども，しかし，この間に，B2 が犯罪を実行していたと推論するに足る現実的根拠は何もない（だから実在的可能性は否定される）。

　さて，B2 のアリバイが成立したことは，B2 が，本件犯行において被害者 T
に暴行を加え，T から 6 万 3,000 円を強取したという公訴事実の「構図を大き
く覆し，各自白の信用性を失わせるもの」になった。そして，1 審判決は，こ
のことから「B2 と被告人両名を含む 5 名によって本件が行われたという本件公
訴事実は明らかに成り立たなくなった」として，X と Y に「無罪」を言い渡し
た。そして，1 審判決の詳細かつ明快な事実認定に対し，検察は控訴をしたが，
1 審判決の説得性を崩すことができず，2 審は控訴を棄却して，X・Y の無実は
確定した[6]。

4.6.5. 少年審判をめぐる裁判官の「有り様」

　1 審は X・Y を無罪とした。ところが，X・Y の無罪判決から 3 日後の 3 月
23 日，不思議なことに，A2 の少年審判（大阪家裁）において，検面調書の信用
性が認められて，A2 は「中等少年院送致」とされた[7]。これは「有罪」という
判断である。当然，A2 は大阪高裁に抗告し，大阪高裁は「重大な事実誤認の疑
いがある」として家裁の決定を破棄し，差し戻した（2007・5・15 朝日新聞）。そ
して，家裁は犯罪事実に関与したと認めるに足る証拠はないとして，刑事裁判
の無罪に相当する「非行事実なし」という決定を下した（2007・12・18 朝日新聞）。
ところが，これに対し，またも検察は高裁に不服を申し立てた（2007・12・27 朝
日新聞）。そして，あろうことか大阪高裁（大渕敏和裁判長）は，地検の抗告を受
理し，再び審理を家裁に差し戻した（2008・3・26 朝日新聞）。弁護人であった海
川直毅弁護士はこれを「驚くべきこと」だと評しているが，この裁判官たちの
レヴェルの低さは，本当に，「驚くべきこと」であった。そこで，弁護団は，危
険を意識しつつ，最高裁への再抗告を選択した（2008・4・9 朝日新聞）。そして，
最高裁が高裁決定を取り消し，不処分とした家裁決定を認めたので（2008・7・
14 朝日新聞），ようやく A2 の「無罪」が確定した。
　しかし，X・Y の審判において，B2 のアリバイが成立したことは疑問の余地

---

6)　一ノ宮・前掲 124 頁参照。
7)　以下の展開については，海川・前掲 283 頁以下参照。ただし，家裁は，少年の自白の「信
　　用度が高い」と認め，中等少年院送致としながら，同時に「異例の執行停止を認め」てい
　　る（2006・3・24 朝日新聞朝刊）。これは一体どういう判断なのか。

なきことであり，そうであれば，B2 と共に行動していたとされる A1 も A2 も，本件に関与していないわけだから，本件に関し「非行事実なし」になるのは当然の結論であろう。しかるに，実際，多くの裁判官はそう考えなかった。A2 の少年審判にかかわった裁判官の法的センスは疑われて然るべきである。

　また，別件逮捕から自白の獲得へと猛進した大阪府警の捜査が，貝塚事件（本書 4.2.）における捜査方法と全く変わらない。X と Y に加えられた暴行と同様，本件少年たちに加えられた暴行は[8]，貝塚事件の被疑少年たちが訴えた暴行と同種のものである（本書 4.2.3.）。本件のような杜撰な捜査は，もし大阪府警の警官が「16，7 歳くらいの高校生風の少年 4 人」が犯人だという被害者 T の供述をきちんと頭に入れておけば生起しなかったであろう。さらに，防犯カメラの映像をコンピューターで立体的に解析すれば，4 人の身長は 160–174 cm だと判定されており，これほど杜撰な捜査に至らなかったであろう。Y は，183 cm，86 kg の巨躯であったからである[9]。

　そもそも捜査の端緒を振り返れば，「似顔絵」と防犯カメラの写真を見た G 少年が「赤色服」の男を B2 と「似ている」と言ったことでしかない。ただこれだけが端緒であった。ところが，当時の B2 は長髪であったが，似顔絵の少年は短髪であった。大阪府警は，こういった基本的な事実も確認しないまま，安易に B2 らの少年グループを逮捕し，密室の中で，ただひたすら自白を追うだけの捜査に終始していたのである。さらに，本件では，大阪地検の検察官も同じレヴェルである。実際，両者とも，「捜査権」という強大な国家権力を行使する資格はないと言ってよいだろう[10]。そして，少年審判にかかわった裁判官たちもまた，この種の捜査の人権侵害性に目を閉じていたのである。

---

8)　一ノ宮・前掲 31 頁以下は，本件少年たちへのインタビューから，拷問とも言える大阪府警の暴行を紹介している。

9)　弁護人であった小林寛治は，1 審公判における被害者 T の証言を「印象深いシーン」として紹介している。つまり，T は，犯人の特徴を「それほど大きくも，小さくもない高校生風であった」と証言した後，Y を見て，「大きいですね」と「犯人性を否定する発言をした」のである，と（愛知県弁護士会会報「SOPHIA」刑事弁護日記〈59〉）。被害者に確認することなく実行行為者を特定していたのである。

10)　しかし，よくあることだが，国賠訴訟では（大阪地判平成 23・1・20 判時 2111・55），大阪府警による取調べの違法性を認めたものの，検察の対応に違法性はないとして，賠償責任を否定した。まさしく「判検一体」の意識の産物であろう。

4.7. 東近江患者死亡事件
──裁判官は検事の主張を疑わない

　この事件は，最も新しい再審無罪事件であり，滋賀県愛知郡湖東 町（現在の東近江市）のK病院において，慢性呼吸不全による重篤な症状で入院加療中であったA（当時72歳）が死亡したことに始まる（以下「本件」とも記す）[1]。

　Aは，入院当初から意識がなく，脳は「ほぼ全域が壊死」した状態にあり，「完全な植物状態で，脳死状態に近く」，「人工呼吸器からの酸素供給に依存して生存」をなんとか維持している状態であり，心電図は装着していなかった。担当医は，Aの回復可能性が低く，近く死亡する可能性があると家族に説明していた。そして，平成15年5月22日午前4時30分頃，当直責任者であった看護師Bは，Aがベッド上で心停止の状態にあるのを発見した。Bは，ただちに当直医師を呼び，人工呼吸器の「管が外れていた」が「アラームは鳴っていなかった」旨を伝えた。医師は，状況を把捉して救命措置を施し，一時的に心拍動が再開したが，Aは蘇生せず，死亡が確認された（④114）。

　滋賀医科大教授（法医学）Cは，翌5月23日にAの遺体を解剖し，後に作成された鑑定書に，「死因として，急性の心停止状態が発生して死亡した」こと，その原因として「人工呼吸器停止や管の外れ等に基づく酸素供給欠乏が一義的原因と判断される」（④114）と記し，死因を「窒息死」と認定した。この死因の特定について，確定1審公判で，Cは，Aの異常が発見されたとき，Bが当直医師に人工呼吸器の「管が外れていた」と報告していたことを知り，Bの報告内容を考慮に入れて死因を判断した旨の供述をした（⑤105）。

　ところで，この人工呼吸器は，管が外れた場合，空気圧の変動に反応して「大きな音のアラーム音が鳴る機能」を備えていた。実際，当日の午前2時30分

1）　中日新聞では，本件につき「西山美香さんの手紙・供述弱者を守れ」という優れたルポルタージュを不定期で連載し，丹念に訴訟資料の裏付けを付して，鋭い問題提起をした。それが，中日新聞編集局編『私は殺してはいません──無実の訴え12年 滋賀・呼吸器事件』（中日新聞社，2020年）としてまとめられている。是非，参照されたい。

頃，呼吸器の管が外れてアラームが鳴ったし（⑤ 103），事件後の検査でも，アラーム機能は正常だった。しかし，Aの異常を発見したBは，発見時に，アラームは鳴っていなかったと述べ，他2名の宿直職員のみならず入院患者の家族もアラームを聞かなかった。

　初期情報は以上のとおりであったが，愛知川署に置かれた捜査本部は，Bの報告を前提にすれば，アラームが鳴ったはずだと考えた。そこから，病院スタッフがアラーム音を聞き逃した可能性があると「見立て」，病院職員による業務上過失致死事件という「ストーリー」の下に捜査を始めた。捜査報告書からも，アラームが「鳴っていた」と仮定した上で，それに気付かなかったBに過失があると警察が考えていたことは明らかである[2]。これは，Bの報告やCの鑑定書をベースにした空想的な「見込み」であり論理的可能性による「ストーリー」にすぎない。現実には，誰もアラーム音を聞いていない。しかし，警察が，この現実を直視（直観）せず，空想的な思考にこだわるとき，無辜に悲劇がふりかかる。本件はその典型であった。

〈引用判例〉①大津地判平成 17・11・29 TKC 25566206, ②大阪高判平成 18・10・5 TKC 25566207, ③最決平成 19・5・21 TKC 25566208, ④大津地決平成 27・9・30 判時 2385・113, ⑤大阪高決平成 29・12・20 判時 2385・101, ⑥最決平成 31・3・18 TKC 25562530, ⑦大津地判令和 2・3・31 TKC 25565177

---

2)　平成 15 年 9 月 4 日に K 病院がまとめた資料によると，この時期の捜査は看護師「Bに対し『アラームは鳴っていた』との供述をするよう」に強く迫り，また看護助手として当日勤務していた N に対しても「『B から鳴っていなかったことにするよう働き掛けをうけた』との供述をするよう，不当な威嚇と執拗な強要がなされ」ており，B は「今なお精神科医師によるカウンセリングを受けている」と書かれている（再審開始決定にも同旨の指摘がある：⑤ 109）。明らかに警察は B を犯人と「見込み」を付けていた。なお，ここに「今なお」と書かれているのは，平成 15 年 9 月のことであり，この後，平成 16 年の 5 月に，N がアラーム音を「聞いた」と供述させられるのだから，驚くべきことに，滋賀県警は N を含む 3 名の看護職員に対し，1 年以上も，上記資料に記されたような威嚇と強要を交えながら，同じ質問を繰り返し続けていたことになる。この「あきれるほどワンパターンの繰り返し」が警察の取調べの 1 つの典型である（本書 1.2.5.）。第三者である入院患者の家族からも，午前 4 時頃，アラームが鳴ったという証言はなかったにもかかわらず，アラームを「聞き逃した」という最初の「見込み」の下で作られた業務上過失致死の「ストーリー」を延々と 1 年以上も持ち続けていた。とても「まともな捜査」と言える実態はない。中日新聞編集局編・前掲 8 頁参照。

4.7.1. 捜査——根拠なき「見込み」と「供述調書」による補強

　これまでに概観してきた多くの誤判事件と同様，警察は論理的可能性に立脚した「見込み」を一貫して保持した。Ａが死亡したとき，当直者は3名であり，内1名は仮眠室で寝ていた。だから，警察は，最初の発見者であるＢを第1の容疑者とし，Ｂの補助スタッフ（看護助手）であったＮ（当時24歳・女性）を第2の容疑者と「見立て」ていた（⑤ 110）。警察は，補助者のＮから「アラームが鳴っていた」という供述を得ることができれば，それに気付かなかったＢの「過失」が立証できると考えた。そこで，Ｂ・Ｎは，厳しい取調べを受け，激しく消耗して，Ｋ病院の精神科を受診した。Ｎの診療録には，警察官から「遺族の気持ちになったらアラームが鳴っていないとは言えないだろうなどと詰め寄られた」との記載が残されている（⑤ 109）。警察は，一貫して，アラームが鳴っていたはずだという「見込み」に基づく強要的・誘導的な捜査を続けていたことがわかる。

　これが滋賀県警の捜査実態であった。患者の死亡から10ヵ月経ち，事件という「見込み」から抜け出せないまま，警察は捜査体制を強化した。その中で，平成16年5月11日，Ｎは，県警本部から投入されたＹ刑事に対して，「アラームは鳴った」と供述した[3]。警察はＮ供述を得てＢを追い詰めた。Ｎは，自分の虚偽供述により，Ｂが厳しい取調べを受けていると知り，自責の念から，6月19日，「アラームは鳴っていなかった」と供述を訂正した。しかし，警察はＮの訂正を受け付けず，Ｙ刑事もまた，Ｎを厳しく叱責した。Ｎは，供述の変遷を繰り返しながら，パニック状態になり，7月2日，突然「事故ではなく管を外して殺した，アラームは鳴り続け」たと供述し（⑤ 110），Ａを殺害したと

3）　中日新聞編集局編・前掲5頁によると，ＮはＹ刑事らに「鳴っていたはずやと言われ，うそをついてしまいました」と述べる。Ｙ刑事は「別の事件の取り調べで無実の男性の胸ぐらをつかんで蹴り，懲戒処分を受けたこわもてだったが，優しい顔も巧みに使い分ける取調官だった」とされている。また，本件の特色の1つとして，ＮがＹ刑事に「好意を抱き信頼していた」という事実があった。再審開始決定は，Ｎが「取調べ担当のＹ警察官との関係を維持しようとして故意の殺害という重大事ではあるが虚偽の自白をし」た可能性もあると認めた（⑥ 112 以下）。

自白した[4]。ただし，その後も，Nの供述は「多数の点でめまぐるしく変遷」する。しかし，「自白」の核心部分が維持されたため，捜査本部は，Nが「自白を維持し」ていると判断し（①LEX/DB 4），7月6日，Nを逮捕し，7月27日，大津地検はNを起訴した。

　地検の判断は，指紋その他の物証による帰結ではなく，事実上，この自白だけによるものだが，検察はこれで公判を維持しうると判断したのだろう[5]。N自白は，通常の感覚では「ありえない」ような内容であったが，多くの誤判例が示すように，裁判官は検察に従いN自白の信用性を肯定した。わが国では，今も，自白は「証拠の王」である。

4.7.2.　公判——調書の形式論理的整合性の検証

　1審での審理が始まり，第2回公判以降，Nは起訴事実を全面的に否認した。しかし，確定1審は，Aを解剖したCの鑑定書および公判供述に依拠し，NがAに装着された人工呼吸器の管を「引き抜いて酸素供給を遮断」して「呼吸停止の状態に陥らせ」，よってAを「急性低酸素状態により死亡させ」たと認定した（①LEX/DB 1）。この認定は，明らかにC鑑定とN自白をベースにする。ただ，N自白のように，人工呼吸器の管を外したのであれば，ただちにアラームが鳴るはずだが，確定判決では消音ボタンを使ったので「鳴っていなかった」と認定されている（①LEX/DB 3）。

　実際，K病院の3階B病棟にいた入院患者の家族も含めて，午前2時20分に鳴ったアラーム以外に，誰もアラームを聞いていない。そこで，警察は，逮捕直後のNに対し，呼吸器の「管を外し，アラームは鳴り続けた」という当初の供述（7月2日付）を変更させた。すなわち，呼吸器の「管を故意に外し，その後でまたつないだ」（⑤110）という供述（7月6日付）に変わった。そして，同日，Nの供述変更に合わせて，これまで「管が外れていた」と供述していたBに対し，管が「外れていたかどうかははっきりしない」という供述に変更させ

---

4)　この部分につき，中日新聞編集局編・前掲6，8頁参照。
5)　実際，本件確定諸判決の公判では，検察の想定どおりに進んだ。確定諸判決は，事実上，N自白のみで有罪を認めている。現代の刑事裁判実務では，憲法38条3項はほとんど無視されているに等しい。

て，Nの供述変更と一致するように補強した（⑤106）。

　こうして，警察は，Nが呼吸器の「管を外し」てAを窒息死させたが，その際，アラームが鳴らないように，人工呼吸器に備えられている消音システムを使ったという新たな「ストーリー」を作った。つまり，Nは，人工呼吸器のアラーム音を1分間だけ止める消音システムを知っていただけではなく，さらに「1分経過前に消音ボタンを押せば」，連続して「アラームが鳴らない仕組み」（以下，これを「連続消音システム」と記す）まで知っていたという調書を作っている（7月20日，22日，23日，24日付の員面調書）。ところが，起訴直前の7月25日の検面調書では，「消音システム」は知っていたが，「鳴る前に押すと鳴らない状態が続くこと（引用者補：連続消音システム）は事前には知らなかった」（⑤111）と変更した。すなわち，Nは，この「連続消音延長システム」を知らないまま，殺意を持って，人工呼吸器から「接続されていた管を抜き，最初に鳴るアラームが鳴り始めるや消音ボタンを押して直ぐに止め」た。その1分後，アラームが再鳴するはずであったが，2回目のアラームが再鳴する前に，「たまたま」消音ボタンを押したら，アラームが鳴らない状態が続いた。そこで，その時から「頭の中で1秒，2秒と数えて，1分が近づいたら再び消音ボタンを押」し，その後も，「同じことを繰り返して3度目又は4度目の消音ボタンを押したところで，Aの様子を見て死んだと思い，外していた管を元通りに」つないだ。これが7月25日の検面調書で書き換えられた実行行為だが，これを基に公訴事実が書かれた。

　当然，公判でも，検察官の主張は7月25日付検面調書をベースにしていたはずである。しかし，この検察ストーリーでは，「消音システム」を使ってアラーム音を止めた後，たまたま消音ボタンを押したところ，消音状態が継続したことから，このアラームの「連続消音システム」の機序を即座に理解したことになっている。しかし，誰が考えても，このストーリーの内容は不自然きわまるものであった[6]。通常の感覚では「信じられない」展開だろう。ところが，確

---

6)　Nの「知能が『9–12歳程度』の軽度の知的障害者」であったことを考えなくても，たまたま消音ボタンを押したことから「連続消音システム」を理解したという想定は，通常人の能力を超えるものであり，非現実的なストーリーである。実際，病室の前はナースステーションであり，そこではリーダーのBがいたのであるから，少しアラームが鳴るだけで気

定1・2審はN自白に信用性を認め（① LEX/DB 3–5，② LEX/DB 3），Nを有罪とした。懲役12年の判決であった。Nは，控訴・上告したが，いずれも棄却され，有罪が確定した。

「精密司法」という奇妙な標語の下で，詳細な自白調書が作成され，調書に記された断片的な言葉と言葉の整合性が確認されれば，自白内容に現実的な不自然性が少々あったとしても，大きく有罪方向に傾くのが刑事裁判実務の実態であった。実際，多くの裁判で，物証がなくても，供述内容の迫真性や供述調書間の内容の整合性が確認されるだけで有罪判決が書かれた[7]。本件では，N自白とC鑑定が一致したことが決定的な有罪根拠となったが，蓄積された誤判例を参照するまでもなく，C鑑定の内容（窒息死）を熟知していたY刑事がNから「窒息死させた」とか窒息死直前のAの表情を述べた自白調書を取ることは簡単なことである。

4.7.3. 再審──誤判の可能性の指摘

Nは服役していた和歌山刑務所から再審請求を行った。平成22年に提起した第1次再審請求は3審とも棄却され，平成24年9月28日，第2次再審請求を提起した。弁護団（主任：井戸謙一）は，Nの「自白調書は信用性ないし任意性を欠く」とし，Aが「痰の詰まりによる気道閉塞や人工呼吸器の故障等他の要因によって死亡した可能性」があること（④ 114），また，検察側が提出した鑑定の中にも，「心筋梗塞や致死的不整脈を起こした可能性」に論及した個所があることを指摘していた（④ 120）。しかし，大津地裁（川上宏裁判長）は，弁護側の主張を認めず，再審請求を棄却したが，即時抗告審の大阪高裁（後藤真理子裁判長）は，冒頭の三者協議において，検察および弁護人に「致死性の不整脈によって死亡した可能性について問題意識を持っている」ことを告げている[8]。大阪

付かれるだろう。だから，この位置関係で，アラームの「連続消音システム」を知らないまま，呼吸器の管を外して，Aを殺害しようと考える者はいないだろう。だからこそ，員面調書では，Nは「連続消音システム」を知っていたというストーリーになっていた。

7)　本件1審でも，本書に収録した多くの有罪判決と同様，自白が「きわめて詳細かつ具体的なもの」で，「その場にいた者しか語れない迫真性に富んでいる」（① LEX/DB 4）と判示されている。全く何の反省もない官僚裁判官の事件処理である。

8)　中日新聞編集局編・前掲28頁参照。

　高裁は，弁護人と検察官の主張を詳細に検証した上で，原審および当審に提出
された証拠から，A死亡の原因が「致死的不整脈」であった可能性を排除しえ
ないと指摘し，再審開始を認めた (⑤ 105)。

　この時，本件は急転回したのだが，高裁決定の根拠は，新しい証拠ではなく，
確定有罪諸判決が立脚したC鑑定の中にあった。C鑑定は，解剖の結果，Aの
カリウムイオンの血中濃度が低いことを指摘しており，医学的には当然の推論
として「不整脈死の可能性がある」ことを記載していた。しかるに，Cが確定
1審公判で供述したように，鑑定書の内容は，異常を発見したBが救命措置を
施した医師に対し「人工呼吸器の管が外れていた」と報告したこと (すなわち未
確認の事実) を考慮に入れ，酸素供給が途絶し，低酸素状態による急性心停止を
もたらしたと帰結する (⑤ 103)。ところが，C鑑定には，自らが指摘した不整脈
死の可能性を検証した上で，最終的にその医学的な可能性を否定した形跡はな
い[9]。つまり，C鑑定では，Aの死因が致死的不整脈であった可能性が排除され
ていないことになる。

　弁護側は，本件の死因として，「確定判決の認定した酸素供給途絶による心臓
の停止だけではなく，致死的不整脈により心臓が機能しなくなった場合が含ま
れる」という新たな鑑定書を補充的に提出した。さらに，「検察官が原審に提出
した (検察側の) 証拠」の中にも，「致死的不整脈を起こした可能性」を指摘する
論文や意見書が含まれていたことを指摘し，致死的不整脈による自然死があり
うると主張した。そして高裁は弁護側の主張を認めた。すなわち，医学的に見
れば，Aには，致死的不整脈によって死亡した可能性が残っている (⑤ 108)。そ
の限りで，死因を「窒息死」と判定するC鑑定の「証明力は揺らぎ」，A死亡
の「原因が酸素供給途絶にあることは証明されていないことが明らか」になった
(⑤ 105：傍点は引用者)。大阪高裁は，こう説示し，C鑑定のように本件死因が窒
息死と断定されなくなった以上，Nを「本件の犯人であると認めるには合理的
な疑いが残っている」とし，再審開始を決定した (⑤ 113)。これに対し，検察
は特別抗告を申し立てたが，最高裁が棄却し (⑥ LEX/DB 1)，再審開始決定が確

---

9)　この点，再審無罪判決では，C鑑定が「いかなる理由で低カリウム血症に起因する致死
　　性不整脈の可能性を排除したのかは不明というほかない」(⑦ LEX/DB 8) と判示している。

定した。

　大阪高裁は，死因を「致死的不整脈」だと断定したわけではなく，「致死的不整脈」の「可能性が否定できない」と認定していることに注目すべきであろう。確定有罪判決に対して，実在的事実に基づく「合理的疑い」を投げかけ，確定有罪判決が事件の犯罪性を十分に証明していないとして，再審開始を決定したのである。

4.7.4.　「犯罪の証明」——これだけが有罪判決の前提である

　再審公判が始まったが，再審開始決定の中で，確定判決の根拠であったＣ鑑定の致命的な欠陥が明らかになった。それだけに，冒頭の三者協議の中で，検察はＮに対する有罪主張を放棄した（2019・10・1朝日新聞）。しかし，検察は，確定審以来の「主張を撤回しておらず」（⑦ LEX/DB 5），形式的には，有罪主張の予定であった。ところが，痰詰まりの可能性を記載した捜査報告書が検察官に送致されていなかったなどの事実が明らかになり，令和２年２月３日に始まった公判は２月10日には結審し（2020・2・11朝日新聞），３月31日，大津地裁はＮを無罪とした[10]。報道では，無罪判決後も，大津地検からの謝罪はないとの

---

10)　判決後，大西直樹裁判長は捜査・公判の問題点や教訓を語りかける異例の説諭を行った。記事によれば，「『Ｎさんがうそをついたから有罪になったのではない。問われるべきは捜査手続きのあり方』と切り出し，『県警の取調官は慎重の上にも慎重を重ね，Ｎさんの言葉で本当の体験を語ってもらえる聴取をすべきであった』と批判し」，「『起訴から15年以上も重要な証拠が開示されなかった。取り調べや証拠開示が１つでも適切なら，逮捕・起訴はなかったかもしれない』と指摘し，その上で『今回の裁判は刑事司法をより良くする大きな原動力になる可能性を秘めている。第２のＮさんを作ってはいけない』と述べ，『裁判官として法廷で被告一人ひとりの声を聞く大切さを感じた』と涙ながらに締めくくった」（2020・4・1読売新聞）。しかし，率直に言えば，これほど欺瞞的な説諭はない。もちろん警察の捜査は不法そのものであった。しかし，本件の本質は単なる警察の捜査実務の不適切性ではない。検察ストーリーは，Ｎが呼吸器のパイプを外して消音ボタンを押し，こうして殺人の実行に着手した後，「たまたま消音ボタンを押し」たら消音状態が継続したことによって，この「連続消音システム」の機序を一瞬のうちに理解し，それを利用して，3・4回それを繰り返して酸素供給を遮断し，Ａを殺害したという内容であった。そして，本件の核心は，この検察の空想的とも言えるストーリーに対し，あまりにも簡単に，裁判官がそれを肯定し措信したところにある。日本の裁判官は，検察官の「ありえない」ようなストーリーに対しても，「ありえないこととはいえない」（④ 117）という論理的可能性を駆使して，その存在可能性を肯定する。しかし，本書が詳述してきたとおり，事実の存在

ことである (2020・4・4 朝日新聞滋賀版)。

　無罪の根拠は，基本的に，大阪高裁の再審開始決定を踏襲しているが，改め
て指摘しうる問題点を検証しておこう。まず，大津地裁は，確定有罪判決が N
の有罪を認めた 2 つの理由を挙げる。1 つは，C 鑑定が死因を「酸素供給途絶
による低酸素状態に起因する急性心停止」としたことであり，もう 1 つは，こ
の鑑定を「前提に」して，人工呼吸器の管を外して窒息死させたという N 自白
の信用性を肯定したことである。その上で，まず死因につき，低カリウム血症
に起因する致死性不整脈等が死因であった可能性があるとして，C 鑑定の信用
性を否定し，次に N 自白につき，その信用性を簡単に否定し，さらに，自白の
任意性も否定した。こうして，本件無罪判決は確定有罪判決の立脚した根拠を
否定し，本件は「そもそも A が何者かによって殺害されたという事件性を認め
る証拠すらなく，犯罪の証明がないことに帰する」と判示した (⑦ LEX/DB 6：傍
点は引用者)。

　専門的な法の問題を考察する前に，ごく常識的に，有罪の証明が「ない」な
らば，無罪であろう。実際，刑訴法の条文もそうなっており，「犯罪の証明がな
いときは，判決で無罪の言渡しをしなければならない」(刑訴法 336 条) と規定す
る。だから，本件無罪判決でも，「刑訴法 336 条により，被告人に無罪の言渡し
をする」と記した (⑦ LEX/DB 30)。

4.7.5.　刑訴法 1 条の「事案の真相」とは何か

　問題は「犯罪の証明」の内容である。現行法上，公訴が検察官によって提起
される以上 (刑訴法 247 条)，まず，検察官は言語的に記載された公訴事実の「言
明」が「真である」ことを証明する義務がある。次に，起訴された被告人の反
論を聞いた上で，裁判官は，検察官の認識として記載された公訴事実が「真で
ある」か否かを判定する義務がある。

　つまり，刑事裁判では，犯罪事実の「有無」が争われるのだが，それは，言

　　可能性は，論理的可能性ではなく，ただ実在的可能性からのみ認定されうる。犯罪の存在
　証明もまた同じである。結局，本件誤判の決定的な原因は，犯罪の証明なき有罪判決を平
　然と出す裁判官の実務実態にあったと言うべきである。

語的に表現された検察官の主張（すなわち「言明」）が「真である」か否かを検証する形態を取る。ところが，この「真である」こと，すなわち「真理」に関して，わが国には伝統的な誤解がある。かつて団藤重光は，現行刑訴法が施行される直前に，有名な体系書を著し，次のように書いた。「証拠法の根本的な指導理念は実体的真実主義である。第1条に『事案の真相を明らかにし』と規定しているのはこれを意味する」[11]，と。そして，団藤は「実体的真実主義」の内容を「絶対的な客観的真実に接近しようとすること」だと捉え，いわば事件の「本当の姿」もしくは「あるがままのもの」としての客観的な「真実の存在形態」に「できるだけ」接近することを要請した。団藤の場合，「真相」は，人間がアクセスすべき「事象X」とされ，裁判官が，そこに向かって接近（アクセス）し，そこに到達すべき事実だと考えられた。

　わが国では，学説でも実務でも，この「事象X」を客観的な事件の「本当の姿」と捉える団藤の理解が圧倒的な通説であった[12]。たとえば，松川事件の原2審判決の直前，裁判長の鈴木禎二郎が「やっているかやっていないかは神様にしかわかりません」と述べたが（本書1.4.4.参照），まさにアクセスすべき目的としての「事象X」が真相とされている。ここでは，『中公新書』の1冊で，「実体的真実主義」を平易に解説した佐藤欣子の著書を見よう。佐藤は，古くから「日本人は裁判に実体的真実を求め」たのであり，日本人にとって，「公正な裁判」とは「客観的真実にもとづいた裁判」であったと書く[13]。明らかに「事案の真相」は事件の「本当の姿」としての「事象X」だと捉えられている。

　しかも，佐藤は，検察官であったから，客観的真実に基づく裁判という伝統が，戦前戦後を通じて，裁判官のみならず警察官や検察官の「職業倫理」もしくは「行動規範」になっていたとまで述べている[14]。もちろん佐藤の指摘はデタラメである。本件における滋賀県警の捜査が示すとおり，わが国の警察官や

11）　団藤『新刑事訴訟法綱要』（弘文堂書房，1948年）130頁以下参照。
12）　戦前の刑事法学をリードした小野清一郎も同じであり（小野『刑事訴訟法講義 全訂3版』〈有斐閣，1933年〉12頁），団藤はその伝統を継承している。
13）　佐藤『取引の社会——アメリカの刑事司法』（中央公論社，1974年）65頁以下参照。
14）　佐藤・前掲69頁以下参照。

検察官が「客観的真実にもとづく裁判」を求めたという事実はない[15]。どこにもない。そもそも，「真理」や「真実」は，団藤や鈴木，佐藤が考えたような「絶対的な客観的真実」としての「事象X」ではない。それは完全な誤解であり，刑事裁判が追求する「真偽」は，検察官が提示した言明（公訴事実）の真偽である。

　裁判官が検証し判定すべき「真相」もしくは「真理」は，被告人の反論を聞きながら，言語的に表現された検察官の事実認識（公訴事実）が現実の事件を構成する実在的な「そこに・あった・事実」と一致するか否かを判定することによって決まる。これが本書の立脚する「伝統的真理論」（本書3.5.1.）であり，「調書に・書かれた・事実」の具体性や迫真性ではなく，常に「そこに・あった・事実」が事実認識に関する「真偽」の基準となる（本書1.4.3.）。ある事実認識が認識対象たる実在的事実と一致するとき，その認識は「真であり」，一致しないとき，その認識は「偽である」。すなわち，真理論は，事実（存在）の問題ではなく，どこまでも「言明」として表示された認識の問題である。本書は冒頭の「帝銀事件」から一貫してこのことを主張してきた（本書1.1.5.）。最後に，本件のN自白を素材に，このことを再確認しよう。

---

15)　たとえば，本件における滋賀県警の捜査を顧みればよい。警察は，事件直後の「見込み」から業務上過失致死の「ストーリー」を空想し，1年以上，Nを攻め立てた。ところが，3名の当直職員のみならず，入院患者の家族たちも「アラームは鳴っていない」と供述していた。もし，警察・検察が本件の「本当の姿」を「真」だと考えていたのであれば，「アラームは鳴っていない」という供述が「真であり」，警察のストーリーが「真でない」と悟ったはずである。しかるに，1年以上も，Nを攻め立てたのは何故か。警察は「真理（真相）」を志向していないからである。実際，警察学校の講義では，警察官が被疑者を取り調べるとき，被疑者を「『絶対に落とす』という，自信と執念に満ちた気迫が必要」だと教えている（平成13年10月4日付の教本『被疑者取調べ要領——適正捜査専科生』3項による）。この教本にある「落とす」という言葉は被疑者に「被疑事実を認めさせる」ことであり，被疑者の主張を「屈服させる」ことである。したがって「被疑者の言うことが正しいのではないかという疑問を持」つことは，それだけで「負けである」と教えている（同4項）。ここには，捜査官の「見込み」もしくは「ストーリー」を断固として被疑者に押し付ける強烈な捜査機関の意思があり，さればこそ，「否認被疑者は朝から晩まで調べ室に出して調べよ［被疑者を弱らせる意味もある］」と指示し，そのために，捜査官も「平素から強靭な気力，体力を養っておく必要」を説く（同12項）。滋賀県警がBやNをどれほど「弱らせた」かを想起せよ。このような「教え」のどこにも「真理（真相）」への志向は見られない。わが国の警察は「真理」と無縁であることが確認されよう。

4.7.6. はたして N 自白は「真である」のか

　確定判決は N 自白の信用性を認めて有罪の根拠としたが，再審無罪判決は N 自白の信用性を否定した。このように，N 自白につき，確定有罪判決と再審無罪判決の評価は対照的である。たとえば，N 自白の中で，A が死亡する際の表情変化を語った部分を見よう。N は「A が眉間にしわを寄せて苦しそうにし，口をはぐはぐさせ，口を縦に大きく開け，目を上向きにして白目になったと供述し，さらにその際の A の顔は蒼白であった」(⑦ LEX/DB 16) と供述していた。これに対し，確定審の段階で，どのように弁護人が反論していたかは不明だが，確定 1 審では，この自白を「その場にいた者しか語れない迫真性に富んでいる」と説示し (① LEX/DB 4)，確定 2 審でも「実際に経験した者でなければ供述できないような迫真性」(② LEX/DB 3) だと説示して，各々，N 供述は「真である」と判断した。どちらも自白の信用性を肯定するために裁判官が多用する常用句である。

　これに対して，第 2 次再審請求審では，弁護人は，脳死状態にあった A がこのような様態を示すことはないと主張して，確定判決を批判した (④ 116)。しかし，大津地裁決定では，弁護人が提示した医師の反対意見に対し，A は完全な脳死ではなかったという鑑定医 C の意見に依拠し，死亡直前の A の表情変化に関する「N の自白内容がありえないこととはいえない」と判示された (④ 117)。これに対して，再審無罪判決では，C の意見を「信用し難い」と斥け，N 自白は「医学的知見に照らし，明らかに不合理」だとして，「本件自白供述の信用性には重大な疑義がある」(⑦ LEX/DB 17) とした。

　しかし，この再審無罪判決には，脳死のレヴェルに関する C 鑑定書や C の意見を斥ける医学的根拠 (実在的事実) が明示されていない。ここに，「証明」に関して，無罪判決の決定的な問題点がある。再審開始決定を見直すと，大阪高裁は，A に中脳の機能が残っておれば，N 供述のような表情の変化も「あり得る」ので，弁護人の主張は「自白の信用性を否定する決め手にまではならない」と冷静に指摘した。そして，こう指摘した上で，大阪高裁は，N の「自白内容は，例えば秘密の暴露のように自白の信用性を決定づけるものではない」と述べて，N 自白は「それ単独で A が酸素供給途絶状態により死亡したと認めうるほどに

信用性が高いものとはいえない」と帰結し，C 鑑定の不十分さによる「証明力の減殺」とも併せて，N の有罪性の認定には合理的な疑いがあるとしたのである（⑤ 113）。

　本書では，本件確定 1・2 審判決のように，「その場にいた者しか語れない迫真性」があるという情緒的な判断基準は，自白が「真である」ことの「証明」と無関係であるが故に，犯罪の証明になりえないことを強調してきた。重要なことは，自白であれ，目撃証言であれ，供述が「真である」か否かは，供述内容が実在的な事実と一致するか否かによって決まることである。いわゆる「秘密の暴露」が真実性の基準になりうるのは，暴露された秘密が実在的事実だからである。この点を見落としてはならない。そうすると，A の死戦期の表情に関する N 自白の「どの部分にも」，実在的事実が記載されていないことに注目すべきである。つまり，A の表情に関する N の自白「調書に・書かれた・事実」は，その中の「どの部分」を取り上げても，実在的な「そこに・あった・事実」に支えられていない。それ故，N 自白が「真である」ことは証明されていないのだが，本件再審無罪判決では，この点が明確に意識されていないところに問題を指摘しうる。

エピローグ：
恵庭殺人事件——再審無罪判決を求める

　いくつかの例外を除き，本書で考察してきたほとんどの事件において，「自由心証主義」の名の下に，裁判官の情緒的・独断的な判断が判決の結論を決定していた。しかし，事実の「認識」や「判断」に関する限り，「真偽」は，「心証」によって判定されるのではなく，その判断が判断の対象とする実在的な「そこに・あった・事実」と一致するか否かによってのみ判定できる。したがって，判断対象たる実在的事実を直視（直観）することなく，ある判断の「真偽」は判定できない（本書 3.5.1.）。このことを踏まえた上で，恵庭殺人事件（以下「本件」とも記す）を素材に，情況証拠による認定と実在的可能性の問題について考察し，本件確定判決が暗黒裁判の産物であったことを明示したい。

　本件は，平成 12 年 3 月 17 日，北海道恵庭市の市道路上で，全身が高度に焼損炭化した焼死体が仰向けの状態で発見されたことに始まる。警察の調べにより，死体は千歳市の K 事業所に勤務していた女性 A（当時 24 歳）だと判明した。そして，同日午後 3 時頃，事業所 2 階の女子休憩室内の更衣ロッカーから電源の切られた A の携帯電話が発見され，翌 18 日午後 8 時頃，事業所近くの道路上で，A が通勤に使用していた自動車がドアをロックした状態で発見された。

　警察は，A と男女関係に起因するトラブルがあった同僚の女性 M（当時 29 歳）に注目し，本件がこのトラブルの延長上にあると「見立て」て捜査を進め，同年 5 月 23 日，M を逮捕した。「人を得て，証を求む」という戦前から続く捜査実務の経験から，自白が取れると判断したのだろう。警察は「男女関係のトラブル」から憎しみが昂じ，M が A を殺し，A の遺体を焼損したという「ストーリー」を想定し，M に対し取調室で「早く吐けば楽になる」などと大声を上げて自白を迫ったという[1]。しかし M は犯行を否認し続けた。こうして，直接的

---

1)　2000・5・22 朝日新聞夕刊。M は逮捕される前日，自白を強要されたとして国賠訴訟を提起している。

な証拠も自白もないまま，6月13日，札幌地検は殺人および死体損壊の罪でM
を起訴した。

　公判が始まり，1審は，Aの死因が頸部圧迫による窒息であり，Mが「殺意
をもって，Aの頸部を何らかの方法で圧迫し，Aを窒息死させて殺害し」，遺体
に灯油をかけて放火焼損したと認定し，懲役16年を言い渡した。ほぼ検察ス
トーリーを「上書き」した判決であった。2審・最高裁を経て有罪判決が確定
し，現在，再審段階に移っている。第1次再審請求は，平成26年4月2日，札
幌地裁が棄却し，請求人の即時抗告・特別抗告も棄却された。第2次再審請求
もまた，平成30年3月20日に札幌地裁が棄却し，請求人の即時抗告は札幌高
裁が平成30年8月27日に棄却した。そして，令和3年4月12日，最高裁が
特別抗告を棄却した (2021・4・16朝日新聞)。しかし，以下に考察するように，
確定諸判決や再審請求を棄却した諸決定は，どれも，「Mが犯人である」とい
う裁判官の心証を明示しているだけで，その判断が「真」であることは証明さ
れていない。

　実際，本件では，「Mが犯人である」ことを示す物証はない。確定判決は，い
くつかの情況証拠から，「可能的推論」を駆使して「Mが犯人である」とした。
しかし，その可能的推論には，「論理的可能性」と「実在的可能性」の概念的相
違が区別されていないため，「論理的可能性」から事実を認定するという論理的
誤謬を犯している[2]。「論理的可能性」はただ形式論理的な「無矛盾性」を意味
するだけである。したがって，論理的可能性が肯定されても，事物の可能性 (「実
在的可能性」) とは無関係であり，実在的可能性が肯定されるとは限らない。し
たがって，確定諸判決や再審請求を棄却した諸決定のように，「MがAを殺害
することは可能である」と判示しても，それが「論理的可能性」による推論で
ある限り，現実に「MがAを殺害した」ことの証明には全然なっていない。本
件も「犯罪の証明なき有罪判決」の典型であった。

〈引用判例〉① 札幌地判平成15・3・26 TKC 5481353，② 札幌高決平成17・9・29判タ1239・
　　　　 336，③ 最決平成18・9・25 TKC 25481406，④ 第1次再審請求棄却決定：札幌地
　　　　 決平成26・4・21 TKC 25503393，⑤ 即時抗告審決定：札幌高決平成27・7・17

---

　2)　この誤謬はカントが独断論の根拠として強調するところである (本書1.4.2.注7を参照)。
　　　カント『純粋理性批判 (中)』263頁参照。

TKC 25541115，⑥ 特別抗告審：最決平成 28・6・13 TKC25543233，⑦ 第 2 次再審請求棄却決定：札幌地決平成 30・3・20 TKC 25449442

1. 本件ストーリーを支える情況証拠

　本件のストーリーを支える事実を確認しておきたい。確定 2 審判決は，① M 車両のグローブボックスから被害者のロッカーキーが発見されたこと，② 被害者が殺害された時刻以降に被害者の携帯電話が移動しており，その動きが M の動きと「一致」していること，③ M は本件の前に灯油を購入しているが，その灯油は発見されず，M が灯油を買い直していること，④ M 車両のタイヤに遺体の焼却熱によると思われる損傷があったこと，⑤ M 宅の近くで M に土地勘がある場所において被害者の遺品残焼物が発見されたこと，⑥ M に被害者殺害の動機があること，⑦ M が被害者に無言電話をかけたり，灯油を再購入したことについて弁護人に虚偽を述べ，しばらく打ち明けなかったこと，⑧ 判明している限り，M が被害者との最終接触者であったこと，⑨ 犯人は K 事業所従業員だと思われるが，犯行とかかわりを持つ可能性がある者が M 以外にいないこと，という情況証拠を挙げて，M の犯人性を認定した（② 348）。

　確定諸判決は，以上の情況証拠によって，M が被害者 A を殺害し，死体を焼損したという心証を形成したわけである。とりわけ，A の遺体が発見された 3 月 17 日，A の携帯電話が，事業所内の被害者のロッカーで発見されたことが本件ストーリーを支える重要な情況証拠であろう。このロッカーは事業所 2 階にある女子作業員詰所内の更衣室にあった。確定 2 審は，この更衣室に事業所の部外者が侵入することは「物理的に不可能とまではいえない」と認めつつ，配車センター内部の構造を知らない部外者が，「不審者として誰かに見咎められる危険を冒してまで」，A の携帯電話をそのロッカーに戻すことは「余りにも現実的可能性のないことである」として，事業所の更衣室が「密室」であったと言う（② 337）。

　この「密室性」を前提に，本件犯人を事業所内部の人間に絞り込み，その中で男女関係のトラブルによって A を恨んでいたという動機があり，アリバイが認められない M が本件犯人であると認定された。この密室性を含む上記の情況証拠が「被告人と犯行とを結びつける十分な事実」だとされたわけである（②

348）。確定 2 審は，この論理から，「殺害の手段方法が不明」であっても構わないとして確定 1 審の有罪判決を維持した。

2. 殺害方法と遺体の移動──M に実行行為は可能か

　本件確定諸判決は，実行行為の具体的内容を明示しないまま有罪判決が書かれている点に，際立った特徴がある。確定 1 審判決は，その殺害方法について「平成 12 年 3 月 16 日午後 9 時 30 分ころから同日午後 11 時 5 分ころまでの間，北海道千歳市，恵庭市又はその周辺において……頸部を何らかの方法で圧迫し，同人を窒息させて殺害した」とし，また死体損壊については「同日午後 11 時 5 分頃，……死体に灯油をかけ，そのころ，同死体に火を放って焼損し，もって死体を損壊した」と罪となるべき事実を書いた（① LEX/DB 1）。殺害方法は全く特定されておらず，全身が高度に焼損炭化しているという特異な本件死体では，具体的な焼損方法が問題となるにもかかわらず，その焼損方法も特定されていない。この確定 1 審判決について，元検事の土本武司は「妥当な事実認定，妥当な判決だ。犯罪を身体に例えるなら，頭（動機）と足（犯行後の行動）が立証できれば胴体部分（犯罪行為）を認定できるということ」だと評価したが（2003・3・26 朝日新聞夕刊），暴論というほかはない[3]。刑事裁判において，実行行為の認定は判決の核心部分だからである。

　確定判決は，実在的事実を記さないまま，M が A を絞殺したと認定した。まず，殺害方法の点から検討しよう。M は体格的・体力的に A に劣り，とくに，20 kg 程度という M の握力は A の半分以下であった[4]。この体力差を考えると，当然，窒息による殺害が可能なのかという疑問が生じる。ところが，確定判決

3）　この点，実行行為を「何らかの方法」と無限定のままにする判決は，結局，「具体的な方法はどのようにも想定できる」と言っているに等しい。弁護側が想定される方法を示し，それに疑問を呈しても，「その方法で行ったとは断定していない」という形で反論をかわされるため，あらゆる可能性を想定して，それらすべてに反論をしなければならなくなる。これは実質的に被告人の反論権を奪う認定であり，本件の情況証拠による認定の重大な問題点の 1 つである。土本の評価は，本件確定諸判決・諸決定と同様，刑事裁判では反論権の保障が「裁判を受ける権利」（憲法 32 条）の核心だという問題意識が完全に抜け落ちた暴論である（本書 3.1.5. など参照）。

4）　1 審の認定では，A は身長 162 cm，体重 51 kg，握力 45 kg であり，これに対して，M は身長約 148 cm，体重 48 kg，握力 20 kg であった。

は，助手席に座るＡを「何らかの方便で」油断させて後部座席に移動し，「不意に背後から頸部を圧迫する物を施し，被害者が頸部を圧迫する物のみに手をかけて振り解くことに集中した場合を含めて」という１例を挙げ，「殺害方法や被害者の抵抗方法の如何によっては，非力な犯人が体力差を克服して自分に無傷で被害者を殺害することは十分に可能である」という一般論（論理的可能性）を説示するだけである（① LEX/DB 19）。しかも，この一般論が実現したことを示唆するＭの実在的な行動は１つも明記されていないし，周辺部分の実在的事実も不明のままである。

　確定２審判決は，もう少し踏み込み，１審で証拠提出されていた警察段階での女性警察官と男性警察官による車内での実証実験の結果を示し，頸とタオルとの間にヘッドレストを挟む形での絞殺では被害者役は回避できたが，ヘッドレストを挟まない形でタオルを首に巻きつけた場合には回避できなかったことを挙げて，１審を支持した。もともと１審は，殺害場所について「屋内外や車両内外を含めて具体的な場所を特定できるだけの証拠はない」とし[5]，車内での殺害方法は，可能な方法の１例にすぎないかのような書き方をしているが（① LEX/DB 19–20），警察が実験をしていることからもわかるように，車内での殺害というストーリーが考えられる最も有力な方法だった。実質的には警察も１審もこれを実行行為と考えている。

　この「実行行為」を具体的に見てみたい。殺害現場とされたＭの車両は「２ドア」の小型車であり，その中で，Ｍは，後部座席からＡとの間にヘッドレストを挟んだ状態で，タオル様の物をＡの頸にＸ字にクロスさせて，Ａを殺したことになる。そうすると，Ｍは，２ドア車の後部座席に移動するために，運転席から一旦車外に出て，運転席を倒し，後部座席に乗り込み，さらに助手席裏側に回り込みつつ，タオル様の物を持ってＡに襲いかかることになる。この一連の行動は現実に可能だろうか。まず，肝心の殺害行為であるが，ヘッドレスト越しに，Ｘ字に手を交差して，Ａの頸部を絞めることは可能なのかという疑

5）　おそらく，体力差をカバーするために，後部座席からシート越しに全体重をかけて引っ張ることができる車内を最も可能性のある場所として想定したのだろう。

問が浮かぶ[6]。

　また，2審は「職場の同僚である被告人と被害者の関係からすれば，被告人が後部座席に移り，そのことに被害者が不審を抱かなかったとしても格別不自然ではない」と言うが（② 345），これも一般的な論理的可能性を示しているにすぎない。後部座席への移動から殺害行為に至る一連の行動の間，A が何の不審も抱かずに M のなすがままにしていると考えるのはやはり現実的ではなかろう。しかし，1審は，後部座席から「頸部を圧迫する物を施し」たならば，「非力な」M が体力の勝る「被害者を殺害することは十分に可能」だと認定した（① LEX/DB 18）。

　もちろん，M の車内に A 殺害の痕跡が残されていたのであれば，1審が認定する殺害方法も事実に支えられた可能性（「実在的可能性」）と評価できるだろう。しかし，本件では，M の車内から，A の指紋や血痕が検出されず，遺体発見現場にも，M の足跡，タイヤ痕，引きずり痕は検出されていない。これについて，1審は，窒息死の場合であっても失禁や出血があるとは限らないし，それがあった場合でも，着衣に吸収されたり，殺害後に間髪を入れずに外に下ろせば，車両内に痕跡が残らない可能性は十分にあると認定した（いずれも「論理的可能性」である）。そして，タイヤ痕や足跡がない点については，住民や消防隊員らのタイヤ痕や足跡により消された「可能性」があり，指紋については払拭された「可能性」もあるから，殺害の痕跡がなくとも問題ないと認定した（この2つの「可能性」も論理的可能性である）。

　このように，M による A の殺害と遺体の運搬に関する以上のような裁判所の認定を見れば，裁判所の事実認定の中に，実在的な M の行為が何ひとつ記載されていないことに気付く。つまり，裁判所は，検察のストーリーに形式論理的な矛盾がない以上，検察ストーリーのような論理的可能性は否定しえないと説

---

6)　U字で絞首するのは簡単だが，法医学者の上野正彦によれば，U字の絞殺方法は「失敗に終わる可能性が高い」（上野「恵庭 OL 殺人事件の法医学鑑定」伊東秀子『恵庭 OL 殺人事件——こうして「犯人」は作られた』〈日本評論社，2012年〉301頁）。実際，警察もこの方法では無理だという実験結果を捜査報告書に残しているという。それで結局，ヘッドレストを挟んで X 字のように絞めたというストーリーになったが，小型車内での実現可能性を考えれば，U字の場合より一層「失敗に終わる可能性が高い」だろう。

明しているにすぎない。明らかに，裁判所は「論理的可能性」に依拠している
のだが，裁判所の認定が実在的事実から切り離されている限り，有罪判決に記
載された「罪となるべき事実」が「真」だと証明されることはない。それは論
理的可能性に立脚した検察の「ストーリー」でしかない。

3. 遺体の焼損方法——10ℓの灯油で可能なのか

Aの遺体の焼損状態の認定に移ろう。Aの死体は，全身が高度に炭化してい
たが，1審は，Mが自車の中でAを絞殺した後，即座に焼損現場に移動し，「車
両から下ろした際にうつ伏せになった死体を仰向けにひっくり返して引きずり」
ながら焼損現場に遺体を置き（見てきたような描写だが，引きずった「痕跡」はない），
当日未明に購入してトランクに積んでいた灯油10ℓを遺体にかけ，それに火を
放って焼損したと認定した（①LEX/DB 19）。ただし，正確に言うと，1審は灯油
10ℓと断定しているわけではない。しかし，Mが当時持っていたと認定された
のは，当日購入した10ℓの灯油しかなく，これ以外の燃料の所持については一
切証明されていない。10ℓの灯油以外の燃料を持ち出すことは，証拠に基づか
ない認定となる以上，10ℓで焼損したと認定していると解するほかはない[7]。と
ころが，遺体の炭化程度は10ℓの灯油による炭化レヴェルを遥かに超え，「背
部の筋肉が露出し，骨盤の左右腸骨稜部及び腰椎が露出して炭化するなど全身
がかなり高度に焼損炭化していた」（①LEX/DB 3）。弁護側は，この遺体の炭化
程度から10ℓの灯油で焼損したとする検察ストーリーに対し，非現実的で不可
能だと反論した。

弁護人・伊東秀子は，Aの遺体を納棺した納棺業者から遺体の状況を聞き取
り，それを調書化していた。調書には，千歳署で遺体を受け取り，「遺体の包帯
を取ってみると，顔も身体も炭化し，炭と骨の状態で，手指も第二関節から先
はなくなっておりました」という業者の見分した事実が記され，「私の経験から

---

7)　1審のこの部分は，奇妙な組み立てになっている。まず焼損現場の土壌等の分析から灯
　油成分が検出されたことを指摘しつつ，「これが灯油と灯油型航空機燃料のいずれであるか
　までは判別できない」とする。その後，突然，Mの10ℓの灯油の購入と消失の不審さの検
　討に移り，唐突に「そうすると，被告人車両に積載されていた灯油及びライターが被害者
　の焼損に使用された可能性は高い」と結論づけている（①LEX/DB 15以下）。

いって，自動車が火を吹いて燃焼した場合の遺体か，火事の中で焦げた人の遺体の状態」であり，「灯油を何回もかけ時間をかけてじっくり焼いたか，ガソリンかジェット燃料で焼いたように思われました」という感想が記されていた[8]。しかし，1審判決を見る限り，裁判官はこの異常な遺体の炭化状況を全く考慮することなく，検察が主張するとおり，10ℓの灯油で遺体を焼損したと認定している。

　そこで，弁護側は，2審において，豚を使った燃焼実験により，10ℓの灯油によって本件のような炭化状態にならないことを実証した。「灯油10ℓでは豚の表面の皮膚を黒く焦がすことができたものの，内部組織は赤肉のままで炭化までには至」っていなかったのである[9]。しかし，2審判決もまた，①豚の皮膚の「表皮は厚く硬化し」て人間の皮膚とは異なり，②前日に屠殺された豚の体温と殺害直後の被害者の遺体の体温も異なり，③手足が短く丸い胴体の豚に着衣を裂いて被せた実験と異なり，被害者の遺体は「腕をくの字にして背後に回され，両足は広げられた状態であった」から，太股や背中の間に空間ができて，10ℓの灯油の多くが被害者の衣服に滞留し，「被害者の衣服がいわば芯のようになって灯油が良く燃える状態になっている」と判示して，灯油10ℓでも「本件死体のように燃焼することが不可能であるとはいえない」と断定した（②345以下）。

　2審が指摘した豚と人体の相違点は，確かに動物実験に際し考慮すべき事柄である。しかし，この3点により弁護側の提示した実験結果を否定するのであれば，それは「暴論」である。そもそも，人体実験ができない以上，豚を使った燃焼実験データは重要な証拠であり，そのデータを人体との比較で修正しながら検討するのが科学的検証の常態である[10]。遺体との体温の相違，空気の流

---

8)　伊東・前掲164頁以下参照。
9)　中山博之「証拠開示の原則と恵庭OL殺人事件」伊東・前掲325頁。
10)　千歳署も豚の燃焼実験をしたが，その結果は弁護側の実験結果と変わらなかった。つまり10ℓの灯油では本件遺体ほど炭化しないことがすでに実証されていた。その実験結果の捜査報告書によれば，「豚全体をみて，燃焼状況は内部組織まで炭化している部分はなく，痂皮形成・一部水疱状となっており，内部組織までの燃焼は認められない」となっていた（中山・前掲325頁）。だが，それは検察のストーリーと矛盾するので，検察は警察の燃焼実験を隠そうとしたのだろう。

れの相違，灯油の滞留量の相違など，いずれもデータの適正な修正が可能である。弁護側は，人の皮膚と豚の皮膚の組成や形態・硬度・厚さ等の相違を考慮しても，10ℓの灯油では本件遺体のような高度な炭化レヴェルに達しないことを実証している。

　さらに，弁護側の主張を斥ける2審の論理には，次のような疑問がある。第1に，Aの着衣に灯油をかけたことで「着衣に大量の灯油が染みこん」だと言うが（②346），検察官ストーリーのように，遺体に灯油を「ざばざばっと」かけたのであれば，大部分の灯油は流れ落ちてしまう。現に弁護側の実験では，灯油の大部分は「地面に流れ」出て（上告理由書③ LEX/DB 75），「大量の灯油」が着衣に滞留することはなかった。第2に，2審は，Aの「着衣がいわば芯のようになって灯油が良く燃える状況」になったと説明するが，その科学的な根拠は示されていない。「芯」が使われたローソクであれ石油ストーブであれ，芯は液体となったロウや灯油で濡れており，またロウや灯油が蒸発する際の気化熱の冷却作用で芯の全体は燃えないように作られている。したがって，液体である燃料がなくなった段階で冷却作用が働くことはなくなり，芯も燃え尽きる。本件で想定された態様で遺体に灯油をかけた場合，着衣は上から身体を覆っているだけで，着衣にしみ込む灯油の量も多くはない。そうであれば，点火と共に灯油も燃え尽き，着衣が「芯のようになって灯油が良く燃える状況」になり，灯油が燃え続けるということは科学的にありえないのではないか。2審判決は，このような修辞を用いることで，灯油10ℓの燃焼力が争点となっているところで，10ℓの灯油以上の燃焼力がもたらされたかのような印象を与えようとしたとも言えるだろう。つまり，1・2審の事実認定は，本件死体損壊の論理的可能性すら示していないように思われる。

4．情況証拠の検証

　殺害行為と焼損行為に関し，確定1・2審の裁判官は，現実に「そこに・あった・事実」を直視（直観）せずに，ただ検察ストーリーに依拠し，それも「不可能であるとは言えない」という論法で追認していた。その論法を支えているのが，上記の「情況証拠の積み重ね」によって形成された「Mが本件の犯人である」という心証であった。

　確かに，これらの情況証拠の積み重ねによって，Mが犯人かもしれないという「心証」は形成されうるだろう。しかし，情況証拠は多様な解釈が可能であり，本件における1つ1つの事実もMが犯人でないとしても十分に説明可能である。たとえば，確定判決で重要な役割を果たしている「密室性」も，K事業所の現実を直視（直観）すれば，控訴審も認めているように，部外者も立ち入ることができる状態であった。現実の女子更衣室は，事業所で働くリフトマン休憩室に通じており，事業所の男性も日常的に出入りしていた。したがって，弁護人が上告理由書の中で指摘しているように，同事業所に出入りしている下請け会社の運転手，自動販売機の取替要員等の出入りも十分に想定できた（③27）。決して，厳密な「密室」ではなかった。「密室」ではないという可能性を否定できるだけの「事実」が証明されない限り，現実に密室であったと断言できないはずである。そのような事実を示すことなく，部外者がそこに立ち入る「現実的可能性がない」と断定することは許されないだろう。

　「密室性」の認定以外についても，確定諸判決の情況証拠の評価には重大な疑問が残る。以下では，①A殺害後の携帯電話の動き，②Aの遺品がMの自宅から道なりに約3.6km離れた「町民の森」で発見された事実，③Aのロッカーの鍵がMの自動車のグローブボックスから発見された事実などを簡単に検討しておこう。

　①Aの死後，Aの携帯電話から7回の発信があった事実だが，検察ストーリーでは，この発信はMによるAの「生存偽装工作」だとされている。そして，16日の夜，焼死体の発見現場から車で約25分の距離にあり，Mが給油したガソリンスタンドを出発してから，翌17日の事業所内でのMの行動とこの発信状況とが一致するという。しかし，この発信状況を示す証拠は携帯電話の発信を基地局が捉えたという大まかな位置関係を示すものであって，現在のGPS機能のような正確な位置を特定するものではなかった。また，なぜMがAの生存を偽装する必要があったのかも全く示されていない。さらに，検察ストーリーでは，外部に知られていない事業所内の電話やMとAとの間のトラブルの原因とされた男性の，当時紛失していた携帯電話に架電していることを特別視している。しかし，これも，携帯電話に残されていた交信履歴からリダイヤルしたり，メモリーダイヤルを利用すれば，M以外の者にでも発信しえたこと

である。これらの電話にＭが架電したことが証明されたわけではない。

　ところが，こうした検察ストーリーに従って，1 審は，前述のとおり，事務所内の構造を知らない部外者が 2 階の更衣室に入りＡの携帯電話をロッカーに戻すことは「現実的可能性のないこと」だとして，犯人を事務所従業員であると断定した。そして，最終的に，Ａの携帯電話を事業所内の個人用ロッカーに戻すことができたのはＭしかいないと認定している。だが，なぜＭがＡの携帯電話をロッカーに戻す必要があったのか，この肝腎の論点は明示されていない。また，もしＭが携帯電話をロッカーに戻したとすれば，何故，Ａに対してＭが発信した多くの無言電話の受信記録を消さなかったのだろうか。この点も明示されていない。結局，Ａの携帯電話に関して，ＭがＡの携帯電話を持っていたことを示す事実は何もなく，1 審が認定した諸事実は，Ｍが本件の犯人であることを示す情況証拠には全然なっていないだろう。

　②「町民の森」で，Ａの遺品が発見された事実を検討しよう。4 月 15 日午後 4 時 20 分頃，「町民の森」で自然観察活動を行っている団体の会員が不審な焼け跡を発見し，警察の捜査によって，それがＡの遺品の残焼物であることが判明した。同地区は 4 月 10 日午後 9 時から翌 11 日午前 11 時まで大雨が観測されたが，遺品残焼物には雨で流動した形跡が見られなかったことなどから，降雨終了時の 4 月 11 日午前 11 時頃から発見時の 15 日午後 4 時 20 分頃までの間に投棄焼損されたと推認された[11]。

　Ｍが逮捕されたのは 5 月 23 日だが，4 月 26 日から 5 月 22 日までは，弁護士の判断で，Ｍは精神科に入院していた。千歳署で自白を強要され，過度の緊張に由来する病的な心因反応が出たからである。この事実は，千歳署の捜査が，この時期きわめて過酷なものであったことを示している。たとえば，4 月 14 日にＭは任意同行されるが，この時の捜査では，Ｍの自宅が家宅捜索され，Ｍは深夜まで 14 時間以上も取り調べられている。当然，Ｍの行動は 24 時間体制で監視され，客観的に見てＭに行動の自由はなかった。このような時期に，Ａ

11）　別の会員は，公判において，13 日午後 5 時過ぎに遺品残焼物発見現場付近に物が燃えたような跡はなかったと供述しているが，1 審は，「遺品残焼物に気付かなかっただけ」だと認定している（① LEX/DB 14）。この可能性論も当然に問題にされるべきであろう。

の遺品が「町民の森」に焼損投棄されていたので，この投棄行為はM以外の者の行動だと考えるべきだろう。ところが，1審判決は，警察官の証言に依拠して，警察の監視は，1，2時間間隔で，M車両が自宅の駐車場に駐車されているか，道路上をM車両が通過しないかを確認する「間断的なものに過ぎなかった」と認定した（①LEX/DB 15）。そして，Mが警察による「監視の目を免れて生活圏である自宅から僅か約3.6 km先の活動圏内として土地勘もある町民の森内の遺品残焼物発見現場までを優に往復し，被害者の遺品を焼損投棄することも可能である」と判断している。しかし，この可能性判断の基礎に，実在的事実は示されていない。遺品残焼物があった現場付近の道路は大雨の影響でかなりぬかるんでいたが，Mの車両にはそのような道路を走行した形跡は全くなかったし[12]，警察の目を盗んで片道3.6 kmを歩いて往復したことも全く示されていない。ただ，「可能である」「可能である」と判示するだけだが，この「可能性」が「論理可能性」でしかなく，事実認定になっていないことは明らかだろう。

　③Mの自動車のグローブボックスから，Aのロッカーキーが発見されたという事実について検討しよう。これに関しては，犯行当日の3月16日にAがこのキーを持っていたのかを考える必要がある。というのも，発見されたロッカーキーには，このロッカーを使っていた前任者によって北海道神社の小さな鈴が付けられていた。しかし，通常，前任者からロッカーキーを引き継ぐとき，このような縁起物の鈴を付けたまま，キーを使う者は少ないだろう。おそらくAは引き継いだキーをそのままロッカーの中に保管していたのであろう。実際，この事業所では，誰もロッカーを施錠せず，キーは使われていなかった。これがロッカーの実態であり，Aも例外ではなかった。Aの直属の上司であった男性Uは，ロッカー内の「鏡の受け皿のところにロッカーの鍵とかがありました」と供述しているし（上告理由書③LEX/DB 34），Aの妹も「ロッカーキーは通常被害者がいつも所持していた物の中に入れていない」と供述している。これらの諸点（いずれも実在的事実である）を踏まえれば，「施錠してもいないロッカーの鍵をわざわざバッグに入れて所持していたとは到底考えがたい」という弁護側の

---

12)　伊東・前掲146頁。

主張は十分に説得的である[13]。

　以上，本件の情況証拠のいくつかを見てきたが，上記以外の情況証拠も，M
が犯人でないとしても十分に説明可能であった[14]。このような情況証拠をいく
ら積み重ねても，Mが犯人であることを証明したことにならない。

5.「アリバイ崩し」の欺瞞

　事件当日，MはAと共に午後9時30分に退社し，Aと別れた後，近くの大
型書店で立ち読みなどをして1時間ほど時間をつぶし，自宅に戻り，近くのコ
ンビニでビールを買ったという。ただし，自宅に戻る前，ガソリンスタンドで
給油しており，午後11時36分と印字されたレシートが証拠として採用されて
いた[15]。

　こうした状況において，1審は付近住民O・P・Qの証言を基に，Aの遺体は
3月16日午後11時5分頃に点火され炎上したと推定し，殺害時刻をAが事業
所を退社した午後9時30分頃から午後11時5分頃と認定した。まず，Oは「自
宅1階居間の正確に合わせていた壁時計で午後11時から11時5分前の時間で
あることを確認してすぐに上がった2階廊下」から「高さ1メートル位までオ
レンジ色に燃え上がってアーチ形になっているものを見た」と公判で供述し
た[16]。次に，Pは「11時10分ないし15分ころ」飼い犬の散歩のため裏口から
外に出たとき，前方500–600m先に「横幅がビニールハウス1棟分で高さがそ

---

13)　上告理由書（③ LEX/DB 33）参照。なお，この点，弁護側は，ロッカーキーが千歳署内
　　で押収されたにもかかわらず，キーの発見・押収時の経緯が不明確であり，警察による証
　　拠捏造の疑いを主張したようであるが，この主張も裁判所には受け入れられなかった。

14)　伊東・前掲245頁以下参照。

15)　しかし，このレシートを出したレジスターの時刻は「6分」進んでいた。したがって，実
　　際の時刻は，防犯カメラに残されていた「午後11時30分」であった。ただし，1審では，
　　検察はこのことを隠して，「午後11時36分」としていた。この隠匿は，遺体の焼損場所
　　からガソリンスタンドまで，車で走行して「23分ないし25分」かかる旨の検証結果が出
　　ていたからである。要するに，検察ストーリーでは，時間的に間に合うように誤魔化して
　　いたのである。

16)　ただし，Oは，捜査段階では「午後11時か少し過ぎた11時15分ころ」と供述してい
　　た。それが公判供述では10分から15分くらい早められたことになる。Oはこれに関し「取
　　調検察官から少々時間幅を持たせた方が無難」だと言われたからだと，検察官の作為があっ
　　たことを公判で認めている。

の 2 つ分位のかまぼこ状の明かり」が見え，「同日午後 11 時 20 分ないし 30 分ころ」には「最初に見たときの 3 分の 1 位になって段々と消えかかっていた」と供述した。

　O・P の証言だけならば，着火時刻を午後 11 時から 11 時 5 分頃と認定することもできるだろう。ところが，第 1 審公判の途中で，弁護団は，第三の証人 Q が警察に供述していた事実を知った。検察は Q の供述を隠していたのだが，その理由は，遺体焼損現場付近に「2 台の車」が停車していたと Q が供述していたことにあった。「2 台の車」が本件に関係していることになると，M の単独犯行という検察ストーリーが崩壊する可能性があったからであろう。

　Q が供述していたという事実を知った弁護団は，Q の証人尋問を申請した。公判供述を要約しよう。Q は，北広島駅に娘を迎えに行くため，列車の時刻に合わせて午後 11 時 5 分に自動車で自宅を出発し，往路，自宅近くにある交差点付近でブレーキランプを赤く点灯した「2 台の車」を見たが，その時点では「赤い光」のようなものは見えなかった。午後 11 時 15 分頃，駅で娘を乗せて自宅に帰る復路では，「先刻の位置より東側に移動停止した前記 2 台の車のうちの小さな車に少しかぶさるような感じで赤い光のようなものが見え」たと供述した。この「赤い光」は遺体焼損の炎だとしか考えられないが，午後 11 時 5 分頃に自宅を出発した際には「赤い光」を見ずに，帰宅時に「赤い光」を見たという内容であった。これは，午後 11 時から 11 時 5 分頃，M が A の遺体に灯油をかけて放火したという O・P 証言とそれを前提とする検察ストーリーと決定的に矛盾する証言である[17]。

　ところが，1 審は，Q が捜査段階の供述調書において，「赤い光」について「テールランプの灯りかどうかわからないが赤かったような感じ」とし，「11 時 30 分ころに帰宅した際，これらの車の状況は分からなかった」と供述していたことを公判供述と比較し，Q の供述は重要部分において変遷があると指摘しつつ，「被害者の死体には着火されて炎上する前に同人が同交差点を右折したため炎に気付かなかったということは十分にあり得る」として，論理的可能性に依拠して，Q の供述が O や P と「決定的に矛盾する」ものではないとした。1 審

---

17)　伊東・前掲 149 頁以下参照。

は，捜査段階の供述調書に依拠し「気付かなかった」可能性があるという論理
で，公判供述を否定したのである。

　しかし，このような裁判所の可能的推論には，Ａの遺体に放火された時刻が
午後 11 時 5 分であるという根拠も，またＭがＡを殺害し遺体を放火現場に運
搬したという根拠も 1 つとして明示されていない。裁判所の論理は，誰が犯人
であったとしても，午後 11 時 5 分にＡの遺体に放火すれば，午後 11 時 30 分
(1 審では，午後 11 時 36 分) にガソリンスタンドに到着しうることを説明しただ
けである。これは一見「アリバイ崩し」のようだが，東電 OL 殺人事件で論じ
たように (本書 4.4.5. 参照)，「アリバイ崩し」が意味を持つのは，被告人の有罪
性が証明されている場合に限られる。本件では，Ｍの有罪性について，裁判所
は全く証明していないことを忘れてはならない。

6. ガリレオ裁判に似た刑事裁判実務

　1・2 審の杜撰な事実認定は最高裁まで維持され，上告は棄却された。残され
た道は「再審」のみとなり，弁護側は刑訴法 435 条 6 号の「新証拠」を提示す
るしかなくなった。その「新証拠」の 1 つが燃焼工学を研究する弘前大教授Ｉ
の鑑定であった (④ LEX/DB 9–11)。Ｉ鑑定は，遺体の体重が生前よりも 9 kg 減少
したことに着目し，人間の体重を 9 kg 減少させるのに必要なエネルギーを計測
した。人体は水分を約 60% 以上含むので，9 kg の体重には約 5.4 kg 以上の水
分がある。そこで，Ａの遺体に含まれた水分の温度を 30℃ と仮定して，5.4 kg
の水分を蒸発させるためのエネルギーを計算すれば，3287.5 kcal になる。とこ
ろで，灯油 10 ℓ の受熱量は 1411 kcal だが，10 ℓ の灯油が気化するために必要
なエネルギー (潜熱＝547 kcal) を差し引けば，対象物に与えるエネルギー (顕熱)
は 864 kcal である。これではとても 5.4 kg の水分を蒸発させえない。それ故，
灯油 10 ℓ では，本件のような炭化状態は生じない。

　この鑑定結果は客観的な科学的データの記載である。したがって，このデー
タ自体を否定できないはずだが，再審請求を棄却した札幌地裁決定の論拠は，
人体が燃焼するとき，人体に含まれた脂肪が「独立燃焼」するが，Ｉ鑑定はこ
の現象を論じていないので，「灯油 10 ℓ で被害者の死体を炭化する程度に燃焼
させることが不可能であるということはできない」と述べて，Ｉ鑑定の不完全

性を判示した。この決定によれば，皮下脂肪は約 350℃ で発火し，その火災温度は 800℃ だが，遺体に放火されて「溶け出した皮下脂肪が着衣を芯として燃焼し，その燃焼した 800℃ の炎にさらされた部分の皮下脂肪が溶け出してさらに燃焼するという過程（独立燃焼）が成立し，それが灯油のなくなったのちも繰り返され，その結果，被害者の死体が炭化する程度まで焼損する可能性がある」（④ LEX/DB 11）とされた。

　しかし，上述の I 鑑定に倣って，若い女性の平均的な脂肪量を算出し，その油脂分が燃焼するエネルギーを灯油 10 ℓ の燃焼エネルギー（864 kcal）に加えても，5.4 kg の水分を蒸発させるエネルギー（3287.5 kcal）に遠く及ばない。この点においても，裁判所は「独立燃焼」が一般的に「起こり得る」という論理的可能性を指摘するだけで，A の死体の焼損の際に具体的に「独立燃焼」が起こった実在的可能性を証明していない[18]。

　しかも，I 鑑定では，灯油 10 ℓ の燃焼エネルギーを基準としているが，検察官の主張のように，被害者の着衣の上から灯油を「ざばざばっ」とかけて火を放つ場合，「その多くは，地面に流れ出てしまう」（③ LEX/DB 75）はずである。仮に，50% の灯油が着衣に滞留したとしても，本件灯油の燃焼エネルギーは「864×0.5」kcal となり，脂肪が独立燃焼するエネルギーをどれほど高く計算しても，5.4 kg の水分を蒸発させるエネルギー（3287.5 kcal）と比べれば，まだ数倍の差がある。それ故，たとえ独立燃焼という現象が生起して，灯油のエネルギーが費消された後まで遺体が燃焼を続けたと仮定しても，本件遺体のような炭化状態になることは科学的に証明されていない。したがって，本件遺体は 10 ℓ の灯油で焼損したものではなく，それを手段とした M を犯人だとする 1・2 審判決の結論は科学的に証明されていないと帰結する以外にない。

　これは，もはや科学的判断を超えた「ガリレオ裁判」とも言える論理である。

---

18)　この点，松橋事件では，「押し下げ現象」が生じた可能性（論理的可能性）を指摘して，確定 2 審判決は被告人の有罪を維持したのだが，再審段階で，弁護側の鑑定人は，被害者の頸部の具体的な筋肉組織や皮下脂肪の状態を示しながら，「押し下げ現象」が生起したとは考えられない創があることを証明した（本書「プロローグ」5. 参照）。同様に本件でも，「独立燃焼」が生じた可能性（論理的可能性）を示すだけではなく，それが現実に生じた可能性（実在的可能性）を示さなければ，犯罪を証明したことにはならないだろう。

独立燃焼という現象が場合によって「生じうる」ことは否定できないだろう。しかし，それは外部の熱源に反応して生じる断続的現象である。本件の具体的状況において，裁判所が認定したような現象，すなわち本件遺体の衣服が「芯」になって灯油が燃え尽きた後も継続的に燃焼し続けることは，証明されていない。

7. 結　語

　本書で検討した幾多の事件と同様，恵庭殺人事件も，実在的な「そこに・あった・事実」に支えられない検察官のストーリーに基づいて有罪判決が書かれている。事業所の外部の者の犯行を否定し，事業所従業員の中から動機があることなどを理由にMをピックアップし，Mが犯人であるとの心証を形成し，これを有罪判決の中核としている。反面，実在的事実から，心証を検証し，犯罪の存在を客観的に証明しようとする努力は一切なされていない。これに対し，殺害方法にせよ，死体の焼損方法にせよ，被告・弁護側は，具体的な事件の実在的事実に基づいて有罪の認定が「ありえない」ことを証明している。このような弁護側の主張に対して，裁判所は，もっぱら「論理的可能性」に立脚して「ありうる」「可能性がないとは言えない」と応答しているにすぎない。これが刑事裁判実務の実態であり，本書で取り上げた「暗黒裁判」に共通する事実認定の方法である。

　このような事実認定に対して，被告人はいかなる反論が可能だろうか。本件のように，被告人側の実在的事実に基づく主張を単なる論理的可能性で否定する事実認定の方法は，事実上被告人の反論権を侵害していることを忘れてはならない。被告人の実在的事実に基づく反論を事実に基づいて検証することが忘れられたとき，これからも冤罪で苦しむ人が産み出され続けることになる。

　もちろん，裁判が人間の制度である以上，誤った判決（誤判）を避けることはできないだろう。たとえ過去の事実が残した「痕跡」や「そこに・あった・事実」という実在的事実を基礎とした推論を行っても，過去の事実を認定するという作業には誤りが常に混入しうる。「誤判」は不可避だとも言える。しかしながら，本書で取り上げた事件は，この意味での「誤判」という言葉で表現するにはあまりにも犯罪的であった。これが，本書の事件を「暗黒裁判」と呼ぶ理由である。私たちは，常に，このような国家的犯罪が生起しないように刑事裁

判を監視しなければならない。そうすれば，誤判は根絶しえないにしても，暗
黒裁判は激減できるだろう。

あとがき

〈1〉

23件の事件を見てきた。「暗黒裁判」というサブタイトルの意味も了解されたと思われる。裁判官の自由な「心証」というブラックボックスの中で事件のストーリーが完結し，その上で，そのストーリーに対する疑問を，「そこに・あった・事実」によって検証することなく，論理的可能性で斥け，有罪判決が書かれている。それが本書で取り上げた「暗黒裁判」に共通する事実認定の「ありよう」であった。もちろん，刑事裁判の事実認定のプロセスには「推論」という可能性概念に立脚した作業が不可欠となる。また，公判に提出される証拠から過去の事実を推認することが，事実認定者の知的能力を総動員してなされなければならない困難な作業であることは言うまでもない。しかし，「推論」は，理性的な作用であり，主観的な評価ではなく，情緒的な心証形成に置き換えられない。ところが，多くの冤罪裁判では，その理性的・論理的な作用が明確にされず，その大部分が心証形成作用に置き換えられている。本書で示したように，自由心証主義を絶対視し，ブラックボックス化した裁判官の主観的・情緒的な評価にすべてを委ねることを可能にする態度が冤罪を産み出していることは否定できない。

〈2〉

横山晃一郎は，「非供述証拠の場合，何らかの事実の痕跡を含んだ証拠方法の存在そのものは否定できない。そこで裁判官の問題関心は，いきおい当該事件と提出された証拠方法との関連性，証拠としての射程に向かうことになる。一方，供述証拠の場合には，裁判官は証拠方法の存在そのものを確認することができない。そのため，裁判官の関心はもっぱら関連性ある証拠資料として提出された証拠が，果たして真正の証拠方法（過去の出来事が知覚をとおし記憶に残っ

た痕跡)にもとづくものなのかどうか，またどの程度忠実な再現なのか，の推定に注がれることになる」と指摘した（傍点は原文）[1]。私たちは，横山の分析を出発点としている。つまり，非供述証拠であれ，供述証拠であれ，それが当該事件という一回的な事象 (Sache) の「痕跡」なのか否かということが推論作用，つまり事実認定の基礎に置かれなければならないということである。それらの証拠が，事件との関連性を有し，事件という過去の出来事が物や人の記憶に残した「痕跡」であるのかを確認する作業が証拠評価であり，その「痕跡」を手掛かりに実在した犯罪事実に迫る作業が事実認定である。事実の認定は証拠によるという刑事訴訟法 317 条の証拠裁判主義もこの意味において捉えられるべきである。

魔女裁判を考えてみよう。悪魔との盟約というフィクションにすぎない犯罪類型を現実に基づかない「自白」で証明し，刑罰を科した裁判が国家による犯罪であることは歴史的に確認済みである。実在した犯罪事実が実在に根拠を持つ証拠によって証明されたときにのみ刑罰は正当化される。だからこそ，検察官のストーリーという「言明」は，犯罪事実という「現実」と一致しなければならず，検察官のストーリーが「真」であることが証明されなければならない。それ故，事実認定という推論の出発点は，「そこに・あった・事実」のほかには考えられない。それにもかかわらず，本書で取り上げた事件は，「そこに・あった・事実」を軽視し，あるいは無視した事実認定がなされている。私たちが，伝統的真理論に依拠して，言明と (その対象たる) 事実の一致が「真」であり，刑事裁判の事実認定でもこのことが貫徹されなければならないことを強調し，暗黒裁判を批判してきた理由である。

このように考えれば，憲法 38 条 3 項が自白に補強証拠を要求する「補強法則」の意義も明らかになる。自白が「真」であることを現実の「痕跡」である証拠によって証明すべきだということにほかならない。しかしながら，本書が取り上げた事件では，被告人が自白している場合，その「自白した」という事実自体が重視され，被告人の自白が変遷していても，あるいは自白からそれと正反対の否認に転じても，「大筋で一致 (一貫) している」という定型句で自白

---

1) 横山『誤判の構造』108 頁以下。

の信用性が認められていた。自白という被告人が独白したストーリーこそが検
証の対象でなければならないはずなのに，反対に自白「調書に・書かれた・事
実」が所与の前提とされていた。そこから「物」や「現実が残した痕跡」を評
価するという証拠評価が繰り返されてきた。自白が「真」なのか「偽」なのか
が問題とされなければならない場面で，本来それを判定するための「そこに・
あった・事実」が自白を前提に評価されている。これは「逆立ちした論理」で
あろう（本書 1.1.4.）。さらに，「共犯者の自白」に補強証拠は不要だとすること
が「練馬事件」（本書 1.2.）における最高裁判決以来の判例であるが，これなど
は，「共犯者の自白」の危険性への認識を欠くものであり，上述の自白評価の問
題を拡大するものである[2]。ここでも，言明と事実の一致という伝統的な真理
論の意義を確認しなければならなかった。

〈3〉

　繰り返し確認してきたことだが，本書が取り扱った事件の弁護人の多くは，
現実の痕跡を出発点として，被告人が犯罪とは無関係である（つまり，捜査段階
の自白が「偽」であり，検察官のストーリーが「偽」である）可能性を示してきた。ま
さに，現実を基礎とする実在的可能性に即して疑問を呈示して闘ってきた。「そ
こに・あった・事実」に依拠して検察ストーリーに対する「合理的な疑い」を
呈示してきたのである。これに対して，裁判所は，「こういうこともありうる」
「こう考えても不自然ではない」という可能性を示すだけで[3]，弁護人の主張を
排斥してきた。裁判所が示した可能性は，実在あるいは現実に基盤を持たない
一般的な思考上の可能性，つまり「論理的可能性」であった。このことは，と
りわけ「鑑定」や「情況証拠」による認定が問題となる事件でも顕著であった。

---

　2)　「練馬事件」最高裁大法廷判決における 6 名の少数意見の「一般に共同被告人は，互に他
　　の被告人に刑責を転嫁し，または自己の刑責を軽減しようとする傾向があるから，一被告
　　人の供述だけで他の共同被告人の罪責を認めることは，人権保障の上においてはなはだ危
　　険であるといわなければならない」という注意喚起は現実のものとなっている（最判昭和
　　33・5・29 刑集 12・8・1730）。八海事件（本書 1.3.）はその危険性を余すところなく示して
　　いる。
　3)　しかし，この「可能性」は概念（思考）における可能性にすぎず，「ただ表象をもてあそ
　　んだ」ことにしかならない（カント『純粋理性批判（上）』233 頁以下）。

情況証拠が問題となる事件では，証拠から犯罪事実への「推論」が不可欠となる。その際，「経験則」に依拠すべきだと言われる。この点，経験則は，事実判断の前提となる一般的知識であるが，「帰納，すなわち，個々の事象を観察しその共通点を抽出し認識することを本質とする判断から定立された命題であるから，仮定的判断である点とその判断の確実度に差異がある点に留意すべきである」との指摘がある。過去の経験から帰納された判断基準ということであり，「こういう場合にはこういうことも起こりうる」という一般化された判断のルールである。したがって，経験則自体は「仮定的な判断」と言わざるをえない。だから，「それがどういう前提下に成立しうるものであるかを把握し，当該事実認定の際の具体的事情がその前提をみたしていることを確定したうえでのみ，その認定の推理過程で当該経験則を用いうる」[4]との注意喚起がなされている。これは裁判官による実務に根差した指摘だが，本書でたびたび依拠したカントの「内容のない思惟（直観のない概念）は空虚」との指摘や，「論理的可能性から実在的可能性を推論してはならない」との警告を想起させるものがある。経験則という可能的な判断基準は，その前提事実が確定したとき，つまり実在を前提したときのみ推論に利用できるのである。具体的事件を離れ，思考の中でのみ完結する「情況証拠」の評価（たとえば，恵庭殺人事件〈本書「エピローグ」〉）や「鑑定」から得られた「見立て」（たとえば，松橋事件の「押し下げ現象」〈本書「プロローグ」〉）に依拠する推論を刑事事件の事実認定で用いることは許されない。この局面においても，具体的な事実という対象を内容としない「論理的可能性」と具体的事案における具体的な事実を前提とする「実在的可能性」との違いは明確に意識されなければならないし，この点を強調する必要性は高い。

　現行憲法における刑事裁判は，検察官が捜査段階で収集された証拠を取捨選択して作り上げた言明（公訴事実）が「真である」ことを，裁判官が検証する場である。憲法32条は，被告人に裁判を受ける権利を保障し，検察ストーリーが検証されることなく有罪判決に上書きされることを禁じている。それ故，当然，被告人には，検察官に対して十分な反論権が保障されなければならない。刑事事件の場合，裁判を受ける権利とは，検察官に反論する権利である。だからこ

4）　山本卓「経験則」『証拠法体系 I』（日本評論社，1970年）243頁。

そ，そのための手段である証人審問権や証人喚問権が憲法37条2項によって明確に被告人に保障されている。そして，その被告人の反論を十全なものにするために弁護人依頼権の保障がある (憲法37条3項)。このような被告人の反論に丁寧に耳を傾けるために裁判所は「公平」でなければならず，これを求めることもまた被告人の憲法上の権利である (憲法37条1項)。しかし，本書で取り上げた事件で有罪判決を書いた裁判官は，検察ストーリーを前提にして，あるいは，検察官の主張を補完するために，被告人や弁護人の実在的な「そこに・あった・事実」に基づく反論を論理的可能性で一蹴するという実態があった。裁判官が検察官の役割を担っているのである (「判検一体」)。たとえば，2名の女児に対する「いたずらの順序」というストーリーを裁判官が創作した飯塚事件にもこの姿勢は認められる (本書4.5.)。これは明らかに憲法37条1項に違反している。残念ながら，青木英五郎が命名した「裁判官という名の『大検察官』」は過去の遺物とはなっていない (本書3.1.5.)。これが現実である。

〈4〉

　現在もまだ再審の壁に阻まれて苦しんでいる人がいる。たとえば，袴田事件と大崎事件である。いずれの確定判決も，ただ裁判官の心証のみが強調され，「犯罪の証明」は致命的に不十分であった。それ故，1日も早く，再審を開始し，無罪判決を求めるべきである。この点，袴田事件は，第2次再審請求において，静岡地裁の再審開始決定を東京高裁が破棄したが，請求人の特別抗告に対し，令和2年12月22日，最高裁がこれを受け容れて，東京高裁の再審請求棄却の決定を破棄し，東京高裁に差し戻した (最決令和2・12・22裁判所ウェブサイト)。最高裁決定では，5名の裁判官のうち2名の裁判官が反対意見を書き，ただちに再審を開始すべきだと主張した。確定判決の事実認定の杜撰さを考えれば，当然とは言え，再審の開始・無罪判決が期待される。

　他方，大崎事件は，第3次再審請求において，鹿児島地裁と福岡高裁宮崎支部が再審開始を決定したにもかかわらず，最高裁が，令和1年6月25日，それらの決定を破棄し，再審請求を棄却した。大崎事件は，第1次再審請求でも鹿児島地裁が再審開始を決定した。3度の再審開始が決定されたにもかかわらず，いまだ再審の門が閉ざされている[5]。

　大崎事件の確定諸判決は，共犯者らの自白と犯行をつなぐ認定のベースが鑑定書の「窒息」という死因であった。ところが，再審段階で，この「死因」に関する鑑定に対して疑問が提起されたにもかかわらず，最高裁第1小法廷は，そもそも「死因は断定されていなかった」と述べた。確定諸判決の核心部が否定されたのだが，それにもかかわらず，確定判決のままでよいと言うのである。この結論は，おそらく，自由心証主義の絶対視から導く以外にない。さらに，自己の結論を補足する理由も，本書が検討してきた誤判例と変わらない。たとえば，共犯者の自白には変遷があり，共犯者には知的障がいがあるが，共犯者の各自白並びに目撃供述は，相互に支え合っていると述べ（しかし，真理や真実は「事実とことばの一致」において認められる。本書1.4.4. 参照），また，本件現場の客観的状況から外部者の犯行とは考えがたいとも言う（しかし，この論理の不当性については，本書4.4.4. および「エピローグ」3. 参照）。このような客観的状況を挙げても，「それらの信用性は相応に強固」だという判示（最決令和1・6・25裁判所ウェブサイト）を正当化しないことは本書が十分に論じたことである。

　結局，最高裁第1小法廷は，まさに共犯者の自白が「大筋で一致している」という判断に基づいて再審開始決定を破棄し，暗黒裁判の継承を宣言した。本書で取り上げた事件は，すべて同様の構造を持っている。これが「調書裁判」の中で形成された日本型冤罪の根本的構造である。私たちはこのような構造を克服しなければならない。本書は，「そこに・あった・事実」を直視（直観）すべきことを強調した。それが，暗黒裁判を克服するための第一歩になると考えるからである。

　本書で取り扱った事件は，検察官ストーリーが「そこに・あった・事実」に支えられておらず，そのストーリーがフィクションであることを明らかにすることができた事件である。この種の誤判例は無数にあるが，23件の暗黒裁判を検討することで，いかに精緻に構成されたフィクションも，「そこに・あった・事実」を直視（直観）すれば，その綻びが明らかになることを示すことはできた

---

5)　大崎事件について，西日本新聞社の詳細なルポルタージュが，西日本新聞紙上に2020年2月17日から同年3月26日まで，25回にわたって掲載されている。最決令和元年6月25日の「犯罪性」をも明らかにするものであり，是非参照されたい。

と思う。しかし，検察官ストーリーを「そこに・あった・事実」で検証することが難しい事件も存在している。捜査機関や検察官が，犯罪の「痕跡」を巧妙に解釈・構成し，それによって被疑者・被告人から「自白」を引き出したとしたら，「そこに・あった・事実」で自白を検証することにも限界はある。このような事件を人知の及ぶ限り根絶する必要も高い。そのためには，現在の刑事訴訟学で焦点とされている「全面証拠開示」「被疑者取調べの全面可視化」「被疑者取調べへの弁護人の立会い」の要請が必須の課題となる。再審を闘った弁護人も「証拠開示」の必要性を強調してきた。刑事訴訟法改正の証拠開示（2004年）や裁判員対象事件の取調べ過程の録画（2016年）は，これらの課題に部分的に応えたにすぎない。被告人が検察ストーリーに対して反論することができる理論と制度を構築することが，私たちに残された仕事である。最後にこのことを確認して本書の結びとしたい。

　なお，本書は JSPS 科研費 JP21HP5107（代表研究者：宗岡嗣郎）の助成を受けたものである。

2021 年 7 月　編者の 1 人として

吉 弘 光 男

執筆者紹介

(氏名：最終学歴・修了年次／勤務先・職位／主要著書・論文，50 音順，＊は編者)

内山真由美 (うちやま・まゆみ)：九州大学大学院法学府博士後期課程単位取得退学 (2010 年)／佐賀大学経済学部准教授／「医療観察法と精神医療」内田博文・佐々木光明編『〈市民〉と刑事法 (第 4 版)』所収 (日本評論社，2016 年)

梅﨑進哉 (うめざき・しんや)：九州大学大学院法学研究科博士課程単位取得退学 (1985 年)／西南学院大学法科大学院教授／『刑法における因果論と侵害原理』(成文堂，2001 年)

大場史朗 (おおば・しろう)：神戸学院大学大学院法学研究科修了 (2013 年)／大阪経済法科大学法学部教授／「現代警察活動とわたしたち」内田博文・佐々木光明編『〈市民〉と刑事法 (第 4 版)』所収 (日本評論社，2016 年)

大藪志保子 (おおやぶ・しほこ)：九州大学大学院法学研究科博士後期課程単位取得退学 (1999 年)／久留米大学法学部教授／「薬物依存と刑罰」内田博文・佐々木光明編『〈市民〉と刑事法 (第 4 版)』所収 (日本評論社，2016 年)

岡田行雄 (おかだ・ゆきお)：九州大学大学院法学研究科博士後期課程単位取得退学 (1996 年)／熊本大学大学院人文社会科学研究部 (法学系) 教授／『少年司法における科学主義』(日本評論社，2012 年)

櫻庭　総 (さくらば・おさむ)：九州大学大学院法学府博士後期課程修了 (2010 年)／山口大学経済学部教授／『ドイツにおける民衆扇動罪と過去の克服』(福村出版，2012 年)

平井佐和子 (ひらい・さわこ)：九州大学大学院法学研究科博士後期課程単位取得退学 (2001 年)／西南学院大学法学部教授／「ハンセン病問題における司法の責任」西南学院大学法学部創設 50 周年記念論文集『変革期における法学・政治学のフロンティア』所収 (日本評論社，2017 年)

福永俊輔 (ふくなが・しゅんすけ)：九州大学大学院法学府博士後期課程単位取得退学 (2009 年)／西南学院大学法学部教授／「フランス性犯罪規定の改正」(西南学院大学法学論集 52 巻 1 号，2019 年)

宗岡嗣郎＊ (むねおか・しろう)：九州大学大学院法学研究科博士後期課程修了 (1984 年)／久留米大学法学部特任教授／『犯罪論と法哲学』(成文堂，2007 年)

森尾　亮 (もりお・あきら)：九州大学大学院法学研究科博士後期課程単位取得退学 (1995 年)／久留米大学法学部教授／「刑事立法の活性化と罪刑法定主義」森尾他編『人間回復の刑事法学』所収 (日本評論社，2010 年)

森川恭剛 (もりかわ・やすたか)：九州大学大学院法学研究科博士後期課程修了 (1995 年)／琉球大学人文社会学部教授／『沖縄人民党事件』(インパクト出版会，2021 年)

吉弘光男＊ (よしひろ・みつお)：九州大学大学院法学研究科博士後期課程単位取得退学 (1988 年)／久留米大学法学部教授／「『合理的疑いを超える証明』に関する一考察」内田博文先生古稀祝賀論文集『刑事法と歴史的価値とその交錯』所収 (法律文化社，2016 年)

犯罪の 証 明なき有罪判決
はんざい　しょうめい　　　　ゆうざいはんけつ
——23 件の暗黒裁判——

2022 年 2 月 15 日　初版発行
2023 年 1 月 31 日　初版第 2 刷発行

編　者　吉弘光男・宗岡嗣郎
発行者　笹栗俊之
発行所　一般財団法人　九州大学出版会
　　　　〒814-0001　福岡市早良区百道浜 3-8-34
　　　　九州大学産学官連携イノベーションプラザ 305
　　　　電話　092-833-9150
　　　　URL　https://kup.or.jp
　　　　印刷・製本　城島印刷（株）